丁杰 等 著

立德树人视域下教科研整体改革的苏式探索

苏州大学出版社
Soochow University Press

图书在版编目(CIP)数据

立德树人视域下教科研整体改革的苏式探索／丁杰等著. --苏州：苏州大学出版社，2024.11. -- ISBN 978-7-5672-4760-4

Ⅰ.G632.0

中国国家版本馆 CIP 数据核字第 20243LA229 号

LIDE-SHUREN SHIYU XIA JIAOKEYAN ZHENGTI GAIGE DE SUSHI TANSUO

书　　名	：立德树人视域下教科研整体改革的苏式探索
著　　者	：丁　杰　等
责任编辑	：沈　琴
装帧设计	：吴　钰
出版发行	：苏州大学出版社(Soochow University Press)
社　　址	：苏州市十梓街1号　邮编：215006
印　　装	：苏州工业园区美柯乐制版印务有限责任公司
网　　址	：www.sudapress.com
邮　　箱	：sdcbs@suda.edu.cn
邮购热线	：0512-67480030
销售热线	：0512-67481020
开　　本	：700 mm×1 000 mm　1/16　印张：20.75　字数：330千
版　　次	：2024年11月第1版
印　　次	：2024年11月第1次印刷
书　　号	：ISBN 978-7-5672-4760-4
定　　价	：78.00元

凡购本社图书发现印装错误，请与本社联系调换。服务热线：0512-67481020

序一
一项课题应该成为一个引领性的样本

当前,教育科研已然成为高频词,以课题研究为载体的教育科研已经成为学校乃至区域高质量发展的重要抓手。但在课题研究日益被重视的今天,也存在一些令人担忧的现象。比如,有了课题,教育科研往往开始异化为一种工具;用课题来装点门面,教育科研往往就成了一个"花架子"和表面文章,甚至把教育科研当作一种时尚的现象也时有出现。凡此种种,就失去了课题研究本来的价值和意义。

苏州市教育科学研究院院长丁杰和她的团队围绕国家级课题"指向立德树人的区域教科研整体改革实践研究",从一个市域教育科学研究院的视角进行深度思考、整体谋划及实践探索,回答了一系列似乎熟悉然而又陌生的问题:市域的教科研究竟怎么立意、怎么布局、怎么开笔、怎么开掘?作为课题研究的一个引领性样本,其成果精彩、深刻,具有地域的独特性,又具有普遍意义,给兄弟市域许多启发,可以学习,可以借鉴。

怎么立意、怎么布局、怎么开笔、怎么开掘这些问题,他们究竟是怎么回答的呢?回答这些问题,可借用庄子的话来概括:"褚小者不可以怀大,绠短者不可以汲深。"志向不高、气度不大的人,成不了大事;能力短缺、准备不充分的人,难以有深度,也难以担当重任。为此,无论是学校还是区域,在进行课题研究时,都需要具有大情怀、大视野和大格局;同时,需要在价值立意、研究品格和发展路径上有一个比较清晰的认识。

其一,在价值立意上,应该确立两个重要理念。一是教育科研见术更要见人,更在育人。教科研不能没有研究的方法、策略和技术,不具备教科研规定性的所谓研究是不能称为研究的,所以要"见术"。但比术更重要的是人,教科研不见人怎么是研究呢?教科研是研究教育现象、探索教育规律的,但现象背后是人,规律可以为人服务,以育人为宗旨的教科研才是真研究、深研究,才是有生命活力的研究。二是关注面向未来的当下。教育科研要关注当下,好高骛远不行。但是,教育也是面向未来的事业,为未来探路是教科研的任务。因此,教育科研需要扎根中国大地,瞭望世界,引领教育走向未来。

其二,在研究品格上,应该重视实践探索。教育科研就是要将研究落在行动中,落在研究问题上,更要落在研究问题的过程中。从已知到未知,需要我们探索。即使是已有的理论和经验,也需要我们由此及彼、由表及里地去探求和实践。可以说,没有实践,就不能称为研。确实,当下我们的理念具有一定的前瞻性、引领性。但是,在一些地方和学校,这些理念被束之高阁,成悬置状态,久而久之,理念就成了一句空洞的口号。因此,需要让"仙女下凡",把哲学、理念、思想请到日常教育生活中来,渗透到课题研究中去,这确实是个现实的问题,也具有极大的挑战性,但必须坚守。

其三,在发展路径上,应该关注三个重点。一是从分离到融合。教研与科研既有差异,又有许多相同、相通、相重合之处,截然分开是不应该的,也是不可能的,尤其是地域的教科研。比如"大教研"概念的确立,就建立了教研的大格局,体现了教科研的高度融合。二是从方式到机制。教科研需要探索规律性的、关键性的、具有决定性的东西,但不能仅仅停留在方式上,而是要从方式切入,方式可以成为机制。三是从引领到服务。教科研重在服务,为行政部门决策服务、为学校基层服务,但服务也有深浅之分,如果能引领基层学校和教师发展、影响行政部门决策,这当然也是服务,而这样的服务更有深度,大家也有渴求。

一项课题应该成为一个引领性样本,这样才能彰显教育科研的凝聚力、开发力、引导力和提升力。这个样本将闪耀着时代的光辉,会照亮一方天空。

序二
教科研整体改革如何破局的苏州样本

众所周知,教育科研以探索教育规律、建构教育理论为旨归,而教学研究则重在基于现实的教学问题,尤其是学科教学问题,探索解决问题之道,从而改善实践。长期以来,中小学教育科研与教学研究存在不同程度的"两张皮"现象,教育科研被异化和被认为只是申报一项课题、写一些文章、评个高级职称等,严重脱离教学实际,声誉日益受损。尤为甚者,教科研与教学研究中常常重"术"轻"德",眼中无人,功利化倾向十分突出。那么,针对这些突出问题,如何呼应党和国家有关教育教学要以"立德树人"为根本要求的时代召唤,教育科研整体改革如何有效破局,形成教育科研与教学研究的实质性融合,共同服务于立德树人的根本目标,就成了当前中小学教育改革中十分重大而又迫切的命题。

我们欣喜地看到,苏州市教育科学研究院(简称"苏州市教科院")以国家社会科学基金"十三五"规划2019年度教育学一般课题"指向立德树人的区域教科研整体改革实践研究"为抓手,进行了扎实有效的探索,初步为解决这样一个长期存在也是根本性的问题提供了区域性推进的苏州经验或苏州样本,值得全省乃至全国各地教育科研部门和学校借鉴。

苏州市教科院的经验,我个人认为有以下五个方面值得关注。

一是方向性的价值定位。自从2014年《教育部关于全面深化课程改革落实立德树人根本任务的意见》提出立德树人的根本任务这一要求,尤其是党的十八大将立德树人作为教育的根本任务予以确立,标志着立德树人成为我国所有教育教学工作,包括教育科研、教学研究等一系列工作的根本指向。在这样一个宏观背景时代召唤之下，苏州市教科院的同志们高瞻远瞩，从源头和本质上对教科研工作进行了形而上的终极性价值思考与判断，确立了以立德树人为根本指向，区域性整体推进教科研改革的重大命题，以这样一个重大课题为引领，实实在在地大力推进了苏州全域教科研改革工作，使得苏州教科研发展在全省乃至全国占有一席分量很重的位置。

对于立德树人与教科研的关系，苏州市教科院的同志们有着十分深刻的理解与把握。他们从厘清立德树人理念在指导教科研整体改革方面的基本内涵及功能出发，重点探索了德性统领全面发展的教科研工作指导思想和主要策略。这里的立德树人不是空洞的口号与标签，其实质性的内容是以"全面育人的质量观"为基点，最终服务于学校内涵发展、服务于教师专业发展、服务于学生全面发展。他们认为，教科研工作一是要坚决克服重智育轻德育、重分数轻素质等片面育人行为，促进学生全面发展，切实减轻学业负担，创造健康育人环境；二是坚决克服重科研轻教学、重教书轻育人等不合理的育人现象，引导教师教书更育人、言传并身教，自觉争做新时代"四有"好老师、学生发展"四个引路人"；三是坚决纠正用分数给学生"扣帽子"、贴标签的功利化教育做法，按照德智体美劳全面发展的育人要求，积极探索促进学生全面发展的教育评价。应当说，这些认识站位高，立意深，直抵教育科研的本质和终极价值取向，为教育科研的整体改革把住了正确的方向，规定了前进的航道，为下一步的行动奠定了坚实的基础。

苏州市教科院的同志们不仅仅停留在认识层面，在行动层面上也做得有声有色，扎实有效地服务了苏州全域的教育教学工作。他们不仅制定了《指向立德树人的教育科研与教学研究整体改革行动方案》，尝试对教科研工作的立德树人机制进行顶层设计与架构，还积极探索了教科研融合发展的立德树人改革路径，即从事到人进行德性引领的改革，扎根中国大地，立足苏州本土，在"立教研科研规范之德、树专业学业发展之人"的实践中，构建"服务+引领"的教科研队伍。他们狠抓教科研人员队伍建设，坚持"以德为先，以德为要"，通过"立教研科研规范之德，树专业学业发展之人",把立德树人真正落到实处。他们在教科研人员的管理中突出强化了师德规范,在组织修订《苏州市专兼职教科研人员选聘和管理办法》时,把坚定的政治立场、高尚的职业道德、良好的职业精神放在首位;在改革教科研人员绩效评价机制中,采用学校评价、同行评价、社会评价相结合的方式,彰显服务、贡献的价值取向;制定《苏州市教育科学研究院内部管理制度》等系列日常管理机制,强化规范意识、纪律观念。

二是系统化的顶层设计。区域性教育科研整体改革是一个复杂的巨系统,具有开放性、复杂性、多重性特征,涉及内外部方方面面因素、诸多部门,必须遵循系统化思维。所谓系统化思维,就是指人们在对于复杂系统的研究与实践中所形成的一套基本的认知模式和方法论规范,它是对系统进行整体思考与推进的思维方式。系统化思维将社会系统看成是由相互联系、相互作用的要素构成的有机整体,在这一整体中,各要素之间的"关系"是决定性的,即各要素在整体系统中表现出在各自孤立状态下所不具有的性质,各要素之间存在非线性关系,必须通过整合系统的思维方式来把握整体与部分之间的关系。加拿大教育改革研究专家迈克尔·富兰(Michael Fullan)曾说过:"教育变革远比大多数人想象的复杂。我们需要把教育变革的动力理解成一种社会政治过程,这一过程涉及产生相互作用的所有个体的、课堂的、学校的、地方的、地区的和国家的各种因素。"

难能可贵的是,苏州市教科院的同志们深刻地把握住了教科研整体推进这项工作的巨系统本质特征,没有陷于"孤岛",不是只考虑本级教科研本身的改革,而是做了系统性顶层设计,以立德树人为指向,融合教育科研与教学研究,统整市级、区级、学校三级科研管理体系,系统化地整体推进改革工作。他们在改革伊始就出台了《指向立德树人的教育科研与教学研究整体改革行动方案》,在三级科研管理体系的基础上将"工作室"和"共同体"纳入体系,建构了"大教研"(教研+科研)发展模型,规定区域教科研整体改革必须有"扎根大地"进行教科研的格局和视野,即立足苏州本土,指向立德树人,通过"教学研究"与"教育科研"的整体化改革实践,建设"服务+引领"的教科研队伍,探寻"共享+发展"的教科研路径，构建"关联＋嵌入"的教科研模式，形成"反思＋自觉"的教科研文化，达成教育科研与教学研究完全整合进而融为一体的目标，形成苏州教育"大教研"协同育人发展战略，最终服务于学校内涵发展、教师专业发展、学生健康成长。

应当肯定的是，这一系统化的顶层设计与架构，考虑到了教科研整体改革的方方面面，涉及各方面、各层级要素之间的有机联系，确保了市级、区级、校级层面相关人员（专兼职教科研人员及任课教师）与相关工作（教育科研与教学研究乃至一线教学工作）的一致性，从而整体推进苏州市全域教育科研的改革。

三是常态化的强力推进。当今时代是一个改革的时代，改革成为时代的主旋律和高频词，但是有些地区或学校的改革工作只是一种"盆景化"展现，改革的理念挂在墙上，喊在嘴边，偶尔为之，未能常态化实施。再好的设计如果不能常态化地运用于实际，其实践性功效也等于零。因此，所有改革必须确立常态化思维。所谓常态化思维，是指从现实情况出发，考虑事务能进行日常性、持续性实践操作的思维取向，也就是希望在正常（常规）条件下，面广量大的普通教师在日常的教育教学行为中能够持续性落实课程改革提出的新理念和新举措。常态化思维着重关注的是事物（行动）在一般性条件（正常条件）下能否经常性出现或被操作，其实质是从理论思维（理论逻辑）到实践思维（实践逻辑或工作逻辑）的转化。我们经常谈到的建立长效机制，建立常规制度和落实机制，就是希望某项行为或实践能够常态化进行。

苏州市教科院的这项改革工作与以往的"盆景化"改革截然不同，他们通过一系列有效的配套措施，确保了改革方案的常态化落实。例如，他们为了"大教研"模型的落地生根与开花结果，构建了"关联＋嵌入"的"大教研"活动模式，建设了"服务＋引领"的"大教研"人力资源，探索出一系列"共享＋发展"的"大教研"创新路径，并且更深层次地形成了"全纳＋适切"的"大教研"特色文化。不仅如此，苏州市教科院的同志们还总结出了具体而微的"大教研"的运行机制及实施策略，如组织优化策略、项目推进策略、基地培植策略等。再比如，他们探索出的"教科研结合的常态化调研机制",在教研条线组织的各类调研中,引入科研部门人员参与,形成教科研结合的常态化调研机制,两个部门携手共同服务学校、教师的发展。可以说,这一常态化调研机制具有一定程度的原创性,为教育科研与教学研究的融合发展提供了不可多得的借鉴。

四是工程化的专业协作。教育科研是一个高度专业化的工作,其区域性整体改革亦是甚或更是一项高度专业化的工程,它亟须"工程化思维"来统整相关资源与力量,以"工程化"驱动"专业化",在工程化的架构中,推动专业化人员进行团队协作,这正是我国长期以来探索出的"集中力量办大事"的体制优势的体现。就我国而言,由政府及其相关的行政部门启动的各类"工程"有着重要的积极价值,如各地教育部门实施的"名师工程"(如江苏省的"人民教育家培养工程""苏教名家培养工程")就是具有中国特色的教师专业化发展的必由之路,它可以为成千上万的教师专业发展提供广阔的平台,具有激励性、导向性作用,比之传统个别名师的"望天收"式自生自长,应当是一个巨大的历史性进步。"两院"院士宋健在谈及中华人民共和国成立五十年来的科技创新时指出:20 世纪以前,科技的动力多来自科学家的好奇心,20 世纪以后,政府的领导和筹划、大科学工程成了科技创新的重要动力。

同样,我们欣喜地看到,"立德树人视域下教科研整体改革的苏式探索"就是由苏州市教科院策动、统领,由市级、区级、校级各层面专兼职的教育科研、教学研究方面的专业人员团结协作、共享共进的改革工程。他们借助"教科研融合建设基地",全面融合市教科院整体力量,与县(市、区)教师发展中心联合,建立了"市区通联"整体推进的合作机制,探索出了"共享+发展"的"大教研"创新路径,形成跨学校、跨部门、跨区域的多元化协同创新机制。其中,长三角发展联盟共同体、精品课题研究联盟共同体、苏州大市教科研基地校联盟等都是可圈可点的成果。例如,苏州市教科院联合姑苏区教师发展中心,建立了"教科研融合建设基地",以"教科研融合服务教研决策项目""学生阶段学养绿色达标升级项目""小初衔接课程建设项目""基层调研纵深化服务项目"等项目为载体,在指向立德树人的教研、科研方式转型与体制机制创新方面进行一些有益尝试。

这里特别值得一提的是,在苏州市教科院的协调下组建的"小初衔接教育联盟"堪称神来之笔,其成果获得2021年江苏省教学成果特等奖和2022年国家基础教育教学成果二等奖。这一联盟的联合教研常态化运行机制,形成了学段之间贯通性机制。小初联合教研已实现常态化,以联盟校为主体,形成了"1+1""1+N""N+N"多模式联合教研共同体,基本保持每月开展一次联合教研活动,承办单位按序轮换,实现所有学校全参与,有效促进两学段教师校际互动、区域联动。

五是融合化的改革路径。"融合"是苏州市教科院区域教育科研整体性改革的一大创新亮点,他们确立了改革的基本理路,即要有"扎根苏州大地"进行教科研的格局和视野,要放眼基层一线学校,实现上下贯通、区域协同,通过"教研员"与"科研员"的角色互换与教科研活动一体化的体制机制改革,探索新时代区域教科研工作的可行路径,形成可资借鉴、可供推广的一般经验。通过构建"市教科院—各市、区教科室(教研室、教师发展中心)—学校教科室(教师发展中心)"以及"名师工作室"和"协作共同体"的"五位一体"的工作网络,推进从点到面的整体融合改革,主要基于教研、科研全面融入学校的实践,探索"课程—教学—评价"一体化改革的路径,并尝试通过"教科研融合建设基地"的建设,完善行动方案。

绪论 / 1

第一章　教科研的历史演进 / 17
第一节　教科研的历史变迁 / 18
第二节　科研与教研的异同 / 25
第三节　教科研的融合视角 / 36

第二章　立德树人视域下的教科研 / 44
第一节　教科研的功能与作用 / 45
第二节　学术规范的基本要求 / 50
第三节　专业情感的基本特征 / 56

第三章　立德树人视域下教科研整体改革的主要路径 / 61
第一节　从事到人的德性引领 / 62
第二节　从分到合的体制创新 / 87
第三节　从点到面的整体融合 / 98
第四节　从旧到新的资源整合 / 119
第五节　从同行到引领的功能深化 / 153
第六节　从经验性到科学性的机制优化 / 172

第四章　立德树人视域下教科研整体改革的关键要素　／186

第一节　"关联＋嵌入"的教科研模式　／186
第二节　"共享＋发展"的教科研路径　／196
第三节　"服务＋引领"的教科研队伍　／209
第四节　"反思＋自觉"的教科研文化　／226

第五章　立德树人视域下教科研整体改革的典型案例　／234

案例一　科研实践：小初衔接教育的行动理路　／234
案例二　"双课"对接：教科研提质增效的可行路径　／241
案例三　"大教研"：为教研员专业赋能的实践场域　／247
案例四　"苏式课堂"：适合苏州地域特征的教科研改革实践样态　／250
案例五　"抱团"：实现研究型教师群体成长的吴中实践　／271
案例六　整体改革：三地教科研功能优化的共同趋势　／277

附录　／287

后记　／316

绪 论

改革开放至今,尤其是党的十八大以来,我国基础教育领域教科研工作获得了长足的发展,取得了显著的成就,教育科学研究水平不断提升,学科教学研究能力明显增强,对推进基础教育高质量发展起到了举足轻重的作用。然而,当下教科研工作仍存在诸多"难点"和"痛点"问题,如何促进教研与科研的实质性融合,实现教研、科研方式的根本性转型,构建与新时代相适应的教科研体制机制,走出一条适合市情、省情的教科研整体改革的新路径,仍任重道远。

为此,我们提出"指向立德树人的区域教科研整体改革实践研究"这一课题,获准立项为国家社会科学基金"十三五"规划2019年度教育学一般课题,课题批准号:BHA190120。本书呈现的就是历经5年的探索与实践成果。

一、问题的提出

教育科研是运用教育科学理论,对教育领域的对象、现象等展开研究,探索新规律,解决新问题、新情况的一种创造性认识活动。就基础教育领域而言,教育科研工作主要在于揭露中小学教育领域的有关问题的本质,发现其规律性,甚或创立新理论。而教学研究则是指针对教学中亟待解决的某些问题,有目的、有计划、主动探索教学实践过程的规律、原则等,从而开出某种"教学的处方",形成某种"教学模型"的科学研究活动。① 从某种意义上讲,教学研究是课程理念与教育科研成果转化为教育教学"生产力"的桥梁和纽

---

① 钟启泉. 教学研究的意义[J]. 基础教育课程,2017(1):89.

带。理想的教科研,应是指向教育的根本目标,通过用科研的思维做教研、用教研的方式做科研,在教研、科研高度整合、深度融合中落实教育的根本任务。然而,长期以来,教研、科研工作中存在一系列根本性的问题,需要研究并加以解决。

1. **教学研究与教育科研的"隔离":教研、科研工作呈现"两张皮"**

中华人民共和国成立至今,我国基础教育领域教育科研工作体系日臻完善,逐步建立起一整套具有中国特色的教育教学研究体制机制。但是,一方面,教学研究因相关职能机构与师训、电教、评估等职能交叉重叠的部门反复分化整合,而日渐分化出"开展教学研究""进行教学指导""负责教学管理与服务"等不同职能类型部门,从而导致教学研究的本义被泛化、淡化,教学研究的职能被人为弱化。[①] 直至2012年,教育部基础教育课程教材发展中心组织召开首届全国教研系统负责人联席工作会议,才建立了年度例会制度,提出基础教育教研工作亟待转型的要求。另一方面,从较大范围来看,教育科研工作绝大部分涉及国家层面、省级层面和高校层面。由此造成教育科研工作与教学研究工作在比较多的地方呈现"隔离"状态。这种状态虽然在某些时期起到了一定的作用,但从整体来看,无论是教学研究部门还是教育科研部门,指向教育根本目标,落实教育根本任务的功能,都没有得到充分发挥,教科研整体改革迫在眉睫。

2. **教研、科研与育人实践的"脱钩":教研、科研工作"见术不见人"**

从教科研工作一线来看,虽然教育科研工作中也有"立德树人"运行机制、实践方略等的探索,但大多仍停留于"道"的分析与"术"的解构,缺乏实践的有效检验,难以实现科研成果的有效转化;虽然教研工作中各学科教学研究也有"立德树人"的具体任务,但更多是停留在德育领域发掘其内涵,难言探索育人规律、破解育人难题、引领育人创新。教育的根本目标是人的发展,根本任务也是为了人的发展,而"教学研究"与"教育科研"工作都应直接指向人的发展。因此,通过教科研整体改革,积极拓宽理论内涵,探索实施路径,进而落实"立德树人"的运行机制,势在必行。

---

① 胡惠闵,马洁,张翔昕. 从"教研机构合并"看教学研究职能的定位:基于"教学研究"概念的视角[J]. 华东师范大学学报(教育科学版),2021,39(5):99–107.

绪 论

就指向立德树人的区域教科研整体改革的实践而言,自2016年起,苏州市教育科学研究院(简称"市教科院")全面推开"区域教育科研机制创新的研究",在机制创新层面做了一些有益的实践探索;2017年立项了"课堂教学评价体系的构建与实践"课题,以期在课堂教学评价的微观层面进行"接地气"的行动研究;2018年立项了"拔尖创新人才教育培养的区域研究与实践",旨在通过教研与科研的整合探索创新人才培养模式。此外,还联合姑苏区教师发展中心,建立了"教科研融合建设基地",以"教科研融合服务教研决策项目""学生阶段学养绿色达标升级项目""小初衔接课程建设项目""基层调研纵深化服务项目"等项目为载体,在指向立德树人的教研、科研方式转型与体制机制创新方面进行一些有益的尝试。①

因此,结合目前苏州市乃至全省教研、科研的发展现状,对照苏州市《教科研体制机制改革三年工作计划》,我们发现还存在一些发展中的问题。具体来说,本课题主要解决以下问题:

(1)教研与科研还没有实现实质性融合,融合发展的机制不够健全、体制不够完善。

(2)教研、科研方式还没有实现根本性转型,与新时代相适应的教科研的时代性还显不足。

(3)适应新高考的教学评价改革和有效指导还没有完全到位,特别是重点学科的特色课程群建设尚待强化。

(4)基于大数据的智慧教科研运行机制还没有科学建立,智慧教研和科研工程还有待优化。

为此,开展本课题研究,旨在解决一个长期存在也是根本性的问题,即教研与科研"两张皮"现象。同时,解决如何将立德树人这一教育的根本任务在教科研的工作开展中得到有效落实问题,力争实现以下目标:

(1)理论研究上,厘清立德树人理念在指导教科研整体改革方面的基本内涵及功能,解决教研、科研工作的"见术不见人"的问题,充分发挥教科研工作的育人功能。

---

① 丁杰.融合建设基地:构建现代教科研体系的尝试[J].江苏教育(教育管理版),2019(42):31-35.

（2）实践探索上，形成新时代区域（含市、区、校层面）教科研整体融合发展的实施路径、转型方式及保障机制，解决教研、科研分离问题，形成可资借鉴、可供推广的一般经验。

（3）影响辐射上，研制苏州大市《指向立德树人的教育科研与教学研究整体改革行动方案》，解决教研、科研工作"只在点上开花"的问题，揭示大市级层面教科研工作的一般规律。

二、选题的依据

基于相关文献的梳理和研究，结合苏州市教育科学研究院前期进行的教科研整体改革的实践探索，提出"指向立德树人的区域教科研整体改革实践研究"这一课题。其基本依据如下：

1. 基于国家教育根本任务的落实，从方向引领走向机制构建

自"十一五"以来，在国家层面关于立德树人的教育根本任务的总体方向逐渐明晰。《国家中长期教育改革和发展规划纲要（2010—2020年）》以及党的十八大、十九大的报告都明确提出，立德树人是未来中国教育改革与发展的指南针。至此，"立德树人"根本任务引起教育界和学术界的广泛关注。教育界和学术界开始进行"立德树人"的理论研究、实践探索和经验总结。在理论研究层面，目前主要围绕师德建设与师资队伍培养、立德树人实施途径、立德树人的思想政治教育和德育实践以及经验总结等几个方面展开。因此，本课题将"立德树人"作为区域教科研整体改革的指导思想，其目的是拓宽内涵和实施路径，落实"立德树人"的运行机制。

2. 基于教科研功能发挥的需要，从悬空隔离走向融合贯通

自中华人民共和国成立以来，基础教育教研工作经历了初创期、发展期、挫折期、恢复期、规范期、完善期，逐步建立了中国特色的教育教学研究制度。有研究指出，我国基础教育教研工作的发展具有明显的时代性、延展性、建构性和创新性特点。国家层面上，从2012年开始明确主管部门。其实"教研"在我国一段时期还是处于"悬空"状态，省、市、县（区）都设立专门的教研部门，但向下的基层学校没有专门的教研部门，向上的国家层面没有专门的教研部门。事实上，国家层面对于教研与科研的一体化早有要求。1999年颁布的《中共中央 国务院关于深化教育改革全面推进素质教育的决定》指出，教师"要遵循教育规律,积极参与教学科研,在工作中勇于探索创新";2001 年发布的《国务院关于基础教育改革与发展的决定》也指出,"广大教师要积极参加教学实验和教育科研"。可见,当今教育已赋予广大教师参与教研的责任,并要求教师结合教育教学实践开展科学研究,努力提高教育科研意识和教学研究能力。其核心就是教师的专业发展和学生的身心健康发展,这又是"立德树人"根本任务的具体体现。如,有专家指出:"十三五"期间,教育科研工作应着重于国家重大教育问题研究和重大政策研制、区域教育综合改革经验模式、课程教学改革等研究。① 江苏省也有教研与科研整体协调发展的相关具体要求。江苏省教育厅原副厅长、江苏省教育科学研究院原院长丁晓昌明确指出:要更新理念,加快融合,努力加快科研教研工作的整体协调发展,推进科研、教研合作和成果转化。② 因此,进行区域教科研整体改革的探索与实践,可以充分发挥教科研的功能,也是顺应教科研走向融合、实现上下贯通的应然选择。

3. 基于区域整体教育质量的提升,从学科指导走向专业支持

习近平总书记在 2018 年召开的全国教育大会上明确指出,"坚持把立德树人作为根本任务,坚持优先发展教育事业,坚持社会主义办学方向,坚持扎根中国大地办教育,坚持以人民为中心发展教育,坚持深化教育改革创新"等作为教育的重要使命。这些"坚持"都指向了教育质量。历年来党的代表大会报告对教育的要求都指向并聚焦"教育公平"和"教育质量"。特别是党的十九大报告明确指出,"让每个孩子都能享有公平而有质量的教育"。《中国教育现代化 2035》将"推动各级教育高水平高质量普及"作为实现教育现代化的重要基础。应该说,提升教育质量是教育发展的目的和归宿。学者们也发出向"教科研要质量"的呼吁。如,有学者提出,教育科研是引领教育教学改革实践的重要途径,是推动教育改革创新发展的核心动力与源泉。坚持科研引领,改革驱动,以推动区域教育均衡发展为战略目标,积极搭建教育科研与实践融会贯通的平台,构建学生全面发展新机制,实现教师专业成长新突

---

① 田慧生.当前我国教育科研面临的形势和任务[J].教育研究,2016,37(3):11-18.
② 杨孝如.教育科研:建设教育强省的重要支撑:专访江苏省教育厅副厅长、江苏省教育科学研究院院长丁晓昌[J].江苏教育研究,2015(1):3-7.

破,打造优质教育内涵发展新亮点,营造教育均衡发展新样态。① 也有学者通过对江苏省 124 个市、县教育科研机构负责人的调研发现,教育科研发展水平与教育行政一把手的重视程度、全局性的教育规划设计、指向学校实践的内涵发展呈正相关。同时也发现区域教育科研存在教育科研成果评价标准缺失、教育科研区域发展水平失衡、基层教育科研工作研究失度等问题。提出了要加强区域教育科研工作,省级教育行政部门应加强教育科研的顶层设计,县域教育科研机构在运转协调中要有新思路,引导教师以严谨科学的态度开展教育科研。② 为此,开展指向立德树人的区域教科研整体改革的实践研究,其目的和宗旨就是从学科指导提升质量走向以专业支持的角色提升质量,凸显"三全"育人功能。

指向立德树人的教科研整体改革,从区域层面进行实践探索,形成教科研整体改革的苏州经验并推广辐射,具有十分重要的现实意义。其研究的学术价值和应用价值主要体现在以下 3 个方面:

(1) 有助于拓宽立德树人的实施路径。2017 年 9 月,中共中央办公厅、国务院办公厅印发的《关于深化教育体制机制改革的意见》提出,要健全立德树人系统化落实机制,将立德树人在实践中实现突破。只有把立德树人贯彻到教育事业发展的各领域、各方面、各环节,做到以树人为核心,以立德为根本,培养社会主义建设者和接班人,才能真正建成教育强国。从教育一线来看,虽然学科也有立德树人的任务,但大多是在德育领域发掘其内涵的。教育的根本目标是人的发展,根本任务也是为了人的发展,这里的人既包括学生也包括教师,而教研与科研则直接指向人的发展。因此,本课题的研究有助于拓宽立德树人的实施路径。

(2) 有助于彰显整体改革的协作功能。《中国教育现代化 2035》也明确提出要完善落实机制,并进一步指出要构建全方位协同推进教育现代化的有效机制,把我国社会主义政治优势转化为推进教育现代化的制度优势,集中力量办大事,依靠部门大协同、区域大协作,推进教育现代化。这里的"依靠部门大协同、区域大协作"正是进行教科研整体改革的出发点。目前来看,教

---

① 董妍.教育科研引领区域教育改革发展:以长春市二道区为例[J].吉林教育,2017(29):11 - 13.

② 倪娟.江苏省区域教育科研工作的现状与建议[J].江苏教育研究,2017(28):10 - 15.

研与科研在教育教学领域的功能虽然日益凸显,但仍然存在"各自为政"的现象,难以形成合力。通过教研与科研的整体化改革实践,在教科研的功能发挥上进行一些实践探索,可以形成一些指导性的理论和独特的区域经验,充分发挥教科研的功能。

(3) 有助于体现"扎根大地"的研究格局。2018年习近平总书记在全国教育大会上明确提出要"坚持扎根中国大地办教育"。为此,我们就需要有"扎根大地"进行教研、科研的格局和视野,立足本土,放眼基层一线学校,实现上下贯通,进行区域实践,最终整体提升质量。从课题研究内容来看,正是市教科院所涉及的常规、常态工作,将课题研究与日常工作紧密结合,以研究的视角开展日常工作,更容易提高日常工作的效率和科学性,有助于提高日常工作的技术含量。同时,苏州作为江苏的教育大市,在全省处于领先地位。面临全省大市"教研与科研"合并的现状,非常有必要探索一条教研与科研整体改革的新路径。

三、顶层的设计

指向立德树人的区域教科研整体改革就是以树立全面质量观为价值取向,探索管理与服务职能并重、条线整合的教育科研工作模式,采取各级各类科研机构、部门与团队资源整合、互助合作的教育科研协作形式,通过教研与科研"从事到人的德性引领改革、从分到合的体制创新改革、从点到面的整体融合改革、从旧到新的资源整合改革、从同行到引领的功能深化改革、从经验性到科学性的机制优化改革"等,促进教研、科研的完全整合与深度融合,形成"教研+科研"的"大教研"发展战略,实现教科研的高度一体化。

1. 以全面育人的质量观为指导思想

2019年,中共中央、国务院印发的《中共中央 国务院关于深化教育教学改革全面提高义务教育质量的意见》指出:"树立科学的教育质量观,深化改革,构建德智体美劳全面培养的教育体系,健全立德树人落实机制",强调必须"深化关键领域改革,为提高教育质量创造条件",并就如何"发挥教研支撑作用",提出了加强和改进新时代教研工作,理顺教研管理体制,完善教研制度;鼓励科研机构等参与教育教学研究与改革工作等具体要求,这为指向立德树人的区域教科研整体改革提供了直接指引——教科研整体改革必须树立全面育人的质量观。①

基于全面育人的质量观,教科研工作至少要"坚决克服重智育轻德育、重分数轻素质"等片面育人行为,促进学生全面发展、切实减轻学业负担、创造健康育人环境;"坚决克服重科研轻教学、重教书轻育人"等不合理育人现象,引导教师教书更育人、言传并身教,自觉争做新时代"四有"好老师、学生发展"四个引路人";"坚决改变用分数给学生贴标签"的教育功利做法,按照德智体美劳全面发展的育人要求,"树立科学成才观念",积极探索促进学生全面发展的"学习情况全过程纵向评价、德智体美劳全要素横向评价"。②

立德,就是坚持德育为先,通过正面教育来引导人、感化人、激励人;树人,就是坚持以人为本,通过合适的教育来塑造人、改变人、发展人。本课题中的"立德树人"是指根据《中共中央 国务院关于全面深化新时代教师队伍建设改革的意见》精神要求,通过教科研工作,"立教研科研规范之德、树专业学业发展之人",以德性统领全面发展,既关注学生成长又关注教师发展,以此落实"造就党和人民满意的高素质专业化创新型教师队伍"以及"培养德智体美全面发展的社会主义建设者和接班人"的目标任务。

2. 以"六位一体"的整体改革为实践路径

教育科研是以教育科学理论为武器,以教育领域中发生的现象为研究对象,以探索教育规律为目的的创造性的认识活动。它包括所有有关教育方面的宏观和微观问题。而教学研究,则是指为了解决在教学中所发现的一些问题而展开的研究,然后从中得到一些启发,再来指导教学实践。主要指学科教学方面的宏观和微观问题。整体改革是指教育科研与教学研究的一体化改革,即尝试"科研员参与学科教研活动,教研员参与学段科研活动",用科研的思维做教研,用教研的方式做科研,进而实现教研、科研的完全整合与深度融合为一体的改革实践探索。

因此,指向立德树人的区域教科研整体改革实践研究,就是指以树立全面质量观为价值取向,实现教研与科研从事到人的德性引领改革、从分到合的体制创新改革、从点到面的整体融合改革、从旧到新的资源整合改革、从经

---

① 辛涛.树立全面的教育质量观[J].基础教育论坛,2013(9):16.
② 张忠萍.三个明确要求,直指全面育人的质量观[J].北京教育(普教版),2020(12):11-12.

验性到科学性的机制优化改革、从同行到引领的功能深化改革的"六位一体"的一项行动研究。（图0-1）

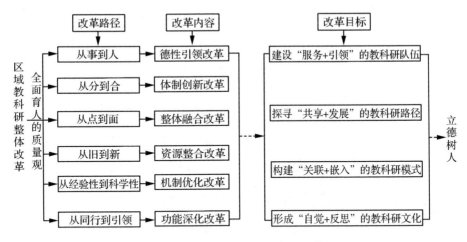

图0-1　区域教科研整体改革框架结构图

重点把握"服务＋引领"的教科研队伍建设、"共享＋发展"的教科研路径、"关联＋嵌入"的教科研模式、"反思＋自觉"的教科研文化建设等关键要素，进而实行管理与服务职能并重、条线整合的教育科研工作模式，采取各级各类科研机构、部门与团队资源整合、互助合作的教育科研协作形式，形成苏州教育"大教研"发展战略，最终服务于学校内涵发展、服务于教师专业发展、服务于学生全面发展。

3. 以苏式"大教研"发展战略为改革范式

"大教研"旨在全面落实立德树人根本任务，坚持系统化思维，注重规律性把握，系统推进教研、科研融合发展，为全面提高苏州教育质量发挥"研究、指导、服务、引领"作用，为培育"全纳、公平、优质、适切"的苏州教育现代化新样态发挥基础性、先导性、战略性作用。

围绕教研与科研有机融合这一主题，以全面教育质量观为引领，实现事理与学理的双向融通，以此实现教与学的行为变革、教与研的贯通衔接、教与育的和谐共进。

（1）苏式"大教研"的内涵

"大教研"是针对教研和科研割裂的现状提出的教研与科研有机融合的一种新型教研方式，是教研与科研整体改革的一种系统思维方式，也是教研与科研双向融通的一种整体运行模式，还是一种不仅追求教育教学现象所呈现出来的事理，还追求隐藏于教育教学现象背后的学理的认知图式。其模型主要包括"是什么""为什么""怎么做""怎么样"（即目标指向）四个维度（图0-2）。

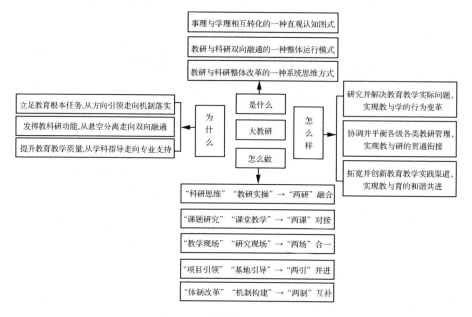

图0-2 "大教研"实践模型

从操作层面来说，"大教研"还是一种实践活动。这里的"大"包括5个方面。一是实践的思维方式上体现"大观念"。即从科研的高度审视教研工作，从教研的实度反观科研工作，实现"科研的思维"与"教研的实操"有机融合。二是实践的运行策略上体现"大视野"。即将课题研究做到课堂中，为课堂教学垫上技术含量高的研究之"砖"，实现"双课"的有序对接。三是实践的时空情境上体现"大场域"。即在物理空间上呈现教学现场（如研讨课、观摩课、示范课等），在关系空间上体现研究现场（如执教者也是反思者，观课者也是评课者等），进而显现"教学即研究"的意识，以此形成"两场"合一的教研场域。四是实践的运行载体上体现"大任务"。即通过科研项目（任务）的助推形成教研基地，通过教研基地的助力完成科研项目（任务），实现科研项目引领与教研基地引导的齐头并进。五是实践的支持保障上体现"大系统"。即通过教科研的体制改革促进机制构建，反过来，通过教科研的机制落实推动教科研体制的优化,以此实现教科研机制体制的优势互补。

(2) 苏式"大教研"的特征

"大教研"的大观念、大视野、大场域、大任务、大系统的视角,决定了"大教研"具有充分的融合性、亲历的实践性、真实的情境性、多维的交互性和组织的全纳性等特征。

一是充分的融合性。有学者明确指出,"同属基础教育领域的'教研'和'科研'之间并无'楚河汉界',而是存在着共性和联系的"①。但二者研究内容、研究重点、研究目标等也有明显区别。教研活动拘泥于学科专业角度在低水平上重复,缺乏科研的学理审视,更多是局限于课堂教学的事理研究。因此,"既明事理又明学理"所体现出的教研与科研的充分融合性,是"大教研"的一个显著特征。

二是亲历的实践性。实践性特征直指"大教研"的目标。"大教研"的目标是解决教育教学实践中仅靠教研或科研解决不了或解决不好的问题。而要解决这样的问题,必须亲自参与、亲历体验、亲手操作、亲身研究等。只有以教师为行为主体,通过"课题研究"和"课堂教学"的有效对接,教师亲身参与"两课"的实践过程,才能够真正解决问题。

三是真实的情境性。情境由物理环境、情感氛围与人物关系构成。建构主义认为,情境是学习环境的四大要素之一,学习则是一种情境性的活动。通过"大教研"促进教师专业发展也是一种情境性活动。真实情境的创设能够营造身临其境的现场感与问题解决的迫切感,从而激发教师持续而系统探究的欲望,并在此过程中,帮助教师理解教研的事理和科研的学理,发现解决问题的策略。"大教研"以教学现场与研究现场合一为内核,构建教科研一体化的时空环境和真实情境,以此形成教师专业发展与成长的场域。

四是多维的交互性。无论是教研活动还是科研活动,其本质应是交互的。但遗憾的是,传统教科研活动中的交互并未真正发生。一般情况下,广大参与活动的教师以旁观者的身份出现,被动学习,积极性不高,互动交流少,收益甚微。"大教研"的提出是对"旁观者"的一种"宣战",通过科研项目引领和教研基地引导,让每一个教师置身其中,它强调了"研"的主体多元性

---

① 丛立新.中国基础教育三级教研组织研究[J].教育科学研究,2011(9):5–27.

与形式多样性,构建教师与伙伴、专家之间的多维交互网络,推动教师通过合作、讨论、协商等多维度交互的方式共同参与教科研活动。

五是组织的全纳性。传统的教科研"为活动而活动""头痛医头,脚痛医脚"的现象比比皆是,活动中"角色固化""学段分离""地域隔阻"问题非常严重。"大教研"看到了功利主义下教科研活动的异化,活动组织重视全纳性。一是提倡角色转化,科研员参与学科教研活动,教研员参与学段科研活动,进而实现教研、科研的完全整合与深度融合;二是贯通学段衔接,实现培养目标纵横贯通、课程教学有机融合、教科研训全面协同;三是打破地域隔阻,组建"教科研融合建设基地"以及大市"学科教学指导中心""评价改革研究中心"等。

(3)"大教研"的运行机制及实施

"大教研"的运行是一个系统工程,涉及"主体行为"(要做什么)、"人际关系"(与谁一起做)、"时空情境"(何时何地做)、"活动载体"(用什么做)等要素,这里既涉及规划设计、生态营造、网络保障、制度跟进等运行机制的构建,也涉及组织优化、项目推进、基地培植以及"大教研圈"构建等实施策略的选择。

运行机制包括"大教研"活动的各因素的结构、功能及其相互关系。构建切实有效的运行机制是"大教研"活动得以顺利开展的"护航舰"。

① 规划设计。目标的达成(做成什么)需要规划作为桥梁,规划设计处于"大教研"运行机制的顶端。为此,我们研制了《教科研体制机制改革三年规划》,确定以"大教研"推进为主要载体的教科研体制机制改革指导思想、主要目标、重点工程和工作保障机制,并以清晰的时间表和路线图确保规划的有序落地。与此同时,我们还进行体制改革,将市教科院九个内设机构,整合成七大中心,即课程教材研究中心、课程德育指导中心、教学研究引领中心、资源建设开发中心、数据统计分析中心、质量检测调控中心、教师发展促进中心,以体制改革确保"大教研"活动的实施。

② 生态营造。美国心理学家布朗芬布伦纳(Bronfenbrenner)指出,"当个

体在生态环境的位置改变时,他会经历生态学上的过渡"①。为此,我们致力营造如下教研生态。一是开放型教研生态。打破教科研的局限,打破学段学科的界限,打破校际地域的权限,倡导开放的思想、理念和教研活动形式。二是共生型教研生态。以开放型教研生态促进各学科、各学段相互启发和借鉴,形成不同人员、不同学科、不同学段、不同区域协调发展、共同发展的良好教研生态。三是共享型教研生态。以科研的方法挖掘大教研组内各学科教师的显性知识和隐性知识,形成知识共享的专业习惯。四是创造型教研生态。以知识管理理念指导"大教研"活动,重视知识的储存和创造,鼓励用不同的方法解决重难点问题,提炼"大教研"文化,形成既见术又见人的良好教研生态。

③ 网络保障。施一公先生曾经指出,教科研的第一个要素是技术,第二个要素是提问题,第三个要素则是研究的网络体系。为此,我们在原有教研网络、科研网络的基础上,统整两个网络的组织架构,形成"设区市(教科院)—县市区(教科教研)—学校(教务教科)—工作室(省市名师工作室)—共同体(协作联盟)"五位一体的"大教研"网络体系,并明确网络体系中的"人际关系"和"活动载体"(图0-3)。

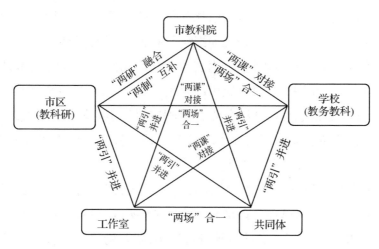

图 0-3 "大教研"五位一体网络结构

---

① 李敏谊,刘颖,崔淑婧. 国外近10年幼小衔接理论研究综述[J]. 比较教育研究,2010(5):86-90.

④ 制度跟进。我们建立区域推进"教科研一体化"协同运行机制,以及形成"大教研"基地校(区)申报制、"大教研"项目认领制和联合攻关制、不同学段定期联合教研制及"大教研"考核奖励制。以制度规范并促进"大教研"的深入开展,以"大教研"的深入开展促进教科研方式的转型升级:一是从学科指导到课程育人、从分数指向到素质取向、从经验之源到科学之法的理念转型;二是从分科指导到课程统整、从研教为主到研教研学并重、从现实载体到虚实互通的内容转型;三是从基于经验到系统调查、从简单统计到数据分析、从线性分析到多方互证的路径转型;四是从个体研究到群体探究、从经验判断到实证诊断、从点上突破到面上统整的方法转型;五是从样本抽测到全面覆盖、从评教为主到评教评学一体、从重结果评价到重全程监控的评价转型。

策略,是实现"大教研"目标的方案集合,也是有针对性的方式方法。达成目标的策略可能有很多,这里选取具有代表性的组织优化策略、项目推进策略、基地培植策略以及"大教研圈"构建策略等四个策略。

① 组织优化策略。"五位一体"的"大教研"网络体系,决定了"大教研"的组织形式是多样的。因此,我们需要优化组织形式,实化活动方案,细化操作流程。一般来说,"大教研"的组织形式可以是"教+育"式,比如思政一体化教研活动;也可以是"长+短"式,比如长线的课题研究进入课堂教学的教研活动;还可以是"大+小"式,比如围绕大主题开展的若干小专题教研活动。另外,组织形式有时也可以包含上述三种形式。无论是哪种方式,都是在"大教研"观指导下,由课程教材研究中心牵头,教研员与科研员全部参与,以整体意义上的课程观念统领分科意义上的学科指导,引导教科研人员既关注事理又关照学理,对上衔接顶层设计,对下衔接课堂教学,全面发挥课程育人的价值,做到"教"与"育"和谐共进。

② 项目推进策略。"大教研"需要以项目化的方式推进。为此,我们申报并成功立项江苏省基础教育改革前瞻性重大项目"利用线上教育实现教学结构变革的路径研究"。在项目推进过程中,我们构建了院校(教科院与学校)"联动"机制、上下(线上与线下)"齐动"机制、双师(线上名师与科任教师)"互动"机制,并研制了"一体两翼"("一体"是指"教研员","两翼"是指"线上教师"与"学校教师")和"一中两导"("一中"是以课中学习为中心,"两导"是指"教师辅导"和"家长督导")的线上教育实施路径结构图(图0-4)。

需要注意的是,项目的设计要突破单纯教研和科研的局限和方法,符合"大教研"的特征。项目的实施可以是任务分配式的,也可以是招标认领式的。项目的推进可以以点带面,也可以遍地开花。

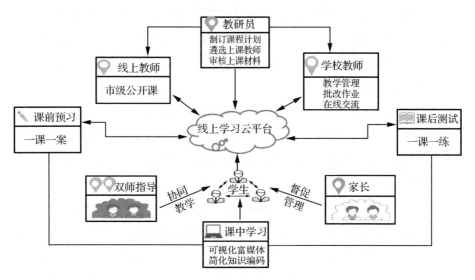

图0-4 苏州市线上教育实施路径结构图

③ 基地培植策略。我们多点位建立"大教研"基地校(区),选定"大教研"实验校(区),以有效教学研究和推进"苏式"课堂为重点,定期开展"大教研"全景展示活动,培塑"大教研"基地校(区)和"大教研"龙头校,以点带面促进"大教研"的深入开展。市教科院与姑苏区教师发展中心联合建设的第一个基地是"教科研融合建设基地"。该基地以全面教育质量观为引领,实行市、区双向关联,跨学科、跨学段互动,进行主题、过程、方法的嵌入,强化市、区两级教研员、科研员"一岗三责"("三责"指教、研、育)的融合意识,探索角色互换与教科研活动一体化的保障机制,实现了从体制整合走向功能融合、从功能融合走向创新发展,构建了教研、科研、培训、评价一体化融合发展模式,形成了立体式教科研网络管理体制与合体运行机制,较好地促进了传统教科研向现代教科研转型,进而形成"大教研"的格局。

④ "大教研圈"构建策略。这里所说的"大教研圈"的构建,其目标指向教科研的融合发展,为不同学科、不同学段、不同学校和不同区域之间的教师专业发展提供循环回路。我们组建了"小初衔接教育联盟"的"大教研圈",并构建了小初联合教研常态化运行机制,形成了学段之间贯通性机制。依托

这个"大教研圈",小初联合教研已实现常态化,以联盟校为主体,形成了"1＋1""1＋N""N＋N"多模式联合教研共同体(前面的"1"指一所初中校,后面的"1"指一所小学校,"N"指区域内的若干所学校),基本保持每月开展一次联合教研活动,承办单位按序轮换,实现所有学校全参与,有效促进两学段教师校际互动、区域联动,全面增进双方在教学理念、课堂组织形式、教与学主导方式、教学管理以及效果评价等方面彼此了解、相互熟悉,课程教学的融合性不断改善,效果逐渐呈现。

教研与科研"两张皮"是一个长期存在的根本性问题,如何促进立德树人这一教育根本任务在教科研工作中有效落实,如何"见术更见人",充分发挥教科研工作的育人功能,在教科研整体改革的苏州实践中,形成立德树人的区域机制,万里长征我们只走完了第一步。

本书的第一章主要阐述历史溯源,也是课题研究提出的背景分析。第二章主要阐述立德树人理念在教科研工作中的功能和作用,以及评价导向和评价标准。第三章是本书的重点部分,主要阐述"六位一体"的整体改革设计、路径、方式等。第四章主要阐述教科研整体改革的关键要素,重点说明区域教科研整体改革的模式、路径、队伍、文化等。第五章主要以案例形式呈现,分享一些有特色的做法或采取的举措,供读者参考。

第一章　教科研的历史演进

教科研在提升学校办学品质中居于基础性地位,对于提高教育教学质量具有引领性、先导性作用。随着时代的发展,广大中小学教师对教研和科研这两个词并不陌生,甚至耳熟能详。但究竟什么是教研？什么是科研？教研和科研的区别和联系在哪里？教研与科研活动对一线中小学教师的专业成长和学校教育教学改革的作用体现在哪里？等等,或许没有多少人能真正说得清、道得明。

有专家说,"教研机构是我国的一个创举,是我国基础教育发展的特色,也是提高教育质量的重要保障,在国家课程改革落地、促进学校和教师发展、提高基础教育质量等方面发挥着不可替代的作用"[1]。自中华人民共和国成立以来,基础教育教研工作经历了"初创期、发展期、挫折期、恢复期、规范期、完善期",逐步建立起了具有中国特色的教育教学研究机制。杨九诠先生从发生、发展、转型三个方面,对中国教研体系的定位与定性展开了讨论,认为"行政的'助手'地位与业务的'指导'功能,是中国教研体系的定位与定性"[2]。其观点很有见地。

科研历来是教育界、学术界普遍关注的话题。但从相关文献来看,绝大部分涉及国家层面、省级层面和高校层面。严格来说,中小学教师的科研基本上是源于教研,也可以说是高于教研的一种研究方式,或者在某种意义上也可以把教研称为科研。但二者都离不开问题,教研是"从现场中发现问

---

[1] 顾明远. 顾明远先生在海淀进修校基础教育国家级教学成果推广应用工作启动暨培训会上的致辞[Z]. 北京市海淀区教师进修学校(内部资料),2021.
[2] 杨九诠. 中国教研体系的定位与定性[J]. 教育发展研究,2022,42(8):10–20.

题",科研是"带着问题走进现场"。"教研"与"科研"经历过从"合"到"分",再到从"分"到"合"的过程,进而融为一体。自实施新课程改革以来,科研活动发生了很多新的变化,总体上正朝向科研主体多元、科研形式创新、科研内容更实际的方向发展。但仍存在目标不明确、内容针对性不强、教师缺乏深入参与,导致教学科研"两张皮"的现象,中小学教师教学与科研活动的有效性整体上欠佳。因此,需要在立德树人视域下,进行教科研整体改革。

第一节 教科研的历史变迁

丛立新在他的《沉默的权威:中国基础教育教研组织》一书中举了这样一个真实的例子:"20世纪90年代初,国内某著名师范大学一位资深教育学者在从事一项基础教育课题的研究时,听到'多与教研室联络'的建议后的回答是:'教研室是什么?'"①其实,有此困惑的不仅仅是高校学者,也不仅仅是行政领导,就是我们一线的中小学教师也有相当一部分说不清、道不明教研为何物。

曾记否,上海在2009年、2012年的PISA(国际学生评估项目)测评中连续取得第一,引发了包括欧美在内的世界各国对中国基础教育的关注。由于上海PISA测试连续两届摘冠,国内外教育界普遍认识到中国教研工作和基础教育质量的联系。正如程介明先生所指出的:"中国教师经常地、有组织地进行专业的研讨与提高,也是其他国家难以比拟的。例如学校有教研组,政府教育部门有教研室。这与许多地方的教师,需要个人应付多个课程、课时繁重,不可同日而语。同样,我们自己习以为常的,在别的国家很难实现。"②可以说,自中华人民共和国成立以来,教研制度为中国基础教育发展做出了独特而重要的贡献。但与此同时,"教研组织及其成员的地位和职能不清、不稳、不准的现象一直以来都存在,制约了教研组织和教研工作的发展"③。

---

① 丛立新.沉默的权威:中国基础教育教研组织[M].北京:北京师范大学出版社,2011.
② 程介明.上海的PISA测试全球第一到底说明了什么[J].探索与争鸣,2014(1):74-77.
③ 杨九诠.中国教研体系的定位与定性[J].教育发展研究,2022,42(8):10-20.(注:《中国教研体系的定位与定性》是课题组阶段性研究成果之一,本节的内容主要来源于该文)

第一章　教科研的历史演进

《教育部关于加强和改进新时代基础教育教研工作的意见》(教基〔2019〕14号)(简称《教研工作意见》)明确指出:"进入新时代,面对发展素质教育、全面提高基础教育质量的新形势新任务新要求,教研工作还存在机构体系不完善、教研队伍不健全、教研方式不科学、条件保障不到位等问题,急需加以解决。"亦可见教研组织的"某种未定状态"①。

因此,进入新时代,有必要在立德树人的视域下,研究教科研的历史变迁。

一、中国教研的发生

对中国教研的溯源,学术界的观点并不一致,总体看有两类观点:一类是中国教研来自本土实践,清末、民国时期已经"逐渐探索形成了较为体系化、制度性的教研经验",这类观点以卢乃桂和沈伟,以及郭华、刘月霞等为代表;另一类是中国教研是"借鉴和学习苏联教育经验",亦即"以俄为师"的结果,这类观点以顾明远、梁威等为代表。

这两类观点似乎并不兼容。卢乃桂和沈伟是在对中国教研员职能的历史变迁的考察中得出"中国教研员并非'以俄为师'而产生"②。郭华认为:"事实上,中国学校的教研室至少在二十世纪初就存在了……可以说,教研组尤其是教研活动的目的和过程,正是中国自己创造的。"③刘月霞以专文《追根溯源:"教研"源于中国本土实践》④梳理晚清和民国时期的历史史料(包括校史档案),对"简单地把'教研'归于'苏联'血统"的观点提出了疑问。与主张"本土实践"相对的"以俄为师"的观点中,顾明远先生认为:"我国的教研制度是为了适应我国中小学教育发展需求,借鉴苏联的经验,在不断深入研究、指导我国中小学教育教学的过程中创立、完善和不断发展起来的,是中国特色社会主义教学管理制度的重要组成部分。"⑤为了辨明正误,顾先生在"新时代教研发展公益论坛"的报告中讲道:"附带说一句,有些学者认为,中

---

① 杨九诠. 中国教研体系的定位与定性[J]. 教育发展研究,2022,42(8):10-20.
② 卢乃桂,沈伟. 中国教研员职能的历史演变[J]. 全球教育展望,2010,39(7):66-70,88.
③ Guo H. Teacher professional development in elementary and secondary schools in China[M]// Peters M. Encyclopedia of teacher education. Singapore:Springer,2019:3.
④ 刘月霞. 追根溯源:"教研"源于中国本土实践[J]. 华东师范大学学报(教育科学版),2021,39(5):85-98.
⑤ 顾明远. 提高教学质量的有力保证[Z]. 北京市海淀区教师进修学校(内部资料),2021.

国教研思想古已有之,民国时期也有督学、有视学,指导中小学教学。但不可否认,教研制度化是在建国之初,是学习苏联建立起来的。民国时期的中小学校里何来学科教研组,何来集体备课?有教研思想与建立制度化教研室,建立制度化教师进修学校,要有一个认识过程和制度化过程。"①梁威等人的《撬动中国基础教育的支点——中国特色教研制度发展研究》一书中第一章《初创期(1949—1956)》的副标题直接就是"从无到有",这也就意味着在主张"以俄为师"的同时否定了"本土实践"的观点。

杨九诠先生认为,"本土实践"与"以俄为师"两类观点乃是兼容的。他强调"这并非简单的折中之论"。首先是因于历史之事实,均有充分的史实与史料支撑,二选一殊难劝服对方;其次,它们均可获得历史逻辑的证明。一般来说,通常会认为"本土实践"是内生的,"以俄为师"是外发的。其实,"本土实践"是内生的,也是外发的;"以俄为师"是外发的,也是内生的。②

以下是杨九诠先生的基本论述。

先论"本土实践"。"本土实践"确乎是内生的,但另一方面教研乃因于直接源自欧美与日本的新学制、新学科、新教育,没有新学制、新学科、新教育便不会有教研。对此,胡艳《民国时期我国中小学教师的学习研究组织及其活动》一文有详述。现代学制始于1904年清政府的《癸卯学制》。"新教育推行最大的问题之一是师资问题。晚清的新学堂多由书院、私塾改良而成,其师资主要由塾师、山长组成。据统计,1907年全国有小学教员10429人,其中未毕业或未入新式学堂者达60.27%。'绝大多数教师仍以传统的教学内容、教学方式从事小学教育'。这种情况一直延续整个民国时期,甚至到了新中国建立初期。"面对新学制、新学科、新教育,师资队伍和教学状况存在很大的问题,"学校初建,受过师范专业训练的教师少之又少""中小学教师亟需掌握、规范现代教学技能"。黄炎培在《考察本国教育笔记(安徽、江西、山东等)》指出,私塾先生为教师的,"不惟教授法无可观,即其思想亦少嫌陈腐","比如作文命题,往往是三代秦汉间史论,其所改密,往往是短篇之东莱博议,

---

① 顾明远.提高教学质量的有力保证[Z].北京市海淀区教师进修学校(内部资料),2021.
② 杨九诠.中国教研体系的定位与定性[J].教育发展研究,2022,42(8):10-20.

而其评语,则习用于八股文者为多"。1911年《组织各种学堂职员联合会案》①指出:"谋教育之进步,以身任教育之人联合研究为最要。盖身任教育者,对于其职务必有感受困难之处,彼此切磋则困难解释,而教育得进一步;亦必有堪以自信之处,一经比较,或转未能自信,亟谋所以改良,而教育又进一步。若其为同等之学堂,则凡学级之编制、学科程度之支配、教科书之采用,以及教授管理诸方法,尤宜共同讨论,互师所长,则组织各种学堂职员联合会,其必要矣。"教研及教研组织,从"本土实践"看,乃是内在迫切需求;从新学制、新学科、新教育看,则是外在迫切要求。

再论"以俄为师"。"以俄为师"确乎是外发的,但从社会主义道路与制度的选择看,教研具有内生性。1949年6月,毛泽东提出"必须一边倒",这个"一边倒"就是"倒向"苏联。1949年10月,刘少奇提出"必须'以俄为师',学习苏联人民的建国经验"。顾明远先生在《论苏联教育理论对中国教育的影响》一文中指出:"两国都是中央集权的国家。国家统一领导教育事业,处处强调集中统一。教育决策都是行政化,缺乏科学的民主的咨询机构和决策机构。全国统一的专业,一套教学计划、一套教学大纲、一套教材,认为是理所当然的事。教研室(组)的组织,也符合把教师组织起来,'党支部建在连队'的原则,便于管理和领导。"可见,一方面固然是"以俄为师",另一方面中国教研与苏联教研具有同质同构性,基于新中国的社会主义道路与制度选择而论,教研具有内生性。与顾先生"党支部建在连上"的观点相映的是陈桂生先生"为人民服务"的观点。陈先生认为,"教研员原是从西方引进的概念。不过在世界绝大部分地区教育行政机构中,并不如我国这样有庞大的教研员编制。个中缘由,在于现代各国基本上实行校长负责制,校长由行政机构授权依法管理学校行政事务,并由此形成一条不争的常规,即'教育行政机构不得干预学校内部教学事务'。在我国,同样实行校长负责制,校长同样依法管理学校事务。问题在于我国行政机构的特点是以'为人民服务'为基本信条,校长同样如此,虽然同样依法管理学校,由于法律条款以防止与制止违法为限度,而行政事务,其中包括学校内部在法律条款限度以外,存在较大

---

① 杨九诠先生原文为《组织各种学堂员联合会案》,此处为作者根据上下文将"学堂员"改为"学堂职员"。

的空间,也就存在学校为学生服务的空间以及教育行政机构为学校服务的空间。这种服务可能成为对学校内部教学事务的干涉,更可能促进学校教育事业的发展,唯其如此,在各级教育行政机构中才有一定数量的教研员编制。"陈先生的这段话尤能体现教研组织和教研文化之于社会主义政治制度的内生性。综合顾明远、陈桂生二位先生之论,教研之于新中国社会主义教育亦具内在的"其必要矣"。①

二、中国教研的发展

自中华人民共和国成立以来,基础教育教研工作经历了初创期、发展期、挫折期、恢复期、规范期、完善期,逐步建立了中国特色的教育教学研究机制。自20世纪50年代以来,基础教育教研工作围绕不同时期教育教学改革与发展的主要任务和特定需求,在教育教学实践研究、教育改革决策咨询、教师专业发展、教育质量监测等领域,发挥了不可替代的作用,进入新时代这种作用尤其突出。

现以发展阶段的几个关键的政策文本为要,加以概述。

1. 1955年《各省市教育厅局必须加强教学研究工作》

1955年11月,时为中央教育部的机关刊物《人民教育》上发表了题为《各省市教育厅局必须加强教学研究工作》②的文章。文章指出:"为了厅、局长便于领导,使它成为厅、局长领导教学的一个有力助手,我们认为设立设置教学研究室是比较合适的。"教研机构的"几项主要工作"应该是:"(一)了解教学情况,检查教学质量;(二)搜集、研究、总结和推广教学经验;(三)组织和领导教学研究会。"该文被认为是我国第一个比较规范和系统的专门性教研工作文件。③ 这一工作文件是在全国各省市广泛实践的基础上形成的。1949年,上海市教育局就设立了教学研究室,负责指导中小学教学研究工作。1953年,河南省在教育厅"编制内"设立教学研究室。1954年,黑龙江省教育厅设置了教学研究室,负责中小学和师范学校的教学研究工作。1954年,贵州省教育厅增设教学研究室。1954年6月,北京市委下发《关于提高北京市

---

① 杨九诠.中国教研体系的定位与定性[J].教育发展研究,2022,42(8):10-20.
② 各省市教育厅局必须加强教学研究工作[J].人民教育,1955(11):17-18.
③ 董绍才.基础教育教研室制度创新研究:基于山东的案例[D].上海:华东师范大学,2009.

中小学教育质量的决定》,提出市教育局应设立专门机构或专人负责管理教学研究和教学指导工作。《人民日报》随即于同年 6 月 28 日刊发该决定,直接推动了各地教研机构的建立,《人民教育》的《各省市教育厅局必须加强教学研究工作》的发布亦直接受此推动。"虽然成立的具体时间不一致,但各地成立教研组织的背景和操作程序基本都是一样的。这一时期各地成立的教研室基本都为行政机构,隶属于教育厅(局),其人员编制、经费来源等都具有很强的行政色彩。"①

2. 1990 年《关于改进和加强教学研究室工作的若干意见》

1990 年 6 月,国家教育委员会(简称"国家教委")颁布《关于改进和加强教学研究室工作的若干意见》,这是第一个以教研室为主题的正式文件。文件明确指出:"教研室是地方教育行政部门设置的承担中小学教学研究和学科教学业务管理的事业机构",其基本职责包括研究教育思想、教学理论、课程设置、教学内容、教学方法、教学手段和教学评价等;为教育行政部门决策提供依据;组织编写乡土教材和补充教材;组织教改实验、探索教学规律、推动教学改革;指导和帮助教师开展学科课外活动;组织对学科教学的检查和质量评估,研究考试方法的改革等。1993 年 8 月,国家教委印发《全国省级教研室主任会议纪要》(简称《纪要》)。《纪要》指出:"国家教委 1990 年下发的《关于改进和加强教学研究室工作的若干意见》在实践中发挥了重要的作用,至今仍是加强教研室建设,搞好教学研究的指导性文件。"在布置要重点做好的几项工作中,提到教研室要"在教育行政部门领导下""配合""有关处(科、股、室)",搞好九年义务教育课程方案的学习与研究、新教材培训、课程实施和教学指导,推进普通高中课程与考试两项改革,加强教材研究与建设,改进教学评价工作,进行教改实验,总结推广教改经验等工作。

3. 2019 年《教育部关于加强和改进新时代基础教育教研工作的意见》

2019 年 11 月,教育部印发《教育部关于加强和改进新时代基础教育教研工作的意见》(简称《教研工作意见》),对新时代基础教育教研工作进行了全面规划和整体部署。《教研工作意见》作为《中共中央 国务院关于深化教

---

① 梁威,卢立涛,黄冬芳.撬动中国基础教育的支点:中国特色教研制度发展研究[M].北京:教育科学出版社,2011:23.

育教学改革全面提高义务教育质量的意见》(2019年6月23日)的配套文件,充分说明教研工作对于提高基础教育教学质量具有重要的支撑作用。文件明确指出:"按照《中共中央 国务院关于深化教育教学改革全面提高义务教育质量的意见》要求,进一步完善国家、省、市、县、校五级教研工作体系,有条件的地方应独立设置教研机构,暂不具备条件的地方应在相对统一的教育事业单位内独立设置,形成上下联动、运行高效的教研工作机制。各级教育行政部门要加强对教研机构的组织领导……形成以教育行政部门为主导、教研机构为主体、中小学校为基地、相关单位通力协作的教研工作新格局。"

自20世纪50年代中期以来,我国省、市(地)、县(区)三级教研体系就已逐渐成熟。①《教研工作意见》首次以文件的形式明确提出"五级教研体系",体现在从"顶天"到"立地"的全系统构建。"顶天"是指第一次以文件形式正式明确了教育部基础教育课程教材发展中心在全国教研工作体系中的指导地位。2012年首届全国教研系统负责人联席工作会议,建立年度例会制度,以基础教育二司为行政领导单位,以课程中心为业务指导机构,以各级教研机构为工作主体的教研工作系统基本建立。《教研工作意见》对此以正式文件的形式加以确定,从而彻底解决了教研系统俗称的国家层面"没有娘家"的问题。"立地"是指文件在第二部分"完善教研工作体系"专列第五条"强化校本教研",将校本教研纳入教研工作体系中。中华人民共和国成立初期,国家就十分重视学校层面的教学研究工作。1952年教育部颁布《小学暂行规程(草案)》和《中学暂行规程(草案)》,首次提出中小学建立学科教学研究组和教学研究例会制度。1957年教育部颁布第一个以教研组为主题的正式文件《中学教学研究组工作条例(草案)》及其说明,进一步明确教研组的性质是开展教学研究的非行政组织,任务是组织教师进行教学研究工作,总结、交流教学经验,提高教师思想、业务水平,以提高教育质量。"校本教研"是新世纪基础教育课程改革对学校教研工作与时俱进的表述。2002年教育部发布《教育部关于积极推进中小学评价与考试制度改革的通知》,正式提出"学校应建立以校为本、自上而下的教学研究制度,鼓励师生参与教学改革,从改革

---

① 王艳玲,胡惠闵.从三级到五级:我国基础教育教研制度建设的进展与问题[J].全球教育展望,2020,49(12):66-77.

实践中提出教研课题",其中"自上而下"是就学校内部来说的,将学校层面教研工作纳入教研体系则正式始于《教研工作意见》。

有学者研究了改革开放三十年教师教育科研的变迁进程,认为"在研究取向上,从一统走向校本;在研究目的上,从应用走向开发;在研究范式上,从定量走向定性;在研究问题上,从宏大走向具体;在研究动力上,从外推走向内发;在研究成果形式上,从单一走向多元的转变;在研究成果运用上,从固化走向灵活。这些转变,使中小学教育科研步入一个新的台阶"①。对中小学教师而言,这里已经把教研和科研视为教科研一体了,反映出来中小学教师教育科研活动产生的一系列变化。

其实教研在我国一段时期还是处于"悬空"状态,省、市、县(区)都设立专门的教研部门,但向下的基层学校没有专门的教研部门,向上的国家层面没有专门的教研部门。直至2012年算是向上找到了"娘家",教育部基础教育课程教材发展中心组织召开首届全国教研系统负责人联席工作会议,建立年度例会制度,研讨教育改革新形势,规划教研工作新方向,明确教研工作新思路,交流教研工作新经验,深化教研领域新改革。连续召开的四届联席会议先后关注"深化基础教育课程改革""落实立德树人根本任务""做好'十三五'发展规划"等主题,并就教研工作如何在深化教育领域综合改革、落实立德树人根本任务、完善课程育人环境、推进课堂教学改革、破解考试评价难题、提升教师专业素养等新形势下,更好地服务教育决策、推进教育改革、促进教育内涵发展等,面临许多新挑战,提出教研工作亟待转型发展的要求。

第二节　科研与教研的异同

明晰中国教研的来龙去脉,是认识教研的前提。但究竟什么是教研?类似的,什么是科研?教研与科研的区别和联系在哪里?这些仍然是我们基础教育一线工作者普遍感到困惑的问题。这一系列关于教研和科研的困惑,也

---

① 郑金洲.教师教育科研三十年的变迁进程[J].上海教育科研,2008(10):13-15,27.

是我们中小学学校比较关心的热点话题。

尽管我们的许多中小学学校对教研和科研越来越重视,但还有相当一部分中小学学校对教研与科研工作认识不清,定位不准,思路不明,视教研为科研,把科研当作教研,或者重视教研轻视科研,或者教研与科研混为一谈,或者教研与科研人为地分割开来,等等。中小学教师对教研和科研的认识和定位不清晰,导致了学校的教研和科研工作比较被动。因此,非常有必要厘清教研和科研的内涵、联系和区别。

有研究指出,我国基础教育教研工作的发展具有明显的时代性、延展性、建构性和创新性特点。时代性是指教研工作的方向与主题依次是"改进教学""恢复教学秩序""贯彻九年义务教育""深化课程改革""落实立德树人",先后聚焦特定时期国家教育改革方针政策和教育教学热难点问题,保障教育教学改革的科学性、实效性。延展性是指教研工作的职责任务由初创时期的"课堂教学研究指导"延续、拓展到教学研究、课程开发、教师培训、教材编写、考试命题、质量监测、决策咨询等领域,教研工作的平台、机遇与挑战同步剧增。建构性是指教研工作的组织建设与规划具有学校试点、区域跟进、系统构建、规范提升的特点,明确各级教研工作的职能定位,便于分工协作。创新性是指教研工作的方式方法、思路规划、工作机制等具有浓郁的中国特色和区域特征。这些成果,为基础教育教研工作的转型发展提供了基点、参照和启示。

自20世纪70年代末80年代初,基础教育界提出"科研兴校""校兴科研"以来,中小学教师从事教育科研越来越受到关注和重视。实践表明,中小学教师的教育科研极大推动了学校变革,越来越逼近中小学教育教学的实际。有学者回顾教师教育科研的发展历程,将其概括为三个发展阶段:20世纪80年代初的倡导阶段、90年代的兴起阶段、21世纪的勃兴阶段,并且分析了各个阶段对教师教育科研的关注点。学者认为,20世纪80年代提出教师为什么要从事教育科研,90年代提出教师需要从事什么样的教育科研,现在则关注教师如何做好适合自己的教育科研。20世纪80年代初对教师教育科研的关注,一方面是恢复"文革"前中小学教师从事教育科研的传统,用科研支撑教育教学活动,积累教育教学经验,提升教育教学规律;另一方面是要扭转片面追求升学率,进一步端正教育思想,就需要借助教育科研来探索新路,转变原有的教育教学方式。当时探讨较多的命题是,教师从事教育科研的必要性与紧迫性,主要是在思想观念上引导教师关注教育科研。在这种研究的推动下,教师从事教育科研不再是陌生的话题,从事教育科研成为一种可以接受的活动。20世纪90年代的大多数时光,教师是在从事非校本的教育科研中度过的。80年代的"思想启蒙",让教师重新认识了研究的价值与意义,不少教师也开始投身于教育科研活动,但从总体上看,这种科研活动是在外在于学校的视野下进行的。没有把注意力集中在自身教育教学实践上,没有把改进学校生活实践、解决教育教学问题作为研究中自觉追求的对象。20世纪90年代末的新课程改革,使教师教育科研认识到了"校本",研究是为了学校、在学校中、基于学校的理念得到了确立。研究不能外在于学校进行,不能脱离学校实践进行,不能游离于本职工作,成为教师的共识。①

一、教研与科研的内涵

教研与科研,从广义的角度出发,内涵是基本一致的。一般而言,教育研究包括教学研究(教研)和教育科研(科研),两者都是基于对教育教学中问题的研究,都归于一个"研"字。

1. **教研的内涵**

教研即教学研究,是指总结教学经验,发现教学问题,指导教学方法。

教研,是现代教学研究工作的简称。它以党的教育方针为依据,以现代教育思想为指导,以国家统编教材为蓝图,围绕"教师怎样教,学生如何学"等而开展业务性研究活动。教研活动的主要目的是切实提高教师的课堂教学水平和课程实践能力。因此,教研的重点必须放在课堂教学中教师所遇到的实际问题上,着力研究教师教学方式和学生学习方式。常见的教研方式有专题式教研(集体备课)、问题式教研、互动式教研等。专题式教研(集体备课):在个人备课的基础上,教研组围绕一个专题(一篇课文、一个章节的内容)进行深入的研究和讨论。问题式教研:针对自己教学中遇到的困难,利用教研的机会提出,大家集思广益共同研究解决的办法。互动式教研:组内教师上研讨课,上完课之后,由授课教师进行自我反思,然后,听课教师和授课

---

① 郑金洲.教师教育科研三十年的变迁进程[J].上海教育科研,2008(10):13-15,27.

教师进行互动交流。从以上几种教研方式来看，教研大多是在课堂实践后开展。即便是专题教研，也是在个人备课的基础上进行的。因此，教研强调反思，在反思中螺旋式提升教育教学水平。

　　河南省郑州市教科所胡远明先生在"老胡聊科研"公众号上，对"教研"进行了更为详细的解读。他认为，教研的内涵应包含着三个方面的主要内容。一是指对日常学科教学工作经验的总结与分享。对每一名教师来说，个人的教学经验是一笔宝贵的财富，需要及时总结。在教研活动中，大家彼此分享教学经验，促进共同的专业成长。二是对学科教学中具体的教学现象和出现的实践问题而进行的微观研究活动。这种教研活动实质上就是具体的学科教学研究活动，教研的内容直接来自日常教学实践中的实际问题，教研的成果直接为日常的教学实践服务。三是指学科教学方法的指导。对于中小学一线教师尤其是年轻教师来说，最缺乏的不是学科知识内容，而是如何把学科知识内容有效地传授给学生。那么，教研活动就是中小学教师进行学科教学方法学习或完善改进的途径，当然也可以邀请有经验的教师或教研员进行教学方法的指导。因此，中小学校的教研活动是经验总结分享、微观研究和教学方法指导的有机结合，是集群众性、普及性和实践性于一体的常态化教学研究活动。[①]

　　著名教育家马卡连柯曾经说过："如果有五个能力较弱的教师团结在一个集体里，受着一种思想、一种原则、一种作风的鼓舞，能齐心一致工作的话，那就比十个各随己愿地单独行动的优良教师要好得多。"马卡连柯在这段话里特别强调了"群体效应"。在理论上，几乎所有的教师都承认这个观点是正确的；但在实际教育教学工作中，不乏"每人一把号，各吹各的调"的现象。就中小学校而言，教研活动就是一种常态化的学科教学分享、研究和指导活动，以促进全体学生的健康发展和全体教师的专业成长为目的，以各学科的课程内容和教师日常教学过程中所遇到的各种具体教学问题为研究对象，以广大教师为主体、以有经验的教师或教研人员为指导的实践性探究活动。换言之，这里所说的教研更倾向于大家所熟知的校本教研的意思。

　　[①]　胡远明. 教研＝科研？谈教研与科研的区别与联系（上）[EB/OL].（2019－06－08）[2024－06－08]. https://mp.weixin.qq.com/s/kn03O1zNSrUa7M8ie-5mlg.

2. 科研的内涵

科研是以教育理论为武器、以教育现象为对象、以科学方法为手段,并遵循一定的研究程序,有目的、有计划地获取新的教育科学规律性知识为目标的创造性实践活动。

科研,是教育科学研究的简称。教育科研是运用教育理论去研究教育教学现象,探索新的未知的规律,以解决新问题、新情况的科学实践活动。教育科研是有目的、有计划、连续和系统地探索教育教学规律的活动。它借助教育理论,运用相应的科研方法,最终提出的必然是新经验、新方法、新理论,具有普遍推广价值和指导作用。科研的载体之一是课题,课题即研究项目。科研强调预思,也就是对问题要提前思考,超前设计,有目的,有计划,有超前意识,所以它是一种预先设计好研究方向的活动。常见的教育科研有三种类型。一是基础性研究。其主要目的在于发现新知识、说明新关系、探索新规律,重在原理、理论、规律等方面有所发现与推进。它是在教育实践基础上,利用科学研究方法,认识和剖析各种教育现象,探索教育的本质和规律,形成较系统的基础理论研究成果。二是应用性研究。其目的在于验证和丰富基础理论,为基础理论研究提供"实验场"。它着重考虑如何将基础理论研究成果与教育实践联系起来,开辟应用的途径,用实践进一步深化和丰富基础理论。三是开发性研究。其目的在于解决实践中的问题,带来实践形态的新变化。它是在应用研究的基础上运用现有的研究成果,拓展知识,开辟新的应用领域。中小学教育科研主要是应用性研究。

在科研过程中,研究者以科学的态度和方法系统地研究教育现象,提炼教育经验,发现教育规律性知识。因此,相对于教研来说,科研是一种较高层次的研究活动。我国著名教育家李镇西曾经说过:"把难题当课题,是最真实也最有价值的教育科研!"科研不是做给谁看的,而是我们教育本身的需要,或者它就是教育本身。对于我们中小学教师来说,科研就是基于自己日常教育教学过程中的问题解决过程。

事实上,在我们日常教育教学的过程中,科研是无处不在的。正如现代教育家陶行知先生所言:"所以处处是创造之地,天天是创造之时,人人是创造之人,让我们至少走两步退一步,向着创造之路迈进吧。"①比如,发现了课堂教学中存在的问题,发现就是科研;反思了课堂教学的行为有改进之处,反思就是科研;整合了国家课程、地方课程和校本课程,整合就是科研;调整了课堂教学的方案设计,调整就是科研;优化了作业设计与实施的方法,优化也是科研……显然,科研就在我们身边,科研就是我们日常教育教学工作的重要组成部分。当然,也不可否认,课题研究是我们中小学教师科研的一种主要方式。但诸如教学反思、课堂观察、案例分析、教育叙事等,也都属于科研的方式。

二、教研与科研的区别

教研与科研虽然都有一个共同的关键词——研究,但它们之间还是有一些区别的。

结合基础教育教研与科研的现实背景,以及教研和科研的内涵界定,我们认为,一般来说,教研与科研二者之间存在一定的差异性。总的来说,体现在以下三个方面:

一是教研侧重于实践,科研侧重于理论。教研的关注点在课堂,侧重于课堂教学的研究,关注的是具体的课堂教学实践活动。而科研的关注点在于结合教育教学现象,探索教育教学的规律,归纳出具有普遍价值的方式方法,并进行推广。

二是教研侧重于反思,科研侧重于预思。教研一般是在教学实践结束之后进行,重点在于总结实践活动中的经验,查找不足之处,为今后的活动提供借鉴和参考。教育科研是有目的、有计划、连续和系统地探索教育教学规律的活动,首先要设计活动方案,包含研究目标、研究内容、研究方法等,依照一定的步骤进行,用实践去验证设想、总结经验,以取得理论成果,进行辐射和推广。

三是教研侧重于学科教学,科研侧重于教育问题。教研范围较窄,更多的是学科教学领域,用学科专业知识和教学法、教育理论指导教学的工作,往往仅关注本学科、本学段。教育科研的范围非常广泛,它包括所有有关教育方面的宏观和微观的问题,即使是教学问题,也是聚焦于一类问题,而不是局

---

① 陶行知.炉边独语:陶行知散文精选[M].济南:泰山出版社,2023:196.

限于一个具体问题。具体表现在以下五个方面：

一是它们的研究范围不同。

相比较而言，教研的研究范围要小一些，而科研的研究范围要大一些。一般来说，中小学校教研活动的主要研究范围包括日常的教学内容、教学方法、教学设计、教学过程、教学手段、教学评价、课程建设，以及教学工作的组织与管理等教学领域的真实、具体问题，教学以外的内容一般不属于教研范畴。因此，教研的研究范围通常都是直接来源于学校日常的教学活动实践本身。这也说明教学研究大多属于微观的研究。

科研的研究范围相对来说就比较大，既有微观的研究，也有宏观的研究；既有教学方面的研究，也有教育方面的研究，诸如班级管理、心理健康、招生考试、社团活动、学生发展、教师成长等方面的研究。一句话，科研的研究范围涵盖了一切教育现象和教育过程，不仅包括教育理论的研究、教育政策的研究，还包括教学实践的研究；不仅要研究教育的过去、现在，还要研究教育的未来和发展方向；等等。由此可见，科研的范围要比教研的范围大得多，教研范围大多情况下只属于科研的微观研究方面——教学研究。换言之，对于中小学而言，科研包含教研，教研只是科研的一部分。

二是它们的研究方式不同。

中小学校的教学方式一般有三种。一是校本教研。这种教研方式基本是学校每周安排的固定教研活动，各教研组在教研组长的带领下，围绕某个教研主题组织教研活动，集中进行交流和研讨。二是区域教研。一般是上级（县市区）教研部门组织的教学指导活动，如各种赛课活动、听课评课活动、课程培训活动、教学视导活动、教学质量分析等，这些区域教研活动一般都是按照上级教研部门组织要求进行的。三是群众性教研。主要包括学科组外出教研或者培训活动、各种共同体组织的教研活动，以及联片听评课观摩活动等，这些群众性的教研活动相对是比较分散的、个体的，或者是一种非正式的共同体活动。上述这些教研方式，主要以集中交流、平等对话、经验分享、专家指导等方式进行。

科研方式也是多样化的。其中课题研究是一种主要的科研方式，除此以外，中小学教师的科研方式还包括教学反思、课堂观察、案例分析、教育叙事等多样化研究方式。课题研究时间比较长、难度也比较大，是教师解决日常教育教学过程中遇到的实际问题的重要研究方式。课题研究一般包括发现问题、确定选题、制定方案、实施研究、中期评估、结题鉴定等多个环节，是一种有目的，有计划，方法科学、系统的研究活动，是一个相对比较完整的连续性活动过程。教学反思、案例分析、教育叙事等研究方式，则相对比较简单、灵活、便捷，而且也较为容易操作和把握，从某种意义上来说，课题研究过程中也要用到这些研究方式，它们与课题研究是相辅相成的。

三是它们的研究方法不同。

一般来说，教研活动往往都是教师自己在日常教学活动过程中遇到的具体实际问题的研究，如教学方法、内容遴选、教学环节、教学设计、教学评价、教学手段等微型研究，可以通过自我反思、专家指导以及文献研究等方式进行。所采用的研究方法大多是行动研究法，基本都是应用性研究，即对已有的教育规律或教学成果的运用和实践研究。除行动研究法外，中小学教师在教研活动中还常常运用案例研究法。这两种研究方法是教研活动常用的研究方法。

由于中小学教师的科研活动研究范围比较大，因此，其研究方法也比较多。其中，经常使用的研究方法主要有文献研究法、调查研究法（包括观察法、访谈法、问卷法）、个案研究法、比较研究法、行动研究法等。对于一个课题而言，所使用的研究方法可以是一种，也可以是多种研究方法的有机结合。

由此可见，教研的研究方法相对比较单一，而科研的研究方法相对丰富一些。当然，无论是教研活动还是科研活动，研究方法都是根据研究活动本身的研究需要而选择的，并非越多越好。

四是它们的成果形式不同。

中小学学校的教研活动，往往是中小学教师对日常教学活动过程中的某一种教学方法、某一点教学内容、某一个教学环节或某一课教学设计等方面问题的具体研究，属于微型研究。这类微型研究，主要体现为教师对自己原有教学方法、教学内容、教学环节、教学设计及教学评价等内容进行完善和修改，使之更加趋于合理、科学、丰富。因此，教研的成果形式，一般表现为教学经典课例、教学优化设计、教学方法改良、教学工具研制、教学经验总结、教学管理方式重构等。这些形式的研究成果，通常大多是来自日常的教学实践，因此，也可以直接运用到日常教育教学实践活动之中，及时改进教学工作，以此促进教育教学质量的提高。

中小学校的科研活动形式是多样的,其研究活动主要包括课程思政的探索过程、教育教学实际问题的解决过程、教育教学一般规律的揭示过程、校本特色课程体系的建设过程、课堂教学模式和流程的建构过程、教学资源和教学工具的开发过程、教学评价体系的构建过程等。科研活动形式的多样化,为中小学教师教育教学活动增添了无穷的魅力。因此,科研成果的形式主要表现为研究报告、论文论著、影像资料、典型案例、标准文本等。

五是它们的组织机构不同。

由于工作性质有一定的差异,一段时间以来,教研活动和科研活动的组织机构也有所不同,基本上分别由不同的组织机构组织开展教研活动与科研活动。

教研活动一般由各级教学研究室(简称"教研室")负责。我国中小学目前实行的是三级教研制度,即省、地(市)、县(区)三级教研室,每一级教研室一般都配有专门的研究和指导教学的人员——教研员,各中小学校也相应成立了教导处或学科教研组。各级教研室的主要职责是组织和指导教师开展教材教法研究、推动教学改革实验、组织教师培训学习活动及开展经验交流等教研活动。教研活动一般都是以学科为单位,以各级学科教研员或学科教研组长为主要负责人,合理、科学、有序地组织中小学各学科教师开展教研活动。

科研活动一般由各级教育科学研究所(简称"教科所")负责。目前,我国的科研组织机构有四级,即国家(中国教育科学研究院)、省、地(市)、县(区)四级教科所[教科院或教科室,也有的在"教师发展中心(学院)"或"教育管理中心"内设置的,还有的称为"教师研修学校"],并配备了专门的科研员(研究员),大部分中小学也都相应地成立了教科室(也有的是"学术部"或"教师工作处")。当然,有相当一部分设区市将"教研室"和"教科所"合并在一起,称为"教科院",部分县(市、区)没有设置专门的科研组织机构,但安排有专门的科研负责人。教科所(教科院或教科室或教育科研信息中心)的主要职能是紧跟教育形势,瞄准教育前沿,揭示教育规律,解决教育热点和难点问题。做好三个服务工作,即服务教育改革发展,服务办学水平提升,服务教师专业成长。因此,科研活动一般由各级教科研部门负责,以各级科研员(研究员)为主要负责人,对中小学校进行科研的普及、指导和管理工作。

三、教研与科研的联系

尽管教研与科研在很多方面存在差异,但这种区别是相对的,因为教研与科研共同作用于中小学校的日常教育教学工作,所以二者应该是密不可分的一个有机整体。教研是基础,科研是促进,教研与科研不仅是中小学校教育教学发展的"双翼",更是促进广大教师从"经验型"教师走向"研究型"教师的可行而现实的路径。

从行政部门到普通教师,对于教研和科研的认识,普遍存在较多误区。因此,在了解它们的联系之前,我们有必要澄清一些认识上的误区。

一是认为教研与科研等同。一些教师简单把教研等同于科研,认为科研就是把自己的教学活动贴上"研究"的标签,只是在形式上完成了科研任务,实际上并没有理解和掌握教育科研的理论和方法。

二是认为科研和教研是两码事。科研是科研,教研归教研,二者"井水不犯河水""老死不相往来"。似乎教研就是课堂教学和教育实践,科研则是做各级各类课题,做课题就是撰写方案、立项、开题、中期汇报、收集整理资料,然后结题完工。也有教师把论文写作等同于科研,似乎论文写作与教研无关,论文发表只是科研成果。

三是将教研活动主题与科研内容选择相分离。在一线教学中,常常存在教研活动主题与科研内容选择相分离的现象。理想的课题研究应解决教师和学生在教学活动中的实际问题,而不是为课题而课题。理想的教研活动应是有科学依据、有理论支撑,为了解决教学中的热点与难点问题的。只有二者聚焦一点,形成合力,才能发挥出最大的优势。

在中小学校,把教研与科研有机融合,以科研推动教研,以教研促进科研,都取得了显著的成效。教研与科研作为中小学校开展教育教学工作不可或缺的"双翼",有着密不可分的内在联系。

一是它们都是基于教育教学真实问题的研究。

教研活动的研究内容基本都是教师在日常教学活动中遇到的真实而具体的问题研究,如教学方法、教学内容、教学环节、教学设计、教学评价、教学手段、教学资源等实际问题的微型研究。而中小学教师进行的科研活动,一般都是基于教学实践的课题研究,很少涉猎一些宏观研究、比较研究、政策研

第一章 教科研的历史演进

究、理论研究。这样一来,科研活动也是基于中小学教师日常教育教学过程中真实的问题开展研究。由此可见,尽管教研与科研活动的研究范围有大有小,但一般情况下中小学教师都是基于自己日常教育教学过程中实际而具体的问题开展研究,全部属于微型课题研究范畴。

二是它们的研究目的具有一致性。

教研和科研都是学校发展的重要支撑。中小学教师无论是开展教研活动还是开展科研活动,都是为了解决自己在日常教育教学过程中遇到的实际问题。中小学教师在解决实际问题的过程中,可以不断增强自己的问题意识、提高反思能力,最终促进教师的专业成长和学生的健康发展。

三是它们的研究方法具有相似性。

前文已经介绍过,教研活动的一般研究方法是行动研究法。与教研活动比较而言,科研活动的研究方法相对要多一些,但主要研究方法仍然是行动研究法,其他的诸如文献研究法、调查研究法、案例研究法等,也都是基于教育教学实践的研究方法,具有实践的指向性。显而易见,无论是教研活动还是科研活动,中小学教师常用的研究方法都是行动研究法,这也是中小学教师比较适用的研究方法。另外,文献研究法也逐步得到中小学教师的青睐,成为教研与科研活动中常用的研究方法。

四是教研是科研的载体,科研可以促进教研质量提升。

与科研活动相比较而言,中小学教师参加教研活动的频率要远远高于科研活动,因此,他们对教研活动最为熟悉和了解。但不可否认的是,也有一部分中小学存在"教而不研"的现象,教研活动形同虚设,教研作用没有得到充分发挥。显而易见的是,作为常态化的一种研究方式,教研活动的实践性指向非常明显,往往以集中交流、平等对话、经验分享、专家指导等方式进行。著名教育家苏霍姆林斯基启示我们,教师必须学会通过教研活动来提升自己的整体素质,教师完全可以通过教研活动来重塑自己的职业形象,教师有机会通过教研活动来形成一种新的工作与生活方式,教师应善于在和学生一起成长的过程中完善自我、成就事业。在教研活动过程中,教师的教学理念得到更新、教学方法得到改进、教学过程得到完善、教学评价得到优化等。但我们也发现,在一些教研活动中,只是其中的一部分问题可以得到及时有效的解决,仍有很多问题难以解决,当然在教研活动中还可能会产生一些新的问题,显然这些问题是教研活动本身难以解决的。此时有必要借助科研活动来解决,这就成为中小学教师科研活动的研究内容。

  由此可见,教研活动中的问题往往是科研课题的重要来源。换言之,课题来源于问题,没有问题就没有课题,当然,有了问题也不一定就形成课题。可以这样说,教研活动是科研活动的载体,也是科研活动的基础,教研活动为科研活动提供了丰富的研究素材和资源。与此同时,科研活动也有助于解决教研活动中遇到的实际问题,科研对教研具有指导作用,可以通过科研活动来促进教研活动质量的提升。一句话,用教研的实度做科研,用科研的高度做教研。

  五是科研成果的推广需要教研活动。

  对于广大的中小学教师而言,进行科研已经逐渐成为一种常态化的研究方式。经过一段时间的深入研究或者完成一个课题后,往往会形成一定的物化科研成果或者得到一些研究结论和观点,这些物化成果或结论和观点具有较强的应用价值和借鉴意义。如何让这些科研成果转化为教案、转化为舆论、转化为机制而不会被"束之高阁"呢？如何让这些研究结论或研究形成的观点不会"自然消亡"呢？这就需要做好科研成果或者研究经验的推广和普及工作,而推广和普及的最好形式就是教研活动。因为教研活动是对已有教育规律或教育成果的运用,是一种实践性研究,或者说是一种应用性研究。换句话说,中小学教师可以通过教研活动,使科研成果真正能够在日常教学活动中"落地生根",只有这样,科研成果的价值才得以真正体现,这也是教研活动的意义所在。

第三节 教科研的融合视角

  对于中小学教师而言,教研与科研不是"水火不容"的事情,而是"你中有我""我中有你"的。因此,一般把教师的"教研"与"科研"统称为"教育科研",也简称为"教科研"。

  自改革开放以来,教育科研活动发生了很多新的变化,总体上正朝向教育科研主体多元、教育科研形式创新、教育科研内容更实际的方向发展。主要表现在以下方面:在研究取向上,从一统走向校本;在研究目的上,从应用走向开发;在研究范式上,从定量走向定性;在研究问题上,从宏大走向具体;在研究动力上,从外推走向内发;在研究成果形式上,从单一走向多元;在研究成果运用上,从固化走向灵活。这些转变,使中小学教师教育科研步入一个新的台阶。① 但仍存在目标不明确、内容针对性不强、教师缺乏深入参与,导致教研和科研"两张皮"的现象,中小学教师教学与科研活动的有效性整体上还不是十分令人满意的。因此,教研与科研融为一体的教科研整体改革势在必行。

一、教研的转型

新时代我们呼唤教研的转型,更倡导教科研的整体融合。教育部基础教育课程教材发展中心原主任田慧生在《人民教育》2014 年第 22 期发表了《从传统教研向现代教研转变》一文。文章指出:"当前,随着教育事业逐渐转向以促进公平、提高质量为根本标志的内涵式发展阶段,教育发展对教研工作也提出了一系列新的挑战、新的要求。教研工作必须与时俱进,加快改革创新和整体转型。这个转型的核心要求,就是要实现从传统教研向现代教研的转变,向符合时代需要的教研转变,向'以人为本'的教育教学的总体需要转变。"②教研转型的议题由此引发关注。③ 事实上,随着新世纪基础教育课程改革的推进,教研转型已进入探索、实践乃至具体工作实施的过程。正如梁威等指出的:"进入新课改以来,'以课程改革、学生发展为中心'的教研工作思路逐渐取代了'以教材、考试和经验'为中心的思路。"④需要指出的是,教研工作转型并不意味着教研定位与定性的改弦易辙。从现代公共行政学的角度考察,转型并不会带来教研在科层制中存续和运转的"合理性""合法性"的形式要件和规程的缺损或替废。相反,我们应该通过重识与重订,更加认准定位、厘清定性,避免再出现因定位与定性偏移而产生的"异化""泛化""外化"等现象。《教研工作意见》开篇指出的"教研工作还存在机构体系不

---

① 郑金洲.教师教育科研三十年的变迁进程[J].上海教育科研,2008(10):13-15,27.
② 田慧生.从传统教研向现代教研转变[J].人民教育,2014(22):1.
③ 王艳玲,胡惠闵.基础教育教研工作转型:理念倡导与实践创新[J].全球教育展望,2019(12):31-41.
④ 梁威,卢立涛,黄冬芳.撬动中国基础教育的支点:中国特色教研制度发展研究[M].北京:教育科学出版社,2011:250.

完善、教研队伍不健全、教研方式不科学、条件保障不到位等问题",归结起来正是定位与定性的模糊与狐疑所致。

那么中国教研如何转型、转向何方呢？简单地说"兴利除弊"是不够的。原先的"此利彼弊"是整体性的,"彼弊"事实性也是逻辑性地含蕴于"此利"中;转型所期待的"此利彼利"也应该是整体性的,"彼利"也必须逻辑性地含蕴于"此利"中。教研工作的转型,需要纳入教育治理体系与治理能力现代化的框架内加以思考和推进,从而能够在治理的视域促进教研定位与定性的结构性体系的整体转型,逐渐趋向于教科研的融合转型。《教研工作意见》将"校本教研"纳入五级教研体系,并且强调"市、县级教研机构要重心下移""指导学校和教师加强校本教研",已经体现出教科研整体转型的这一要求。将"校本教研"纳入五级教研体系并不是简单的"4+1"的延长与补全。需要注意的是,第五级"校本教研",并没有一个大小相似的"行政机关－教研机构"来承接第四级,而是具有相对独立性的"学校－校本教研"形态。"学校－校本教研"这一组织形态的进入,不仅启发我们进一步准确理解和把握中国教研的定位与定性,同时也对新时期教研工作转型发挥着某种定义作用。关于前者,五级教研体系的第一级到第四级,分别有教研主体与所隶属的行政,行政一条线是行政权力的领导与被领导的关系,教研一条线是业务/专业的指导与接受指导的关系。这一配置虽然总体上可以用韦伯的"官僚制"理论解释,但是仍然体现出与韦伯所论的现代科层制有一定的差异。只是由于对这一制度设置的党政体制的结构性背景认识欠缺,人们的理解与把握似乎还不十分清晰与坚定,以致出现了诸如异化、泛化、外化等现象。将"校本教研"纳入其里的五级教研体系,有一条统摄性的红线,即建立国家课程－地方课程－学校课程的"新的基础教育课程体系",这是1999年《中共中央关于全面深化改革若干重大问题的决定》正式提出的,并成为21世纪基础教育课程改革中大力实施的重点领域。国家课程－地方课程－学校课程,是从课程组织核心的角度划分的,与五级教研工作体系有着纵向平行的关系,其中前者对后者具有统摄作用。

教研转型对教研组织及其成员提出了新的要求和新的挑战。俗话说,"有位才能有为""有为才能有位","位而为"是行政逻辑,"为而位"则是教研逻辑。行政的"位"是实的,官僚制具有严格的组织架构、权力秩序及完善

第一章 教科研的历史演进

的规章制度体系,"官僚制中的各个变量在重复性的运作中寻找自己的位置或价值"①流弊所至,其所"有为"容易造成思维僵化和权力过度集中,这也就是为人诟病的"官僚主义"。教研的"位"是虚的,只有通过积极"有为",才能靠牢和确证自己的"定位"与"定性"。两方面基于教育治理的"虚实结合",乃是"扁平化"向"科层制"的不断嵌入的过程,从而促进教育系统的开放性、包容性和成长性,形成"虚实相生"的新的组织样态。教研转型之"有为",要求教研体系及其成员建立先进的治理理念,改变陈旧的工作方式,变"非官非民"为"亦官亦民",形成与教育治理现代化合辙的运行模式、能力结构和心智模式。教研转型之"有为",要在服务行政与指导教学的结合处,积极摄取和配置各类各级资源,尤其是"重心下移,深入学校、课堂、教师、学生之中",充分吸纳基层学校,尤其是广大一线教师的意见和建议、经验和智慧,从而使落脚在"校本教研"的五级教研体系成为新的、连续的制度表达,也使得中小学教师的教科研整体改革有效落地。

二、政策的导向

其实,国家层面对于教研与科研的一体化早有要求。早在 1999 年颁布的《中共中央 国务院关于深化教育改革全面推进素质教育的决定》就指出,教师"要遵循教育规律,积极参与教学科研,在工作中勇于探索创新"。2001年发布的《国务院关于基础教育改革与发展的决定》也指出,"广大教师要积极参加教学实验和教育科研"。可见,当今教育已赋予广大教师参与教研的责任,并要求教师结合教育教学实践开展科学研究,努力提高教育科研意识和教学研究能力。其基本目标在于研究和解决教学实际问题,总结和提升教学经验,努力把学校建设成为学习型组织。其核心就是教师的专业发展和学生的身心健康发展,这也是立德树人根本任务的具体体现。

在国家政策导向下,专家学者就中小学教育科研的整体改革献计献策。田慧生在《当前我国教育科研面临的形势和任务》②一文中指出:"十三五"期间,教育科研工作应着重于国家重大教育问题研究和重大政策研制、教育政

---

① 王世柱.传统官僚制与理性官僚制的表达与实效分析:基于韦伯理论的展开[J].学术研究,2019(4):49-55.
② 田慧生.当前我国教育科研面临的形势和任务[J].教育研究,2016,37(3):11-18.

策实施情况的监测评估,以及中国特色社会主义教育理论体系、区域教育综合改革经验模式、学校治理体系和治理能力现代化、课程教学改革、重大教育政策解读和舆论引导工作等研究。这是从教育科研宏观层面提出的要求,涉及中小学,但主要以高等院校、教科研机构专门研究人员为主体。又如,江苏省教育厅原副厅长、江苏省教育科学研究院原院长丁晓昌明确指出:根据新时期教育改革和发展的要求,遵循教育科研发展的基本规律,坚持"教育科研为教育决策服务,为改革实践服务,为繁荣教育科学服务"①的指导思想,全面加强教育决策咨询研究,重点培育本土性、原创性的教育理论与实践研究成果,推进全省教育科研工作的整体协调发展。这是从省域层面提出的要求,涉及的主体既有高等院校学者,也有中小学教师。再如,董妍指出,坚持科研引领,改革驱动,以推动区域教育均衡发展为战略目标,积极搭建教育科研与实践融会贯通的平台,构建学生全面发展新机制,实现教师专业成长新突破,打造优质教育内涵发展新亮点,营造教育均衡发展新样态。② 这里的研究主体主要是中小学教师,其主要做法是中小学教科研整体改革实践探索的有效路径。

也有众多专家学者,基本从中小学教育科研现状分析到强化科研的路径、方法等方面给出建议。如,倪娟在《江苏省区域教育科研工作的现状与建议》③中指出:通过对江苏省124个市、县教育科研机构负责人的调研发现,教育科研发展水平与教育行政一把手的重视程度、全局性的教育规划设计、指向学校实践的内涵发展呈正相关,区域教育科研存在教育科研成果评价标准缺失、教育科研区域发展水平失衡、基层教育科研工作研究失度等问题。她提出要加强区域教育科研工作,省级教育行政部门应加强教育科研的顶层设计,县域教育科研机构在运转协调中要有新思路,引导教师以严谨科学的态度开展教育科研;并指出:江苏需要进一步提升基础教育的综合科研能力,在推进教育科研治理方式现代化上下功夫。需要提升全省教育科研的综合实力,全面形成教育科研的特色、优势和品牌,增加科研经费投入,构建以优质

---

① 杨孝如. 教育科研:建设教育强省的重要支撑:专访江苏省教育厅副厅长、江苏省教育科学研究院院长丁晓昌[J]. 江苏教育研究,2015(1):3-7.
② 董妍. 教育科研引领区域教育改革发展:以长春市二道区为例[J]. 吉林教育,2017(29):11-13.
③ 倪娟. 江苏省区域教育科研工作的现状与建议[J]. 江苏教育研究,2017(28):10-15.

教育科研支撑优质基础教育的基础教育科研"新常态",为江苏基础教育的内涵发展和质量提升,为江苏教育现代化做出贡献。再如,张济洲、刘淑芹在《发达国家中小学教育科研改革的举措与经验》[1]中指出:发达国家中小学教育研究改革经验主要包括倡导教师参与科研、中小学教育科研管理制度化、中小学教育研究加强与大学或其他教育科研机构的合作、改革师资培训制度、重视教育科研能力的培养、重视教育科研成果的推广和应用。可以说,发达国家的中小学教师教育科研为我们教科研整体改革也带来了诸多有益启示。

江苏省也有教研与科研整体协调发展的相关具体要求。江苏省教育厅原副厅长、江苏省教育科学研究院原院长丁晓昌明确指出:"要更新理念,加快融合,努力加快科研教研工作的整体协调发展。省教科院要逐步优化和整合科研教研的各项资源,打通研究单位、项目和人员之间的界限,在课题研究、项目管理、课程改革、实践指导等各个方面构建更为紧密、协同发展的工作机制,完善更为科学、激发活力的评价考核和激励机制,鼓励和培育跨领域的创新团队,推进科研教研合作和成果转化,进一步巩固科研教研工作在全国的领先地位。"[2]

三、未来的展望

事实上,中小学教师的教研和科研,虽然二者之间有一定的差异,也存在一些认识误区,但从本质上来讲,二者之间不是"水与火"的关系,而是"水与乳"的关系。水乳交融,才是教研与科研之间应然的状态,教科研一体化也才成为可能。

当前,教研面临新的挑战,随着教育教学改革的不断发展,需要研究综合性、跨学科内容,需要更多地关注生命成长,关注立德树人,仅仅固守在本学科是不合适的,仅仅体现在知识与能力方面的传授和培养是不足的。如何扎实地结合学科教学深入地做实、做细,需要教育科研的加持。教研需要提高

---

[1] 张济洲,刘淑芹.发达国家中小学教育科研改革的举措与经验[J].外国中小学教育,2006(3):20-24.
[2] 杨孝如.教育科研:建设教育强省的重要支撑:专访江苏省教育厅副厅长、江苏省教育科学研究院院长丁晓昌[J].江苏教育研究,2015(1):3-7.

层次,逐步向科研迈进,科研需要蹲下身子,逐步向教研靠拢,教研与科研便会逐步融合。

教研与科研,名称中都有一个"研",即"研究"的意思。按照《现代汉语词典(第7版)》的解释,"研"是指细磨,用的是"分析"的方法;"究"就是要仔细推求、追查,探求事物的本质、规律等,用的是"综合"的方法。研究的过程实际上也是一个追求最优化的过程。

在平时的教育教学工作中,许多教师只处于"研"的状态,而没有进入"究"的境地;只处于浅层次的"教学研究",仅仅针对一个教学内容,进行反思和总结,而没有进入高层次的"教育科学研究"。

教研与科研共同的目的是什么?当然是提高教育教学质量。我们认为,教研是在学科教学层面提升教学质量,而教育科研则是在宏观层面,为教育教学服务,提供智力支持和理论支撑,从更高层次、更广层面上提高教育教学质量。因此,科研应该是朴素的、真实的,它渗透在学校工作的方方面面,为学校各项工作服务,如春风化雨一般,融进我们的教育教学,看不出痕迹,却产生着巨大作用。正所谓大象无形,大爱无言,大雪无痕。因此,教研与科研应该是水乳交融的关系。

当然,完成一项课题研究确实是在做教科研工作,但课题只是一种形式,其本质是研究教育教学现象。如果我们从问题本源出发,就会发现,无论是德育工作,还是教学工作,都要有目的、有计划、连续和系统地开展工作。所以说,教育科研在教育过程中每时每刻发生着。论文其实是教研和科研的副产品,它主要的功能是提升我们的系统思维能力,提高我们的思考力,促进教师的专业成长,反过来又促进我们的教育教学,提升科研品质。

综上所述,我们认为教研与科研应当紧密结合起来,以提高学生综合素质和教育教学质量为主要目的,服务于各种教育活动。教育科研表现在教育教学中,应该是朴素的、真实的。

随着经济发展方式的加快转变和创新驱动发展战略的深入推进,教育的基础性、先导性和全局性作用显著增强,对教育科研也提出了更高要求。走中国特色自主创新道路、实施创新驱动发展战略,关键在于培养大批创新型人才。而培养创新型人才根本在教育,关键要靠教育科研的引领和支撑。但有个核心问题,也是教育最大的短板,即人才培养水平不高,各级各类人才创新精神不强、解决实际问题的能力不够,与国家发展需要还存在很大差距。为此,应该提高教育质量,全面贯彻党的教育方针,落实立德树人根本任务,加强社会主义核心价值观教育。深化教育改革,把增强学生社会责任感、创新精神、实践能力作为重点任务贯穿到国民教育全过程。要想更好地完成这些工作,需要加强教科研整体改革。

基于国家教育改革重大战略需求,结合国家和江苏省"十四五"时期的重点任务,教育在经济发展方式转型过程中有诸多复杂问题亟待破解,特别是在人才培养模式方面,需要不断研究和探索。需要梳理一批专题,包括社会主义核心价值观、中华优秀传统文化、立德树人、创新人才培养体制等,主动去研究,落实、落细、落小。特别是在育人方面,围绕立德树人根本任务,如何让社会主义核心价值观进教材、进课堂、进头脑,都需要教育科研先行探索与实践。因此,指向立德树人的教科研整体改革,实现师生的共同成长,教育科研责任重大,需要进一步加强研究。

改革开放至今,尤其是自党的十八大以来,我国基础教育领域教科研工作获得了长足的发展,取得了显著的成就,教育科学研究水平不断提升,学科教学研究能力明显增强,为推进基础教育高质量发展起到了举足轻重的作用。然而,当下教研科研工作仍存在诸多"难点"和"痛点"问题,促进教研与科研的实质性融合,实现教研、科研方式的根本性转型,构建与新时代相适应的教科研融合发展的体制机制,走出一条适合市情、省情的教科研整体改革的新路径,仍任重道远。

第二章

立德树人视域下的教科研

自"十一五"以来,国家层面关于"立德树人"教育根本任务的总体方向逐渐明晰,《国家中长期教育改革和发展规划纲要(2010—2020年)》及党的十八大、十九大报告中都曾明确指出,立德树人是未来中国教育改革与发展的指南针。2017年9月,中共中央办公厅、国务院办公厅印发的《关于深化教育体制机制改革的意见》提出,要健全立德树人系统化落实机制,将立德树人在实践中实现突破。然而,从教科研工作一线来看,虽然教育科研工作中也有对立德树人的运行机制、实践方略等方面的探索,但大多仍停留于"道"的分析与"术"的解构,而缺乏实践的有效检验,难以实现科研成果的有效转化。虽然各学科教学研究也有立德树人的具体任务,但更多的是停留在德育领域发掘其内涵,尚未触及探索育人规律、破解育人难题、引领育人创新等深层次问题。

教育的根本目标是人的发展,根本任务也是为了人的发展,而教学研究与教育科研工作都应直接指向人的发展。因此,通过教科研整体改革,积极拓宽理论内涵,探索实施路径,进而落实立德树人的运行机制,势在必行。

进入新时代,基础教育工作要求广大教师必须主动承担起教学研究的责任,并结合教育教学实践积极开展教育科研活动,着力提升教学研究与教育科研的意识与能力。而二者共同的核心就是教师的专业发展和学生的身心健康发展,而这也正是立德树人教育根本任务的具体体现。从这个意义上讲,探索指向立德树人的教科研整体改革乃应时之需。

第二章　立德树人视域下的教科研

第一节　教科研的功能与作用

✳✳✳✳✳✳✳✳✳✳✳✳✳✳✳✳✳✳✳

立德树人是教育的根本任务和时代主题,立德树人理念主张为受教育者营造向善的成长环境,通过坚定理想信念、加强品德修养、增强综合素质、完善教育制度来实现"树人"的愿景。立德树人理念指导区域教科研工作的作用主要体现在提升教科研效能上。以"立德文化"树人,促进教师构建全新的教科研生活方式;以"立德思想"铸魂,推动校际教科研的和谐发展;以"立德精神"立制,打造区域教科研的创新样态。

区域教科研是区域教育工作的重要组成部分之一。提升区域教科研工作的效能,离不开立德树人理念的指导。区域教科研部门要基于立德树人的深刻内涵明确具体发展目标,并依据该目标制订区域教科研效能提升计划,在落实计划的过程中实施适切的文化干预,从而发现区域教育实践中的问题,寻求立德树人的思路和解决问题的措施,促进区域教育的高质量发展。

一、指向立德树人的区域教科研整体改革内涵解读

立德树人是将社会道德、国家意志转变为个人素养的根本途径。立德树人的过程就是教育者为受教育者营造向善的成长环境,以促进他们价值观的提升,进而养成高尚德行,因此,立德树人被国家确定为教育的根本任务。

在古代,《礼记·大学》有名言"古之欲明明德于天下者,先治其国;欲治其国者,先齐其家;欲齐其家者,先修其身"。由此可见,古人认为立德对于个人、家庭、国家而言都是第一位的,是个人发展、家庭和睦、国家强盛的基础。因此,《左传》中说:"太上有立德,其次有立功,其次有立言,虽久不废,此之谓不朽。"中国第一部教育专著《学记》也强调了立德树人对提升人的道德品质和思想境界的特殊意义。到了南北朝时期,颜之推在其著作《颜氏家训》的二十篇内容中,有八篇写到了如何培养家族子弟的品德情操,这是古人首次将立德树人理念融入家庭教育。而国外研究的学者中,对道德教育最为看重的是教育家赫尔巴特。赫尔巴特指出:道德是人类社会的最高目的,人类一

切社会实践活动都是为了道德服务。①

由此可见,古今中外,立德树人始终是重要话题。从某种程度上说,社会制度是否先进,文化体制是否完备,均与立德树人的实施状况和受重视程度大有关系,这就是"国无德不兴,人无德不立"的真谛所在。

如今处于改革开放的新时代,国家倡导的"立德",要求教师用"社会主义道德观"来塑造学生的世界观、人生观和价值观,直至成为品德高尚的人。"树人"则要求教师用发展的眼光去看待学生、培养学生,促使学生德智体美劳全面发展。因此,"立德"与"树人"两者是相互统一、不可分割的。落实立德树人不仅要重视知识、技能的习得,更应致力于用社会主义道德观来塑造学生的品格。

目前,学术界和教育界已广泛开展有关立德树人的理论研究和实践探索。就理论研究而言,目前学术界主要围绕师德建设与师资队伍培养、立德树人实施途径、立德树人的思想政治教育和德育实践及经验总结等几个方面展开。如,有学者从道德教育角度出发,对"立德之内涵"及"如何立德树人"这两个议题进行了探讨②;也有文章指出,构建立德树人的运行机制必须遵循导向性、整合性和动态性的原则③;还有专家认为,实现立德树人的路径主要有三种:一是课程教育,二是实践教育,三是文化教育④;还有学者指出,对立德树人内涵的正确把握也需要尊重其语源学上的含义,从"立德""树人"之间关系上加以把握⑤。

那么,如何理解立德树人?指向立德树人,如何推进区域教科研的整体改革?有学者指出,立德树人就是指向"树人"的目标,通过"立德"的过程,引导学生"明大德、守公德、严私德"⑥,做社会主义的建设者和接班人。具体而言,就是坚持德育为先,在传授知识、涵育素养、培养能力的前提下,着眼社

---

① 赫尔巴特.普通教育学·教育学讲授纲要[M].李其龙,译.杭州:浙江教育出版社,2002.
② 王晓莉."立德树人"何以可能:从道德教育角度的审思与建议[J].全球教育展望,2014(2):63-71.
③ 周如东,李淑娜.立德树人运行机制的理论研究与建构[J].黑龙江高教研究,2014(2):97-99.
④ 李洪雄."立德树人"的实现路径及有效机制研究[J].思想政治教育研究,2016,32(5):104-106.
⑤ 戴锐,曹红玲."立德树人"的理论内涵与实践方略[J].思想教育研究,2017(6):9-13.
⑥ 袁振国.立德树人的理论内涵与落实机制建设[J].人民教育,2021(C3):41-44.

会主义核心价值观的形成,引导学生准确理解和把握社会主义核心价值观的深刻内涵和实践要求,培养良好的政治素质、道德品质和行为习惯,实现教育教学引导学生向真、向善、向美的精神升华。根据中共中央、国务院《关于全面深化新时代教师队伍建设改革的意见》精神要求,教科研工作视域下的立德树人是指通过教科研工作"立教研科研规范之德、树专业学业发展之人",以德性统领全面发展,促进学生德智体美全面发展,打造高素质专业化创新型教师队伍。

二、立德树人指导教科研的功能与作用

《中国教育现代化2035》明确指出:要构建全方位协同推进教育现代化的有效机制,把我国社会主义政治优势转化为推进教育现代化的制度优势,集中力量办大事,依靠部门大协同、区域大协作,推进教育现代化。这里的"部门大协同、区域大协作"正是进行教科研整体改革的出发点。目前来看,教学研究与教育科研在教育教学领域其功能虽然日益凸显,但仍然存在各自为政的现象,难以形成合力。因此,区域教科研整体改革就需要有"扎根大地"进行教科研的格局和视野,即立足苏州本土,指向立德树人。

1. 以"立德文化"树人——促进教师构建全新的教科研生活

文化实际上是一种整体性的生活方式。这种生活方式应该是区域性的、人为化的、可变迁的、具备整合趋向的。鲜活的文化始终处于树人的状态;一旦不能树人,文化就进入僵死状态。因此,文化的旨归就是"化"为一种更美好、能创新的生活方式。通过"立德文化"树人——涵育教师的教科研品质,促使教师构建一种全新的教科研生活,有效的构建来自以下三方面的合力。

首先,理念的更新。理念的更新,能坚定教师贯彻立德树人理念的信念。区域教科研部门要通过有针对性的培训,引领教师以一种积极主动的心态,到传统立德文化中去汲取养分,再尝试把握当代立德文化的发展脉络。在此基础上主动向"德善教师"看齐,更新自己的理念,以主人翁和创新者的姿态将立德文化内隐于心,通过立德文化的内在引导,主动自觉地将区域教科研的立德树人目标与个人的发展目标有机地对接起来。这样,区域教科研的发展就会给教师个人发展带来机遇和助力,教师主动发展形成的合力也能提升区域教科研的效能,实现同生共长。

其次,能力的提升。能力的提升,可以促使教师从立德树人层面去研究并解决教育教学中遇到的问题。区域教科研部门要搭建一个基于立德树人理念的一线教师参与教科研交流的平台。教师参与教科研交流活动,是通过"行"的体验,领悟"知"的意义,进而达到积极贯彻立德树人理念的目的,这样立德树人理念就能内化为教师人人自觉的行动,形成共同的心理契约。共同的心理契约能激发教师加强团队合作的力量,形成解决教育教学现实问题的能力,自觉从立德树人的角度思考解决问题的有效策略,全方位地认识自己、发展自己、提升自己,主导并创新自己的教科研生活方式。

最后,行动的革新。理念的更新,能力的提升,带来的是行动的革新。行动的革新是一个渐进的过程:从"要我发展"到"我要发展"是革新的第一步,从"我要发展"到"我能发展"是第二步,从"我能发展"到"我善发展"是第三步,教师的积极性与责任感不断被立德文化激发,转化为行动与实践,这一行动是注重过程与结果的行动,讲究教育发展的过程艺术和教育效果的达成,是一种不断优化的教科研生活方式,是对职业倦怠的破解,是区域教科研整体改革实践获得成功的关键。

可见,以"立德文化"树人,传递的是一种柔性的人文关怀,构建的是一种全新的教科研生活方式,"立德文化"充分尊重教师的主体地位,坚定了教师树人的信念,鼓励教师以个人的全面发展引领学生全面发展,并将个人追求与组织目标在立德树人层面有机结合,达成共识并凝聚力量。

2. 以"立德思想"铸魂——推动校际教科研的和谐发展

依据美国学者蒂尔尼的文化模式来分析,区域内学校与学校之间的信任与合作关系是影响区域教科研效能的重要因素。区域内学校之间的非良性竞争所造成的内耗,阻碍了区域教科研的效能提升。为此,区域教科研部门要弘扬"立德思想",提升校长及教师的品德修养,铸校际"向善"之魂,营造积极合作的环境氛围,发挥立德思想的濡化作用,明确不同学校的不同教科研任务,所有任务构成区域教科研的"大棋局",互相帮衬,促进校际价值认同并推动各校教科研的和谐互动与发展。

其一,要基于立德树人理念,在和谐友善、互帮互助的协商中,完成各校参与区域教科研的责任清单。责任清单能够明确各校在区域教科研效能提升过程中所应承担的职责与义务。具体而言,区域教科研部门应基于区域文化传统,凝练区别于其他区域的特色教科研文化,用独特的文化符号,彰显区域文化个性,凸显立德树人理念,凝聚各学校的群体共识,形成价值认同。然后通过校际协商,建立区域教科研责任清单制度,明确优质学校之间的教科研交流责任,优质学校对于后进学校的教科研帮扶责任,第三方的教科研效能评估评审责任等,以立德树人的强烈责任感驱动各校开拓教科研沟通渠道,搭建有效的沟通平台。各学校应以教科研责任清单的推进为契机,充分落实好校际合作,共谋发展,用实际的沟通成效建立持久的信任关系。第三方则切实坚守对校际教科研合作履行评价责任、学术支持责任及监督问询责任等,从而实现以"立德思想"铸魂、以"树人效果"促改进的增效愿景。

其二,要落实立德树人理念,在教科研交流中拓展校际合作的深度与广度。提升校际教科研合作的积极性是促使立德树人实践走向深入的关键。因此,要强化区域教科研部门的学术指导与区域教科研文化的引领作用,采取试点先行的方式,积极培育一批能开展深度合作的、基于立德树人理念的教科研示范学校,树立典型,在合作平台建设、科研队伍建设等层面给予重点支持。在此基础上,总结其立德树人实践经验及教科研合作经验,在一定范围内进行重点推广,发挥榜样作用。同时,鼓励区域内学校创新教科研合作模式,推动校际合作的可持续发展,鼓励合作各方在创新立德树人路径、教材开发、课程设计、教育教学方式改进及教科研人才培养等多方面互动探讨,从而探索并形成学校教科研共同体和谐发展的有效新模式。

3. 以"立德精神"立制——打造区域教科研的创新样态

区域教科研的效能提升离不开制度建设及制度支撑,但关键还要营造彰显立德精神的文化氛围,为区域教科研治理营造良好的生态。古往今来,立德精神始终与时俱进,其内涵一直在丰富,具有被师生共同认可的价值基础,能在区域教科研效能建设中产生强大的力量,规范着区域内每个教师的言行。认同区域教科研之立德精神、树人愿景、创新机制的教师会自觉遵守制度,发挥积极性和创造性,以立德树人理念指导自身的教科研实践。基于立德树人理念的个人教科研创新对于组织创新的持续贡献,使区域教科研呈现出生机勃勃的创新样态。

区域教科研基于立德精神激励创新的制度及举措,又会进一步激发教师的创新热情。基于立德精神的教科研环境,是教师保持良好师德和旺盛教育教学生命力的根本条件。在宽容友善、崇尚创新的立德精神的感召下,教师通过探索、发现、领悟、求证,掌握所教学科的前沿知识和发展趋势,与立德树人的总目标相融合,深化和更新自身的专业知识和专业技能,进而突破既有的框架,创新教学知识,创新教学过程,在思想道德、文化知识、社会实践等层面给学生更好的引领,为学生搭建更广阔的成长舞台。同时,崇尚创新的立德精神,还能激励教师组建教科研创新团队,发挥集体力量与智慧,促使新观点相互碰撞,进一步激发教师的教科研创新潜能,为提升区域教科研的效能贡献力量。

立德树人理念指导区域教科研工作的作用主要体现在效能提升方面。以"立德文化"树人、以"立德思想"铸魂、以"立德精神"立制,不仅要求区域教科研部门注重教科研文化的建设,更要求不断提升教科研的树人效能,以保证教科研常葆与时俱进的文化动力,助力立德树人这一教育使命的最终达成。

第二节 学术规范的基本要求

立德树人是教育的根本任务。实现立德树人,首先要立教师之德。师德立,给学生以表率,则学生之德可立,而后树人乃成。所谓树人,即培育学生的信仰信念、德性品格及理性精神,使之成为建构良善精神空间以妥善应对各种问题,进而追求美好生活和德性人生的人。可见教师"立德"是前提。因此,顾明远先生认为:"教师在完成立德树人的根本任务,培养学生的理想、信念、情操、爱心等精神世界方面,起着至关重要的作用。"[1]

然而,当前"立教师之德"遇到的障碍之一,就是一些教师在撰写教科研论文时存在的学术不端行为。他们为了晋升职称,利用网络大数据的便利条件,抄袭、改编或篡改他人的研究成果,这类学术失范的行为严重损害了教师形象,阻碍了"立德树人"理念的落实。

---

[1] 顾明远.德育为先,立德树人[N].中国教育报,2013-12-06(06).

一、区域内某些教师在学术规范方面出现的主要问题

一些教师的学术不端行为变得很隐秘,学术不端行为虽然只发生在少数教师身上,但影响不容小觑。这些不端行为主要表现在以下三个方面。

1. 变相抄袭

为了晋升职称,一些教师违反师德,急功近利心态常常作祟。有人从网上下载文章,通过修饰文辞、改动语句的方式占有原创人的教科研成果;有人大量引用教育专家论著中的语句却不注明出处;有人则从网上下载多人的学术成果,实施东拼西凑、改头换面的变相抄袭行为,最后署上自己的姓名发表。这些学术不端行为,违背了教科研的宗旨,也失去了师德底线。

2. 雇人写文

诚信是师德品质中的核心品质之一。教师写教科研论文,应本着诚信的原则,如实体现教育理论功底、彰显教学实践收获。但一些教师贪图省力,在网上雇"枪手"写文章。当下互联网中有许多专门为教师评职称服务的、以代写代发论文为牟利手段的中介公司,这些公司明码标价,为有发表需求的教师提供专业对口的"写手",提供从写作到发表的"一条龙"服务。于是,有些教师通过支付相应费用给中介公司等手段,发表一些脱离自身教学实践的虚假论文,以应付学校绩效考核、职称晋升评审及学术荣誉评审等,完全将师德规范抛诸脑后。

3. 互搭便车

教师的道德面貌对学生的道德面貌有着重大的影响,因此,师德的价值就在于净化课堂风气,净化学校风气,进而净化社会风气。然而,当前一些教师为了个人利益的最大化,师德价值意识迷失,以致对自己缺乏必要的道德约束。为了增加发表论文的数量,一些相同学科的教师,私订同盟,以第一作者、第二作者的名义,在彼此撰写的论文中互搭便车。以投机取巧的方式,应付绩效考核、职称评审。这种不实事求是的态度,这类对学术成果所应承担的学术责任、道义责任和法律责任漠然视之的行为,充分说明了该类教师职业道德意识及学术规范意识的缺失。

二、指向立德树人的教师学术规范建设之路径

武汉大学顾海良说:"弘扬学术道德、恪守学术规范、净化学术风气、推进

学术创新是人文社会科学繁荣和发展的内在要求。"[1]因此,区域教育要高质量发展,就必须基于立德树人理念,去弘扬学术道德、恪守学术规范、净化学术风气、推进教科研及教学实践的创新,从而培养出德才兼备的创新型人才。只有对教师的学术不端行为进行整治,探索区域内教师学术规范建设的有效路径,才能更好地落实"立师德""树好人"的目标,从而引领学生走上"立德"之路。

指向立德树人的教师学术规范建设的主要路径有以下三种。

1. 立师德——定期开展教师学术道德教育

区域教育科研部门首先应构建对本区域教师定期开展学术道德教育的培训机制。把"立师德"放在区域教师培训的首位,通过开设丰富多样的学术道德教育课程及"接地气"的"知识产权法"等普法课程,让教师确立学术道德意识,做到知法、懂法、守法;让教师充分理解学术道德的含义及内容,深入认识学术不端造成的危害及需要承担的后果,引导教师开展符合学术道德标准的教科研论文写作实践活动。

此外,区域教育科研部门还应在教师培训中设置学术规范课程,对教师开展系统性的学术规范教育,从传授论文如何选题立意、如何查找资料、如何引经据典等方面入手,引领教师落实学术规范。同时,区域教育科研部门还要凭借区域教育刊物、区域教育网站、各学校自办媒体等宣传阵地,通过各级各类培训及形式多样的宣传方式来丰富教师的法律知识,强化教师的学术道德意识及学术规范理念,从而扭转其重视物质利益、轻视学术道德的意识,提升其依据学术道德追求个人专业发展的思想觉悟,实现教科研及教学实践的创新。正如首都师范大学齐世荣所言:"创新必须建筑在扎扎实实的研究基础之上。"[2]这种扎扎实实的教学实践研究,始于"立德"。

2. 树好人——构建有效的区域教师学术规范监督机制

山东财经大学王胜男认为,整饬教育中的学术道德失范,需要在防范制度、监督制度和惩罚制度等方面作出不懈努力。[3]的确,区域教师学术规范建

---

[1] 顾海良."弘扬学术道德推进学术创新"笔谈:关于学术规范与学术道德建设的思考[J].武汉大学学报(人文科学版),2005(5):517-519.
[2] 齐世荣.学界要力戒浮夸浮躁[J].高校理论战线,2002(4):39.
[3] 王胜男.研究生教育中学术道德失范的制度安排[J].中国成人教育,2020(24):22-24.

设的成功,关键在于构建有效的监督机制。这种机制首先致力于监督过程的完善,既要开展事前监督,也要进行过程监督与结果监督。

如针对教科研论文抄袭现象,可在开展区域教科研论文评比、教师职称论文预报预审及鉴定之前明确要求,要求作者在提交论文时,附上"中国学术不端论文查重检测系统"的检测结果,这样就能对企图抄袭的教师产生震慑作用。针对某些教师以第一作者、第二作者的名义,在彼此撰写的论文中互搭便车的现象,可对参评教师提出独立撰稿要求。针对部分教师雇人写论文的现象,可实施结果监督,对教师上交的稿件进行本区域学情特点的甄别,进行成果是否具有可操作性的验证,凡是"枪手"代写的教科研论文,均存在脱离本区域学情、脱离一线教学实际、可操作性差等硬伤,一旦发现此类问题,区域教育科研部门应判定该论文为不合格。这类学术监督的实施,有利于提升教师遵从学术规范的自觉性。

当然,仅依靠自觉性还是不够的。区域教育科研部门仍需依托区域内各学校教科研部门的力量,建立教师学术诚信档案,通过校内监督机制及由此衍生出的奖惩机制,对教师的教科研行为开展长期监督和定期检查,准确记录教师在学术规范方面的具体表现。对于及时总结出教育教学成果,积极撰写教科研论文,且具有学术创新及实践创新意识的教师,依据相关规定在年终绩效考核中予以奖励,并及时公布其在学术规范及师德表现方面的先进事迹;对部分教师的学术不端行为,则采取通报批评、诫勉教育、绩效减分等措施,以防止此类现象再次发生;对于某些教师暴露出的比较严重的抄袭行为,要暂停该教师职称参评资格,屡教不改者则实施职称降级或取消其荣誉称号等措施。

建构有效的监督机制及诚信档案,能强化区域内教师的"立德树人"使命感,使广大教师积极向学术先进及师德模范看齐,承担起与其职业和社会地位相应的道德责任。对教师来说,树人须先树己,树己须从遵守学术道德出发,从自身做起,积极提高道德认知能力,增强道德情感和道德意志,从而在面对外界诱惑时能坚守作为教师的道德底线,保持足够的自制力,为学生做出道德表率,为有效"树好人"奠定坚实的基础。

3. **建阵地——依托区域内各学校推进学术规范建设**

有学者认为,学术道德修养欠缺、创新能力和学术素养薄弱、职业发展空间受限和学术不端行为处理制度供给不足,是造成当前各区域中小学教师学术不端行为的主要原因。① 溯其源头,可以发现各区域学校存在将教育教学常规工作与教育科研对立起来的现象,导致教师因害怕增加工作负担而不愿意参与教科研活动,因此,学术道德修养欠缺、创新能力和学术素养薄弱之类的问题始终得不到解决,造成学校教科研工作十分低效甚至无效。而教师都要面临职称晋升、评优评先等问题,学校教科研工作的低效、无效,也间接助长了部分教师为评职称而投机取巧的行为,以至于学术不端现象频繁出现。针对这一问题,区域教育科研部门可依托区域教科研的主阵地——区域内各所学校,运用区级主导、学校扩面的操作方式,采取营造学术规范氛围、选拔学术规范导师、建构学术道德约束机制等策略,来提升区域内学校教科研的效能,强化教师的学术规范意识及师德标准意识,进而提高一线教师的教科研论文写作能力。

首先,营造学术规范氛围。营造氛围的关键在于加大校级层面的教科研目标、学术规范、师德标准的宣传力度。通过学校内部报刊、校园网站、学校公众号、教师沙龙、学校宣传栏等形式,介绍学校教科研最新动态、遵守学术规范及师德标准的教师之先进事迹。除此之外,还要将反映教师教科研论文发表、获奖信息及学术道德表现的海报,张贴在教师办公室门口的学术信息板上,以保证将相关信息及时告知广大教师。以氛围的涵育、榜样的力量,引导更多教师树立学术道德意识,自觉遵从学术规范。

其次,选拔学术规范导师。教师能否遵守学术规范,在某种程度上与学校教科室主任的学术影响力密不可分,学校教科室主任在学术规范方面必须带头示范,以体现其学术感召力及道德影响力。因此,教科室主任这一职位不是随便什么教师都能胜任的,要身正为范,必须选拔师德水平高、教科研能力强的教师担任,以使其师德风范、学术品质对校内广大教师的师德意识、教科研态度、学术规范理念等产生深刻影响。学校可以通过自荐和推荐、筛选、考核等一系列严格的程序,选拔出德才兼备、教科研素养高的教师担任教科室主任,兼做校内的学术规范导师,以美好人格力量来教育和引导广大一线

---

① 胡金富.中小学教师学术不端行为的成因与对策[J].齐鲁师范学院学报.2021,36(5):93 – 98.

教师,引领他们树立积极向善的学术道德意识,帮助广大一线教师养成坚守学术规范之习惯。学校教科室主任还要有意识地在学校教科研会议上向教师传授撰写教科研论文的基本知识与写作技巧,传递严谨、求实、创新的教科研精神。作为学术规范导师,教科室主任更要有强烈的责任意识,从严、细致地审阅教师上交的教科研论文,把好学术规范关,为"立师德"尽职责,为有效树人做出应有的贡献。

再次,建构学术道德约束机制。要实现教师的学术道德自律,除区级层面的师德教育、学术规范培训外,学校自身也要加强学术规范教育,如通过有针对性的学术规范培训课、学术道德典型案例大讨论等形式,让教师参与其中。通过培训,强化教师的师德意识,把学术道德内化为自身修养,将师德理念外显为自觉遵守学术规范的行为;通过讨论,强化广大一线教师对学术规范必要性的理解,使教师成为学术道德准则的守护者。这样,教师才会心怀诚信,才会在内心深植学术责任意识,形成尊重别人学术成果的良好习惯。通过学习,推进"立德树人"理念在教科研实践中的有效渗透,教师才能牢记学术道德评价标准,明确教科研写作中的可为与不可为,正确看待职称晋升及荣誉评审,做到学术自律、师德自律、创作自律。

可见,一旦学术规范的主阵地建设好了,区域内的广大一线教师就能坚守立德树人理念,有效开展教育教学实践工作,规范开展教育科研工作,形成正确的道德判断与道德责任,培养自觉的学术道德践行能力,从而以良好的师德风范,引领学生"立德";以成功的"树己",为"树人"奠定扎实的基础,这样就能培养出全面发展的学生,使更多的学生自主建构良善的精神空间,不断解决自身遇到的问题,积极追求美好生活和德性人生。

总之,立德树人不仅是区域教育的根本任务,也是区域教师学术规范建设(附录1、附录2)的归宿。教师只有不断强化立德树人理念,才能自觉遵守学术道德,也才能不断把这种他律内化并外显为自身进行教学实践研究、教学成果总结及教科研论文写作时的自觉行为;也只有这样,才能基于诚信推动课堂教学改革和成果总结,把真实的实践数据作为提升自我教科研水平及完善教学实践策略的重要手段,学术规范建设的路径也能得到不断丰富与完善。

第三节　专业情感的基本特征

完成立德树人这一根本任务,需要提高区域内教师队伍的整体专业素养。教师的专业素养体现在知识、技能、情感三个方面。其中,教师的专业情感对其教育教学工作起着相当重要的推进作用。"教学是一种情感实践,广大教师即是情感实践者。情感扮演着'催化剂'的角色,推动教师的专业发展。"[①]的确,当下学术界在研究教师专业发展的效能过程中,越来越重视专业情感的价值,这已经成为一种国际潮流。当然,教师专业情感的生成,离不开立德树人理念的引领与助力。教师首先要养成优秀的品行,自觉践行社会主义核心价值观,在此基础上,专业情感才能萌发。习近平总书记指出:"要坚持把立德树人作为中心环节,把思想政治工作贯穿教育教学全过程,实现全程育人、全方位育人,努力开创我国高等教育事业发展新局面。"[②]因此,在立德树人理念下培育教师的专业情感,是新时代区域教科研重点研究与实践的方向,直接关系到区域内一线教师的成长成才,对区域教育的高质量发展有良好的促进作用。

教育的专业性要求教师在教育教学过程中保持情感的专业性。然而现实中一些教师在教育过程中的情绪反应很不专业——面对学生的错误,没有从专业需要出发,去考虑用何种情绪应对更合乎教育规律,去考虑以何种情绪反应更有利于学生发展。教育活动的双方都是人,人的情感世界是很复杂的,教师应避免简单地以不变应万变,要致力于以立德树人理念为指引,遵循教育规律,在课堂情感投入及师生情感交流时展现出专业性。

一、教师专业情感的基本特征

教师的专业情感与人的自然情感差异很大。人的自然情感,会因为不同的外部刺激而引发不同的情绪反应,这是人之为人在面对特定情境时最自然

---

① 胡亚琳,王蔷.教师情感研究综述:概念、理论视角与研究主题[J].外语界,2014(1):40-48.
② 习近平:把思想政治工作贯穿教育教学全过程 开创我国高等教育事业发展新局面[N].人民日报,2016-12-09(01).

的反应,这种反应是被动的、随性的。而专业情感则会在立德树人理念的涵育下根据教育需要自主激发,激发时教师会适切地判断情感的性质与程度,然后妥帖地传递给学生,学生也能真切地感受到教师的关心及其教育意图。

教师的专业情感有以下基本特征。

1. 自主性

自主性是教师专业情感得以生成的首要机制。人的自然情感是客观环境诱发的,而教师的专业情感则根据立德树人的需要由教师自主激发。在面对学生的犯错顶撞、同事间的竞争及家长不配合等诸多问题时,教师如果沉浸于特定情境带来的不适感受,予以对抗反击,那么该教师的情感就缺乏专业性。比如看见学生故意违反课堂纪律,教师会生气,这就是自然情感。具备专业情感的教师,此刻会从立德树人的角度审视这一现象,控制自己的情绪,冷静分析学生违反纪律的背后隐藏了何种问题,思考如何通过有针对性的教育来解决这一问题,促进学生发展。分析问题并找到对策的教师,会及时调节自身的心境,表现出对教育的热情。可见,教师的专业感情并不像人的自然情感那样随意触发,专业情感的生成需要教师基于立德树人理念自主激发,需要教师保持冷静,理性分析,然后胸有成竹地焕发出教育热情,教师强大的意志力是专业情感稳定持久的根本保障。

2. 自控性

自控性是教师专业情感得以生成的第二要素。自控即教师在立德树人思想的指引下控制自己的自然情感。教师专业情感贯穿于教育教学工作的全过程,要想提升教育教学工作的效能,教师必须时刻关注学生的学习情绪,学生的情绪出现问题时,教师的情绪不能受到影响。此时,教师要基于立德树人的责任控制自然情感,让专业情感发挥作用,将心比心,以情暖情,再通过一些有效的教育方法,引导学生摆脱不稳定的情绪,安心学习。课堂中有时会遇到突发事件,如学生突然质疑或挑衅,许多教师的第一反应常常是应激性冲动、莫名的紧张乃至功能性愤怒,这样的情绪反应既不利于问题的解决,也不利于学生的成长。面对质疑或挑衅,教师首先需要控制自己的情绪,保持头脑的冷静,然后在自己积累的教学经验与教育策略中选择出最有效的方法,去解决问题。当然,做到自控,需要一个循序渐进的过程,需要区域教科研部门经常开展有针对性的教师专业情感培训活动,改变教师多年积累的情感表现方式,使教师有意识地控制自然情感。通过系统化的专业情感训练,提升一线教师的情绪自控能力以及专业情感传递能力。

3. 自如性

自如就是活动和运转不受阻碍和限制。专业情感是教师从事教书育人事业所不可或缺的一大要素,需要随时排除外来的干扰。《中华人民共和国教师法》第七条规定了教师的权利,如"进行教育教学活动,开展教育教学改革和实验",又如"指导学生的学习和发展,评定学生的品行和学业成绩"。因此,教师有权依法在立德树人的教育教学活动中,根据自己的专业判断自如地收放专业情感,开展教育教学改革和实验,指导学生发展。法律规定之外的个人或者机构无权非议教师的教改热情,无权迫使教师改变教育教学方法。对教师在立德树人的教育教学活动中情感与行为的专业性及有效性进行判定,应该由专业的教育评价机构来实施。只要基于立德树人理念,教师就可以自如收放专业情感,大胆开展教育教学革新活动,拒绝在家长、公众或媒体的干预下开展工作,拒绝家长、公众或媒体的非专业裹挟。

4. 自然性

教师的专业情感实际上就是人的自然情感的升华,这是教师专业情感的一大基本特征。许多一线教师对学生的喜爱是发自内心的,这是一种基于人性的、非常朴实的自然情感,同时也是立德树人所必需的专业情感。有些学生犯了错误,家长非常生气,这就是自然情感,但教师从专业视角审视学生的错误,发现了学生潜在的提升空间,发现了学生对比过往所取得的进步,就会产生不同于家长的情感,这说明教师的情感已从自然情感升华为专业情感,这样的升华有效地展现出教师教书育人的专业性。可见教师的专业情感源于自然情感,又超越了自然情感,所以我们不能否定教师的自然情感而孤立地强调专业情感。所谓遵循本心、顺乎自然而又与时俱进、不断超越——教师专业情感的长期积累会不断助力教师专业素养的提升。

二、立德树人视域下区域教师专业情感的生成路径

立德树人视域下教师专业情感的自主性、自控性、自如性、自然性,充分说明教师的专业情感是内发生成的。专业情感内发的过程是教师基于立德树人理念,通过对教育实践的反思、新思想之建构而循序渐进的生发过程。

因此,教师专业情感的生成源于教师对外在教育现象进行反思而形成的体验。故探讨区域教师专业情感的生成路径必须建立在外部策略的提出之上。

1. 加强师德培训,涵育教育信念

康德认为,一个人的见解发展分为三个层次:意见、信念和知识。① 意见是对外在事物的基本判断,此判断不是毫无依据的,而是与信念密切相关的。信念是完全主观的,是对自己确信的价值观的坚守。有了信念就能建构知识体系。

因此,教师的教育信念建立在对教育事业全面理解的基础上。要帮助教师全面理解教育事业,区域教科研部门须对教师开展师德培训。

首先,开展教师角色认同教育。角色认同教育,可以促进教师团队对职业的价值标准、道德规范等形成共识;也可以帮助教师个体从内心接纳和认可教师角色,坚定职业理想,把个人价值的实现与区域教育事业的发展融为一体。

其次,开展教师职业道德教育。"树人先正己",教师承担着立德树人的神圣职责,其一言一行影响着学生的成长成才。要教育好下一代,教师自己须拥有良好的道德。因此,区域教科研部门要通过师德培训,引领教师把社会主义核心价值观、教师职业道德观融入教育教学过程,全面提升其师德素养。

最后,开展涵育教育信念主题培训。在培训中组织教师进行主题阅读,激励教师不断求知。求知是教师从事教育事业的根本,教师只有通过不断求知,才能完善自己对教育的认知,进而产生教育信念。同时读书活动能够帮助教师养成按照计划严于律己的好习惯。这样可以帮助教师获得学生的尊重,拥有师道尊严的荣誉感,进而坚守自己的教育信念。坚定的教育信念,是区域教师专业情感生成的前提。

2. 丰富教研活动,点燃教育热情

教育热情是一种冲动,这一冲动源于对内在及外在因素的综合考量。对教师个体而言,最基本的外在激励因素就是物质上的满足,即马斯洛所说的生理需要。物质需要如果得不到满足,就难以引发高层次情感需要的产生。

---

① 康德. 康德三大批判合集(上)[M]. 邓晓芒,译. 北京:人民出版社,2009.

因此，区域管理部门首先要保障教师的工资待遇，满足教师的物质需求，让教师专心教书育人。当然物质激励并不是全能的，尤其是在立德树人理念引领下，更应注重精神激励，激励教师进一步追求个人价值的实现与区域教育事业的发展相契合。因此，需要区域教科研部门组织丰富多彩的区域性活动，在活动中对教师进行精神激励，提升教师的获得感、荣誉感和职业幸福感，从而焕发教师的教育热情。如通过"学科育德"教学大比武激励教师强化立德树人意识，提升其挖掘学科德育要素的能力；开展"课题进课堂"活动激励教师提升教科研能力；推进"教师素养大赛"激励教师提升教育教学能力；组织"与名师对话"激励教师实现可持续发展。丰富多彩的教研活动，能促使教师对物质与精神层面做深入细致的衡量，点燃教育热情，强化自身的专业情感。

可见，点燃教师的教育热情，是区域教师专业情感生成的基础。

3. 发挥榜样作用，示范专业情感

班杜拉在其观察学习理论中特别强调榜样的作用。教师在教育中遇到问题时，同样会参照榜样的观点来分析问题、解决问题。榜样的作用体现在引导、示范、监督三个方面。引导作用体现在榜样对教师发展方向的指引——如何立德、如何树人；示范作用体现在榜样对教师情感传递的指示和规范；监督作用则体现在教师个体基于榜样的引导和示范，自觉进行自我教育行为的规范，从而实现专业情感的自我监督。因此，区域教科研部门强化榜样宣传，对于示范专业情感、优化教师教育行为是极其重要的。要给作为榜样的教师以物质奖励与精神激励，积极发挥榜样的正强化作用，引导一线教师了解榜样、学习榜样，立志成为区域教师群体的榜样。如此就能引领教师生成专业情感，引领教师始终坚守立德树人理念，进而影响学生发展。换言之，用教师的阳光幸福为学生的阳光幸福提供示范，为学生的阳光幸福营造氛围。

综上所述，教师的专业情感生成是教师内在因素与外在策略共同作用的结果，而立德树人理念是沟通内外因素的关键纽带。基于立德树人理念，区域教科研部门通过师德培训、教研活动、榜样引领来涵育教师的专业情感，而教师个体的专业情感之自主性、自控性、自如性、自然性也依赖于立德树人精神的感召。

第三章

立德树人视域下教科研整体改革的主要路径

在深化教育改革的时代背景下,在"坚持社会主义办学方向""坚持把立德树人作为根本任务"的新时代教育管理工作的发展路径中,提升教育科研质量、构建有学理可依的网络体系、工作制度及县域科研治理的发展样态等成为当前工作的重中之重。

然而,网络体系的构建能否顺应现实需求、工作制度的完善是否能保障各级教科研工作的科学、有效开展,以及县域科研目前取得过哪些进展、有什么可以推广的经验、遇到了哪些共性的问题等,这些都是需要回答的现实问题,需要我们持续不断地探索、验证并优化。

苏州市教育科学研究院引领苏州市范围内的教研与科研工作,实现从事到人的德性引领、从分到合的体制创新、从点到面的整体融合、从旧到新的资源整合、从同行到引领的功能深化、从经验性到科学性的机制优化等改革探索,不断优化教科研一体化的运行方式及路径。

在较为宏观的层面上,我们看到了教育共同体在推动区域教科研整体改革中所发挥出的理论作用与现实价值。与此同时,无论是"三位一体"工作网络的构建,还是教科研机构的规范制度,抑或在以数字平台赋能县域科研治理的实践样态中,我们的探索之途从未忽略微观层面上教师所体现出的坚实力量。

因而,宏观上的目标、任务和要求与微观的教科研工作中教师的卷入,横轴中市级、区域与学校的工作网络构建与纵轴上不同时间段区域教科研的具体发展,共同推动立德树人根本任务指引下教科研整体改革的区域探索工作。

第一节 从事到人的德性引领

讲好科研故事,让教师在成事中成人,这是教学研究和教育科研的应有之义。这就需要教师既能通过内在的科研素养修炼,展现自己的学术影响力和人格魅力,又能将内在的学术力、人格魅力扩展到外在的育人行为和教科研活动中,修己达人,以实现润物无声的学术引领和德性引领。

一、德性引领:回归教学本质的路径探索

立德树人作为新时期教育的根本任务,与由来已久的"德性"一脉相承。《礼记·中庸》提出:"君子尊德性而道问学。"《论语·雍也》曰:"君子博学于文,约之以礼。"《礼记·大学》有"大学之道,在明明德,在亲民,在止于至善"。《易经·蒙》云:"蒙以养正,圣功也。"这些"醒世格言",都在不同侧面揭示了"德性"(约礼、明德、养正)与"学问"之间的内在联系。教育的本质不止于知识的获得,更在于德性的引领。

德性引领,才是学科教学应有的本质,才是立德树人必然的行动路径。课堂教学只有回归本质,方能达成"教书立德、教书树人"的目标,从而教好书、育好人。

1. 德性及德性引领

在中国传统哲学中,对"德性"的理解寓于对"德"的理解。《说文解字》把"德"解释为"外得于人,内得于己"的品质。用今天的话来说,品德修养的过程是道德内化的过程。一个人的道德形成,是将外在的社会实践内化为个人内在品德的心理过程。像在平常的教学过程中,跳出分数的"藩篱",把学生的健康成长和人格培养放在"课堂中央",就是一种德性教育。教育最高的目的便在于去后天的蒙蔽(修德),得以行中正之道(涵养正气),弥补先天与后天的差距,博文约礼(通过问学来达到约礼的目的),使人求真、向善。

从大教学论来说,德性是通过知识教育让学生获得学会学习、学会生活、学会沟通和学会改变的能力倾向和道德情怀,屏蔽"唯分数论";德性教育旨在让学生获得德智体美劳的全面发展,关注兴趣、志趣和乐趣的培养,关注修

正错误、批判反思及克服困难的意志力的培养,关注学科认知情怀的养护。换言之,德性就是道德和天性的养成与涵育,使其行为、意识、思想符合社会规范和法定标准。就这一认识来说,学科教育的本质就是通过良好的教学行为感召学生的道德内化,使其有益于社会、有益于人民、有益于国家。

当然,德性教育是一种大爱,需要引领、需要感召、需要养护。

"德性引领"意味着"转识成智",意味着"视道如花",意味着"天光云影共徘徊"。"知识改变命运"是一个可期待的命题,是有条件的,会被误解的,常常被曲解为"分数改变命运"。事实上,知识不止于分数,更在于追求知识的价值,用知识武装头脑,学以致用。知识教学的使命在于"转识成智"①,转识成智需要在道德实践范畴,进而在教学实践中实现将"知识"上升为"方法",将"方法"上升为"德性",将"能力"转化为"品德"。

新冠疫情期间,有人科学研制疫苗,有人无私奉献爱心,有人主动奋勇逆行……这些都是德性引领的具体表现。"一方有难,八方支援"的情怀是社会进步的力量,是社会"蒸蒸日上"的表现,是道德感召的生动样态。显然,德性引领不止于知识获取,更在于知识实践和追求知识的价值。也就是将知识转化为道德和情怀,将知识转化为能力和创造,将知识转化为感恩和回报社会的举动。

2. 教师德性及德性教学

在立德树人范畴,教师德性是基础,德性教学是目的。

"立德"需要教师品德高尚,"树人"需要教师有知识修养和道德情怀。在叶澜教授看来,"教师德性是指教师在教育过程中不断修养而形成的一种获得性的内在精神品质,它既是教师人格特质化的品德,也是教师教育实践性凝聚而成的品质"②。这里的"品质"是大概念,包括教师的知识体系、精神境界、教学气象和教育情怀,以及教育观、课堂观、学生观、教学观、知识观及其对教育的追求。从教育学来说,"教师德性是教师伦理体系中的,教师个体身上所具有的不断自我完善、不断追求更高道德境界的内在道德标尺,具有

---

① 刘利平."转识成智":知识教学的价值追求[J].当代教育与文化,2019,11(1):63-71.
② 叶澜,白益民,王枬,陶志琼.教师角色与教师发展新探[M].北京:教育科学出版社,2001:44.

最高标准和理想的成分"①。从教学实践论来说,教师的德性就是尊重学生的认知天性、年龄特点及认知心理水平,用专业知识丰富学生的生命,用专业情怀影响学生的认知态度,用人格魅力感召学生的道德情怀和道德认知,用宽容错误、服务他人、接纳不同来"养正"学生的内在品德和人格,实现以德育德、以德立教、以德立学和以德树人。

东汉郭林宗说:"经师易得,人师难求。"如此看来,相比教学而言,德性教学真的很难,有德性地教好学更难。因为教师德性需要通过德性教学来实现,德性教学是去功利的,是蒙以养正的,是大爱无痕的,体现出"超越人性"的教学样态。

德性教学是一种"去功利"的教学行为。培根在《论读书》中强调,"读史使人明智,读诗使人灵秀,数学使人周密……凡有所学,皆成性格"②。也就是要"推倒学科的围墙",用"跨界思维"和跨学科知识点亮学生的认知情怀,让学生的认知天性得到充分发展。将学科的"冰冷美丽"转化为"审美思考",展现"兴于诗、立于礼、成于乐"的教学境界,提高学生的审美意识和审美能力。就像卞之琳《断章》描述的那样,"明月装饰了你的窗子,你装饰了别人的梦"。这就是一种大美的教学境界,这就是有德性教学。或许《断章》不能给我们带来预期的分数,却能感召道德,服务社会,关爱他人,体现美美与共的情怀。这就是一种非功利的教学行为,这就是有德性教学的一个经典范例。教师能在课堂上,跳出分数的怪圈,立足于认知情怀的培植,点亮学生德美同行的认知行程,这需要很高的道德境界。

德性教学是一种"蒙以养正"的教学行为。"蒙"是人类自初生伊始便需经历的动态过程,"蒙以养正"的教育价值兹在此而得以"实存"。基于对《周易·蒙》的阐释,"求之以诚、占者不疑、约之以礼的'师者引导'型实现方式……暗涌出求学之德、立教之德、他者之德,最终使立德与树人建立紧密联系"③。简单说,就是学生进入悱愤认知状态时再施教去"蒙",使其行"中正之道";在学生展现求诚、约礼认知情怀时再启发教学。这就是蒙以养正文化

---

① 石峰.论教师德性[J].教育探索,2007(5):89-90.
② 吴国盛.科学的历程[M].北京:北京大学出版社,2002:4.
③ 郭子超,靳莹.蒙以养正的教育价值与德性意蕴:基于对《周易·蒙》的阐释[J].教育理论与实践,2019,39(14):17-19.

和共在文化,在学生需要的时候提供学习帮助,提升了立德树人的教学境界。正如太仓市在线云研修"道德与法治"主讲教师张承智的感言:"立德树人,思政教师责任重大。在《道德与法治》教材培训中,强调'共在'教育,让学生了解'共在',做到与自己、与他人、与大自然、与世界共生共存。共在是教学相长和蒙以养正,思政教师与团队共在,道德教育与法治教育共在,成就学生与成就教师共在。"相信共在,才能共赢,才能因"蒙正"而树有德之人。

德性教学是一种大爱无痕的教学行为。大爱无痕是一种奉献精神,一种感恩情怀,一种服务社会的道德情操,一种他爱文化。德性教学就是用关爱他人的方式,站在他人的角度,用温暖的情怀教育学生,让学生在获得知识的同时,获得反哺社会的能力。这便是"养正"的力量。要知道爱抽象的"人类"或"人民"容易,爱具体的"人"则很难。没有大爱精神的支撑、没有蒙以养正,就没有疫情中逆行的英雄。正如一篇学生习作《愿春来疫去,山河无恙》说:"我对身着白衣、心有锦缎的你们怀着无限的感谢与尊敬,这个本该与思念至极的亲人团聚的节日,你们却愿意为了素不相识的人们割舍一切。"这就是养正的力量,这就是大爱无痕和大爱无痕精神所孕育出来的学生。

3. 德性引领回归教学本质的路径

教育要真正承担起立德树人的重要任务,必须回归教学本质,将促进人的发展作为教学的重心,培育学生的理智德性。"德性之智的培育是使个体超越知识人的局限而成为德性人的重要中介和桥梁。"① 有研究者认为,理智的自主、理智的谦逊、理智的勇气等主要德性因素在认知主体的认识行动中相互配合,共同展现理智德性结构的动态性。② 就这一认识来说,教师教学的德性引领路径包括格物致知、明德相长和审美养正等三个维度,进而促进理智自主、理智谦逊和理智勇气,为社会培养德才兼备的接班人。

一是格物致知。通过"任务活动单",在问题解决中促进"理智的自主"。格物致知是一种理性自觉和信念系统,是"随心所欲而不逾矩",是"不成规矩,无以成方圆"。有学者指出,"教师的信念系统包括对教与学过程的信念、学生发展的信念、教师角色的信念、学科与自我学习的信念、学习环境与教学

---

① 夏永庚.培育德性之智:课程与教学的价值追求[J].上海教育科研,2015(2):69-71.
② 张铜小琳.培育理智德性:教学的使命所在[J].当代教育科学,2019(2):13-17.

模式的信念"①,这些信念会直接影响教师的教学行为和学生的认知信念。例如,研制实施"任务活动单",通过"构造问题",让学生在问题解决中促进理智自主,这就是格物致知。这能让学生在问题解决中形成结构化知识,在理智自主中促进自主理智的进一步发展,这就是有德性的教学。

正如语文教师俞建琴所言,"在新冠疫情防控的特殊时期,我们将讲台搬到了书桌前,将黑板搬到了电脑上,展开了线上课程、作业批改、在线答疑等别开生面的'教与学'"。这种线上教学就是一种格物致知,就是理智自主,是对师生学习信念的挑战。同时,格物致知是一种问题解决的信念,旨在培养学生的自主理智。俞老师在引导学生研究"水圈问题"时,设置了这样的任务活动单:a.战"疫"医院与水圈联系大吗? b.在展示水循环示意图时,提出"医疗废水可能对水循环的哪些环节产生影响?战"疫"医院的医疗废水与周围环境的水循环属于哪种水循环类型呢?"这类问题让学生在获得知识的同时,增强关注社会、服务他人的意识,就是格物致知的最高教学境界,构筑了德性引领教学的"跑道",实现了立德树人的教学格局。

二是明德相长。通过"大单元教学",在合作探究中培植"理智的谦逊"。习近平总书记在全国教育大会上指出,"要把立德树人融入思想道德教育、文化知识教育、社会实践教育各环节,贯穿基础教育、职业教育、高等教育各领域,学科体系、教学体系、教材体系、管理体系要围绕这个目标来设计,教师要围绕这个目标来教,学生要围绕这个目标来学"②。明德相长就是将立德树人融入学科体系、教学体系、教材体系和管理体系,让学生在合作探究中获得大概念,在互动交往中培植理智的谦逊,让学生学会接纳、学会倾听、学会换位思考。例如,在执教"二元一次方程组"复习课时,教师通过构造"概念图"的大单元教学行为,让学生借助"例规法",建构系统知识,关联方程体系,形成价值判断。这些学习品质不单一指向分数,而是知识的价值,是学生成人成才的基础,就是德性引领,是学科教学应有的本真。当然,这确实比"记忆概念+重复练习"费时费力,但能提高知识的价值和育人的效果,这就是围绕"立德树人"来教的好课堂。

---

① 刘雄英.教师教学德性:内涵、发展及实践进路[J].教育发展研究,2018,38(10):80-84.
② 胡守强.高校专任教师立德树人的使命与责任[J].中国高等教育,2019(19):37-39.

正如高中英语教师顾宏所说,"有了线上'云培训'的助力,我们得以分享探讨如何整合知识、技能、内容,融合语言、文化、思维,锻炼学生的阅读意志,培养学生阅读鉴赏力,提升学生阅读素养,实施大单元教学"。亦如化学教师陈婷所想,"教师的成长需要专家引领和同伴互助,但在抗疫的特殊时期,我们把线下培训转到了线上。如何将知识的难点和重点用最简明的语言表达出来,让学生能够爱听你讲,听懂你讲?如何可以把教学设计做得更有魅力,让学生面对冰冷枯燥的屏幕也能坐得住?这诸多困难与挑战都'倒逼'教师的信息能力和专业能力的再提升"。"停课不停教不停研"本身就是一种理智的谦逊,有助于师生再出发,这就是有德性教学的教学,就是道德内化的表现形式,是立德树人的通道。

三是审美养正。通过"元认知调节",在反观内省中养护"理智的勇气"。审美是德性教学的最高境界,是立德树人的顶层设计。审美养正是培养人才规格的地基,是元认知活动(对认知对象的认知)的必然产物。从立德树人的目标来说,元认知活动起于反观内省,成于理智的勇气。而"从知识生产的角度看,它是多重意义追寻的产物,任何一种有价值的知识,它既是出于真的追求,同样也具有善的期待,还带有审美的意蕴"①。这里的"审美的意蕴"就是一种元认知。因此,在理解知识的基础上,需要充分挖掘知识自身所蕴含的求真、向善、审美的因素,实现"学习知识"转向"提升德性",这就是审美养正的"频道"。比如,让学生通过做实验的审美养正方式,将"数与代数"领域的方程模型、不等式模型、函数模型的"冰冷美丽"转化为"火热思考",就是在养护"理智勇气"的常见形式。其中,"元认知活动"和"反观内省"是关键能力和必备品格培养的"审美认知频道"。

又如音乐教师赵丽琴从审美养正的目标出发,基于对音乐课程标准的课程内容的思考,从六个方面讲述如何在音乐课堂中,展开有效的图谱设计与运用。从图谱呈现形式、教学研究目标及优化泛在,逐渐打开"形色相间、图谱相融"之门。这传递的是一种融合"通感与联觉"的音乐学习探索方式,开辟了教学设计新思路,展现了高效课堂的思考与启示。数学教师江美红感言:"'停课不停研'对师生是一次严峻的考验。老师们通过 QQ 群、网络会议

---

① 鲁洁.一个值得反思的教育信条:塑造知识人[J].教育研究,2004,25(6):3-7.

等平台开展线上教学和教研,思考如何保持隔空教学效果。"这本身就是反观内省,是一种教学理智和教学勇气,处处流动着审美养正气息,展现德性引领教学的信念与情怀。

二、教师教育科研品质提升的基本策略

教师成为研究者是教育专业工作的需要,是时代的呼唤。"教师教育的实践和教师专业发展的研究都能证明,研究是教师专业发展的加速器。"[①]教师要克服重教学轻研究的倾向,实现教与研的融合、教与研的良性互利,即以研促教、以教促研。要加强教育新业态研究,包括对新课程、新教材、新技术、新平台、新方法、新评价的研究,不断提高自身专业业务素养和能力,着力增强教学设计的整体性、系统性、现代性和高效性,不断提高基于课程标准的教学水平;要加强评价方式改革的研究,创新作业和考试方式,提升作业设计水平,科学评价学生学习和发展;要加强全面育人研究,打破学科壁垒,强化学科育人和跨学科协同育人功能,掌握学生成长规律,促进学生德智体美劳全面发展、健康成长。一句话,研究就应该成为教师提升育人能力的行走方式。

然而,在当前中小学教育研究者群体不断扩大、鱼龙混杂的情况下,与教师教育科研的热情相比,科研方法的选用、科研操作的规范等关注度少多了,以至于引发了一系列问题:教育科研与教学研究是否能回答教育问题?教育科研能否科学地揭示教育发展进程及其规律?教育研究结论是否经得起质疑与挑战?这些问题引起广泛的担忧。这些担忧已不再是教育科研生态自身的问题,而是影响教师育人本领提升和专业发展、学校高品质发展的重大问题。这些问题的解决,关键在于教师、学校、区域教育行政部门上下齐心,共同发力,聚焦科研品质提升,才能联合攻克。

从教师个体角度,如何提高教师的研究品质呢?我们认为必须从以下几个方面入手。

1. 炼科研初心、正科研品格,是提升教师科研品质的根本保证

中小学教师的研究素养与研究品质,首先取决于教师的科研初心和科研

---

① 钱家荣.幼教名师专业发展的现状与对策研究:以苏州市吴中区为例[J].早期教育(教育科研版),2020(4):27-31.

品格,即"立心"与"立信"两大素质。①

"立心"要立的是教师的教育求真心,包括立德树人的教育责任感和追求真理的学术使命感。教师的教育责任感和学术使命感不但赋予教师对于教育现实问题、学生发展问题的敏感力、共情力,也赋予了他们不畏艰险、持之以恒的探索精神。教师只有具备强烈的教育责任感和学术事业心,才能在汲取教育理论精华、追求教育智慧、引导教育改革创新诸方面,敢于涉险滩、啃硬骨头,敢于突破固有思维,超越自我,努力把寻常工作做成超常,把普通工作做成特色,把优势工作做成精品,充满创新精神和研究能力,为教育的发展与进步做出重大贡献。教师的教育责任感既表现为热爱教育事业、有强烈的教书育人情怀和担当,也表现为追求教育臻美、创建独特的教学风格等方面;教师的学术使命感则体现在富有学术良知和探索教育规律等方面。诚如北宋著名学者张载所说,"为天地立心,为生民立命,为往圣继绝学,为万世开太平"。

科研贵在"诚信",教师"立信"的重要基础是其学风与文风。教师学风和文风紧密关联,学风决定文风,文风体现学风。缺乏科学精神和学术道德,缺乏实事求是的学术态度和积极慎重的学术批评等因素是不良学风和文风产生的重要原因。教师的优良学风重点是勤学苦练、增强本领,努力成为可堪大用、能担重任的栋梁之材。具体表现在四个方面:虚心好学,不耻下问;实事求是,扎实严谨;学思结合,学以致用;博大精深,融会贯通。教师朴实的文风有几个检验标准:注重事实,信而有据;敢于创新,观点鲜明;文体通达,简洁凝练;语言活泼,深入浅出。

因此,首先,教师要对教育研究有浓厚的兴趣,没有兴趣,内心迷茫,就不会乐在其中,就不会为了真实而甘愿废寝忘食,走捷径、浮夸风、功利心就会不期而至。其次,付出时间才是教师进步的阶梯,诚信科研是建立在时间的基础上的,课程设计需要时间,教材分析需要时间,了解学生需要时间。做研究没有时间更不行,查阅文献需要时间,研究设计需要时间,编制调查问卷需要时间,访谈需要时间,收集材料需要时间,统计研究资料需要时间,撰写研

---

① 黄世全.立人必先立心 立心必先立信[J].理论学习与探索,2000(3):64-65.

究报告需要时间。"教师必须以坚持力的提升实现研究一事而成一事的初衷。"①最后,教师要学方法论、学习思维方式、学习批判性思维。教师必须学会不是简单地接受,而是能深入地思考,用怀疑推动科学发现,用验证探索教育规律。

2. 学科研方法,树科研规范,是提升教师研究品质的基本前提

研究品质在很大程度上取决于研究方法。研究方法不但赋予教师观察现象和发现问题的感知力,而且也给予了他们分析问题和解决问题的锐利武器。

品质教师在教育研究中,通过文献研究法,借助规范的文献研究提升文献研究的品质,可以更好地梳理已有的研究,寻找研究的逻辑起点,为教师站在别人的肩膀上做出理论贡献和实践贡献打好基础。品质教师在教育研究中,通过调查研究法,借助规范的调查研究提升调查研究的品质,可以更好地摸清实际现状,从而明晰问题,驱动解决问题的"大脑",去谋取应对之策和最佳路径。品质教师在教育研究中,通过实验研究法,借助规范的视野研究提升实验研究的品质,可以更好地验证假设,探索规律,精准探因,精准施策。品质教师在教育研究中,通过案例研究法,借助规范的案例研究提升案例研究的品质,可以通过个案更好地检验设想,以一窥豹,提供典型,展示经验。

总之,方法是工具,是前提,"工欲善其事,必先利其器",比之"立心"和"立信",方法是提升科研品质的重中之重,方法的精当操作直接体现研究的专业性,决定研究的质量。

3. 实科研过程,证科研真伪,是提升教师科研品质的核心内容

首先,明确研究方向、研究主题。

追求品质的过程,贯通于整个科研过程,也是教师一辈子学做教师,学做科研的过程。教育科研过程,从选择主题、立项、开题、实施研究,到中期检查、结题鉴定、项目完成,一步接一步,一环扣一环,每一步每一环都必须做到高质量,只有这样才能保证整个项目的高品质。其中,明确研究方向,选好研究主题是首要环节。

高品质的研究主题一定具有新颖性、前瞻性、独特性、可行性等特征,甚

---

① 钱家荣.聚"力"行走在专业发展的路上[J].江苏教育,2018(64):18-20.

至还需要具有战略性、关键性、唯一性等特性,而这恰是中小学教师最薄弱的方面,必须重点磨炼、提升。

选题的训练要考虑到如下要素。一是选题方向。选题是否符合自己的学科特点、自己一贯的研究方向。二是选题难度。选题是否适合自己研究能力,难易程度如何。三是选题类型。选题属于什么类型,是偏于基础研究还是偏于应用研究。四是选题创新。选题是新颖、独特、前沿性课题,还是重复研究。当然,这里我们所说的创新不仅包括内容上的"新",还包括方法上的"新",而且侧重指研究方法和研究视角的创新。五是选题价值。选题是否针对现实教育问题,实际应用价值如何,理论价值如何等。六是选题大小。选题是宏观的,还是微观的,等等。

其次,突出文献研究、实证研究。

围绕核心概念,从发现问题到解决问题,中小学教师有热情、肯投入,但靠的主要还是经验、学习、培训、行动、反思,限于日常工作、止于日常工作。所以,所谓的科研成果通常经不起推敲和检验,更少创新和突破。解决之道在于加强文献研究和实证研究:通过文献研究突破创新的边界,通过实证研究提供有力的证据。否则研究还是宽泛、朦胧与模糊的演绎而已,没有实际的理论价值和实践价值。

推进教育研究范式转型,扎实开展教育实证研究,是繁荣教育科学研究的必由之路,也是训练教师走上科研规范道路的必由之路。① 实证,首先是一种实证思想,然后才是方法。必须从专业化的角度来提升实证方法的实质规范,这需要教师在研究实践中不断学习、消化、反思、沉淀和提升,内化为一种学术自觉。

实证最鲜明的特征是客观和量化。这就涉及数据采集、数据处理、数据分析、数据解释、数据呈现,贯穿感知问题、提出假说、选择表征、收集数据、分析验证全过程。加强这方面的训练是当下科研品质提升最迫切的事,对教师而言也是最难啃的"骨头"。其中涉及描述统计、推断统计。描述统计有集中趋势分析、离散趋势分析、相关趋势分析等。推断统计中的参数假设检验有

---

① 田芬.从"数据崇拜"到"数据正义":人工智能时代高等教育研究范式的旨趣转换[J].清华大学教育研究,2021,42(1):77-85.

Z 检验、t 检验、χ^2 检验、F 检验、方差分析等;而非参数假设检验有符号检验、符号秩序检验、中位数检验、秩和检验、秩次方差分析等。涉及的数据可以进行传统数据分析,也可借助 Excel 数据分析、Python 数据分析、SQL 数据分析、可视化处理等。要将这些内容化为自己日常修炼的课程,合理安排,逐个消化,直到应用自如。"互联网+"大数据的时代,教育研究一定要杜绝随意性、凭感觉,要增强科学性、实证性,需要学会利用计量工具,用数据找真相,让数据讲好科研故事。

4. 优科研表达,出科研真果,是提升教师科研品质的重要补充

教师科研表达或倾向于过程描述、教学叙述,琐碎而失焦;或以日常语言赘述,冗长而乏味;或逻辑混乱,层次不清,难以理解。加强语言训练和科研表达的训练,不仅是为了提高科研品质,也是为了提高课堂教学的逻辑性、条理性,体现课堂教学是语言的艺术。"教师必须以表述力的提升优化成果表达,确立整体思维优势。"①

加强教师科研表达的规范性修炼,一要训练教师在提炼中构思最有逻辑性的框架意脉,在建构中让思想立起来;二要训练教师能挖掘最"真"最"深"的意蕴,在酝酿中让思想厚起来;三要训练教师书写最"美"最"独特"的句子,在表达中让思想亮起来;四要训练教师严格遵循科研论文的表达规范,在文本呈现中让成果神起来。②

总之,优化教师的科研表达,就是要以严谨的科学态度、理性的学术思维、标准的成果表达范式,坚守学术规范与道德规范,让成果成为经典的学术精品。

三、课程育人的融入与渗透方式

科研引领,做研教一体、研教相长的教师,需要在教师教育中,高度重视教师教育课程的顶层设计,优化教师教育课程,深化教师教育课程改革,培养德才兼备、能教善研的新时代教育工作者。

党的十八大报告把立德树人作为教育的根本任务,重申立德树人是我国

---

① 钱家荣.聚"力"行走在专业发展的路上[J].江苏教育,2018(64):18-20.
② 钱家荣.教师教育科研品质提升的基本策略[J].江苏教育,2022(38):35-37.

社会主义教育事业中最根本、最核心、最迫切的命题,是每一位教育工作者的根本使命,是一切教育工作的出发点与最终归宿。教师教育毫无疑问必须把立德树人放在核心位置。育人先育己,只有教师"德立",才能"以德育人""以德树人";只有教师成"己",才能成"他人"。因此,教师教育不能缺失方向的引导和精神的引领。教师教育的课程设计和课程建设必须融入或渗透课程育人理念。

教师教育课程蕴含丰富的育人内涵。挖掘教师教育课程育人资源,优化课程育人的融入和渗透方式,深化教师教育课程实施范式变革,以实现教师师德素养和科研素养的全面提升,把立德树人教育价值观和科研育人实践能力落实到教师教育课程实施的过程中。

1. **教师教育课程育人存在的问题**

教师继续教育是教师教育的重要组成部分,但现实是教师继续教育没有得到应有的重视,规划、落实和评价都有很多不尽如人意的地方。具体表现在以下几个方面:

一是课程体系不完整。在职教师教育缺少整体的、系统的规划和落实。在职教师教育课程体系不完整、不系统、不专业。如,区域教师专业培训机构建设不到位,课程体系建设、培训者队伍建设、平台建设、培训考核等不健全、不专业。再如,培训机制不健全,区域教师培训机构培训与各中小学校本培训没有衔接,造成重复培训、时间安排冲突等现象。

二是课程重视不到位。在职教师培训对思政课程的认识不到位,教师思政课程设置少,不成系统。而且思政课程内容陈旧、形式单调,思政课程和其他课程的融合性不强,思政课程教师自身能力有限,思政课程实施的方法单一,思政课程实施的效果更不能令人满意。

三是课程接受不主动。教师对思政课程和师德教育还存在抵触情绪。不少教师认为,教师专业发展主要就是学科知识的增长和学科教学能力的提升。因此,日常研修以专业知识和专业技能的提升为主,愿意参加专业类培训,而不愿意接受师德教育和思政专业训练。以一位高中教师近五年参加的继续教育培训为例,其参加过的专题师德培训或思政类课程培训为零。除了2021年参加的师德师风及法律知识竞赛有10课时,2020年观看大型电视纪录片《为了和平》有12课时,其他都是学科类、业务类培训,达877课时。如果把法律知识竞赛和观看纪录片算作教师思政,那么也仅占教师继续教育总学时的2.4%。

四是育人效果不理想。无论是校本培训,还是区域专题培训,培训效果都不理想,花的代价大,但教师获得感差。行政不堪其效,教师不堪其累。"千教万教教人求真,千学万学学做真人",具有教育情怀的"大先生""大学者"还是少见。

2. 教师教育课程育人是教师发展的根本要求

课程是教育最重要的载体,通过课程育人才是回归教育的本真路径。教师在职教育课程不仅包括教师学科专业课程,而且包括师德课程、专业知识和技能课程。教师在职教育也需要建立包括拓展课程、日常研修的所有活动在内的一整套相对完备的课程体系。

《教师教育课程标准(试行)》指出,教师教育课程在中小学和幼儿园教师培养中发挥着重要作用,是提高教师教育质量的关键环节。必须加强教师职业道德教育,将《中小学教师职业道德规范》列为教师教育必修课程。"在职教师教育课程分为学历教育课程与非学历教育课程。""在职教师教育课程要满足教师专业发展的多样化需求,充分利用教师自身的经验与优势,进一步深化和发展职前教师教育的课程目标,引导教师加深专业理解、解决实际问题、提升自身经验,促进教师专业发展。"涉及学校生活和学生成长的一切皆是教师教育课程,一切教师教育课程都应育人。这是促进教师发展的根本要求。

3. 教师教育课程育人的融入与渗透方式

教师教育课程育人的融入和渗透方式多种多样,但选择哪一种融入和渗透方式需要根据实际情况来确定。我们考虑的问题是,既要重视显性融入,也要注意隐性融入;既要重视面上的融入,也要关注点上的融入。

以苏州市吴中区教科研高级研修班为例,做简单说明。

吴中区教科研高级研修班以教科研训一体化为课程范式,旨在打造一支教学能力强、科研水平高、科研成果丰硕的区域教科研骨干队伍。该班从教师需求出发,针对师德师风建设、学术规范建设和教科研能力提升,强化教师课程育人与科研育人的结合、教育教学实践和科研育人的结合、导师与学员互动心理融合与科研育人的结合、网络研训与科研育人结合、同伴互助与科研育人的结合、管理育人与科研育人的结合、服务育人与科研育人的结合,引导教师坚定职业信念,坚守学术规范,提升科研能力,解决实践问题,促进专业发展。

一是显性融入与渗透。通过显性课程彰显课程育人。显性课程也叫显在课程、正规课程、官方课程,指的是为实现一定的教育目标而正式列入教学计划的各门学科及有目的、有组织的课外活动。显性课程与隐性课程相对。

表3-1是该培训班设置的课程内容及采用的课程形式。

表3-1 课程内容及课程形式

	模块	核心专题	预期成果
课程内容	师德修养	1. 像叶圣陶那样做老师 2. 身边的好教师榜样 3. 特级教师"特"在哪里大讨论 4.《学术规范通论》导读	加深专业理解 坚定职业信念 坚守学术规范
	课堂教学	1. 教学设计、教学实施、教学评价 2. 教学观察、教学诊断、问题分析	优化教育教学技能 提升课堂教学能力
	教育科研	1. 教育科研与教师的专业发展 2. 教育科研方法 3. 教育科研案例研究 4. 教育改革案例剖析 5. 科研项目操练(实践)	掌握教育科研方法 提升教育科研能力
	科研工作坊	1. 科研工作坊基本机制 2. 科研工作坊活动设计与实施 3. 科研工作坊实施策略	解决实际问题 提升科研实践能力
课程形式	教学环节	集中研修—返岗实践和项目探索—总结提升	
	教学平台	个人空间—教师工作坊—研修社区	
	教学形式	专题讲座、案例分析、参与式培训、问题研讨、标杆考察、任务驱动、实战体验、跨界学习、课题研究、成果展示	

为提高中小学教师课程育人意识和能力,该培训班着力强化教师的师德师风培育。在该班课程设置中,专门安排了师德修养模块。培训班通过参观叶圣陶纪念馆、叶圣陶研究中心,拜谒叶圣陶墓,聘请叶圣陶孙女叶小沐和孙子叶永和讲授"爷爷是一个平凡而有大爱的人",叶圣陶研究中心专家介绍"像叶圣陶那样做人、做教师"等,让学员在沉浸式培训中感悟叶圣陶,学习叶圣陶。还安排区域内特级教师亲临现场讲解个人成长史,安排全体学员参加

区域《特级教师教育思想录》一书的首发式,并组织全体学员阅读《特级教师教育思想录》《学术规范通论》,开展特级教师"特"在哪里大讨论、如何遵守学术规范大讨论等活动,以此引导学员学习身边的教师榜样,争做"四有好教师",坚守学术规范。

细分课程育人的显性融入,又有课程内容的嵌入式融入、课程模块上的嫁接式融入、课程结构的整合式融入、课程设计上的叠加式融入。如,教师教育课程内容中的学生发展规律研究、学生行为训练方法等,不仅育生,也可以育己,属于嵌入式融入。而嫁接式融入实际上就是把两种课程有机地嫁接起来,实现一种新的融入方式。如《教育科研与教师专业发展》,实际上就是把教育科研这门课程与教师如何利用这门课程成才成人嫁接在一起。课程结构的整合式融入体现在教师教育理论课程和实践课程的整合等方面。课程设计上的叠加式融入则是指针对不同层级教师(如初任教师、中级教师、高级教师等),课程难度深度和广度的叠加迭代,从而满足不同层次教师发展的需要。

二是隐形融入与渗透。教师成长是一个长期的、潜移默化的过程。除了显性课程的作用,在更大程度上是日常隐形课程和自我修炼的结果。因此,吴中区的教科研高级研修班强调自主规划、项目式阅读和实践赋能。

自主规划:要求学员树立专业发展的自主意识,做好自己的专业发展规划,对照自己成长目标,保优势,补短板。

项目式阅读:倡导学员带着目的阅读,根据项目需要搜查资料,精准阅读、精深阅读、有主题阅读。

实践赋能:坚持理论与实践相结合,强化教育教学实践和科研实践,强化在做中学,做知行合一的受训者。所以,可以采用专题讲座、案例分析、参与式培训、问题研讨、标杆考察、任务驱动、实战体验、跨界学习、课题研究、成果展示等多种培训形式。

三是课堂融入与渗透。立足课堂教学,推动教师教育课程育人贯穿于课堂授课、教学研讨、作业论文各环节。通过契合实际、抓住要点、紧跟教育发展这样专业性与时代性相结合的课程实施,融思政知识、育人方法于其中,使课程育人的功能充分发挥。

四是实践融入与渗透。将课程育人融入课堂教学全过程是时代的要求。

这一过程既要立足于课堂实践,推动教师教育课程育人建设贯穿于课堂授课、教学研讨、作业论文等各个环节;又要创新课堂教学模式,不断开拓教师教育课程育人的实践环节。为此,吴中区教科研高级研修班还特设科研工作坊、标杆考察、实践体验等环节,充分营造实践育人氛围,发挥实践育人功能。

五是面对面融入与渗透。如果说,显性融入和隐性融入是根据课程育人的显隐程度来说的,课堂融入和实践融入是从教学环节角度说的,那么面对面融入和下述的点对点融入就是根据课程育人的范围来说的。实践中,该区发挥传统教师教育的优势,充分利用集中研修和分组研修机会,从全省邀请熟悉课程改革、教育科研、熟悉一线教学现状的20多位授课专家,围绕中小学课堂教学改革和中小学教育科研、教育教学实践创新等中小学教育科研中的普遍问题、关键问题,进行多维度讲解和研讨。学员们在接受专家面对面的培训和启迪后,纷纷表示要在今后的教育教学工作中,把教育理想落实在自己的岗位上,把教育信念落实在行动上,为提高课堂教学水平和育人效果积极贡献力量。

六是点对点融入与渗透。培训班还安排参训学员深入中小学开展实地考察与观摩,并组织指导教师赴学员所在学校开展针对性的个别指导,包括课题研究、项目实施、"课题进课堂"活动、论文撰写与修改等,一对一、手把手,会诊学员现状,分析存在问题,助力提升参训教师的科研能力。

4. 教师教育课程育人的实践效果和经验反思

经过3年时间的课程浸润(集中研修22次、分组研修24次)、实践指导和科研实战,该班48名学员共参与各级各类课题(项目)研究105项,开设公开课教学研讨或讲座352场次,出版专著4本,获苏州市基础教育教学成果奖6项,发表论文203篇,获奖论文219篇,获综合荣誉92人次,24位学员学术称号提升,22位学员行政职务提升。其中,获评江苏省特级教师2人、正高级教师2人。更为可贵的是,该实践探索提升了教师课程育人的意识和课程育人的能力,争做育人"大先生"的种子在广大教师心里扎下了根。可以说,教科研高级研修班检验了教科研训一体化实践模式,为该区打造了一支高品质的教科研人才队伍,也为该区教师的专业发展积累了经验。

该教师课程之所以能取得以上成效,实现课程育人,我们认为主要有以下几点经验:

一是育人课程着力。着力"6+N"素养,即师德素养、课堂教学素养、课程开发素养、课题研究素养、课例研究素养、科研论文写作素养,创建了具有成人特色的骨干教师研修课程。项目组研制了以六个聚焦为主要内容的团队研修课程,即聚焦科研方法,聚焦教育理论,聚焦自主阅读,聚焦自身经验,聚焦科研管理,聚焦科研实践。

二是育人范式着力。针对区域跨学科跨学段骨干教师的特点,项目组创建了现场教学、跨界学习、读书沙龙、三维对话、学员论坛、标杆考察、抱团发展、督导助理、项目引领、实践创新等研修形式。依托课题研究、项目实施等,探索新时代育人新范式。立足学科教学,不断深化教学改革,树立新时代立德树人理念和本领。达到知行合一,在活动组织中优选育人方式,锤炼育人本领。

三是育人机制着力。项目组探索了四位一体运行和管理范式,即名师团队、跨界学习沙龙、科研骨干培训班、创新工作室四者结合展开活动,建设团队,促进骨干教师"二次成长"。团队成员既是中小学教科研名师团队成员,也是吴中区跨界学习沙龙成员、吴中区科研骨干培训班成员和吴中区教改创新工作室成员。

四是育人点位着力。项目组坚守"草根"理念,强化"草根"专家作用,在服务学员学习、研修、创新中提高培训质量。正是由于强化了一对一课题研究指导、一对一论文写作指导、一对一问题解决指导、一对一课堂教学指导,参与研修学员产出特别多,成长幅度比较大,体现了较好的课程育人效果。

四、"立教科研规范之德、树专业学业发展之人"的基本策略

落实"造就党和人民满意的高素质专业化创新型教师队伍"是区域教育科研的目标任务。对于区域教科研管理部门,在立德树人背景下,教科研改革如何把握正确方向?如何创新教研与科研的融合方式?这些都是摆在我们面前亟待解决的难题。

立德树人从内涵上理解,所谓"立德",就是坚持德育为先,通过正面教育来引导人、感化人、激励人;所谓"树人",就是坚持以人为本,通过合适的教育来塑造人、改变人、发展人。由此可见,教师作为知识的传承者,肩负着使学生"成人"的历史使命。教育的这种使命,召唤着教师适应新的时代需求,重

建自己的心灵世界。也时刻提醒教师,作为改变"他人现实"的人,首先需要改变"自我的现实"。重建教师的心灵世界,需要我们回归教师成长的常识性、本源性问题,去看待今天的教师发展。

1. 寻求大格局视野下的教师发展

谈及教师专业发展,我们往往更多地从"形而下"的角度加以重视,而忽略从"形而上"的角度加以引领;我们似乎更关注"术"之器,而忽略"道"之本。教育的本质是培养人,培养完整意义上的人。而一个知识能力完备,却信仰缺失、心灵枯竭的人,是不能称为完整的人的。如果我们能从"形而上"的角度再加审视,就可以将教师发展放到更大格局上加以观照;将"形而上"和"形而下"结合起来,教师发展将会进入一个更高境界。正如著名教育学者成尚荣所说:好教师必定是"大教师"①。

首先,认识你自己。

认识自我是教师职业生涯的核心问题,是教师发展的本源性问题,也是立德树人的先决条件。换句话说,作为改变学生心灵世界的人,教师如何为人,学生就如何成人。因为教师所获得的任何自我认识,都有助于教好学生。教师若认不清自己,过着缺少自省的生活,那么其眼中的学生也无异于"雾中花"。教师若不能心明眼亮地教书育人,学生如何心明眼亮地为人做事?正如帕克·帕尔默在《教学勇气:漫步教师心灵》中所强调的,"就优秀教师来说,认识自我与认识学生、认识学科同等重要"②。那么,教师如何认识自我?

一个人内心之所以强大,在于他时刻"犹在镜中",过着自我省察的生活。他构筑内心的方式,不是单线推进,而是复式架构,通过理智的、情感的、精神的三重路径,清晰地架构出自我的内心景观。三者缺一,都不足以构成那个"丰富的自我",因为单纯的理智会让教育变成冷冰冰的说教,单纯的情感会让教育滑向黏滞的煽情与无原则的包容,单纯的精神会让教育成为无法抵达现实的不系之舟。那么,"我"应该是一个什么样的人?

"我"是一个富有理智的人。理智基于对规律和原理的认知,体现教师对教与学有条不紊的思考。"我"能够从概念上把握学生求知和学习的机制,探

---

① 成尚荣.名师基质[M].上海:华东师范大学出版社,2017:41.
② 帕克·帕尔默.教学勇气:漫步教师心灵[M].方彤,译.上海:华东师范大学出版社,2020:31.

究学生与学科的本质特征。

"我"是一个情感丰富的人。情感是流动在课堂里的喜怒哀乐,是教学时教师和学生之间产生的"电荷",碰撞后火花四射;即使沉默,师生也会感到思维涌动下的"暗物质"在隐隐放射。这种或强或弱的情感场,无疑是课堂里流淌的"奶和蜜"。

"我"是一个精神明亮的人。精神明亮是教师发自内心的渴求,是对理想和信仰的渴望,是对与他人、与外部世界沟通的渴望,是对进入不同领域自由驰骋的渴望。人一旦有了这些渴望,就会产生热爱工作、热爱生活的动能,让"思想的轮子"转动起来。

就像帕克·帕尔默所描述的,"认识自我后,人的内心才可以与他人、与外部世界天衣无缝地交汇融通,像麦比乌斯圈的环面那样不留痕迹地表里合一,从而永无止境地共同塑造我们本身和我们安身立命的世界"①。

其次,过一种不分离的教育生活。

什么样的生活是不分离的生活?诺贝尔物理学奖得主玻尔提出一个基本原理:"与一个真命题相反的是一个假命题,而与一个深刻的真理相反的是另一个深刻的真理。在一定情况下,发现真理不是靠非此即彼地隔离世界,而是靠拥抱世界。"优秀教师会这样对待生活:他们不是分离地看世界,不是遥远地看世界,不是非此即彼,不是非黑即白;他们最大限度地张开双臂拥抱世界,将身边的人、事、物有机地统一在自己的周围,营造出属于自己的一片天地,并乐此不疲地沉浸其中。

过不分离的教育生活,方法和路径很多,对于专门从事教育科研的人来说,需要从立德树人的角度,打通教研与科研之间的路径,引领教师过一种教研与科研不分离的生活。

这样的生活,是山涧的淙淙溪水,也流向"我们的学科",也取径种种"教学方法和技巧",也爬梳某些"教育规律与法则",但更关注人的心灵,关注对自我的认同与完善——"我"是谁?谁是那个教学中的自我?"我"如何与学生、学科、同事乃至世界建立相互联系?这样的生活,是把教学与研究合而为

---

① 帕克·帕尔默.教学勇气:漫步教师心灵[M].方彤,译.上海:华东师范大学出版社,2020:37.

一,在教学中研究,在研究中教学,教与研双向滋养,共同指向优质教学和人的培养。如李政涛在《教育与永恒》中所说:这样的生活,是在成师的过程中成生,在成事的过程中成人,最终走向各美其美,美美与共。①

2. 重建教师的精神生活

过一种不分离的教育生活,首先要教师自己过。只有教师过上了不分离的生活,他的学生才能过上不分离的生活。正如一枚硬币的两面,一面是你想给他们什么样的人生,就会给他们什么样的教育;另一面是你给了他们什么样的教育,就会让他们度过什么样的人生。李政涛在《重建教师的精神宇宙》一书中说道:"所谓教师的'教学勇气',首先是反思和重建自我宇宙的勇气,是在不断拓展自身宇宙的边界中存在的勇气和自信。"②重建教师的精神生活,其基本方式仍然要回归精神本身,用精神的方式滋养精神。

(1) 过一种阅读者的生活

我们不能想象,以教书育人为使命的教师,离开阅读,他的精神还能自由。我们同样无法想象,一个人的精神世界中,没有其他人的精神吸引。如果一个人从未经历被另一个灵魂激励、唤醒、重塑的时刻,那么他的灵魂很可能是孤苦无助的,他也不可能有丰盈而强大的精神世界。读一本好书,就是与高尚的灵魂相伴,就是实现精神能量的自我转化,把他人的光明变成自我的光明,把他人的俊伟变成自我的俊伟。等我们再去审视世界、观照自我,所获得的世界观、人生观、价值观就会完全不同。

领悟了阅读的重要意义,接下来是读什么书的问题。当我们内心安宁,一卷在手时,除了需要读学科专业方面的书籍,还需要读人文方面的经典名著。如果说,学科专业是吃饭看家的本领,人文素养则可以使我们的精神得以安顿。作为第二次世界大战和纳粹大屠杀的经历者,德国语言学家斯坦纳在《语言与沉默》中说:"人文素养是挽救一切的关键。"阅读人文经典会使教师"狭窄的胸腔"变成一个强大的"精神宇宙",一个可以抵御一切困境的"防空洞"。

---

① 李政涛.教育与永恒[M].上海:华东师范大学出版社,2019.
② 李政涛.重建教师的精神宇宙[M].上海:华东师范大学出版社,2014:88.

(2)过一种写作者的生活

写作,原本就是一场修行。葡萄牙诗人佩索阿在《惶然录》中说:"写下就是永恒。"教育是一种永恒,从这个意义上说,教师的写作也是一种永恒。

写作的过程,可以帮助教师探索自己和学生生活的内心景观。对自己的内心世界越熟悉,教师的教学乃至生活就会越踏实;内心越踏实,教师对事对人的认识就会越发深刻;认识越是深刻,教师的"雷达"就越能探测到学生内心的"回波"。

写作是个慢活,需要耐心。写作的秘密不在于灵感,而在于固执和耐心。海明威说:"也许只有离开巴黎,我才能写巴黎。"能够被记住的,总是记忆中最别致的片段,而这一切都有待于一个写作者在时间的长河中慢慢打捞。帕克·帕尔默用整整十年来写《教学勇气:漫步教师心灵》,部分原因是他写得非常慢。当人们问他靠什么谋生时,他告诉人们,他是一个重写者。他写的每一页都是反复修改之后才发表的。同许多作者一样,他的写作并非始于一个清晰的观点,是写作帮助他发现对某事的所感和所知,而后续的每次修改都能推动他进入更深层的发现。

写作是孤独人的事业,需要静下心来。学会独处,学会与自己对话,才能学会与学生对话。好教师,既能自言自语,也能与学生千言万语。他的内心深处,用言语建造了一个新的世界。对于教师的写作来说,书写自己的故事,是让教师最有话可说、想说、能说的"贴近心室"的写作方式。无论是教育叙事,还是教育反思、教育案例、教育随笔,只要你在书桌旁坐下,敲下第一个字,写作就开始了。有时候,行动会让一切变得简单。

我们对事物的认识是循序渐进的,写作就是在训练我们的思维,让思维变得清晰通透,变得富有逻辑,变得敏锐迅速;写作是人的认识从此岸到彼岸的过程,是打通理论与实践的过程,是透过表象看本质的过程。任何未经写作训练的阅读,都只是见人不见己,动眼不动心;而任何没有丰厚阅读积累作基础的写作,都如同盲人摸象、坐井观天。只有经过读与写的双向驱动、双向转化,教师的观念才能真正转变,认识才能获得升华。

(3)过一种研究者的生活

帕克·帕尔默在《教学勇气:漫步教师心灵》的导言中说:"多蠢!我居然以为已经掌握了这玄妙的艺术——那比茶叶占卜更神圣、即便只领略一二也非凡人所能及的玄妙艺术。"①教师传授的学科像生命现象一样广泛而复杂,而其教导的学生或许比生命现象更广泛更复杂,教师对日复一日的教学生活极易产生疲倦感……摆脱教学困境的唯一途径,就是研究。研究可以使教师突破用经验的方式表达经验的局限,学会用理性的方式表达经验。希腊诗人卡瓦菲斯在《伊萨卡岛》中写道:"当你启程前往伊萨卡/但愿你的道路漫长,充满奇迹,充满发现。"当教师踏上研究之旅时,无疑是找到了一条充满奇迹和发现的通往"伊萨卡"的路。

过一种研究者的生活,教师需要"研究勇气"。要直面问题而不是回避问题,要解决问题而不是敷衍问题。面对研究,我们之所以会心生恐惧,一方面,是因为我们的自我认同和自我完善还不够;另一方面,是因为"舒适圈"对我们的吸引大于即将到来的挑战。心生恐惧使很多教师远离学生、远离学科、远离同事,过着一种与周围世界分离的生活。奥地利诗人里尔克在《致一位年轻诗人的信》里写道:"要容忍心中一切尚未解开疑团的问题,还要设法去喜爱问题本身。现在不要急于谋求你不可能得到的现成答案,因为你涉世未深还没有相关的亲身体验。——关键是要体验生活中的一切,现在就去体验你提出的问题。此后,假以时日,你渐渐地若有所悟,说不定有朝一日,不知不觉地找到了答案。"这段话告诉我们,重要的不是追问结果,而是体验过程,很多时候答案就在去的路上。

过一种研究者的生活,教师需要"研究测量"。日本教育学者佐藤学认为,教育研究如同用眼睛观察世界,不同的眼睛代表了不同的研究视角,最基本的三种视角是"飞鸟之眼""蜻蜓之眼""蚂蚁之眼"。"飞鸟之眼"高瞻远瞩,向下俯瞰;"蜻蜓之眼"视角下移,环顾四周;"蚂蚁之眼"精确细致,贴近地面。研究视角的选择就需要"研究测量",教师要测量真实教育情境中值得测量的东西,体现问题的价值性;要懂得怎样测量我们准备测量的东西,体现研究的方法性;要重视那些可测量的东西,更要重视那些量化工具测量不到但同样重要或者更重要的东西,体现研究的人本性。当我们学会切换视角、瞄准对象时,研究就不会偏离目标,而是一直对准靶心。

---

① 帕克·帕尔默.教学勇气:漫步教师心灵[M].吴国珍,余巍,等,译.上海:华东师范大学出版社,2005:2.

过一种研究者的生活,教师需要"研究现场"。研究之所以有价值,是因为它是"卷入"教学现场的,而现场是动态性的,研究的意义恰恰在于捕捉现场中稍纵即逝的亮点与问题、偶然与意外,并加以编织、重组和改造。这是一个"收上来"再"回过去"的过程,从教学到研究,从具体实践到抽象理论,从特殊现象到一般规律。从教学现场出发的研究,训练了教师的学习力和转化力,促进了教师的真实成长。

过一种研究者的生活,教师需要"研究路径"。英国人类学家马林诺夫斯基曾经把自己的研究路径概括为"在这里—到那里—回到这里"。"在这里"主要是指在大学里系统地学习基本理论并进行专业训练;"到那里"主要是指到研究现象呈现的场域中去,运用掌握的理论和方法做研究;"回到这里"是指回到自己的研究机构里来,提出新的原理、新的观点。马林诺夫斯基的这一研究路径,同样可以作为教师的基本研究路径。"从这里""到那里"最后再"回到这里"的时候,"这里"已然不是"同一条河流",从新的河岸再起航,不断地划向更远的彼岸,教师的成长也就悄然发生了。

当教师历经了阅读积累、写作积累、研究积累这"三重生活"后,精神宇宙得到了重建,就再也不会非此即彼、二元对立地割裂教研与科研,而是不自觉地将它们既彼又此地相互交融,从而真正实现我们的教育理想:用"一个灵魂"唤醒"另一个灵魂"。

3. 走向同舟共济的教育共同体

歌德曾言:"只要人在追求,迷茫便是免不了的。"走出迷茫的动力,不仅来自个人,也可以来自一个同舟共济的共同体。同样,认同感也只有在与他人产生联系时才能体现出来。建立在内在心灵共鸣之上的教育共同体,可以将教师引向更为融合更为广阔的世界,使教师从"单打独斗"转向"群体合作"。过教研与科研不分离的生活,从现在就开始。

(1) 价值追求

教育共同体之所以能够凝聚人心,就在于处在共同体中的每一个人,时刻有种"一粒沙呻吟,十万粒围着诵经"(《敦煌幻境》)的"精神颤抖"。这是共同信仰的力量,是"教育仁心"的力量,将所有人引向共同的价值追求。这种价值追求,既是一种共同愿景,又是一种现实目标。

教育共同体之所以魅力无穷,是因为教师是因"伟大事物的魅力"而凝聚,而不只是凭借个人魅力而聚合。这里的"伟大事物"不是学科,不是教材,也不是教育主体,而是师生共同渴望了解的现实及渴望探求的真理。一切因了"伟大事物"的存在,共同体的成员"端坐圆心洞若观火",①发表多样性的观点,认可对事物认识的模糊性,展开有创见的争论,怀有内心的谦卑。

(2) 共同形态

求真共同体。求真是哲学的本质,同样可以作为共同体追求教育本质的一种方式——建立求真共同体,以教学与研究为主题展开探索。以求真共同体为依托构建的课堂,是教师和学生共同关注某个"伟大事物"的课堂,是以"伟大事物"为中心的课堂。在这样的课堂上,主体不是教师,也不是学生,而是师生共同关注的焦点,即对现实的了解及对真理的渴求;在这样的课堂上,没有僵硬停滞的知识,"伟大事物"流动不息,教师可以当学生,学生可以当教师,师生身份的转换全看对"伟大事物"的认识水平;在这样的课堂上,教师和学生获得了一种克服自身局限的力量——"伟大事物"给予的力量,使师生超越自我专注的状态,对事物的认识既不随波逐流也不故步自封,敞开心扉,积极表达自我。

学习共同体。如果说变革是教育的常态,那么学习则是适应变革的不二法门。教师需要建立学习共同体,以同事间的切磋与琢磨为主要形式展开学习。加拿大学者马克斯·范梅南说:"教育就是影响,教育学就是对影响施加影响。"无疑,学习共同体就是建立在同事间的一种"对影响施加的影响"。学习共同体的形式可以是打破教学的私密化、实行开门教学,成员实地考察彼此的教学,交流彼此的思想,分享彼此的经验;可以是成员一起寻找共同研究的问题,科学而严谨地对待问题,相互信任地解决难题;可以是将"读、教、研、写"结合起来,创建不同的"学习场域",教师们坐在一起,相互激荡,相互砥砺。当教师真正把学习作为一种生活习惯、精神追求了,就不会再有"本领恐慌",成长不过是时间问题。

当然,教育共同体还可以从教师主体、学科领域、学习方式等不同维度来建立,如名师共同体、学科共同体、研究共同体、读书共同体、写作共同体、美

---

① 帕克·帕尔默.教学勇气:漫步教师心灵[M].吴国珍,余巍,等,译.上海:华东师范大学出版社,2005:106-107.

学共同体等。形式为内容服务，共同体的初心始终指向人的成长。

（3）不同方式

一是教师工作坊。可以实施"教师工作坊"制度，定期开展"读—教—研—写"循环式主题对话。明确对话的领导者，召唤对话主体"端坐圆心"；设立对话主题，引导对话主体聚焦问题；设定对话原则，倾听对话主体的心灵诉求。

二是"大鱼带小鱼"。不论是哪一种类型的教育共同体，其中的每一个成员都积蓄了可以向外辐射的能量。可以以"大鱼带小鱼"的方式，将成员的成熟经验辐射开，拓展出新的共同体，从而一波又一波，一浪又一浪，"卷入"更多的教师，缔造更多的成长团队。

三是"打破圈子"。教师要打破认知圈，不仅要精通教育的知识，还要逐一推开通向哲学、美学、文学、历史学等知识殿堂的大门。教师要打破"学科圈"，与不同类型教育的教师、不同学科的教师合作，在教育之内寻找"异质感"。教师还要打破社交圈，与不同职业领域的人、事、物接触，在教育之外寻找新鲜感。

如果说"教师工作坊"是教育共同体的一种"对话方式"，那么"大鱼带小鱼"就是一种"繁殖方式"，"打破圈子"则是一种"扩张方式"。不同的方式让教师的共同行走变得更快，却不觉疲倦，乐在其中。现在再回到"立教研科研规范之德、树专业学业发展之人"这个主题时，或许我们就可以看清，从"认识你自己"到"重建教师的精神生活"，再到"走向同舟共济的教育共同体"，是一个人从心灵世界走向外部世界的过程，也是"一个人"走向"一群人"的过程。一切行动的背后，看不见的推手是思维方式。当思维方式发生改变时，教师的心灵世界得到重建，就拥有了重新看世界的眼光，就会更深刻地感受到作为教师的荣耀与使命。

本节可参考附录1－2。

第二节 从分到合的体制创新

"教研"与"科研"经历过从合到分,再到从分到合的过程。以江苏省为例,早期大多是教研和科研不分的,从20世纪90年代开始,不少学校及县(市、区)开始独立设置教科研部门,这些教科研部门一度发挥着重要的作用。随着时代的发展,教研与科研融合发展的趋势越来越明显。从设区市13个教科研机构来说,独立设置市级教科所的只有2个,其余都是教研与科研等合并建立教科院或教育科学研究中心的,也有的合并统称为中小学教学研究室,还有的合并为教师发展中心。从某种意义上来说,这也反映出教科研从分到合的机制创新。

一、三位一体的教科研工作网络构建

教育科研是重要且复杂的科学研究活动,为形成和谐的、高质量的教科研发展态势,苏州市以"市教科院—各市、区教科室(教研室、教师发展中心)—学校教科室(教师发展中心)"为核心的"三位一体"工作网络构建不仅符合教育改革和发展的内在需要,同时也是区域教育发展的重要保障及区域教科研发展的应然选择。"三位一体"工作网络遵循现实性、整合性、实效性与前瞻性等原则,以市级整体统筹规划、区域分层有效跟进与学校参与深度卷入为基本框架,通过明晰阶段发展目标、撰写可量化的工作方案与总结、强化教科研的过程性管理、大力推广教科研成果等实施路径,并在积极创新和砥砺前行中探寻、优化和协调资源,以点带面提升教师队伍水平。

1. "三位一体"教科研工作网络的构建背景

(1)"三位一体"工作网络构建顺应教育改革和发展的内在需要

教育是民族振兴、社会进步的重要基石,其作为上层建筑的重要组成部分,反映了党的意志、人民的意志。习近平总书记在全国教育大会上提出,"凝聚人心、完善人格、开发人力、培育人才、造福人民"的工作目标,并就教育改革发展提出一系列新理念、新思想、新观点,阐述了"九个坚持"。其中,"坚持社会主义办学方向""坚持把立德树人作为根本任务"等为新时代教育

管理工作指明了方向。教育管理工作的一切思路、工作措施、工作路径都要紧紧围绕立德树人根本任务来展开。党的十九届五中全会则提出建设高质量教育体系、到 2035 年建成教育强国的战略任务,这是党中央立足实现第二个百年奋斗目标,统筹中华民族伟大复兴战略全局和世界百年未有之大变局,对教育提出的新目标、新任务和新要求。

因此,为不断改进和提高教育教学模式,以崇高的追求、科学的态度和高效的方法做好新时代教育科研工作,不断完善教育科研的工作机制,持续、扎实、稳步提升教育质量,由"市教科院—各市、区教科室(教研室、教师发展中心)—学校教科室(教师发展中心)"组建的"三位一体"工作网络切合新时代教育的根本任务和总体要求。苏州各市、区和大市教育科研机构经历了"从合到分再到合"的过程,创新体制机制,在教科研机构调整与职能变化的背景下需努力实现教研、科研的再融合、再发展与再提升。

(2)"三位一体"工作网络构建是区域教育发展的重要保障

在党的教育方针引领下,为推动更高质量的区域教育可持续性发展,遵循教育规律,逐步孕育市级、区级、校级的和谐美好的教育生态,我们需高度重视区域内"教育共同体"的意义联动,探究"研究"的理论价值与实践意义。

1887 年德国著名社会学家斐迪南·滕尼斯(Ferdinand Tönnies)所著的《共同体与社会》一书以社会学概念提出了"共同体",并认为共同体是一群有共同信仰、信念和价值观且相互信赖、相互支持的群体。其中,"地缘共同体"符合真实鲜活、亲密包容及合作共享的有机体特性。[①] 杜威则将"共同体"与"民主"相互联结,"作为一种理念,民主并非其他协作生活的理念的替代品。它就是共同体生活理念本身",其"民主"指向自由而全面的交流、交往、参与、合作和共享。[②] 当共同体理论叩响教育领域的大门,霍德(Hord)、维斯西蒙(Westheimer)、严亚梅、郑葳等国内外学者对这一概念高度关注并积极展开研究。

"三位一体"工作模式的相互依存和互动、对民主价值观的追寻、对教育

---

① 斐迪南·滕尼斯.共同体与社会:纯粹社会学的基本概念[M].林荣远,译.北京:商务印书馆,1999.
② 吴向辉,涂诗万,赵国祥."共同体"与"社会":对杜威《民主主义与教育》中"Community"的探析[J].教育学报,2022,18(5):32-43.

本质和意义的探究及对共同思考、共同工作的研究型文化的建构,是区域教育教学质量与教科研质量提升的重要保障。

(3)"三位一体"工作网络构建是区域教科研发展的应然选择

在20多年课程改革的理论学习和教育实践中,各地教研部门带领学校和教师直接参与基于"深度学习"的教学改进、学历案设计、深度教学、新基础教育等一系列教学改革项目的研究与实践,业已掀起新一轮教学改革的浪潮……教研方法的转变与教研方式的创新对教研队伍的组建与其专业素养提出了更高的要求。

然而,在教研工作走向标准化、专业化和规范化的过程中,县域科研管理在学校数量增加、课题数量增加、科研工作进一步受到重视的充满挑战的现实条件下,面临专门的科研机构较少、专职的科研人员不足、科研过程疏散等不容忽视的困境。① 且教研与科研在比较多的地方是呈现"隔离"状态的,其结构关系经历过从合到分,再到从分到合的过程。这种状态虽然在一定时期起到了一定的作用,但从整体来看,无论是教研还是科研,其功能都没有得到充分的发挥,教科研整体改革势在必行。

为此,进行区域教科研整体改革的探索与实践,助推"三位一体"工作网络有效落地生根,不仅可以充分发挥区域教科研的功能,培养教师教科研的意识,提升教师的教科研能力,也是顺应教科研走向融合、实现上下贯通的应然选择。

2. "三位一体"工作网络构建的原则、基本框架及实施路径

(1)"三位一体"工作网络构建的原则

现实性原则:立足区域教研实际。"三位一体"工作网络的构建应建立在区域教研工作的核心问题上,深入教科研工作的一线,立足实际问题,尤其是区域教育科研现状中的短板,看到教研与科研的瓶颈问题,如"区域教育科研存在教育科研成果评价标准缺失、教育科研区域发展水平失衡、基层教育科研工作研究失度"②等,坚持真实问题导向,才能依托"三位一体"的工作网络逐一突破教研工作的重难点。缺少现实支撑的理论上的假设、仅凭经验走老

---

① 张华中,傅莫.以数字平台赋能县域教育科研管理[J].江苏教育,2022(82):41-43.
② 倪娟.江苏省区域教育科研工作的现状与建议[J].江苏教育研究,2017(28):11-15.

路又或是照搬照抄而不问适切性的"拿来主义"都是改革过程中的阻碍,丝毫无益于现阶段教科研的发展、提质。

整合性原则:结构关系由分到合。自中华人民共和国成立以来,基础教育教研工作经历了初创期、发展期、挫折期、恢复期、规范期、完善期,逐步建立了中国特色的教育教学研究制度。然而,教研与科研的"隔离"状态,致使其结构关系经历过从合到分,再到由分到合的过程。为切实发挥教科研的作用与功能,我们应推动教科研走向"融合",实现上下贯通之发展态势,形成一些指导性的理论和独特的区域经验,以此彰显整体改革的协作功能。

实效性原则:聚焦教研实践过程。教师具有求知欲,与他人共同建构知识,而不是简单地"消费"知识,这是教师专业发展的前提,也是目标。[①] 在苏州市教科院方向把控,各市、区教科室(教研室、教师发展中心)专业引领,以及学校教科室(教师发展中心)参与和落实的"三位一体"工作网络构建中,应聚焦于教研实践过程,且当教师以观察者、沟通者、学习者和研究者等多元身份出现在教育实践场中时,其对于教研实践过程的关注与探寻能够有效推进教科研走上实效、实用之路径。

前瞻性原则:落实立德树人机制。党的十八大把立德树人明确为教育的根本任务,党的十九大进一步提出,要"要落实立德树人根本任务",党的十九届四中全会对完善立德树人体制机制提出新的具体要求……至此,立德树人教育根本任务引起教育界和学术界的广泛关注。"三位一体"工作网络必须坚持正确的政治方向,看到时代对教育提出的新要求,看到区域各级教育的发展中立德树人机制的落实对实现中华民族伟大复兴的重要使命,深化教育改革创新。

(2)"三位一体"工作网络构建的基本框架

市级整体统筹规划。教育是提高人民综合素质、促进人的全面发展的重要途径。在课程改革和教育改革发展的时代背景下,在教科研"三位一体"的工作网络构建中,要立足新的历史方位,深入学习习近平总书记重要指示精神,坚持党对教育事业的全面领导,坚持把立德树人作为根本任务,坚持社会

[①] 卡丽娜·里纳尔迪.对话瑞吉欧·艾米利亚:倾听、研究与学习[M].周菁,译.南京:南京师范大学出版社,2014.

主义办学方向,坚持把教师队伍建设作为基础工作等"九个坚持",认真落实党中央、国务院决策部署,坚持以人民为中心,不断深化教育改革创新,加快建设高质量教育体系,促进教育公平。苏州市教科院牢牢把握教育改革发展的根本遵循,为教科研工作的有序开展把握方向,立足区域教科研现状,并整体统筹规划不同阶段的教科研核心任务。

区域分层有效跟进。在"三位一体"的工作网络构建中,区域作为中间的"纽带",须从科学发展观层面和教育实践创新层面出发,在党的教育方针的引领下,在推进区域教育的发展过程中,基于市教科院对教科研工作的整体统筹,及时跟进,对接各级学校的特色化、多样化与优质化的发展,实现县域内的教育高质量发展。在协同发展、不断实现整合的过程中,还需瞄准县域内部的教育发展现状和问题,坚持以问题为导向,寻求理论基础,找准"研"的方向,明确"研"的内容,调整"研"的思路,提升"研"的方法,关注"研"的过程与结果,在定期与不定期的教科研工作会议上,着力解决核心问题、主要问题,积极研讨解决策略,系统整合具有适切性与实用性的教科研工作经验。

学校参与深度卷入。"水之积也不厚,则其负大舟也无力。"在"三位一体"的工作网络构建中,各类学校教科室(教师发展中心)、各学段一线教师是最基层的组成部分,同时也发挥了最为关键的落实与执行功能。因此,针对现阶段各级学校对于教科研工作的认识不够深入且存在偏差(为了做而做)、校级领导缺乏组织教科研工作的专业能力与水平、教研活动高频却低效(以材料的撰写为主要任务)、教师参加教科研工作的主体性隐匿(教师消极、被动情绪盛行)等教科研工作开展的现实困境,为切实提升教科研工作的实效性,我们呼吁并强调各级学校的积极参与和更进一步的深度卷入。首先,以校本研修为基础。各级学校应制订系统明晰的教科研工作计划,明确近阶段教研活动主题、方式、时间、频次、参与人员、具体实施过程、效果反馈等,做好活动规划;聚焦现实问题,明晰拟通过教研活动解决哪些问题,达成什么目标,引领教师不断解决问题。其次,各学段教师也应立足于教育实践场,以提升教育教学质量为中心,以优化课堂教学质量为重点,坚持学习先进的理论知识,理论联系实际,不断提升专业水平与专业素养,建立专业自信,看到教师自身存在及其工作所带来的重要意义,在此基础上增强教科研意识,树立终身学习观,为教科研工作的持续、有效开展,注入源源不断的实践活力。

(3)"三位一体"工作网络构建的实施路径

优化协调资源,以点带面提升教师队伍水平。区教科室(教研室、教师发展中心)应整合县域内部的优质人才资源,积极组建校级"联动+协作"共同体。鼓励"先进"带"后进",以点带面,提高优质资源的辐射作用。与此同时,在做好前期调研工作的基础上,了解目前教师在专业水平提升方面的困惑与核心问题,有针对性地对各级教师开展专项培训工作,尤其指向"如何开展教科研工作"的培训,支持教师在实训的过程中积累教科研工作经验。

明晰阶段发展目标,撰写可量化的工作方案与总结。为务求实效、对标对表,切实建立"三位一体"的教科研工作网络,市教科院、各市、区教科室(教研室、教师发展中心)、学校教科室(教师发展中心)都需依据现阶段教科研提质需求,结合区域教育发展实际情况,制定具体的、可量化的工作方案,并撰写工作总结,实现有理可依、有例可循。

发挥教育督导作用,强化教科研的过程性管理。2020年11月24日,国务院副总理、国务院教育督导委员会主任孙春兰在出席全国深化教育督导体制机制改革会议讲话中强调:"教育是国家现代化的重要支撑,高素质人才的培养、科学技术的创新、社会文明程度的提升,都需要发挥教育的基础作用。教育督导是保障教育法律法规和方针政策贯彻落实的重要手段。"在"三位一体"工作网络构建中,应重点督导德智体美劳全面发展教育方针贯彻落实情况,创新质量监测方式,建立常态化和专项化相结合的教育督导机制,关注教科研的开展过程,而不是一个简单的、形式化的结果。

扎实做好研究工作,大力推广教科研成果。为建立健全教科研工作激励机制,鼓励各级教师在真实的教育情境中扎实做研究,"三位一体"工作网络构建应针对不同类型、不同层次的教师建立合理的考核方式与评价标准,将具有创新性的学术成果与工作经验大力推广。宣传优秀成果,充分发挥教育科研的辐射功能和教育科研成果的带动作用,推进"三位一体"工作网络向纵深方向发展。

二、教科研机构的建设标准、工作标准与规范制度

中华人民共和国成立初期,教育百废待兴,为了迅速建设一支符合新时

期需要的教师队伍,为基础教育工作提供专业支持的教研系统应运而生。在近70年的发展历程中,教科研机构逐渐被赋予了教学研究、指导、管理与服务等多元职能,在提升基础教育教学质量上发挥着不可替代的作用。现如今,新课程改革的实施及"教师作为研究者"理念的提出,更是将教学研究职能置于教科研工作的核心。教育部于2019年11月印发《教育部关于加强和改进新时代基础教育教研工作的意见》,就着力解决教研工作存在的机构体系不完善、教研队伍不健全、教研方式不科学、条件保障不到位等问题提出明确要求。因此,作为研究教学业务的专门组织机构,研制和明确市教科院、各市、室(教研室、教师发展中心)及学校教科室(教师发展中心)三级教研机构的建设标准、工作标准与规范制度等(参看附录3),显得愈加重要。

在机构职能上,教育教学指导始终是教研工作的核心,不同类型、不同层级的教科研机构都将教育教学指导作为最重要的工作。同时,三级教科研机构的职能各有侧重,市教科院是市教育局的直属单位,主要职能是从事教学业务管理、教学指导、教学科研、教师培训、改革实验等,全学段全方位地对全市各类教育进行研究、指导和监测,同时为苏州市教育的各项决策提供依据和咨询。区教科室(教研室、教师发展中心)科研中心组受苏州市各区区教育局教研室领导,更多地面向基层学校开展教研活动,是承担本区教育教学研究的服务性组织。学校教科室(教师发展中心)则开展各种形式的教研活动,聚焦具体的教研问题,确立切合实际的教研主题,让教师学会在反思中提高专业素质,在理论的引领下敢于创新教学方法,提升教师的素质。

指导思想是全面贯彻党的教育方针,落实立德树人根本任务,尊重儿童、青少年的发展规律,立足本土,放眼基层一线学校,实现上下贯通,进行区域实践。全面推动全市各区域各学校教育研究与教学改革工作,不断提高办学效益和教学质量,促进各区教育事业又快又好发展。

1. 建设标准

组织教学。教学是学校的中心工作,也是各级教科研机构的主要任务。组织教学要从静态与动态两方面入手。静态组织教学,主要是对人力资源、时间资源、设备资源的组织。动态组织教学,主要是制定人才培养方案,课程教学的实施,教学过程的检查和教学工作的总结与提高,通过科学优化的教学组织,保证教育质量的提高。

教学研究。各级教科研机构应按照教学研究计划,利用先进的教育理念、科学的教育理论和手段对教学组织活动进行研究。主要通过开展专业建设、课程建设、实验室建设、教材建设工作提高教师教书育人的水平。

师资队伍建设。教科研机构的长期任务是建设一支师德高尚、教育观念新、改革意识强、具有较高教学水平和较强实践能力的师资队伍。提高青年教师教学水平,不断优化师资结构是教研室师资队伍建设的核心。教研室、教科室要高度重视青年教师的培养工作,充分发挥老教师的传、帮、带作用。对青年教师要实行导师制,导师要对青年教师的政治思想、业务工作和学习提高全面负责,并进行具体指导,帮助青年教师提高政治思想素质,过好教学关、科研关和实践技能关。在教研室负责人的组织下,教学经验丰富的老教师要对青年教师的教学日志、教学进度表、教案、授课、实验、作业批改等进行指导。

人员配备。团队成员一般按照学科、专业或课程(群、组)设置。学校在编及兼职教师均应纳入基层教学组织(教研室)管理,参与组织活动。基层教学组织(教科室)设1名主要负责人;若教科室有5名以上专任教师,其中副高级以上专业技术职务的教师不少于2名,编制在10人以上的,根据工作需要,可设副职1名,协助主要负责人的工作。不具备上述条件,但确因教学活动需要的,可在相应教科室下设课程组。基层教学组织(教研室)负责人,由各基层教学组织(教研室)全体教师集体讨论、民主推荐确定,由教学单位考核任命聘任,报学校教务处、人事处等相关职能部门审批备案。聘期为2年,可连任。

教学质量。教研室的教学质量主要体现在课题研究和实践教学的质量以及学生对教科室全体教师与其所讲授课程的满意程度。

基本建设。教研室、教科室根据学校规定配备相关硬件办公设备,健全管理制度,完善教学竞争与激励机制。各教科室设置基层教学组织的要围绕主要管理功能,切实加强条件和内涵建设,把重点放在常规教学业务的组织与管理上。加强对教师教学工作的考核与评价。整理教学资料,及时归档。

考核评价。每学年评选一次优秀教科研机构,主要奖励在教科研机构建设管理、教学工作中取得显著成绩的优秀教学基层单位。

2. 工作标准

工作要求。教科研机构围绕国家、省、市基础教育教学改革与发展的热点、难点和重点问题开展应用性研究,参加市、区教育科研舆情研讨,为市、区域教育行政部门教育教学改革决策与教科研发展战略制定提供咨询和建议。深入学习把握各学段教育的前瞻研究,围绕教育教学改革的新理念、新模式、新方法,以提高教师教学能力为宗旨开展教科研活动,积极推广教学与实践一体化的改革经验。编写市、区域科研信息专刊;各区教研中心小组协助区教研室做好科研调研、整理和汇总工作,并积极发挥市、区教研室"科研管理平台"的使用和管理效能。主动参加省、市、区相关课题的申报、指导与研究工作,积极参与论文撰写、评比、推优与教育教学成果奖申报工作;及时把握各学段教育教学改革动态和发展方向,精选出促进区域高质量教育教学研究方面的实用性课题和项目。立足课题的研究背景和区共同体的协同研究,通过项目课题滚动、教科室研究助力与级组差异实践,把握师生互动与学生发展的关系及其中可发展学生的教育契机,全面拓展学生行为观察、多元互动支持、适宜经验拓展的教学策略。积极配合市教科院、区教研室领导的工作,主动承担研究任务、承办中心组活动,认真思考和研究带动本街道、本校教学改革倾向性的问题解决。面向学校、面向教师、面向学生的发展需求,确立研究方向或重点领域。

成员遴选原则。一是德才兼备原则。将德、能、勤、绩、廉作为遴选教科院机构成员的主要标准,真正把师德高尚、业务精湛、口碑良好的教师选拔到区科研中心组。二是公开公正原则。严格按照评选条件和程序对参评教师进行综合评定、公正选拔、全面考核、择优聘用。

教学工作。教学工作是教研室的中心工作。教科研机构要处理好教学、科研和教师进修之间的关系,充分保证教学第一线力量,确保教学工作正常运转。教科室负责组织的教学工作,包括本教科室承担的各门课程的课堂讲授、实验、实训和考试考查等各个教学环节。教科室要着重抓好课堂教学质量,积极开展集体备课、听课和评课,通过各种形式组织教师之间互相学习和交流,提高教师整体教学水平。根据需要,结合信息安全专业发展和本教科室师资、设备的具体情况,鼓励教师积极申报和参与教学改革课题与科研课题研究,并结合研究工作与教学实践写出研究论文。要注意加强教材建设和教材研究,把教材、教学参考书、教学大纲的编著和电子课件的研制作为重要的教学研究工作加以落实。要把课程建设研究作为教研活动的重要内容,结合学科专业发展进行课程体系和教学内容改革。

3. 规范制度

管理机制。滚动管理原则。教科研机构成员实行定期聘任考核制,每两年重新聘任一次,确保教科室成员质量,树立教科室良好形象。实行退出机制。不合格成员将适时被调出科研中心组。

岗位责任机制。全体人员,包括主要负责人、副职及其他人员,有明确的工作职责和岗位分工。有明确的各工作环节的责任和要求。各级教科研机构的教研工作要求在各负责人统筹下进行专项制定,共同参与研究与积累。具体负责市、区、校教研专题研究方案的制定、计划实施、意见反馈、内容调整及质量评价等。规划各级教科研机构教研设置与研究重点,审议教研方案计划效度,监测教研研究计划实施与质量,收集教研研究困惑与建议,组织有关教研研究调整与优化的会议,保障教研研究研究的成效,落实教研研究成果的推广并负责形成相关教研研究的资源库等。

运行机制。例会制度:每学期召开一次计划会,讨论本学期计划,确定工作目标、研究课题及专题讲座内容。每学期安排一次阶段性工作汇报会议,检查各项工作的实施情况,解决实施过程中遇到的难点问题。每学期召开一次总结会,总结经验成果,梳理存在的问题,研究解决问题的办法。学习制度:在日常运用中逐步内化《3—6岁儿童学习与发展指南》(简称《指南》),让《指南》内化于心,外化于行。在深入研究儿童、研究游戏、研究课程,带领教师对标《指南》相关目标审议区域游戏、集体活动、主题课程及一日活动,不断提高教师依据《指南》有效支撑儿童发展的能力。按时学习,科研成员平时以自学为主,根据研究方向,确定主题,市、区教科研机构每学期至少集中学习一次,并利用工作平台交流学习心得。按需学习,教科室成员在每学期自我发展计划中明确学习内容、学习目标,按需有选择性地进行学习。学校教科室以月为单位组织教师自主学习、探讨优质教学活动组织,在过程中强化教师对接《指南》目标,基于本班幼儿的经验基础设计具体化的教学目标和幼儿感兴趣的操作材料,以及幼儿能听懂、能回应、会碰撞的互动问题。研讨制度:科研成员积极参加各级各类教学研讨活动,建立"每月一主题"研讨制度。由负责人根据研究方向确定主题,每月集体研讨一次。聚焦三类教研模式(有图有真相、有书有方法、有场有策略)的真尝试,全面要求基于现场照片、问题、共读书目的反思性学习,变"事务型教研"为"研究型教研",转变过去布置任务式的教研方式,引导教师围绕课改中的真实问题进行研究;变"会场型教研"为"现场型教研",能在现场就不在会场,多走进班级,多走进现场,和教师一起发现活动现场中的问题,开展现场教研。

指导机制。留痕管理:首先,对于教研工作的计划方案、过程记录、录像照片、通讯报道等采取校验主管专项负责制,以半学期为单位对教研资料进行统整、编辑、检核与保存,经审核后上传相关平台。其次,强化教研后形成下一阶段的工作计划与要求,对接台账资料的整理与优化中落实教研经验的落地与辐射。质量评估体系:质量评估围绕课程改革问题的解决,聚焦教师研究品质的提升、专业素养的提高,幼儿生活游戏状态的改变和学习发展水平的发展,最终落实在人的发展上。具体要求:综合调研常态、教研质量、经验推广运用的整体质量,对教科研机构研究进行过程支持与监控、阶段评估与指导。充分信任与放权各教研条线负责人,关注教科室日常研究与汇报的成效,适时适宜提出方向性、价值性的标准要求,引导标准底线下的自主研究与深度研究。专家指导机制:积极联动街道主管部门,对接区教研员、名园长、市级及以上实践型专家建立入园现场指导、培训引领的机制,有针对性地对接课程研究实际与教师需求组织专题性、持续性、递进性的指导活动。

考核激励机制。考核机制:各级教科研机构成员由各级教科研机构负责考核。考核内容包括思想品德、理论素养、管理能力、教学能力、研究能力、技能水平等。各成员在聘期内,至少参与一项区级以上(含区级)课题研究,或在市级以上(含市级)刊物上发表一篇文章,或取得一项市级以上(含市级)研究部门或行政部门颁发的优秀论文或教学成果奖。激励机制:借助市、区科研管理平台,参照考核具体要求对教科室成员进行聘期内的综合评价,择优颁发荣誉证书。各级教科研机构将根据具体情况为中心组成员创设学习、培训、业务提升等机会。在各级各类教科研评优评先中,同等条件下优先推荐教科研室成员参评。教科研机构成员所在单位视其工作业绩情况,在单位内部考核中计入相应的教学和教研工作量。根据教科研室考核要求对成员进行考核,考核结果作为表彰评优的重要参考依据。

档案管理制度。各级教科研机构单独建立档案,将教科室的计划、总结、活动简报及相关资料及时收集、存档。

经费保障机制。活动经费由各级教科研机构列出专项资金,参照相关行政要求规范管理与支出。科研成员参加活动的差旅费由各成员所在单位承担。

本节可参看附录3。

第三节　从点到面的整体融合

基于立德树人的教科研整体改革中的"从点到面的整体融合"改革主要包括教科研融合建设基地的建设与运行;教研、科研融入学校全面调研内容之中的常态化实施;课程、教材、教学、评价一体化改革的路径等。

一、教科研融合基地的建设

教科研融合建设基地(参考附录4)是苏州市教育科学研究院与姑苏区教师发展中心联合建设的第一个基地,是探索指向立德树人的教科研整体改革的一条实践路径,是苏州市实现教科研体系转型的一个重要载体,是构建现代教科研体系的一种尝试。教科研融合建设基地旨在通过市、区两级教科研专业部门的深度合作,借助项目驱动,以专家引领、同伴互助、科研导航、教学探航、具化标准、优化课程等方式,充分开展高品位接地气的研究与实践,切实提高教科研服务决策、服务教学、服务教师、服务学生、服务教育教学质量提升的能力与水平,是一种以"关联+嵌入"为主要路径构建现代教科研体系的有益尝试。

1. 基地建设背景

教科研融合建设基地以党的十九大精神为指导,以全面提升苏州市初教学科教育教学质量为目标,高举"以提高质量为核心,推动教科研融合发展"的鲜明旗帜,以科研高度做教研,以教研实度做科研,探索"市区通联"的体制创新、"教科融合"的效能提升、老百姓"教育获得感"提高的教学质量提升新思路、新路径。其建设背景主要基于下面三个方面的思考:

(1) 方向选择:基于推进义务教育均衡发展的需要

2018年2月26日,中共苏州市委、苏州市人民政府出台关于《勇当"两个标杆"落实"四个突出"建设"四个名城"十二项三年行动计划(2018—

2020年)》(苏委发〔2018〕6号)的通知,其中,苏州市教育局承担的《教育均衡、优质发展三年行动计划(2018—2020年)》是"十二项"行动计划之一,包含九项改革。市教科院牵头承担的是"教科研体制机制改革"项目,在这个项目中,确定"现代教研方式根本性转型改革""教科研纵向联动、横向协同机制改革"为改革重点事项。为此,将"教科研整体融合发展改革工程"作为落实"行动计划"的主要工程之一,作为推进义务教育均衡发展、优质发展的重要举措。

(2)路径探寻:基于推进教科研联动与协同的需要

姑苏区为三区合并而成,是具有深厚历史文化底蕴的核心城区。姑苏区现有44所学校,其中三分之一多是百年老校,还有若干新建学校及扩并学校。其最大的特点是该区所有学校都是小学或幼儿园,而处于姑苏区地盘上的中学均为市直属学校。这样的区域位置和学校的独特布局,是进行教科研融合发展的天然"场域",这也是我们选择姑苏区作为试点单位的一个重要原因。一方面,可以进行纵向联动。由于市教科院也处于姑苏区,与姑苏区教师发展中心属同一区域,上下联动几乎没有什么空间距离,更为便捷,可以进行深度合作;另一方面,可以进行横向协同。市直属初中校的生源主要靠姑苏区的小学输送,可以实现小学、初中在学段上的"无缝对接"。为提升义务教育学校的教学质量,进行教科研融合发展,实施横向协同建设,应该是一个重要的抓手。

(3)平台搭建:基于推进学科核心素养落地的需要

近年来,苏州市教育局提出了将"苏式"教育品牌培育作为促进苏州教育改革与发展的新理念,作为实现"学有优教"教育内涵发展的重要指针。基于此,姑苏区教师发展中心申报并立项了江苏省教育科学"十二五"规划2015年度重点自筹课题"基于叶圣陶教育思想的区域培育'苏式学校'的实践研究",着力研究"苏式课堂""苏式教学""苏式教师""苏式学子",而这些"苏式"教育品牌恰恰是推进学科核心素养落地的有效载体。为了促进这一课题的有序开展,市教科院下发了《关于推进中小学"苏式教学"与"苏式课堂"实践与研究的工作意见》(简称《意见》)。《意见》强调:"以'苏式教学'为引领,深化落实课程改革。鼓励各市(区)教研(科)部门开展苏式教学研究,全面展开'苏式教学'与'苏式课堂'研究工作,提炼区域特色,形成独特经验。"

同时,市教科院申报的省"十三五"教育科学规划课题"指向立德树人的教科研整体改革实践研究",既指向教科研融合发展,又指向教科研联动协同,更重要的落脚点是指向学生核心素养培育的落地问题。

2. 基地建设主要内容

教科研融合建设基地,牢固树立全面教育质量观和"教师即研究者"的意识,实行市、区双向关联,跨学科、跨学段互动,进行主题、过程、方法的嵌入,努力形成具有苏州区域特色的"大教研"格局。强化市、区两级教研员、科研员"一岗三责"的融合意识,探索角色互换与教科研活动一体化的保障机制。优化集体调研、点调研、专项调研、网络教研、校本教研等形式,完善市、区、校三级教研体系。从体制整合走向功能融合,从功能融合走向创新发展,构建教研、科研、培训、评价一体化融合发展模式,逐步形成立体式教科研网络管理体制与合体运行机制,促进传统教科研向现代教科研转型。

教科研融合建设基地重在"四聚",即聚积学科建设内涵、聚力优秀师资培育、聚合衔接课程开发、聚焦教学质量提升。确定重点建设六个项目,并制定了相应的项目实施工作要点。

(1) 教科研融合服务教育决策项目

紧扣基地整体核心课题研究,站位更高视域审视基地区域教育的发展进程,适时引领区域教育发展的战略制高点、工作支撑点和发展提升点,助力区域教育工作的宏观决策,助力基地"苏式学校"特质与风格建设。

(2) 学科核心素养落地"苏式课堂"示范项目

及时了解学科教学改革的新动向,积极探索和传播课改新经验、新方法,着力"苏式课堂"学科核心素养的研究与落地,积极组织开展高规格、高品质的学科教学研讨活动,促进基地学科教学研究的再发展,形成鲜明的学科教科研融合特色,进而发挥示范、引领和辐射作用。

(3) 高层次骨干教师"孵化"项目

会同基地科学谋划、精确制定学科骨干教师高层次发展规划,精选好苗子、主动压担子、积极搭台子,切实帮助优秀骨干教师提高专业水平和教学能力,取得以"名师支撑基地,以基地成就教师,以教师发展学生"的理想效果。

(4) 学生阶段学养绿色达标升级项目

精心指导基地开展数据化、标准化的学业质量评估工作,以更高的专业态度和专业标准，为基地的评估标准研发、评估工具开发、评估数据分析、评估结果应用等各方面做出全方位指导，搭建理想的学科监测模型，培养优秀的学业质量评估人才。

（5）小初衔接课程建设项目

成立"小初衔接课程建设联盟校群"，以联盟校群为样本，积极开展衔接课程的研究、开发与实践，形成具有特色的衔接课程体系和课程资源，为不同潜质、不同基础学生的发展提供可能与空间。

（6）基层调研纵深化服务项目

进一步优化调研形式，以教科研融合的高度全面深入调研基地学校，客观评估学校教科研工作各项举措，切实指出工作短板，详细给出改进意见，深入开展跟进服务，全力服务学校质量提升。

3. **基地建设成效及思考**

教科研融合建设基地于2018年3月26日在苏州市沧浪实验小学校举行启动暨授牌仪式，正式拉开基地建设的序幕。基地建设自启动以来，一年有余的时间，按照既定的计划有序推进，取得了初步成效。

（1）行政助推，全面形成教科研发展合力

回顾教科研工作的发展历程，不难看出，教育行政，尤其是各级教育行政"一把手"的支持，是区域教科研的重要推力，是教科研工作得以规范、有序、健康、持续、科学发展、形成合力的关键要素。通过有效整合教研、科研的力量，全面创设合作共享、协同创新的外部环境，有效推进教科研工作从"有为"到"有位"、从"被动"到"主动"、从"单打"到"合作"的转变，进而可以形成教科研协同创新、融合发展的良好格局。

事实也是如此。姑苏区文教委副主任、教育党工委书记郑云出席活动并表示："我们将以此为契机，充分借力市教科院的专业引领，站高望远，自加压力，砥砺前行，全力助推姑苏教育进一步优质、均衡发展，为全市教育教科研工作的繁荣做出我们应有的贡献。"有了领导的支持，我们在授牌仪式现场，成立了"小初衔接课程建设联盟校群"，并配备了足额的导师团队。此项目立足苏州教育发展现状，为促进每一个学生的全面发展，联合多方力量，整合多方资源，可以真正实现办好老百姓家门口的每一所学校这一目标。可以预见，该项目发展前景广阔，必将为区域教育质量提升提供强大支撑。

(2) 研发课程，小初衔接课程初见端倪

衔接是教育的永恒话题，它贯穿于整个教育的始终，从学前直至大学，每相邻两个学段之间都存在衔接的问题，这些衔接都是教育人关注和研究的焦点问题。教育环境的改变、教材选用版本的不同等都对衔接有着较大的影响，这种影响也体现在教学内容、教学方法、学习习惯、学习方法、教学评价、教研制度等多个方面。影响衔接的问题虽然很多，但应该抓住主要方面。抓住课程、回归标准是有效解决小初衔接问题的一种现实路径。为此，我们抓住"小初衔接课程建设"这一"牛鼻子"，为教科研融合改革打开突破口。

实践中，我们通过召开"小初衔接课程建设联盟校群"座谈会、"小初衔接课程建设"项目推进专题研讨会等，让联盟校校长们畅谈校群工作思路，并征询"小初衔接课程建设项目"课程意向，为课程研发打下基础。随后，各学科组研制本学科"小初衔接课程建设"方案，小学语文、数学、英语学科完成衔接课程框架的搭建工作，并组建由初中、小学骨干教师共同参与的专家组，对学科教学模块组织、学习材料内容选择、学习专题划分等进行充分的研讨，达成共识，进入课程教材编写环节。2020年11月，该套教材由苏州市、姑苏区两级教科研人员和项目联盟校优秀教师们历经半年打磨完成，在首批"小初衔接课程建设联盟校"中"试水"，有望消除小升初时的知识盲点和断点，更好地培养小学毕业生升入初中后学习的能力、方法和思维。其中，语文衔接教材是通过对学科教学目标与内容的合理序列化，再依据序列编写而成的学习材料，力求通过对教材的学习，实现小学六年级与初中一年级学生语文知识与能力的有机衔接、上下贯通；数学学科主要基于当下小初衔接的现状，在广泛调研和深入研讨的基础上，立足"计算"和"解决问题"两大板块，围绕"概念梳理、学生问题、指导建议、例题解析、习题精选"五个方面进行编制，为不同潜质、不同基础学生的数学学习与能力发展提供可能与空间；英语衔接教材从自然拼读、书写训练等方面，多层次、多方面训练学生书面表达能力，凸显思维表达和英语综合语用能力的提升，教材设计了"单词语音归类表"，让孩子在自然拼读中，通过一年的学习，实现"见词能读、听音会拼"。

(3) 协同攻关，"苏式课堂"研究逐渐深入

江苏省教育厅要求全省教育工作者"努力践行'苏派'教学思想，形成'苏派'教学风格，构建'苏派'教学模式"。吴文化不仅是江苏文化的重要组

成部分,而且是江苏文化的突出代表。要研究"苏派教学""苏派课堂",必须研究苏州的教学、苏州的课堂。为此,苏州市教育局提出"苏式教育"理念,确立"苏式教育"项目研究,以此促进苏州教育的变革。"苏式教育"是历史形成的,是不可否认的客观存在。研究"苏式教育"很有价值,而研究"苏式课堂"则是其不可或缺的部分。

作为教科研融合建设基地的一个重点项目,"苏式课堂"的研究,早在2015年就已经开始以课题的形式进行,依托"苏式学校"的建设研究来研究"苏式课堂"。我们成立了"姑苏区'苏式学校'研究中心",并颁布了《姑苏区"苏式学校"建设行动方案》,举行了"基于叶圣陶教育思想的区域培育'苏式学校'的实践研究"课题研究推进会,会议进一步厘清了整体推进"苏式学校"建设思路,并赋予了教科研融合基地建设的新任务,特别是为有效落实《教科研融合服务教育决策项目》的建设工作,探寻了切实可行的实践路径。

另外,我们还聚焦核心,示范与孵化项目融合推进。"学科核心素养落地'苏式课堂'示范项目""高层次骨干教师'孵化'项目"是基地建设的重点内容,而这两个项目又是相辅相成的。一方面,各学科利用多种形式,带领"基地"课程联盟学校的骨干教师深入学习核心素养的相关理念,学习叶圣陶先生的教育理论,寻找学科核心素养与"苏式课堂"内涵的契合点;另一方面,结合市区校本教研、公开课教学、主题研讨等活动,促进骨干教师发展,增强骨干教师的"孵化"效应。

4. 基地建设问题反思

教科研融合建设基地建设自启动以来,"市区通联"的体制机制基本形成,"教研、科研融合"的工作思路基本清晰,"无缝对接"的工作氛围已成常态、"市区统整、提升教学质量"的共识已深入人心。

但我们也清醒地认识到,我们所做的只是构建现代教科研体系的一种探索与尝试,前行之路还很漫长。特别是,"教科研融合建设基地"中所确定的六大项目还没有齐头并进,存在发展不平衡、不充分等现象和问题。比如,"小初衔接课程建设项目"在课程的定位、架构、建设、实施、评价等方面还需要进一步的专业引领;"学生阶段学养绿色达标升级项目""基层调研纵深化服务项目"还处于启动阶段,需要不断深入;"学科核心素养落地'苏式课堂'示范项目""高层次骨干教师'孵化'项目"还没有形成市、区教与学的真正

"融通共进";等等。

针对上述问题,我们将进一步推进"小初衔接课程建设"这一重点也是难点的项目。在语文、数学、英语三科教材试用的基础上,进一步论证其余学科所拟定的课程框架,并围绕论证完善后的课程框架,进行课程的具体设计与编撰。同时,按照《指向立德树人的区域教科研实施方案》中各项目的实施要点逐一梳理,围绕建设目标、确立项目责任人、形成实施共同体、排好推进时间表、确定运行路线图,确保教科研融合建设基地有序、有效推进。

"教科研融合建设基地"只是我市构建现代教科研体系众多举措中的一种,目前也只有姑苏区一家进行试点,但我们会"由点及面",将"教科研融合建设基地"打造成为教育决策咨询服务中心、学科核心素养培育中心、骨干教师专业发展中心、学业质量监测评估中心、小初衔接课程建设中心、基层调研推广辐射中心。相信在不久的将来,"教科研融合建设基地"一定会成为苏州教育科研的一个特色品牌。

二、教科研融合基地的运行方式及路径

教科研融合建设基地是实现教研和科研融合的一条实践路径,是构建现代教科研体系的一种有益尝试。教科研融合建设基地通过区域、学校两级教科研部门的深度合作,形成"科研贯通、教研深耕、研训一体、资源协同"的综合体,开展高品质、接地气的研究与实践,促进传统教科研向现代教研转型。教科研融合建设基地以实践为手段,以成长为旨归。其根本目的在于改进、解决教育教学中的实际问题,提升教科研工作的实际效率。教科研融合建设基地关注的是师生的共同发展,把学生视为特殊的生命体,并思考如何实现生命价值;同时,引导教师与新课程共生共长,把促进教师专业可持续发展作为教科研融合建设基地的价值追求。

1. 教科研融合基地的运行方式

教科研融合建设基地,牢固树立"教师即研究者"的意识,实行区域、学校双向关联、跨学科、跨学段互动。在运行方式上,着力实现课堂教学与教育科研的融合、专家引领与自主研修的融合、自我成长与周边辐射的融合,努力形成教科研协调创新、协同发展的良好格局。

（1）明确内容，实现课堂教学与教育科研的相互融合

如何在教学与科研之间找到一个平衡点一直是教育领域面临的现实问题。适切的科学研究有助于教师掌握本专业的前沿科技发展动态，从而不断更新教学内容，创新教学方法。同时，教师利用自己的科研经验，将提出问题、分析问题、解决问题的一系列方法传授给学生，培养学生的创新意识和实践能力。教师在科研过程中博学审问、明辨慎思的治学态度也会感染到学生，帮助学生更积极地成长。从另外一个角度来看，教学本身会促进教师不断巩固和完善自己的基础知识、拓宽综合视野。在将自己的旧知识传授给学生时，教师往往能发现新问题、产生新知识，为下一阶段的科研奠定基础。

为此，教科研融合建设基地运行过程中，一方面加强教科研理论的学习与研讨，另一方面注重课堂教学的实践与剖析。要求基地教师在学习教育理论时，既要注意培养自己以研究者的眼光发现和审视当前的教育现象，又要注意用科学的理论指导自己的教学，及时将理论研究的成果运用于教育实践。而教师一旦掌握了教育理论，对教学中出现的问题会更敏感，解决问题会更有创见。在具体工作中，自觉用科研的眼光来观照教学过程中出现的焦点、热点、难点问题，进行深入的探索和研究，寻求解决这些问题的有效途径，使教学科研与教学实践更加紧密地结合起来，实现传统经验型课堂教学向科研创新型转化。

（2）注重方法，实现专家引领与自主研修的相互融合

新一轮基础教育课程改革在带来发展机遇的同时，也给教师带来前所未有的严峻挑战，在教学理念、专业能力等方面对他们提出了更高的要求。自教科研融合建设基地创建以来，专家团队指导围绕教育科研与教师发展等主题，组织开展了很多研修活动，为基地全体成员提供了学习机会，有效地促进教师成长。从教育写作到课题研究，从教师专业发展的方法、路径到对教师职业未来的展望，从国际大规模教育调查的发现与启示到教师专业发展与教师领导力的形成等诸多方面，帮助教师开阔视野，引发教师对教育本质的进一步思考。

专家引领下的理论指导是教师成长的重要支撑，为教师专业成长指明方向，自我的终身教育则是教师主体成长的根本保障，是教师成长的内驱动力。没有理论指导的实践是盲目的，没有自我主动发展需要的成长也是有限的。

实现专家引领与自主研修的相互融合,也就走上了教师专业成长的快车道。在与专家学者的面对面中,基地成员真真切切聆听、思考、互动,在汲取先进教育理念的同时,也为专家们严谨的治学精神所感染。许多老师开始把个人自主研修作为一种源于自我实现需要的内驱性学习活动。通过个人自我反思、实践探索和经验总结,不断提高个人的专业修养水平。

(3) 凸显功能,实现自我成长与周边辐射的相互融合

教科研融合建设基地积极推进高层次骨干教师"孵化"项目,区域层面,为教师专业发展铺路、搭台,从更高层次、更高站位促进教师个人成长。努力取得"以名师支撑基地,以基地成就教师,以教师发展学生"的理想效果。基地许多优秀教师在课堂教学、课题研究、学科展示、著书立说等方面均有较高水平的建树,并已成为推动区域教育发展的宝贵资源和重要力量。在充分发挥他们在本职工作中的重要作用外,还依托其本身优势,发挥他们对周边的辐射作用。开展课堂教学研讨、送教到校等活动,让研讨课成为既是名优教师展示教学艺术、施展自身才能的天地,又是教师在实践中发现问题、提出问题、共同分析、解决问题的过程,促进更多广大一线教师教育教学水平的提高,推动教学质量的提升。

名优教师自我成长与周边辐射的相互融合,一方面为教师主动发展提供了内源性动力,另一方面充分发挥名优教师"引路人"的作用,将其外力效应发挥到极致。许多优秀教师正是利用这样的机会,围绕自己的教学行为进行研讨交流和反思诊断,剖析教育教学中的问题,丰富实践智慧,改进教学行为,让自己不断向科研型、专家型教师行列迈进。

2. 教科研融合基地的运行路径

教科研融合建设基地秉承"以科研的高度做教研,以教研的实度做科研"的理念,努力打通教研与科研的界限,通过跨学科研究、问题引导研究、嵌入渗透式等方式,积极探寻融合基地教科研一体化协同育人的运行路径,解决教学中的实践问题,促进学生、教师、学校的共同发展。

(1) 合并重组,升级改造教科研内设机构

组织建设是教科研融合建设基地的基础工作,完善教研和科研的组织,是教科研融合的基础性策略。市域层面,我们将市教科院九个内设机构整合成七大中心,即课程教材研究中心、课程德育指导中心、教学研究引领中心、

资源建设开发中心、数据统计分析中心、质量检测调控中心、教师发展促进中心，以体制改革确保"大教研"活动的实施。区域方面，教师发展中心对内设机构进行重组和再构，不再单独设立教研室和教科室，将其合并为教育研训部，由中小学幼儿园各学部分别负责开展教科研工作，中心原先的教研员、教科员、教技员也转变为复合型的研训员。学校层面，把教科室、教务处、德育处整合成为科教处，中层部门通力合作，形成合力，统称科教处，又各有定位，发挥了最佳的管理效应；同时做好教研组、科研组等末端机构的改造，把原有的教研组转型升级为科研组，由教科室管理；科研组内设立备课组，由教务处管理，相关的工作会议由教务和教科两个部门联合召开，文件通知联合下发，研究活动涵盖一般的教学工作研究和课题研究。

（2）项目优化，统整压实教科研活动内容

项目，是指在特定时间范围内，实现一系列指定目标且为多项相关工作的统称。教科研融合建设基地的"项目优化"，就是整合原有零散随意，各自为政的教研、科研活动，统整优化活动内容、活动资源，科学规划，系统组织，有效促进区域教育提升、教师发展。针对包括论文评选、专家讲座、专题论坛等常态科研活动，除了保持其科研引领的传统优势，还注重指向教学一线，对活动主题、内容、形式等进行优化，组织包括科研、教研在内的一系列研训活动，积极开展专家点评、主题论坛。关注一线教育教学的问题，让科研不再凌虚蹈空，形成以科研为龙头的综合项目，教师在活动中感受到实实在在的科研获得感。同时，关注课堂改革，用科研的眼光发现、剖析、破解课堂问题，提升基层教师对课堂的理解力，让一线教师科研的短板找到具体可感的弥补路径。

（3）问题导向，打通联结教科研融合渠道

问题研究，是学校教研、科研工作的出发点和归属。教科研融合建设基地致力于把问题转化为课题，以"课题问题化，问题课题化"为策略，使之成为科研与教研融合的重要载体。从融合的角度看，作为课题的问题，要是能引发教师沟通讨论的话题，并能一以贯之，深入探究的话题，成为教师教学研究的主攻方向。在规范完成省、市级规划课题的基础上，教科研融合基地更青睐来自教学一线、来自教师教学困惑的小课题，通过教研组、备课组或教师个人的研究，使课题落地，实现教学出题目、科研出成果、成果进课堂的良性循环。与此同时，关注课题的层次性，根据教师教学、科研的能力及教育教学的需要来确定研究角度的大小,如对新上岗的教师,组织其学习教学理论,模仿学科领域比较成功的教学经验,促使其尽快在教学上入门;中间层的教师,引导其围绕学科建立个人课题,开展研究,不断提高教学和科研水平;骨干教师则着重帮助其反思、总结教学经验,建立符合其教学个性的课题,通过教育科研逐步形成特色,帮助其打造教学理念和教学风格。

(4) 现场推进,衍生形成教科研团队文化

现场推进式的教科研活动有其独特的优势,能增强参与教师的现场体验,激发他们的智慧,震荡他们的灵魂,促进教育科研与教师专业发展的有机统一。教科研活动的内容和形式越有意义,越贴近现场教师,这个现场的效应就越好。为此,教科研融合建设基地常态化举行集中研修活动,强化现场感、真实性和学习力,如课题完善、模式建构、论文立意、主题辨识、理论综述等。教师在现场语境、情境中,开展实践和理念的交流,相互启发、相互创生,发展了理性思考能力,培养了抽象把握本质及关系的能力,突出了批判性思维和创造性思维。这种现场式推进,不仅仅是探索课程与教学的阵地,更重要的是在教师间逐渐形成一种学习共同体的文化。这种团队文化,能持续推进学科建设、学术研究、教师发展、内部组织改革和队伍建设,形成更新迭代、演化再构的新居、新生、新貌和新机遇。

(5) 科学评价,精准设计教科研量化指标

应当承认,因教师个体之间存在综合素质与能力的差异,将科研与教学完美结合起来,还只有少数教师能够真正做到。尤其是学校中的青年教师,他们是从事科研、教学的中坚力量,是学校可持续发展的生力军和重要保障,但同时,由于他们自身承担着比较繁重的基础教学工作任务量,有时往往在疲于应付的现实面前举步维艰。面对这种情况,教科研融合建设基地在制定科学合理的有效政策措施方面下功夫,尽可能多地为青年教师"松绑",适当降低科研的门槛,不是一味放大科研的功利,而是让科研走进教师的日常,引导教师做自己喜欢的研究,让科研真正成为教师发展的助推器。同时,鉴于有的教师擅长教学、有的教师擅长科研的客观现实,在职称评定、绩效考核、个人晋升等核心利益方面进行通盘考量,设计出符合人才发展特点的教科研量化指标考评体系。在教学考核指标中融入研究成果指标,在科研成果指标中融入教学指标,打破以往教学、科研二元对立的关系,更有利于促进教师专

业成长。

三、教研、科研融入学校全面调研内容之中的常态化实施

调研,即调查研究,是指通过各种调查方式,比如现场访问、电话调查、网上调查、邮寄问卷等形式获得受访者的态度和意见,进行统计分析,研究事物的总体特征。其目的是获得系统客观的信息,并通过研究有效信息为决策做准备。对学校而言,由于工作的系统性和特殊性,调研的方式主要是现场检查、资料查阅、问卷访谈等,同时学校教育教学涉及教师、学生、家长、社区等多个维度,调研的内容往往以学校管理、文化建设、师德师风、家校沟通等为主题,开展针对性的全面调研。当前,学校全面调研主要通过各种调查方式系统客观地收集信息并研究分析当前学生学习情况、教师教学科研水平和学校教育教学管理过程中遇到的问题,进而为落实立德树人教育根本任务和促进学校高质量发展提供建设性意见

1. 教研、科研在学校工作中的常态运行方式

教研,即教学研究,是指在课程建设、教学方法改革等问题中总结教学经验,发现教学问题,研究教学方法。科研,即教育科学研究,是以教育科学理论为武器,以教育领域中发生的现象为现象,以探索教育规律为目的的创造性的认识活动。教研与科研不仅是学校工作的重点之一,也是各级教育部门对学校考核的重点项目。

(1) 考核导向,促进校本化实施

以昆山市为例,在校级层面,教研和科研作为学校的教育教学工作的两大重要板块,各所学校对于教研、科研的细化要求大多是根据昆山市教育系统综合考评实施方案进行对标化的解读和安排,有针对性地开展教研活动和科研活动,同时,各所学校也根据昆山市教师发展中心发布的《昆山市中小学学科教学"七认真"常规要求》开展校级层面的检查,各所学校也是根据学校主课题的开展情况,分解各子课题,并结合教师的个人微型课题实施垂直化管理。

可以说,以学校为主体的教研、科研的开展和评价,大多是在对标上级教育部门的相关考核机制的前提下,组织具有个性化的校本教研和科研。其目的有二:一是完成上级教育部门的任务性考核,二是基于学生特色发展需要

的主动性探索。

(2) 互动为主,促进校际交流

在片级层面,每学期,各教研片、教科片和教育共同体都会组织开展片级活动,比如,教研片每学期开展 2 次教学研讨活动,按照"语文 + 综合""数学 + 英语"的形式开展公开课展示和研讨活动,教科片每学期开展 2~4 次课题研讨活动,通过课题实践课的形式,交流教师个人微型课题的研究现状,教育共同体以"携手共赢,共同发展"为理念,通过教学研讨、学术论坛、展示交流等活动,促进成员校之间的合作、互动和分享。

可以说,在片级层面开展的各类教研、科研活动,在组织形式上有一定的共同性,常常以一所学校为承办单位组织开展听课研讨、课题交流等活动,承办与参加活动的过程既能促进教师教研、科研能力的提升,又能促进不同学校在相互交流的过程中,进一步完善学校内部的教研、科研的组织方式,提升运行效果。

(3) 价值引领,促进全域性提升

在市级层面,昆山市教师发展中心每学期依据工作安排会组织各所学校参加各层级多形式的教研、科研指导活动。每学年,昆山市教师发展中心都会依据区域的需求,组织开展覆盖全学科的教研研讨和课题交流活动,通过各类展示活动,引领全市学校开展针对性强、操作性强的教研、科研活动,帮助各级各类学校提升研修质量。同时,昆山市教师发展中心也定期开展市级的教学"七认真"工作调研,这种市级调研是以"五心"调研机制开展,按"五环十问"的基本模式实施,具体实施时以专项调研、飞行调研、组合调研、集体调研、分组调研等形式进行,旨在促进学校按要求常态化实施教研、科研活动。

可以说,通过昆山市教师发展中心的平台,在区域内常态化开展教研、科研工作,以展示交流和调研考核相结合的方式,助推全市各校明确教研、科研的价值取向,明确工作开展的路径方式,能在宏观层面提升区域教研、科研的水平和质效,从而推动区域教育的高质量发展。

2. 教研、科研融入学校全面调研的常态化实施策略

(1) 因校制宜、发展为本的基础性常态化策略

教研、科研是学校教育教学管理的重点抓手,各所学校根据自身教师教

研、科研的基础,从发展好每一位教师的天然使命角度出发,制定了符合本校实际情况的教研、科研管理制度。通过各类校本研修活动的开展,促进教师主动思考、自觉更新教育理念和手段,提升教师合作研究能力,同时在参与各类片级、市级研修活动中,以个人参与观摩的形式促进学科组建设的共同提升,最大限度地激发教师的教研、科研潜力,也确立了"个人研修+团队共进"的共享式发展理念。

学校每学年都会在开学前通盘考虑和安排好一学年的教研、科研计划,这些计划的制订充分考虑了本校教师群体的现有教育教学基础和各类校本研修的特点,注重以教科研融合的视域,促进教师主动反思和进修。比如,各校均会以学校主课题研究为载体,分解落实子课题,由全体教师全过程参与课题研究,其中最常见的是课题实践课的校本化研究,以课题研究为基础,以教学研究为主体,通过"确立主线—设计方案—实践探索—反思调整—优化完善"的研究脉络,从具体的课例出发,扎实推进教科研融合的校本化落地和实践。

可以说,因校制宜、发展为本的策略是基于学校自身发展而主动生成的基础性策略,是对学校教科研融合发展的主动回应。

以昆山市淀山湖中心小学校为例,由于学校地处昆山东南角,远离市中心,每年均有3~5名市级骨干教师流出,该校立足学校现实基础和发展本位,重点建设青年教师队伍,从校级层面成立青年教师成长训练营,以专题研讨、现场竞赛、交流培训为载体,促进青年教师从课堂教学、教育科研、家校沟通等方面持续提升素养。同时,在35周岁教师占比达75%的情况下,该校紧紧依托昆山市青年教师"一二三"工程,结合师资队伍情况,常年开展"三年出师初为师"计划,即把通过三年考核的教师和新教师结对,落实"青蓝工程",老教师重点指导新教师如何研读课标、如何研究教材、如何进行微型课题研究等。又以昆山市玉峰实验学校为例,该校是昆山市教育局直属学校,地处市中心,属于优质学校,该校虽然青年教师占比也较高,但学校的特级教师、名师人数也较多,学校在青年教师培养方面,坚持以点带面,注重学科辐射,通过实行"1+N$^+$"行动,即1名教学名师重点指导多名青年教师在教研、科研方面有所成长,并以他们为媒介辐射至其他青年教师,整体促进了学校教研、科研的质量。

（2）多样呈现、相互促进的辅助性常态化策略

学校的教研、科研体系具有一定的个性化特色，是学校内涵发展的基石之一，在校本化实施过程中，由于学科性质的差异，教科研呈现的方式也并非固定的模式，具有鲜明的学科特征。同时，在现有的集团化办学、片区协同的框架下，以教育集团或校际联盟形式生发的教科研体系在各成员校之间也具有鲜明的类质化特色，各成员校以主题式项目开展研修，促进了校本化教科研范式的进一步融合和交流，直接推动了各成员校教科研水平的提升。

在教育集团内部，以核心校或牵头学校为主力，在统筹成员校师资、生源的前提下，积极开展集团化教科研实践探索，这样的研修活动大多以主题研究形式开展。各成员校围绕既定主题，按照"独立探索—定期互研—融通共进"的方式，以研究同一主题、实践同一课题、提炼统一思想的步骤，分学科开展集团内部的教科研交流活动，促进了成员校之间教科研质量的提升。在各类片级团体内部（包括教研片、教科片、教育共同体等），每学期均按学科分组开展片级教科研研讨，各成员校在展示交流的过程中，既凸显了本校的教科研特色，也吸纳了其他学校在教科研融合方面的有益尝试，极大促进了学校教科研的自省程度和优化水平。

可以说，多样呈现、相互促进的策略是在以学校个体为单位前提下主动融合优质教科研实践制度、体例的辅助性策略，极大激发了学校教科研融合的活力。

以昆山市淀山湖中心小学校为例，该校在教研、科研工作中，坚持守正创新，自2000年起，学校就坚持每学期开展"今天我开课"活动，每位教师每学期在年段组内至少进行一次教学展示，并利用教研组活动和备课组活动进行说课、议课。每月定期按学科分组开展校级教科研活动，每次活动均以课题实践课形式开展，教师基于个人微型课题研究，结合具体课例，在一个月中通过个人设计、小组磨课、公开展示、校级研讨等环节，促进教师主动将教研和科研融合研究，提升教师专业素养。自2021年加入昆山市玉峰实验学校教育集团后，该校在对接集团"大教研"的过程中，进一步将原有的每月教科研活动丰富和完善，深度融合了集团教科研氛围，学校将原有的校级层面的教科研活动进一步提档升级，按"基于个人设想、整合小组思考、凸显学校特色"的思路，在全校广泛开展"同研一节课"活动，促使全体教师主动开展教科研

实践。

(3) 生态视野、文化赋能的内生性常态化策略

学校文化是学校教育教学高质量发展的内驱力和助推器，具有导向、规范、凝聚、激励和辐射功能。学校教研、科研工作也是学校文化的显性表达方式之一，直观彰显了学校教学和科研的现有水平和发展前景。而学校文化的发展过程与自身的教育教学生态是密切相关的，学校教育教学生态直接决定了学校文化的定位和指向，学校文化又进一步促进了教科研规划和实践的高度和准度。

由于各校历史沿革、地域特征、师资配备等多方面因素的影响，不同层级、不同类型的学校在教科研过程中具有异质化的学术氛围和风格，也直接影响了多样化特色的教科研融合发展制度的确立。比如，在城区优质学校，在各级各类名教师云集、教师教育教学素质相对突出和各类资源倾斜的前提下，学校在教科研融合发展时确立的共同发展目标也相对较高，以文化引领教科研的意识深入人心，在具体实践过程中，全体教师也能快速地契合学校发展的频率，呈现跨越发展的态势。而在乡镇学校，由于地理位置、师资水平等因素的影响，学校教科研融合发展的意识仍然有待提升，需要在提炼学校文化的基础上进一步以专业培训、研究指导、实践尝试等为切入口，充分调动全体教师主动参与教科研融合的积极性和能动性，促进全体教师在参与的过程中形成研究自觉，从而在提升全体教师研究力的基础上反哺学校文化，形成自上而下和自下而上双轨并行的学校教科研发展态势。

可以说，生态视野、文化赋能的策略既是学校文化的折射角度之一，也是促进学校教科研融合发展的反推力，它是学校教科研发展的内生性策略。

以昆山市淀山湖中心小学校为例，该校以"立德正基"为校训，其中"正基"取自学校前身1905年的正基学堂，意为扶正基石，端正基础。因此，学校坚持"正基"视域建设学校文化，在深挖校训内涵的前提下，学校历年的主课题均围绕教师专业发展角度开展研究，坚持从"正基"视角出发，通过课题研究和实践，促进学校教研和科研的主动融合。又以昆山市玉峰实验学校为例，该校建有苏州市级"四有"好教师建设团队，团队以"立德如玉、笃学成峰"为建设主题，依托"三课同建、三行教研、三思课堂"教师课程能力提升教科研训一体化校本研修，站在课程和课题的角度展示课堂、审视课堂，不断提

高课堂品质,不断提升教师专业素养,从而促进学校办学品质的提升。

(4) 机制保障、资源协调的支撑性常态化策略

在学校架构下的教研、科研工作,不是单一的零散性工作,而是具有组织协调、跨部门协调的系统工作,在组织开展各项研究工作时,需要一定的制度和机制予以保障和落实,也需要学校内部各职能部门的协同配合和支持。在完善的机制和充分的资源保障下,学校教科研实践的行动才得以常态化顺利发展,这也是学校教科研融合发展的动力源泉之一。

虽然各学校在内部管理层级的设置和分工上略有差异,但是通力协作、保障研究是各学校开展研究工作的共识。一般来说,学校校长室基于学校文化影响和自身发展需要,负责确立学校教科研发展的总体格局和一般路径。教导处、教科室或教师发展中心作为研究主体的职能科室,负责统筹安排学校教科研实践的具体事项,包括研究的方法载体、人员安排、时序进度等。德育室作为各项学生活动和思想建设的职能科室,负责协同安排学生参与教科研的具体事项。总务处、教技室作为学校的后勤保障科室,负责为教科研实践活动提供环境和基础支持。因此,学校的教科研工作实际上牵动了学校几乎所有的职能科室,是一项贯穿全域的系统工程。

可以说,机制保障、资源协调的策略是保障学校教科研实践从"纸面"到"台面"的支撑性策略,从技术角度为学校教科研发展奠定了坚实的基础。

四、课程、教材、教学、评价一体化改革的路径

从面向未来的可持续的学校发展层面看,学校教研和科研应是一体化的。基本特征都是以校为本,以课程实施过程中教师所面对的各种具体问题为对象,以教师为研究的主体,理论和专业人员共同参与。理想的教科研,应指向教育的根本目标,通过用科研的思维做教研、用教研的方式做科研,在教研与科研高度整合进而深度融合中落实教育的根本任务。

以昆山市玉峰实验学校教育集团教科研整体改革为例。昆山市玉峰实验学校教育集团自2019年7月成立之初就从人的全面发展这一教育本质出发,立足各校现实需求,深入推进课程、教材、教学、评价一体化改革,明确提出"以校为本、师德为先,课题为向,课程为主,课堂为基"的基本改革要求,激活集团全体教师的教科研热情。在课程、教材、教学、评价一体化改革的路径

上,五所成员校各有侧重,有课程建设视角的一体化改革,有教材开发视角的一体化改革,有校本教研视角的一体化改革,有作业评价视角的一体化改革等。不管各校捏住的是课程、教材、教学或评价中的哪一个点,拿起的都是教科研改革的一盘棋,完善适合学生发展、立德树人、传承创新的课程体系,实现师生的全面发展(图3-1)。

图 3-1　一体化改革结构

其中,共性的特点是学校教育教学工作中强化并落实了课程、课堂和课题融合的思路,形成了一体化、课程化、师本化的教科研综合育人模式,简称"三课同建"模式。

1. "三课同建"的逻辑起点

昆山市玉峰实验学校教育集团始终坚信课堂、课题、课程是引领教师成长的三驾马车。在很多教师的已有认知中,课堂、课题和课程是三件事,甚至是三件彼此不相关的事情,大多数教师对课题和课程敬而远之,认为其是高不可攀的。课堂、课题、课程三者看起来是三件事,而真正做起来是一件事,没有哪个是孤立进行的。教师根据教材和学情想上好一节课,根据自身的特长和兴趣想研发微课程时,都需要分析、论证、评估,这些是不可能从经验出发的,本身就必须采取课题研究的专业方式进行。课题从哪里来,离不开对教育教学现象的审视,离不开对学生问题及课堂实施的观察。正所谓问题即课题,教师即课程,课程即机会。也就是说,课堂、课题、课程需要深度融合,协同发展,一体化建构,即"三课同建"。

"三课同建"的集团教研是跨学校、跨学科的多元化协同发展的"大教研"。"大教研"以课程、教材、教学、评价等为关联要素,嵌入立体式教科研网络组织建设与合体运行机制,构建活动模式。① 在"三课同建"的"大教研"中,不同的学科组同时也是课题组、校本课程开发小组;学科教研组长同时是学科课题组和学科课程项目第一责任人。这样的校本研修机制,改变了学科教研只盯学科课堂的旧有局面,转而将课堂研究、课题研究和课程建设结合起来。三个维度同步建设,相互推进,共同提高,站在课程和课题的角度来展示课堂、审视课堂,不断提高课堂品质,不断提升教师专业素养,将课堂化的"一师一优课"推向课程化的"一师一课程",以促进学校办学品质的提升。

2. "三课同建"的行动

课程建设是学校内涵发展的核心,是教师专业表达的重点。其中增强教师的课题意识,提升教师的课程能力是关键。

(1) 师本课程

以个性课程建设撬动学科教材和教学的研究。该校所主张的课程是在课程纲要和学科课程标准指导下,依托学科教材和其他学习材料,由教师和学生在充满活力的教育环境中开展的各项课内外教育教学活动。要求全体教师在新课程意识、新课标理念的指导下积极开展课题研究,不断树立学科课程意识,提高开发师本课程的能力,促进国家课程、地方课程、校本课程协调发展。

师本课程建设的原则包括:

基础性原则。依据《义务教育课程方案》,开足开全国家课程、地方课程和校本课程三类课程,完善课程类别与结构。用最基础的课程学习留给儿童弥足珍贵的"最初的东西",并通过这"最初的东西"为儿童健康、持续、全面、和谐发展提供丰富的"可能性"。

师本化原则。以教师为主要力量,开发符合学校实际和满足学生需求的有地域特点和学校特色的个性化课程。根据学校培养目标、学科特点和课后延时服务要求,关注地区、学校和学生的差异,增加课程选择性,提高课程适宜性。

整合性原则。坚持整合各种教育资源,强化学科内外知识整合,统筹跨

---

① 孙朝仁."大教研":指向立德树人的区域教科研整体改革实践进路[J].江苏教育,2022(34):11-16.

学科主题学习,整体开发特色系列课程。如根据好习惯主题,将学校学科课程、活动、环境、家庭和社区教育中的德育背景、内容、形式等信息中的"相似块"优化组合,融通课堂教育、课外教育和家庭教育,开发好习惯养成的教育资源,保障小学生好习惯养成的具体落实。

在国家课程实施中,倡导并促进教师创造性使用教材,根据学情,发掘教学重难点和盲点。

比如,部编小学语文教材"快乐读书吧"栏目共罗列了44本书。昆山市玉峰实验学校教育集团组织教师座谈及调研,发现44本课外书并没有引起语文教师的重视,文献检索也没有学者针对此项的研究。集团为此展开专门论证和研究,要求集团内每一个语文教师认领一本书,选择相同的教师自然组成协作组,开发"一师一书"阅读课程,每学期为有关年级学生上好一次整本书的导读课。并在此基础上衍生系列指导课。低年级面向童诗、儿歌,开展童诗阅读活动;中年级面向桥梁书、图画书,开展创意读写活动;高年级面向纯文字书。

再比如,在落实"双减"的课后延时课程建设方面,集团深耕课程图谱、学科融合、时空拓展、学生需求等方面,构筑"五育"并举的课后延时服务课程体系,打造有特色的"三点半课程"。遵循"总—分—总"的课程研发思路,先集中讨论确定方案,再分解任务分小组完成,然后集思广益形成课程纲要,最后从小范围的尝试到大面积的实施。坚持教师自主申报和课程准入评估。一方面,保持各校在足球、棒球、篮球、垒球、木工、剪纸、武术、数学游戏、戏剧、木工、编程、航模等特色课程上的高品质,部分教师就近走校上课;另一方面,加快学科拓展课程的转型升级,充分动员,深挖师生资源,开设更加丰富的延时服务课程。同时,重视以学生为"小先生"的朋辈课程建设,高段年级每班至少培育4名"小讲师",并开发授课8次以上的面向中低段学生的趣味课程。在延时时段,确保每班有1节学科课程之外的特色课程。目前,集团开发了"趣味小古文""数字绣""快乐篮球""儿童文学阅读""小实验大科学""三亩心田""窗外繁星""剪拙坊"及"大手拉小手"的朋辈课程等50多门人气课程。

(2)全科教研

集团要求各校跳出学科做研究,每两周开展一次校内"大教研",集团内每两月开展一次集团"大教研"。课堂是研究阵地,课题是方向引领,课程是项目支撑。要求全体教师不仅要会上课,也要会研究课题、会进行课程开发。"三行教研"与"三思课堂"就是有效实施"三课同建"的落脚点。

①"三行教研"

一行:一课三磨,同课同人上。同一位老师上同一节课,先自己或年级组磨,再教研组磨,最后集团"大教研"展示磨。

二行:一课三上,同课多人上。也就是同课异构,同一课题,集团成员校各派一名老师上,比较研究,相互借鉴。

三行:一课三品,多维评价。从三类老师(青年教师、骨干教师和专家教师)的角度去品课,从课堂特色、课题研究、课程开发三个角度多维度评价教学,品味课堂,形成有关本节课的具有集团最高水平的优质课例。跨学科观课的教师评价常常由关注"教师的教"转向关注"学生的学",这促进了所有教师跳出教材体系或教学内容层面,在课堂中更多去关注学生的学习情况。

②"三思课堂"

思常规——"我"的课堂常规是否得到持续训练和加强?哪项常规训练成为"我"有效教学的助力?

思质量——聚焦学生的学习收获,以学生的学习为中心;时时考虑一节课带给学生什么,"我"的教学质量是否达成既定目标。

思发展——就是着眼未来,教师要充分考虑到这节课之后的一些知识、技能的提升,思考课堂对学生发展和教师专业成长的作用;思考个人的课程建设、教学主张、课题研究有没有体现。

3. "三课同建"的成效

在实践中,昆山市玉峰实验学校教育集团发现"三课同建"不是一条确定的道路,它更像一座房子。重要的是这座房子里一切东西的关联,以及从房子里的窗户看到外面的更广阔的世界。"三课同建"引领教师将教育教学向四面八方打开,因为注重内在本质和内生力量的发展,所以才是有质量、有效益、有特色的校本研修机制。

(1) 从分散到聚合,"三课同建"实现三个协同发展

三个协同发展即教师优先发展、学生全面发展及学校内涵发展。在该集团教师的课程意蕴中,起点处,是活生生的人,是人的问题,是人的各种可能性;终点处,依旧是人,是人的问题解决,是人的幸福完整的实现。在"三课同

建"实践体系中,教师不是花三倍时间做三件事,也不是花一份时间做三件事,而是花一份时间做一件事,因为各校在规划方案时他们就坚持在不增加教师负担甚至是减轻教师负担的情况下去做更多的事。每学期期末,学科组年轻教师盘点展望式的"三课同建"见的是证书成绩,摆的是抱团进步,思的是改进不足,寻的是创造发展的机会。

（2）从独立到协作,"三课同建"建构了三个学习共同体

三个学习共同体是最基本的学科教研组研修共同体、省市规划课题组科研共同体,再到师本课程群组开发共同体,本质都是学习共同体。在全校教师课题、课堂、课程三位一体的认识里,通过多年的努力,初步实现了一师一课程,并正迈向一生一课表。比如,传统手工课程群有十字绣、钻石贴画、布贴画、毛线编织、钩针编织、裁剪等,有老中青十多位教师,打破学科原有界限,形成了以兴趣爱好和学习体验为内核的终身学习体系。

（3）从创新到卓越,"三课同建"反哺了师生精神生活

"三课同建"的主题"大教研"活动走向跨学科,着眼全学科,以教师为原点,进一步释放了教师在课程中的活力,让课堂有了温度、有了深度、有了高度、有了亮度,帮助全体教师和全体学生积淀三种素养:学科素养、精神素养、身体素养。

实践证明,昆山市玉峰实验学校教育集团的"三课同建"研修模式从提出到完善,对当地的教育创新,对新时代师生发展需求,都是一个比较好的回应和满足。昆山市玉峰实验学校教育集团现有省级立项课题 8 项,拥有省级品格提升工程项目、省级中小学课程基地建设项目 4 个,苏州市课程基地建设项目 5 个,教师课程研发核心团队被授予江苏省、苏州市"四有"好教师重点培育团队。

第四节 从旧到新的资源整合

从旧到新的资源整合改革,主要包括教科研训一体化融合发展模式的构建、课题网络化管理服务平台建设与使用、研究型教师成长管理的信息化平台建设,以及"关联+嵌入"的教科研模式改革等。

一、教科研训一体化的资源整合

教师专业发展的进程和质量是教育发展的重要议题,促进教师专业尽快向好发展是区域和学校管理的首要任务。纵观现状,教育主管部门和学校各职能处室对教师专业发展可谓不遗余力,科研、教研、培训、信息等条线基于"促进教师最优最快成长"的出发点从各自工作领域对教师专业发展实施了不同类别的外在举措,然而收效不如预期,还给教师带来了过重负担,造成教师的厌"学"情绪,甚至影响了教师正常教育教学工作的开展。究其原因,是大家忽略了"教师即研究者"的主体认知。教师专业发展必须立足研究,是在实践中研究,为实践而研究,重点是以观察、记录、评议特定"教学案例"的方式展开的研究。为此,立足实践研究的教科研训一体化融合发展是促进教师专业发展的必然选择。

1. 教科研训一体化的内涵理解

教科研训一体化是指教育管理主体以提高教育教学质量为旨归,以促进教师专业发展效能最大化为追求,以解决教育教学中的突出问题为核心,立足课堂教学,以科研为先导、教研为中心、培训为主线、信息技术为支撑,实现教育科研、教学研究、教师培训、信息化四位一体的教师有效研训模式和研训理念(图3-2)。

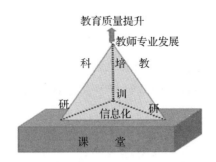

图3-2 教科研训一体化模型图

它包括两层内涵:一是师训与研究不可分割。研究即培训,问题的发现、分析、理解与解决的过程,就是教师以理论为指导,以实践为载体,二者相互融通的培训过程;培训即研究,因需生培,循研而训,培训的环节贯穿研究的始终。二是科研引领研训过程。研训者必须运用科研的方法,关注研训过程的科学性,体现研训结果的实证性,扩大研训效益的辐射性。基于此,教科研训一体化具有研训整体实施、重视体验参与、注重因果关联、强调主体共生等特点。

2. 教科研训一体化融合发展模式构建策略

区域教科研训一体化实行"科研引领、教研创新、研训一体、技术支撑"的运行策略,实现教师在研中训、训中研、做中学、学中研,解决实际问题,形成经验表达,丰富指导策略,完善发展路径。教育管理者在区域教科研训一体化推进过程中将教育教学的真实问题作为原点导向,以课例研究为实施载体,以课堂观察为核心方法,以团队协作为队伍保障,以学校示范为完善路径,进行了有益探索。

(1) 真实问题:教科研训一体化的原点导向

真实问题是研究的起点,也是研究的导向。教育教学实践中存在的问题纷繁复杂,但有些问题是经不起推敲的伪问题,有些是体制机制不完善等产生的无法破解的问题,只有那些来自一线实践亟待解决的主要问题、需要研究的难点和热点问题、反复出现的共性问题才具备研究的价值。因教师研究时间和精力有限,教科研训一体化实施过程中对研究问题的确立相当重要。它一般来自四个方面。一是通过研训人员在一线调研发现的问题。比如,学生阅读的针对性指导、学科核心概念的教学等。二是教师调查中普遍反映的问题。如在推行小组合作学习的过程中,出现"提高合作活动的有效性"等问题。三是因应教育发展需要研究的热点问题。如学科核心素养在课堂实践中的如何落地,需要针对不同课型和内容寻找解决之道。四是各级各类科研课题。课题确立了总体研究方向,针对研究内容,在实践中有许多需要细化的研究问题。

由于有些问题不是一次就能通过研究解决的,因此在教科研训一体化的实施过程中,往往对研究问题进行深度分析,将其分解成若干个研究专题,甚至更小的微专题,作为每次的研究主题,开展系列化研究。

(2) 课例研究:教科研训一体化的实施载体

实现教科研训一体化的联结点必定在课堂,立足课堂开展课例研究是其基本路径和重要载体。不同于传统教研活动中常规的课例研究,它具有基于专题、理论指导、立体透视、聚焦研讨、形成成果、持续研究等突出特点。课例研究的一般流程:确立研究专题—开展理论学习—实施教学设计—拟订观察量表—分工协同观课—聚焦主题讨论—形成共识成果—持续研究改进。在课例研究中,理论学习至关重要,它决定了研究的深度与效度。在主题明确之后,组织者通常要开展相应的文献研究,精选有价值的文本资料或讲座视频,甚至专题培训,组织教师开展理论学习,形成对该主题的基本认识,明晰问题解决的基本思路,为教学设计的开展、观察量表的制作、课堂现象的反思、课后研讨的深入和研究成果的形成奠定良好的基础。同时,教师通过学习也积淀了理论素养,通过参与研究,找到了理论与实践的契合方式与结合规律。有时,在一次课例研究后,未能解决目标问题,针对疑难所在仍需继续开展理论循证,让学习培训不断补位,贯彻整个过程。

(3) 课堂观察:教科研训一体化的核心方法

实施教科研训一体化的过程中,除先进的理论引领外,必然需要科学方法的支撑。科研方法能确保课例研究的科学性,摒弃个人经验的干扰,有助于问题解决路径可复制。它贯穿教科研训一体化的实践始终,如研究主题选取中的调查法、课例研究中的文献研究法、课堂观察法、案例研究法、经验总结法和行动研究法等,其中最核心的科学方法是课堂观察法。运用课堂观察开展课例研究,能有效提高研究质量,更快促进教师的专业发展。常规的听评课因缺少问题聚焦,观课凭经验,评课无方向,往往泛泛而谈,全面开花,执教者和听课者获得感不足,成长性不显。在区域教科研训一体化的推进过程中,我们倡导"学为中心"的课堂观察,即从学生和学习的角度观察课堂活动的有效性,反思教师教的适切性。比如,在"借助学习共同体提高英语语法教学的有效性"主题观课中,参与活动的教师依据观察量表分工观察不同的学习共同体和执教者,主要观察学生在学习共同体活动前、中、后三个环节开展英语语法学习的表现(如语言、行为、神态、态度、情感等)和学习的物化成果(如完成的习题、作品等),记录教师组织活动的基本流程、语言、方法和行为等,据此反思执教者教学设计、教学行为、教学方法和教学组织的合理性。议课时,参与活动者以专业者的身份从不同的视角立体性透视并深度解剖了课堂,形成了整体认知和基于主题的认识,从而在真实的研究情境和实践中获得了专业发展。

(4) 团队协作:教科研训一体化的队伍保障

区域推进教科研训一体化,须采取典型引路的策略重点建立一支研究团队,以团队协作集体攻关,以区域活动示范引领,以成员研究辐射带动。我们构建了三类研究团队。一是学科研训员组建的学科发展共同体,涉及所有学科,成员来自每一所学校,具有广泛代表性。依据"认同理念、乐学善思、自主自愿、校际均衡"的原则组建,对共同体成员的年龄、资历、能力等不设任何门槛,同时兼顾各个层次具有不同特质的成员,以实现研究思维的互补。每个共同体的组织机构,由学科研训员、顾问组和专家指导组组成。学科研训员是整个学科发展共同体的核心与灵魂,负责顾问和指导专家的聘请,与成员共同拟定共同体发展愿景,具体规划并协调共同体研究活动安排与日常管理。二是科研研训员组建的科研协作共同体。它包括联盟学校、同类课题两个类别。每个科研研训员负责若干个共同体的管理工作,每个学科研训员和区域学科名师均担任不同共同体的指导专家,弥补课题研究中学科专业指导的缺位。重点以课题研究为载体,充分利用区域骨干力量和联盟科研资源,深入推进教科研训一体化。三是培训研训员组建的学科骨干研修班。由区域名师领衔,学科和科研研训员担任指导老师,确保了教科研训一体化方式不走样,质量有保障。三类研究团队均按照既定流程,在研训员的带领下以基于课堂观察的课例研究为载体规范开展教科研训一体化活动,使学校研训有模型可参照,有专业可依托,有机制可借鉴。

(5)学校示范:教科研训一体化的完善路径

教科研训一体化的区域推进注重系统性和整体性,也需体现个性化,最终必须落实到学校层面,促进学校管理者和教育者理念转变和学校管理转制,以教师的专业发展实现课堂转型和学生成长。为此,我们以自愿申报和现场考察的方式确立了各学段不同类别的实验学校。每所学校制定了详细的教科研训一体化推进方案,从指导思想、实验目标、研训理念、机构改革、实施举措、评价保障等方面进行了系统规划。教师发展中心定期对实验学校进行调研指导,帮助解决在实践操作中存在的难点问题。要求学校每年对其实验情况进行总结,实行评估验收,搭建平台让实验学校展示交流,对区域内其他学校起到了较好的示范和辐射作用。

经过多年来不断探索,教科研训一体化的理念逐步得到了研训员、学校管理者和教师们的广泛认同,区域的研训方式正在转向立足课堂的理论与实践融通,以课堂观察为核心的研究方法慢慢为广大教师所理解与掌握,教师的研训负担不断减轻,专业发展明显加速,"以生为本,学为中心"的区域活力课堂正在成型。当然，我们还面临着因教师专业素养的不足而产生的观察量表的科学设计、观课证据的关联分析等困难，以及学校内部各处室的管理壁垒一时无法破解等问题，需要我们在后续的实践中不断摸索与改进。

二、课题网络资源平台的整合

县域各级各类在研课题数量多而教师发展中心科研专职人员少，学校教科室主任因提拔、轮岗等在校本的课题指导能力方面出现青黄不接现象，课题研究被诟病的"开头轰、中间空、结果空"的倾向，课题研究不能切实转化为教育教学的生产力……凡此种种，迫切需要在区域层面优化课题的管理机制。

1. 课题管理体系的构建

以太仓市为例，该市探索建构了"教师发展中心—教育集团—学校—课题组"与"教师发展中心研训员—同类课题协作研究共同体—课题组"双轮驱动的课题研究管理体系，以科教融合为抓手，以研究课例和基于课堂观察的实证研究为重点，重视"以学思教"的质量，通过对学校的科研调研、教育集团或同类课题协作研究共同体的活动、区域科教融合活动等现场与网络管理相结合，以点带面，提升课题全员、全程的管理指导的实效。

在管理制度层面，首先出台了《太仓市科研管理手册》。梳理汇总了各级各类课题的申报、中期、结题的要求及所需的表格文件，并与时俱进更新；同时提供了《苏州市课题研究网络管理与评价细则》及太仓市在科研考核方面的细化要求，突出了以学期为单位对每个课题的量化考核。在实施的过程中，我们也发现：量化考核带有较大的主观随意性，对过程性资料更关注"有和无"而非"优和差"，突出资料的全面性而非重点性；在过程管理中虽由结题时的长周期终极考核改为分解到学期的短周期考核，但本质上还是结果考核；重考核反馈、轻服务指导的管理弊端收效不大。

在反思的基础上，制定了《太仓市教育科研课题管理细则（试行稿）》（附录5）。求同存异，统一要求，避免了不同类型课题管理不同规定的繁杂性；对开题、过程管理、中期、结题等各个环节，在科教融合的措施流程、课题研究方法的综合运用、阶段目标的达成与成果的及时梳理等方面，均提出了明确的规范要求，并规定，凡是要申报或参与各级各类课题研究的，均须先学习细则，熟悉课题管理的全流程要求，方才具备研究资格。"要求"走在"研究"

前面。

在求质的探索中,我们又创造性地构建了课题研究"月检月报"机制。课题研究的质量,来源于每一次研究的求真务实,我们聚焦课题组每月至少一次研究,通过每月"课题组自检—教科室校检—教育集团互检—科研员点调—点调典型个案反馈与学习培训"的机制,不断发现一线教师课题研究中存在的困惑和问题,比如不会聚焦课题研究课主题、不会设计课堂观察量表、课例研究不能总结提炼成论文、课题研究记录表不会填写、跨学科教学研究不知道如何推进……都能给予及时的反馈、指导,把"月检月报"作为课题研究的一次次实战培训,从追求课题资料的规范不断向追求课题研究内涵质量的转化。

2. 课题过程管理要求

基于《苏州市课题研究网络管理与评价细则》,结合太仓县域教科研训一体化理念指导下的科教融合的课题研究的指导方针,在《太仓市科研管理手册》的基础上,太仓市教师发展中心于2020年4月制定了《太仓市教育科研课题管理细则(试行稿)》,力争使各级各类课题主持人、参与人和课题管理指导人员,不再经过咨询即可了解课题研究全过程的要求,为课题研究的自主管理确定了制度保障。

之后,又出台了《太仓市各级各类课题"月检月报"流程及要求》(附录6),对课题的网络化管理,特别是"月检月报"的流程做了进一步细化。

3. 课题"月检月报"的现场培训

在"课题组自检—教科室校检—教育集团互检—科研员点调—点调典型个案反馈与学习培训"的课题"月检月报"机制中,科研员的点调是核心的一个环节,体现了对"月检月报"的精准诊断、专业建议、样例示范、方法指导。比如负责小学段的科研员,先后对教育集团盟主校主课题、江苏省教育学会课题、太仓市"小学生良好学习品质"专项课题、每校随机抽选的一个课题,进行了点调。对点调中发现的问题,通过录制"点调建议"发布到小学教科室主任群中,要求各校组织各课题组认真学习,切实做到课题研究的"择其善者而从之,其不善者而改之"。先后录制了《"月检月报"规范性的点调建议》《课题研究记录表的规范记录的点调建议》《课题研究课的主题设计及"一课一文"撰写思路的点调建议》《课例研究的点调建议》《课堂观察量表设计的点调建议》《"小学生良好学习品质课题"的点调建议》《"研究结论"与"物化成果"的点调建议》等反馈、培训微视频讲座。

以《课题研究记录表的规范记录的点调建议》为例，科研员在点调中发现，各课题对课题研究记录表中"研究主题""所要解决的问题""主要结论""物化成果"等普遍没有真正理解，出现了以研究活动新闻简述替代课题研究记录的现象，科研员选择"月检月报"上报的其中的典型个案，逐一加以"记录"的指导。表 3-2 是某小学主课题 10 月的课题研究记录表。

表 3-2 课题研究记录表（初稿）

课题题目	家校社协同视域下乡村劳动教育实施机制研究	课题类别	＊＊＊	立项编号	＊＊＊＊
出席对象	课题组核心成员	地点	小会议室	时间	2022 年 10 月 ＊日
研究主题	教师专题理论培训； 小红帽行动——敬老爱老志愿服务				
所要解决问题	全校师生了解课题研究的目标与内容； 学生层面开展系列活动				
研究方法	专题培训法、实践法				
过程与思考记录	10 月： 1. 根据课题研究需求，对教师分阶段开展专题培训及相关理念的专题学习； 2. 与村社区及企业开展相关具体研究活动。 在这秋高气爽、稻谷飘香的季节，我们迎来了又一个重阳佳节。为传承优良传统和弘扬中华民族爱老敬老的美德，＊＊小学开展了丰富多彩的以"九九重阳节，浓浓爱家情"为主题的重阳节活动。 ＊＊娃们为长辈做力所能及的家务事，学会 10 项家务 3 种技能，为家长减少几分操劳，增添几分惬意，送上几分亲情，做快乐的、有责任感的家庭成员。同时，他们走进社区孤寡老人家中，为老人送温暖，带去自己的一份关心。 寻找重阳节的来历和风俗习惯。在重阳节来临之际，＊＊娃们搜寻关于重阳节的各种资料，完成了一张张精美的手抄报。 百善孝为先，以＊＊娃们平时表现为主，结合本次活动，各班评选出若干名"孝星"。 九九重阳节，浓浓爱家情。＊＊小学的秀起娃们在重阳节里又经历了一次传统文化的洗礼，爱亲敬老的种子在他们幼小的心灵里必会茁壮成长。				
获得的主要结论	活动成果集资料				
物化成果	实践研究资料				

这份记录表,可以说在各个关键部分的填写上,都出现了内涵认识不准确的问题。而这一份记录表的问题,在课题组自检、教科室校检、教育集团互检中,也没有得到相应的指出与反馈,也可见之前三个"月检月报"的主体,都或多或少存在这方面的认知误区。科研员通过与课题组的直接联系沟通,了解该次研究的全过程,并针对性地以点带面,给出了优化研究建议:

一是"研究主题",应围绕主课题的研究内容,在整体设计的前提下,逐一分点研究。本课题的研究重点是"机制"研究,结合该月的研究活动,故此,"研究主题"确立"为家校社协同基于传统节日文化实施劳动教育的机制研究——以基于重阳节'孝'文化的小红帽敬老服务劳动教育为例"。在点调中建议各课题组,将既定的或动态优化的研究内容进行合理的分解,并按照研究的逻辑落实到每月的研究活动中去。

二是"所要解决问题",应围绕当月研究主题的几个关键词及其关系,结合调查研究、文献研究中发现的同类"劳动教育"中存在的突出问题,加以概括:① 结合传统节日开展劳动教育中的主题不明确问题。② 传统节日蕴含的传统文化与劳动文化割裂的问题;家校社基于传统节日文化实施劳动教育中的职责不清、做事不做研究等问题。在点调中建议各课题组,不能将之与研究目标或研究方式混淆,所要解决的问题是围绕该次研究主题的视角来高度概括的。课题研究的问题意识、成果意识,也是取决于该次研究是不是基于这些问题是否解决、如何解决、为什么能解决而开展的。

三是"研究方法",应表达规范严谨,根据本次研究的实际情况如实表达。重阳节"孝"文化,是传统节日文化的一个点,所以基于重阳节"孝"文化的小红帽敬老服务劳动教育的机制研究,实则是家校社协同基于传统节日文化实施劳动教育的机制研究的一个典型案例。其中构建的机制,就可以迁移运用到其他传统节日的劳动教育中。当然,个案本身的研究,也具有行动研究的特质。因而本次研究的研究方法,确定为案例研究、行动研究。在点调中建议各课题组,首先要对常用的研究方法全面进行理论学习,了解并熟悉其运用的一般流程;其次应依据分解的研究内容,选择并运用相应的研究方法,特别要重视研究方法的综合运用。

四是"过程与思考记录",不能新闻化,而要研究化。就是要围绕该次研究主题及所要解决的问题,在厘清问题链的基础上,将研究过程结构化。本课题在家校协同的视域下,依次聚焦传统节日的文化认知、传统节日文化与劳动文化的融合践行、基于传统节日文化实施劳动教育的机制这三个问题的解决(三个有逻辑关系的子主题研究),"过程记录"应是各个问题解决的过程与方法,而不是活动事件的记叙六要素的呈现。"思考记录"则是在"所要解决问题"过程中的所思所感。在点调中建议各课题组,研究过程设计应先于研究活动,在逐一解决问题中,动态总结反思,达成问题链解决的实效性及学理追问。

五是"获得的主要结论",重在理性认识与实践经验的提炼表达。该课题的本次活动,就可以是在过程与思考基础上形成的"家校社协同基于传统节日文化实施劳动教育的机制",如能将之结构化、图示化,形成机制图,则是锦上添花了。主要结论,聚焦每次研究主题,不断形成课题组对此的内涵认识与实操经验。在点调中建议各课题组,要区分"研究成果"与"研究成效",强化研究目标引领的意识。从每次研究主题的确定、具体研究问题的分解、研究方法的科学运用、研究过程的设计与实施、研究的反思与总结,都是为了取得该主题下问题解决的实操经验与学理支持,也就是本次研究获得的主要结论。

六是"物化成果",它是研究成果的特定的物化形式和载体,包括专著、论文、设计、案例、课程、方案、制度、量表、资源库等。本次研究在传统节日的文化认知上,通过"学校任务驱动:学校以'家乡的重阳节文化'为主题布置手抄报""家庭个性实施:网络文献搜索+家长访谈,学生了解重阳节特别是自己家乡的重阳节风俗及其中蕴含的各地、各民族的传统文化,完成手抄报""班级分享建构:手抄报展读分享,求同存异,归纳中华民族重阳节文化的共性内涵,共同完成'中国的重阳节文化'"的家校协同研究中,形成了"家乡的重阳节文化""中国的重阳节文化""天天要敬老 劳动最光荣"的手抄报系列物化成果;在家校社协同的传统节日文化与劳动文化的融合践行中,形成了《"以劳敬孝"小孝星评比标准》的校本制度的物化成果;在课题组反思、总结的基础上,以"获得的主要结论"为核心,形成了论文《家校社协同基于传统节日文化实施劳动教育的机制》的物化成果。在点调中建议各课题组,要有研究成果可视化的自觉,要有成果来自实践研究、成果又能在实践中可见可推广的意识。对照研究目标的分解,及时形成系列的物化成果。

在上述点调建议的基础上,修改形成了新的课题研究记录表(表3-3)。

表3-3 课题研究记录表(修改稿)

课题题目	家校社协同视域下乡村劳动教育实施机制研究	课题类别		立项编号	
出席对象		地点		时间	
研究主题	家校社协同基于传统节日文化实施劳动教育的机制研究 ——以基于重阳节"孝"文化的小红帽敬老服务劳动教育为例					
所要解决问题	1. 结合传统节日开展劳动教育中的主题不明确问题 2. 传统节日蕴含的传统文化与劳动文化割裂的问题 3. 家校社基于传统节日文化实施劳动教育中的职责不清、做事不做研究等问题				
研究方法	案例研究、行动研究				
过程与思考记录	过程: 一、家校协同:传统节日的文化认知 1. 学校任务驱动:学校以"家乡的重阳节文化"为主题布置手抄报 2. 家庭个性实施:网络文献搜索+家长访谈,学生了解重阳节特别是自己家乡的重阳节风俗及其中蕴含的各地、各民族的传统文化,完成手抄报 3. 班级分享建构:手抄报展读分享,求同存异,归纳中华民族重阳节文化的共性内涵,共同完成"中国的重阳节文化"手抄报 二、家校社协同:传统节日文化与劳动文化的融合践行 1. 家校社协同开展重阳节"以劳敬孝"劳动教育: (1)家长示范:敬老家人,学会10项家务5种技能 (2)社区示范:敬老他人,关爱社区孤寡老人 2. 家校社协同开展以劳敬孝"小孝星"评比: (1)学校主课题组牵头家校社协同:制定"小孝星"评比标准,以育人目标引领劳动教育的个体实践 (2)家校社长效协同推广:以重阳节引领平日的以劳敬孝 (3)家校社协同评价:定期评选以劳敬孝"小孝星",榜样示范,营造"劳动最光荣"的劳动教育文化氛围 (4)课题组、德育处、语文组、劳动学科组协同内化文化:在劳动实践基础上,开展"天天要敬老 劳动最光荣"手抄报评比 三、课题组反思总结:形成"家校社协同基于传统节日文化实施劳动教育的机制" 思考:(可针对"所要解决的问题")(此处略)				

续表

获得的主要结论	围绕"研究主题",比如本次研究形成的机制结构图(此处略)
物化成果	手抄报系列:"家乡的重阳节文化"+"中国的重阳节文化"+"天天要敬老 劳动最光荣" 校本制度:"以劳敬孝"小孝星评比标准 论文:家校社协同基于传统节日文化实施劳动教育的机制

本次科研员点调,通过点调前的"病例"和点调后的"样例"的比较,使得该课题组和全体小学段的全体教科室主任、参与课题研究的老师,理解了"课题研究记录表"每部分该记录什么、各部分之间的逻辑关系、记录从何而来、记录又要去向何处……

要真正使科研员对"一个课题的一次研究"的指导,从一个课题辐射到学段所有教科室主任、所有参与研究教师,实现真正意义上的指导的以点带面,将点调建议特别是科研员修改、升格的研究思路与逻辑,用录屏微视频讲座的方式进行分享,帮助全体老师理解"为何改"的实质,是"怎么研究"。观看录屏微视频,可以避免集中听讲座所带来的时间、人员难以统一协调的困难。

观看录屏微视频后,对讲座的真正学习和理解,既体现在每个课题组下个月"课题研究记录表"的规范记录上,又彰显在学校教科室、教育集团科研联盟对其的检查反馈的针对性上。这些也是下个月科研员点调的跟进重点,即学习点调建议后,学校和教育集团的科研人员是否真正掌握指导方法,各课题组是否有了反思提升并付诸研究实践。如此就形成了以"发现普遍性问题—给予针对性点调建议—学习领会点调建议—运用点调建议改进课题指导与课题研究—下月跟进点调后该类问题改进情况+发现新的普遍性问题予以点调指导"的以科研员点调为核心的"月检月报"课题网络化机制。

三、数字平台赋能县域科研治理的资源整合

《中华人民共和国国民经济和社会发展第十四个五年规划和2035年远景目标纲要》明确要求"加快数字化发展,建设数字中国,激活数据要素潜能……以数字化转型整体驱动……管理方式变革",教育部等八部门联合印发的《新时代基础教育强师计划》支持建立教师教育协同创新平台,推动教育科研课题共同研究。江苏省苏州市高新区分析当前县域科研管理的困境与挑战,搭建县域科研数字平台,实现教育科研管理数字化。

1. 县域科研管理的困境与挑战

(1) 县域科研管理的困境

一是科研机构较少。以江苏省苏州市为例,10个县级管理单位中,目前仅存吴江区教育科学研究室1家,吴中区2018年则将教研室与教科室合并为吴中区教学与教育科学研究室,7家合并于教发中心,1家附设于教研室。

二是科研人员不足。江苏省所辖县级单位共有教科研机构专职人员206人,县均约2人;从苏州市所辖县级单位来看,略高于全省的平均数,但也只有约3人,且县域之间严重不平衡,吴江多达7人,昆山雄居全国百强县之首,但其专职科研人员仅2人,另有1个县多年来由1名学科教研员兼职,2020年始在教研室增加1名专职科研人员。

三是科研过程疏散。多年来,教育管理者、教师不同程度地热衷于课题申报,但课题立项后,疏于过程管理,整体呈散发状。

(2) 县域科研管理的挑战

首先,学校数量增加,普通高中、初中、小学、幼儿园和特殊教育学校2020年江苏省共有14996所,2021年增至15233所,净增237所。

其次,课题数量增加,仅以江苏省教育科学规划课题申报为例,"十三五"2019年度给苏州市的指标是160项,"十四五"2021年度该指标则直达280项,增幅达75%。

再次,论文评选增多,除常规的省行政单位组织的"师陶杯""教海探航"论文评选外,还有教育学会、陶研会、叶研会、杂志社等部门组织的评选活动。

最后,学校日渐重视,教育行政部门日益强化内涵项目建设,重视省级、国家级教学成果奖、教育研究成果奖、教育科研成果奖的申报与获奖,学校领

导和教师科研兴教、科研兴校、科研兴师的意识渐趋增强。

2. 搭建县域科研管理的数字平台

为突破上述困境和迎接现实挑战,实现从琐碎的科研管理向根本化的科研治理转变,苏州高新区搭建了科研管理数字化平台,该平台系统前后端分离,方便维护和迭代功能。本系统部署在微服务架构中,增强了接口调用性能和安全性。

系统全面考虑广大师生的使用习惯,操作流程简便,其基本框架如图3-3所示。平台框架是科研管理平台的规划,其具体搭建主要经历梳理前期基础、寻找技术支持、携手搭建平台等流程。

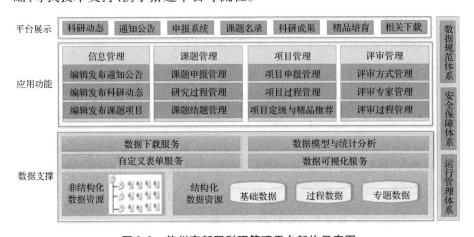

图3-3 苏州高新区科研管理平台架构示意图

(1)前期基础:县域数字化教育云平台的建成

苏州高新区教育时空云自2018年8月启动项目建设,至2019年年底基本实现全区教育信息,包括教育局各处室信息、学校信息、教职工信息、学生信息等以统一路径、专用的唯一账号及时更新、汇总和上报,并与苏州高新区大数据管理中心无缝对接,可以同步接入国家数字教育资源公共服务体系、江苏名师空中课堂、苏州市线上教育中心等平台,实现县域教育治理的数字化和资源共享、融合创新。

(2)技术支持:中国科学院周成虎院士"中科知图"团队的支撑

2020年9月,苏州高新区教育局力求借助县域数字化教育云平台,运用信息技术,适应数字化时代要求,开创县域教科研的新局面;负责开发、维护苏州高新区教育时空云平台的中国科学院周成虎院士"中科知图"团队给予了大力支持,从接受任务到需求调研,再到攻关研发,最终平台上线,仅用了3个多月的时间;科研平台在使用的过程中,院士团队有专人对接、收集县域需要,提供技术支持,使平台得以进一步完善。

(3)平台建构:高新区教育科研数字平台的搭建

首先,明晰县域教育科研管理的内容。新形势下,科研部门迫切需要收集并整理教育科研信息,规划县域教育科研愿景,规范指导和管理县域中小学、幼儿园、特殊教育学校的课题申报与扎实研究,持续指导教师论文选题、取材、行文乃至发表,撰写、提炼教育教学成果报告,精准申报教育教学成果奖,等等。

其次,明确科研管理平台栏目的功能。科研管理平台共分7个模块,每个模块具体功能如下。一是科研动态,发布教育科研的动态消息,包括活动报道、获奖简讯、在市级刊物上发表的文章等。二是通知公告,转发省、市级教科研部门的通知,拟定区科研部门的活动通知、进程和公示结果。三是申报系统,课题申请与结题、论文提交和遴选、自定义项目的申报与评审均可以在此系统中线上提交、评审,具体流程见图3-4。四是课题名录,各级各类课

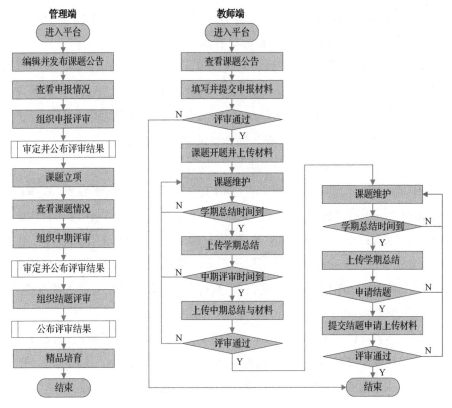

图3-4 课题申报与管理流程图

题申报、研究的起点都在区的科研管理平台申报系统,逐级向上申报。这些课题一旦获区、市、省乃至国家科研管理部门立项,即在平台上对其进行定级并在课题名录相应栏目显示,既便于分层级统计在研的课题数量,又便于梳理县域在研课题明细,还可以给准备申报课题的教师提供选题参考。五是科研成果,以课题为抓手,加强课题的过程性管理,围绕课题的研究成果在平常即可随时随地上传到平台。六是精品培育,培育为有冲击实力的各级、各类教学成果奖候选精品项目。七是相关下载,县域教科研部门将中共中央、国务院颁发的基础教育相关文件、最新的各级各类课题用表、科研的相关规范材料等陈列在此,方便教师领悟中央精神、用对表格、规范学术,达成既有目标引领,又有科研规范的具体目标。

  最后,强化县域科研管理数字平台的维护。苏州高新区教育局教研室支持并组建了由4个学段、10个人组成的科研中心组,聘请有意愿致力于县域科研工作的校级教科室主任,分栏目负责更新、管理;进一步完善科研管理平台的功能,如课题、项目的分类别按学校、按名称、按主持人检索功能,课题立项证书、结题证书网络打印功能等均为使用过程中后续添加的完善措施。

3. 县域科研治理的数字平台的运行成效

  苏州高新区的科研管理平台自上线以来,真正实现基础教育科学研究与数字化信息技术深度融合,在无法增设机构、增加工作人员的情况下,依托数字化科研管理平台,有力回应了县域科研治的时代需求,实现从"顾东不顾西"的科研管理,到从容进行科研的"蝶变",助力县域科研治理取得一定成效。

(1) 科研规范有提升

  因活动上报截止时间、选拔程序等相关通知一一公布在平台上,故参赛教师可随时查询参考,特别是截止时间到了,平台自动关闭,所以在遵守时间这一关上,真正做到了人人平等;相应地,拖拖拉拉的、拖亲带故的作品少了。机会均等、全凭质量的观念在县域范围树立起来,想要脱颖而出,必须遵守科研规范也就成为教师科研的应有内涵,规范性、执行力等相较以往均有较大幅度提升。

(2) 课题立项有突破

  在江苏省"十四五"规划2021年度课题申报中,苏州高新区以仅占市内上报数量最多县57.14%的上报数量,取得省级重点课题立项10项、一般课题立项21项,重点课题和立项总数均居市辖县之首的成绩,省、市级规划课题立项率高达90%以上。在2021年江苏省教研课题申报中,根据江苏省教育科学研究院公布的全省中小学教学研究第十四期课题评审结果,苏州高新区9位教师主持的课题获批立项,占全市总数的约七分之一。

(3) 论文获奖有收获

在2021年江苏省"教海探航"论文评选中,本县域有51位教师获奖,区教育局荣获"先进集体奖",另各有一位教师获"感动人物奖"和"杰出水手奖"。在2021年江苏省"师陶杯"论文评选中,41位教师获奖,其中2位教师实现特等奖的突破。

(4) 科研热情渐高涨

以区域内2021年度课题申报为例,两年一度的课题申报,整个县域原来基本不超过200项,而且上报课题的质量往往参差不齐。为改变这一局面,区教科研管理人员先期用三次培训,解读了课题的含义、分类、选题、论证、开题、中期检查、结题的要义,使有意做课题研究的教师不仅有了课题研究的完整、闭环概念,而且对课题的规范有了一定的了解,所以虽然本年度规划课题申报是分学校限额申报,但还是上报了428项课题,部分集团校还强烈呼吁增加申报名额。

又如论文参赛,2021年第33届"教海探航"论文评选活动,区教研室先是邀请专家进行写作培训,后是对提交到平台的400多篇论文进行筛选,选出前80篇,邀请杂志社资深编辑就论文修改,再完善再修改后提交组委会,最终收获51篇获奖作品。

总之,科研管理平台投入使用后,纾解了机构弱化、人员不足、过程疏散的现实困境,应对了增量提质的严峻挑战,无论是科研活动的参与面,还是科研项目立项数或获奖数,均为县域科研管理书写了一份基本令人满意的答卷。

具体可参考附录7和附录8。

四、基于教育转型的混合式教学资源整合

教育转型为众人所耳熟能详,已经是一个高频词。而在"教育价值上,突破对功利价值的过度追求,更加关注教育对'人'本身的价值;在教育质量观上,突破以学科知识传授为主的单一质量追求,更加关注以人的全面而多样发展为特征的全面质量;在培养模式上,突破高度统一的标准化培养模式,更加注重人的发展需求导向的个性化、多样化的培养；在教师专业成长上，突破单纯强调掌握学科知识和教学技能，更加注重教育境界和专业能力的提升；在教育管理方式上，突破以单一行政手段推动教育发展的方式，更加注重思想领导和专业引领"①等，教育综合改革等趋势和方向或说是路径，也已经成为新时期教育改革的应然追求；苏州教育人也在不懈努力，并取得了非常显著的成效。

但一段时间以来，这些"应然追求"离"实然之举"还或多或少存在一些距离，哪怕是"最后一公里"的距离也是存在的。2020年年初的一场意外疫情，开启了"加长版"的寒假模式，"停课不停学（教）"已成共识，差不多一半国人在毫无准备的情况下被卷入中小学的在线教学，几乎所有中小学生实行了居家学习。教师当主播录网课、学生做听众听网课、家长传视频印材料……全国上下呈现出一派"忙碌的景象"。透过这些"忙碌的景象"，我们感觉到，此时呼唤真正的教育转型比以往任何时候来得都更"猛烈"，比以往任何时候都显得更迫切。作为"停课不停学"的实施主体，市教科院在省、市教育主管部门的指导和亲切关怀下，在兄弟处室和基层学校的支持和密切配合下，在各位教研员和骨干教师的尽责和通力协作下，为实施线上教学交上了一份满意的答卷，为实施教育转型贡献了我们的力量。实践表明：线上教育为新时期教育转型的实然之举。

1. 教育转型再反思——我们的思考

面对教育转型的今天，特别是新冠疫情发生以来，特定情境关联下的学校场域被打破，无边界学习成为常态，空无课程越来越显性化……如何确立全面质量观？如何开放育人模式？如何合理规划课程？如何实施有效教学？技术改变课堂怎样突破？教师教学设计能力怎样提升？学生个性化、多样化的学习需求怎样满足？等等，理应是教育转型升级的题中之义。为此，在积极响应"停课不停学（教）"号召开启线上教育初期，我们首先需要厘清"三观"，即质量观、学习观和教学观。

（1）树立全面的质量观

国家强，强在教育。教育强，强在质量。联合国教科文组织第32届大会

---

① 陆建非.现代基础教育研究：第2卷[M].上海：上海教育出版社，2011：5-6.

提出"有质量的教育",即"可以有效地服务于教育目的,能够持久地适应和满足发展的需要、促进教育公平、有效利用各种教育资源,确保学习者有效学习的系统"。一段时期以来,我国对教育质量的关注,已经提升到国家发展战略的高度。关于这一点,《国家中长期教育改革和发展规划纲要(2010—2020年)》的文件中,"质量"一词出现了51次,就足以说明国家对基础教育质量的高度重视。文件中所说的质量就是一种全面的质量观。特别是在离开特定学校场域条件下的"在线教育",我们认为更应该强调全面质量。树立全面的质量观是实现教育公平的重要保障,为此,树立全面的质量观需要关注三个方面:一是坚持"五育"并举,全面发展素质教育,不能唯分数论;二是公平地对待每一位学生,促进全体学生的发展和促进每一位学生的全面发展;三是充分利用各种教育资源,尤其发挥数字教育资源优势,通过提供灵活、多样、个性化的内容和服务,缩小教育的地区差异,促进区域教育均衡、优质发展。

(2) 倡导自主的学习观

在传统的教学过程中,教师的主要目标是完成教学任务,片面认为只要将教学内容传递给学生即可,因此,多以灌输的形式进行教学,为了灌得更多,学生以被动接受的方式学习,教学过程比较封闭和沉闷。新时期党对我国的基础教育改革发展提出了新的任务,要求高度关注学生学习方式的变革,倡导自主的学习观。正如著名的教育家周国平先生所言,一切学习本质上都是自学,一切教育本质上都是自我教育,一个人有了自我教育的能力,能够自己安排自己的学习,他一定是永远在发展的,永远在前进的。为此,倡导自主的学习观,需要关注以下三个方面:一是要摒弃忽视学生个性特征和学习需求,机械刻板的学习方式;二是提倡开展研究型、项目化、合作式学习等方式;三是从"以教为主"转变为"以学为本",结合信息技术的革新,创建和优化学习环境,激发学生产生学习兴趣、主动学习并建构知识意义。特别对于非常时期的线上教育来说,利用信息量丰富的学习云平台——苏州线上教育中心,可以为学生主动性的发挥提供最大程度的便利;便于学生根据自己所遇到的问题,在兴趣的指引下学习,学习的方向、思考的角度、信息的深广度都由自我决定,学生在学习中遇到问题,可以通过远程互动获得支持与帮助,直至问题解决,获得发展。

（3）实施有效的教学观

"教学意即教学生学。"①美国著名学者赖格卢特认为,"教学的目的是帮助人学习"②。叶圣陶先生讲得更详细,他认为,"教学是教师帮着学生学习的一串过程,在这一过程中,教师要对学生的学习予以相应而及时的引导、支持、促进,以使学生习得一定的结果,达到一定的目标"。杜威先生更是一语中的,他说:"教之于学,犹如卖之于买,没人把东西买走,就不能说东西卖掉了。"诸多学者的言下之意,要求我们要树立一种有效的教学观。于市教科院来说,我们所提倡的教学评一体化的教学设计理念正是保证教学有效性外显特征,它可以有效避免在课堂上为教而教,为活动而活动,也可以有效避免评价游离于课堂教学之外。树立教学评一体化的有效教学观,需要我们做到以下三点:一是在目标设计上,要使学生的学习行为、教师的教学行为、学习的评价融合为一个整体,共同服务于学科素养发展的目标;二是在教学实施上,教学评一体化的教学要重视问题情境创设和任务驱动,让学生在某种特定的真实或模拟的学习情境中,运用所获得的知识完成某项任务或解决某个问题;三是在学习空间的拓展上,通过有效的教学,必须将学习向课前和课后两端延伸,打造开放的学习空间,旨在形成完整的学习闭环,提升学生学习的能力。尤其是第三点,对于线上教育来说,显得特别重要。

2. 混合式教学——我们的行动

作为特殊时期教育转型的应然之举,线上教育发挥了十分重要的作用。这里之所以说是"再实践",是因为我们苏州线上教育中心的在线教育已经有序运行了近3年,也已经实现了设区市全覆盖,为实现学生"处处能学""时时可学"取得了显著的成效。正如国家主席习近平给国际教育信息化大会的贺信中所强调的"因应信息技术的发展,推动教育变革和创新,构建网络化、数字化、个性化、终身化的教育体系,建设'人人皆学、处处能学、时时可学'的学习型社会,培养大批创新人才,是人类共同面临的重大课题"。为此,我们需要进行线上教育的不断实践。作为"停课不停教"的主要载体、"停课不停学"的主要支架,线上教育更需要抓住契机不断实践,呈现苏州的实践样态。

---

① 李祎,贾雪梅.现代教学论专题研究[M].长春:吉林大学出版社,2010:22.
② 盛群力,马兰.现代教学原理、策略与设计[M].杭州:浙江教育出版社.2006:365.

（1）构建高效的协同机制

线上教育平台的建设与运行,仅仅依靠技术手段和教育理论是远远不够的,需要构建由教研员、普通教师、名优教师、学生及家长等不同成员组成的发展共同体,形成高效的协同发展模式。具体来说,在新冠疫情期间,多个层面的协同攻坚是保证线上教育平台作用最大化的着力点和支撑点。

其一,我们构建了院校"联动"机制。教科院各学科教研员作为线上课程的顶层设计者,具有举足轻重的作用,教研员是联系教育理论与教学实践的中间桥梁,是将国家课程的意志落实、转化成可操作的教学实践的"学科司令"。因此,本次线上教育课程的规划与推出,无论是课程内容制定、教学资源审定,还是上课教师的遴选都离不开这些"司令"的策划、指导。但是光有好的课程规划还不够,需要学校、家长的及时跟进,才能确保课程落地,为学生自主学习的实施提供保障。

其二,我们构建了上下"齐动"机制。这里的"上"即指"线上","下"即指"线下"。崔允漷教授在《中国教师报》上撰文指出,"线上与线下相结合成为混合学习才是未来教育的出路"①。他更为强调,"在线教育的顺利实施可以成为撬动线上线下教学变革的支点"。线上教学提供的是虚拟学习环境,在技术支持下,通过视频、图片、动画、文本等丰富的媒体资源和固定的教学流程给教学带来了便利和舒适,但完全依赖线上学习,学生无法获得完整的学习体验。有学者研究得出具身学习是人类最自然的学习方式。诚然如是,学生的学习具有具身特点,需要通过线下的实验操作、实地调查、身体运动,甚至是语言诵读等方式,在身体的体验感知中实现知识的创造和获取,弥补在线课程的实践性缺失。因此,我们在假期的线上课程设计中,许多学科充分重视学生生活经验的激活,并设计了丰富的基于家庭和生活小区的简易实践活动,以此实现(线)上(线)下"齐动"。

其三,我们构建了双师"互动"机制。假期中突如其来的疫情使线上教育平台的收视压力陡增,在线实时互动受制于网络拥堵,于是我们被迫采用录播课的形式,原有的线上互动只保留了评论功能。由于学生学习基础的差

---

① 崔允漷.混合学习要从方案变革做起:由"停课不停学≠在线学习"想到的[N].中国教师报,2023-03-04(12).

异,利用线上公开课进行自主学习肯定会产生很多问题,一位老师可以为众多学生上课,但是无法为每一位听课学生解答他们的疑问。为此,我们倡导学校任课教师,利用钉钉、腾讯课堂等软件开设校级直播课,以班级为单位进行在线答疑和二次讲解。另外,部分学科的线上公开课也根据录播课互动不足的现状,布置开放性和实践性并重的课外作业,引导学生与自己的任课教师探讨问题。实践证明,通过线上教师和任课教师合作的双师互动机制,较好地保证了课程实施的有效性。

（2）建设优质的课程资源

目前各地都纷纷上马课程资源的"云建设"项目,导致资源数量呈井喷式增长,但是怎样才能确保资源质量的精益求精,满足学生的个性化、多样化学习需求呢？我们的答案是需要将丰富的信息资源转化为课程资源,以开发优质的课程资源来作为线上教育质量保障的基本前提。

其一,以关注核心素养为课程资源建设的出发点。纵观各学科课程标准的变化,课程目标从先前的提倡知识与技能、过程与方法、情感态度与价值观的三维目标到最新提出的基于学科本质的学科核心素养的凝练表达,其中变化的是更关注学生的全面发展。为此,我们的学科教研员在进行课程资源建设时,首先考虑的是资源对人的全面发展的价值,开发对学生发展核心素养形成具有促进作用的课程资源。如,不少学科围绕健康生活、生命观念、科学素养、职业道德、献身精神、责任担当、国际理解、爱国主义等方面进行课程资源建设,旨在从中提炼并厘清核心知识、关键能力、必备品格和正确价值观念。其次,根据省市教育主管部门的具体要求,结合我们的实际情况、学生年龄特点及各学科的课程性质,从充分利用现有的、可能开发的信息化和数字化课程资源出发,立足"统筹兼顾",从整体上科学编制学科的在线教育课程方案及分年级的教学计划。再次,我们在在线课程资源开发的过程中,还充分关注了教师、学生、教材和环境四要素的整合,突出强化关注学生体验、关注个体差异、体现会话本质、促进自主生成及体现显性课程与隐性课程并重的原则。

其二,以关注疫情本身为课程资源建设的生长点。崔允漷先生说:"防控疫情要实现育人目标,充当起'无字之书',课程化是一条必然的专业路径。"是的,我们的学科教研员在进行课程资源建设时,就充分考虑到了疫情本身资源的应用。如,历史学科,将"山川异域,风月同天"等抗疫热点话题应用于古代对外关系的教学资源开发之中;科学学科,设计并开发了《科技战"疫" 聚能量 科学精神创未来》《理性抗"疫" 科学助力》的特色微课资源;小学语文学科,引入与相关的内容,开发说话写话及作文教学课程资源,想象发明的机器人如何打败新冠病毒,开发"奇思妙想"课程资源;生物学科,采用"微专题化"策略,拓宽教学资源建设视角,把对病毒信息流的笼统认识延伸为对负链 RNA 病毒(如新冠病毒)、正链 RNA 病毒、DNA 病毒、逆转录病毒信息流的精细掌握,从而构建较为完整的"中心法则"知识体系;小学数学学科,设计了"抗疫测量体温"——认识温度计上的正负数课程、"抗击疫情、关注疫情发展"——绘制每日病例折线统计图或条形统计图等系列动手做数学的课程,将鲜活的时代素材引入课程,培养孩子的公民意识等。

其三,以关注生活情境为课程资源建设的着力点。众所周知,基础教育一直在提倡真实性学习、情境教育及深度学习等,以此来培养 21 世纪社会的公民素养。因此,线上教育课程资源的建设必须以关联真实的生活情境为着力点。同时,也要充分认识到线上课程的双重属性,即课程属性与技术属性。所以,在建设课程资源时就需要注意发挥技术、媒介和网络的优势,彰显学生的主体性、内容的精准性、活动的趣味性、结构的整体性。关于这方面,市教科院的教研员团队在课程资源的建设与设计的操作层面上提供了丰富的样本。如,体育学科,在安排练习项目时,考虑到"居家学习"的真实情境,开发并设计无震动的、能够在安静状态下进行的活动,如靠墙半蹲、鹤立平衡、平板支撑、瑜伽中的各种拉伸动作等,以及选择爬行游戏类的活动、体操类活动和其他身体素质类的活动等;高中英语学科,根据线上教育的特点,在教学中尽可能选择和生活实际联系密切的材料进入教学内容,提高学生的兴趣,进而提高线上教学效率;地理学科,在学习亚洲分区的位置和分布时,让学生以认识援助中国新冠疫情的部分亚洲国家为真实的任务情境,较好地发挥了学生学习的主动性。

(3)组织严密的实施过程

开发优质的课程资源不应是应对居家学习的"非常办法",而应是发挥课程资源的优势,使之成为推动整个教育转型的重要力量,为传统的学校教育变革带来新方向、新常态。因此,课程实施显得至关重要。作为学科司令,教研员指导教师进行教学设计、课程资源开发及组织线上教学,不仅在理念上加以引领,在课程资源开发和教学设计上提出切实可行的修改意见,而且在线上教学组织实施上要进行严密的过程管理,通过对话、协商、合作等方式与一线教师共同完成线上教育的任务。

课程资源建设与实施,大致分为三个阶段。

第一阶段:谋划课程。以自上而下的方式布置上课任务,在与教师的沟通中着重介绍课程理念、教学内容、设计要求等,这个阶段可以推荐给上课教师一些优秀的教学案例,帮助其具体感受怎样上课。通过谋划,实现任务驱动的精准教学是不少学科的共同追求。如,生物学科,考虑到学生学习水平的差异、线上相关条件的限制和教师主导作用的弱化,新授课采取"小步走"的策略,放慢进度,并加强解题指导,特别是常规教学中比较弱的环节;化学学科,根据江苏高考化学试题题型稳定的特点,第二轮复习采用针对题型复习的策略,目前已构建题型复习体系的完整课程资源。也有一些学科,通过谋划,建构了以问题为导向的教学模式。如,初中物理的教学流程:知识梳理—通过提出问题及解决问题来唤醒知识,查漏补缺—通过提出问题及解决问题进行概念辨析(先练后导、先错后纠),感悟程序—通过对解决问题的方法的反思总结,拓展提高—通过一题多变、一题多解(第一轮复习)、多题归一、多题一解(第二轮复习)进行知识迁移;初中道法学科,准确定位教师角色,通过课前提供预习案引导学生预习,让学生带着问题、带着疑惑走进课堂,教学过程中重视引导学生建构知识体系,将教材碎片、零散的知识结构化,实现惰性知识到活力知识的转化。

第二阶段:审查课程。以自下而上的方式对教师开发的系列教学资源进行审核。这一过程比较复杂,往往需要经历多次反复,也有的借助团队力量,发挥集体智慧。例如,小学语文学科的具体做法是,教学设计由区域教研员与学校领导或团队一审,教师修改。市教研员进行二审,再修改。区域教研员或学校团队再审核把关,最后上传。他们还构建了审课的基本标准:教学内容与资源的科学性、教学形式与方法的适切性、教学过程与结构的完整性等。再如,小学英语学科,在审课过程中,要求教材板块的内容继续严格落实以往的教学设计、课件和录像课的制作要求,提前4天提供相关材料的审核,审核合格后才发送给相关教师;针对新推出的板块(如"练习"和"拓展阅读")要求教师将练习课设计的习题、阅读内容等先交由本人初审,提出修改意见后再进行教学设计、课件和录像课的制作,然后进行最终审核工作。另外,还有不少学科通过课程审查根据线上教学的特点,从技术上营造生动的认知环境。如,地理学科,充分运用可视化的地图软件工具实现抽象思维的具象化表达,通过技术提供的超越现实的图像,在阅读图像、分析图像的过程中培养学科核心素养,并运用思维导图实现碎片化知识的意义建构和思维程序。过程管理增进了教研员与一线教师的情感交流,通过上下同心进一步彰显了教研员在全心全意为教育服务中的人格魅力和专家形象。

第三阶段:实施课程。只有审查通过的课程才能进入实施环节,一般是提前一周需要将审查通过的课程以课表的形式公布于网上,供学生在相应的时间段及时学习。在具体实施过程中,大部分学校主要以市级线上教育平台为主,同时,以不同学校的实际情况有针对性地补充校级线上直播为辅的方式开展线上教学。学校任课教师主要负责对学生线上学习中产生的问题答疑、作业的布置批改和学习效果的检测等,利用各种在线交流群,也有利用论坛、社交平台等开展老师和同学的交流、讨论,在线提交和批改作业。学校主动承担起引导学生参与学校安排的日常线上教学活动的主要责任。在实施过程中,每个学科还重点突出"课前引导、课中点拨、课后点评"三个方面的循环往复、螺旋上升。"课前引导"是学校教师为学生学习做的提前准备,主要是为了引发学生自主学习,激活已知图式,驱动学生强烈的学习欲望;"课中点拨"主要是上课教师在录播课时,针对学生的困惑和需求,采用科学合理的方式,给学生提供可理解性解释和指点;"课后点评"一方面是来自录播课上的要求,引导学生运用所学,自测目标达成度,另一方面是学校任课教师在课后的跟踪测评,引导学生查漏补缺。

值得一提的是,我们的教研员和开课的教师从大年初二接到开展线上教育通知后,就立即全身心地投入这场没有硝烟的战争:商讨课程内容、编制课程规划、制订教学计划、进行授课分工。在大市、区域教研员的带领下,上课团队成员有的连夜从乡下赶出来备课;有的克服家里设施设备不完备等困难,连续6天前往学校备课;有的深夜12点以后还在细化备课内容;有的妥善安置好家里还在吃奶的孩子后积极投入直播课程;有的就一个小的教学细节反复推敲、商讨五六遍……教研员基本都是24小时开机在线,利用QQ群、微信组建集体备课团队,及时为老师提供服务和指导,为老师们分压、解压,有的教研员自己还亲自上课,整整 7 周的线上课程天天如此,努力在自己学科领域内把好学科专业关,显示出了教研员群体的专业境界和专业情怀。

3. 资源应用提素养——我们的成效

无论是特定情境关联的学校场域条件下的线下学习,还是通过网络技术手段条件下的线上学习,其本质是一致的,那就是突破对功利价值的过度追求,更加关注教育对"人"本身的价值。换句话说,就是追求学生核心素养的发展与形成及教师专业技能与专业境界的发展与提升。自春节以来,市教科院小学、初中、高中各学段 27 位教研员,夜以继日完成了从小学一年级至高中三年级 12 个学段课程的设计和学习作息安排工作,获得了学生、家长及社会的一致好评。

据 2022 年 3 月 6 日苏州教育发布的《苏州线上教育中心学生使用情况报告》(图 3-5)显示,小学、初中、高中三个学段的"全都认可""多数认可"的认可度分别高达 83.70%、81.50%、70.70%,对授课教师教学水平的认可度分别高达 88.60%、83.20%、75.90%。

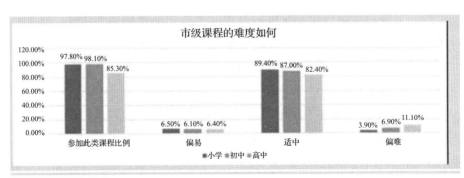

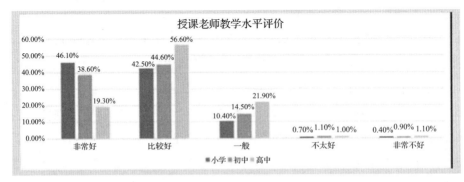

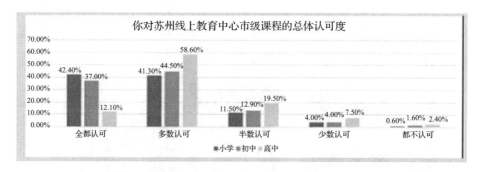

图 3-5　苏州市线上教育中心学生使用情况调查统计图

从中可以看出,学生对于线上教育中心的课程和教师水平总体认可程度非常高,线上教育的效果也是十分显著的。具体表现在以下三个方面。

（1）学生学习的自明性有了新提升

"停课不停学"的应对策略主要是采用弹性教学（注：由北京师范大学2020年提出,已向世界发布）的方式来解决的,即基于网络的在线教学。可以说,新冠疫情加速了未来教育新样态的到来,对于教育而言,具有革命性意义。弹性教学对学生学习自主性的要求很高,而开展自主学习是学业成功的关键所在。在线课程不仅帮助他们跟上高考的步伐,更为他们提供了一个实践自律学习的机会。正如德国哲学家雅斯贝尔斯所说,"教育的过程是让受教育者在实践中自我练习、自我学习和成长"。言下之意,每个人在自我的生成上都必须自我训练、自我教育、与自我进行敞亮交往,这就是教育"自明性",也是教育的真正意义所在,也是全面质量观的一种体现。

一方面,线上教育为培养学生的自主学习能力提供了契机。通过建构以学生为中心的学习流程,从以往教师承担学习责任转向学生主动承担责任,当学生面对丰富的学习资源时必须做出选择,例如,选择学习进度、学习方式、学习资源等,学会及时监测、反思、评价自己的学习进程,在学习任务结束后进行学习效果的测评,及时提升自我效能感,并为进入下一个学习目标制订计划。所有这些,都是自主学习的外在表现形式。

另一方面,线上教育为促进学生"自明性"拓展了时空。从各学科提交的学生作业来看,其中有对培养自主学习能力十分有效的常规形式,如听课笔记整理、错题集整理、好词好句摘抄等,促进学生养成良好的学习习惯,这也是自主学习的重要前提。有体现在思维能力培养方面,如海报设计、思维导图设计等,有助于培养学生思维的条理性,增强学习动力。还有体现探究精神和实践能力的小实验、小制作和小论文,引导和鼓励学生在线下开展个性化自由探索等。学生部分学习成果如图 3-6 所示。

在线学习　　　　　　在线考试　　　　　　在线班会

防疫主题探究　　　　　　　　自主学习状态

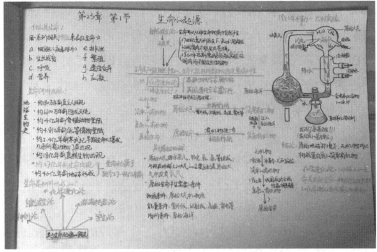

学习笔记

图 3-6　部分学习成果展示

(2)教师教学的技术性有了新改进

虽然说决定教学质量的是教师的教学水平而不是技术,但对于线上教学来说,技术也是不可或缺的一个重要因素,况且信息素养是全球信息化需要人们具备的一种基本能力。这次疫情的暴发,倒逼教师加强技术知识的学习,形成"学科教学技术知识"(TPCK)。在这次开始大规模在线授课之前,大部分教师只能制作演示课件,并运用课件辅助教学。因为大部分教室里的技术装备是"大屏幕显示器或高亮度投影仪+多媒体电脑"。疫情开始后,线上的教学活动无法开展,取而代之的是在线教学模式。因此,从技术层面来讲,这对教师提出了更高的开发课程资源和设计在线学习活动能力的要求。不仅要制作课件,还要制作视频(如录制教学视频)和能够使用在线教学的直播工具(如,腾讯课堂、钉钉软件等)。

线上教学活动正是给广大教师在学习中实践,在实践中学习的机会。经过实践,教师使用新技术的能力确实得到了提升,使用新技术支持下的网络教学组织能力也同步获得了发展。

一方面,提升了在线调查等技术性能力。在以学生为中心的理念指导下,教师需要更多地了解学生对课程的要求,并以循序渐进的结构化方式向学生传授知识,充分调动学生参与教学的积极性。例如,有老师运用问卷星进行学情调研,针对一个课题的课标,请学生结合自己的学科知识和学习经验,以问题的形式解读课标,规定每人至少提4个问题(图3-7)。通过信息汇总,教师及时了解了学生的思维习惯和思维建构,备课时就能更好地针对学生的需求进行设计。

另一方面,提升了学业评估等技术性能力。教师在技术的支持下,评估和评价学生作业的能力得到了提升。例如,老师要求在家学习的学生把答案写在纸上,学生将填妥的答卷拍照,并通过微信等实时聊天工具发送给老师。随后,教师的评分和评论通过使用图像处理工具手动添加到答题的照片上,之后发送回学生。此外,还有老师运用软件对学生作业情况进行统计,用于作业评讲(图3-8)。

以问题的形式解读课标“以某资源枯竭型城市为例，分析该类城市发展的方向”

姓名	总分	班级	问题1	问题2	问题3	问题4
梅若	66	1班	什么是资源枯竭型城市	资源枯竭型城市形成的原因	形成资源枯竭型城市的后果	怎样可持续发展
桂长林	55	8班	资源枯竭型城市是什么	资源为什么会枯竭呢	资源枯竭型城市有哪些	我们应该怎么做
陈瑜婧	96	1班	什么是资源枯竭型城市，有何表现?	有哪些典型的资源枯竭型城市?	对于资源枯竭型城市有何治理措施?	如何预防资源枯竭?
曹文杰	75	8班	我学了个啥?	什么是资源枯竭型城市？为什么会产生?	中国有哪些资源枯竭型城市？国外呢?	如何展开枯竭型城市的可持续发展?
赵婕妤	71	1班	如何定义资源枯竭程度?	影响成为资源枯竭型城市的因素有什么?	资源枯竭对当地乃至整个区域的影响有什么?	缓解资源型城市当前严峻形势的措施有什么?
陈佳	76	1班	什么是资源资源枯竭型城市?	如何判定一个城市为资源枯竭型城市?	发展方向涉及哪些方面?	有哪些成功案例可以参考?
丁玎	91	7班	什么样的城市被称为资源枯竭型城市?	资源枯竭型城市该往什么方向发展?	资源枯竭型城市造成现状的原因是什么?	资源枯竭型城市应该怎样改变治理措施来改善现状?
张鲁闵	85	1班	资源枯竭型城市有哪些特点?	一个城市如何变为资源枯竭型城市?	资源枯竭型城市该如何整治?	成功的资源枯竭型城市的转型对其他城市有什么借鉴的经验呢?
徐叶涛	76	9班	什么是资源枯竭型城市?	为什么会变成资源枯竭型城市?	如何改善资源枯竭型城市?	如何预防变成资源枯竭型城市?
张若兰	74	2班	什么是资源枯竭型城市?	资源枯竭型城市有什么特征?	我国有哪些资源枯竭型城市?	如何解决资源枯竭型问题?
彭思雨	81	9班	什么是资源枯竭型城市	有哪些城市属于资源枯竭型	这些城市为什么会资源枯竭	要实现可持续性发展接下来该如何做
陈嘉怡	76	6班	Q：什么是资源枯竭型城市?	Q：为什么会资源枯竭?	Q：举例资源枯竭型城市/地区。	如何解决资源枯竭型城市的转型问题
张肖盼	77	6班	为什么该城市会资源枯竭?	如何发展资源枯竭型城市?	如何分析某个城市的发展方向?	城市的发展方向有哪些?
李效伟	90	1班	为什么会成为资源枯竭型城市?	资源枯竭型城市要如何发展，有何措施?	中国典型的资源枯竭型城市有哪些?	中国资源枯竭型城市可以向哪些国家的城市借鉴哪些经验?
沈亚盈	65	9班	该城市资源枯竭的自然原因是什么?	该城市资源枯竭的人为原因是什么?	该城市要继续发展自身的区位优势是什么?	该城市该如何继续发展?
沈亚盈	40	9班	什么是资源枯竭型城市?	为何会变成资源枯竭型城市?	怎么改善该城市?	给我们的启示是什么?
吴蕙希	91	9班	什么是资源？有哪些类型？有什么特点?	什么是可持续发展？可持续发展的含义？特点？原则?	什么是资源型枯竭城市？有什么特征?	资源型枯竭城市面临的挑战？未来发展的方向?

图 3-7　利用技术进行问卷调查统计

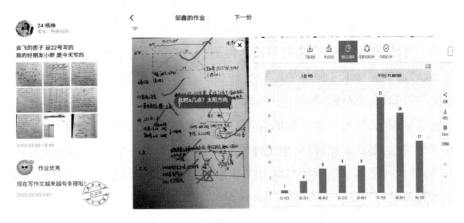

图 3-8　教师利用技术工具进行学业评价

（3）课程资源的育人性有了新拓展

立德树人是教育的根本任务。在“停课不停学(教)”的背景下,如何将立德树人转化为具体的培养目标？这是需要我们思考的一个重要课题。我们认为,即使是线上教学,其目标也不仅仅是帮助学生进行知识的学习,更要唤醒学生对生命价值的思考,唤醒作为公民的“天下兴亡,匹夫有责”的责任感,对白衣天使救死扶伤的职业道德的敬意,对援助中国的国际社会应有的国际理解等。

一方面,开发了系列“育心”课程资源。我们在线上教学期间,为拓展课程资源的育人性,开设了系列防疫主题的家庭教育指导微课 20 节、防疫班会课 11 节,以及心理指导防疫微课 10 节和录播生涯教育视频 4 个,做到了"育智又育心",较好地提高了学生身心发展水平。

另一方面,形成了学科"抗疫"实践案例。假期中防疫主题的课程除身心教育外,更多地体现在与国家课程的结合(开学返校后,会进一步加强与地方课程、学校课程结合)上。如前所述,每一门学科都根据学生身心发展水平,提炼并厘清了与本学科相关的核心知识、关键能力、必备品格和正确的价值观念。各学科在建设课程资源时对此高度重视,在指导教师备课时都把育人目标作为首要目标,力求在课程教学中渗透、探究和深化。各学科的做法(表3-4)充分体现了学科特色,是集体智慧的结晶。

表 3-4　部分学科的"抗疫"课程化实践案例

学科	学习目标	案例
(初、高中)历史	从疫情防控认识到以史为鉴的重要性,培养学生重证据的意识	将"山川异域,风月同天"等抗疫热点话题应用于古代对外关系的教学中;通过全国对武汉、湖北的支持,能够古今贯通,联系到我国统一多民族国家的发展史
(初、高中)地理	从增进国际理解的角度,了解国际社会对疫情的援助;运用电子疫情地图,分析某区域疫情的影响因素,掌握疫情风险评估和预测发展趋势的思维方法,提高学生疫情防控"从我做起"的行动力	在学习亚洲分区时,以认识援助中国新冠疫情的国家为情境,认识亚洲国家的位置和分布;以武汉为例,开展疫情扩散路径的探究学习;以苏州为例,开展对一个地区疫情风险的综合评估
(初、高中)政治	结合有关知识把本次抗击疫情过程中所展现出来的中国制度、中国力量、中国智慧、中国担当等,有机融合到教学内容中	结合有关知识把本次抗击疫情过程中所展现出来的中国制度、中国力量、中国智慧、中国担当等,有机融合到教学内容中
(初、高中)生物	以新冠肺炎和病毒为素材,融入相关教学内容:病毒的结构、生活式、侵染、繁殖、有机物生物合成、免疫、传染病、微生物培养、基因工程等	对病毒信息流的笼统认识延伸为对负链 RNA 病毒(新冠病毒)、正链 RNA 病毒、DNA 病毒、逆转录病毒(RNA)信息流的精细掌握,从而构建较为完整的"中心法则"知识体系

续表

学科	学习目标	案例
高中英语	结合苏州线上教育的新冠疫情专题拓展阅读教学活动	围绕疫情主题,开展丰富多彩的课外拓展活动,包括朗读疫情主题文章,收看并制作疫情主题短视频,进行疫情主题征文比赛
初中语文	结合新冠疫情,培养学生的爱国情怀	《天下国家》综合性学习专题中,结合新冠疫情的示例和图片,让学生对"逆行者"的爱国情怀有更直接的触动,从而引发更深入的思考
小学科学	分析疫情课程资源,思考设计有学科特色的课程内容	科学教研团队设计了"科技战'疫'聚能量 科学精神创未来""理性抗'疫'科学助力"的战"疫"特色微课,由各校公众号推送给学生学习
小学语文	将与战"疫"相关的内容引入作文教学	低中年级说话写话及作文教学中,如四年级学习转述,引导学生联系生活情境,给长辈转述疫情防控知识;习作教学中,学生展开奇思妙想,想象发明的机器人如何打败新冠病毒;六年级习作教学中,引导学生观察生活,记录"抗疫"经历等
小学数学	制定战"疫"主题的菜单化学习项目,激发学生的学科兴趣,培养思维能力	"抗疫测量体温"——认识温度计上的正负数课程、"抗击疫情、关注疫情发展"——绘制每日病例折线统计图或条形统计图等,将鲜活的时代素材引入课程,培养孩子的公民意识

战"疫"中大规模的在线学习让我们看到了教育转型的"春暖花开"。在线学习的组织与实施取得了一定的成效,但也毋庸置疑,效果是十分有限的,其作用的发挥是有条件的。OECD 教育技能部施莱歇部长曾经断言,"虽然技术可以放大杰出的教学,但是最伟大的技术也不能代替平庸的教学"[1]。由此可以预见,利用疫情防控期间开展的线上教学积累的经验,采取线上与线下相结合的混合式教学才是未来教育的出路。我们相信混合学习一定能

---

[1] 陶西平.未来不再遥远:浅谈未来学校的模式[J].未来教育家,2018(C1):8-15.

超越传统学校单一的课堂教学模式,成为最大的教学需求。

4. 科研助力再出发——我们的展望

进入后战"疫"时期,重组学校形态、重建面向未来的教育生态,正在生成极为难得的"道路共识",也是教育转型的应然之举,更是教育转型期的主要任务。这场危机导致的"暂停",帮助我们有了更好出发的可能,不仅带来走向健康和谐、可持续教育新生态的契机,而且带来学校教育在结构性、机制性的突破上,从无意识渐进到主动寻觅的设计。

(1) 学校形态变革

学校形态从"单一固化"走向"教育重组"。目前,现实的教育体系还处在流水线时代,学生在集中的地点接受统一模式、统一内容、统一进度的教学,像是在流水线上锻造的一个产品,是学生用泯灭自己的个性来适应单一固化的学校体系。我们将通过线上教育,利用互联网的即时通信与网络协同,实现跨班级、跨学校,甚至跨区域的协同,实现优质资源的全覆盖。探索学校形态变革,需要做好两件事。一是重组学校形态,促进教育变革。从教师与学生的融合、课程设计与课堂教学的共通、线下教学与线上教学的互补入手,探索教育的系统变革,搭建家庭、学校教育一体联动的平台、机制和内容,持续推动家校资源、学习与策略全时段协同。二是构建课程体系,优化课程结构。围绕立德树人的总目标,着眼于"每一个",着眼于"几十年后",建设基础性课程、拓展性课程、发展性课程,构建能够让学生追求完整生活、完整人生的,以个人发展和终身学习为目标的个性化课程体系。

(2) 课堂结构变革

课堂结构从"教师、学生、教学内容"封闭系统走向"教师、学生、资源、网络"开放系统。目前课堂结构基本上都是教师、学生、教学内容组成的封闭结构,强调知识的传授过程,课堂基本由教师控制,学生大多数时间都是被动的知识接受者,他们被禁锢在沉闷单调的课堂结构之下进行"被动"学习。我们将通过线上、线下相融合的方式,打破传统意义上的课堂概念,为学生提供无限可能的互动式空间,打造便于探索、研讨与分享的一个个"小课堂"。实现课堂结构变革,需要做好三个层面的工作:第一,深化信息技术与课堂教学的创新融合,以评价为导向提倡教师创新应用信息技术、改善教学方式,强化以学生为本的教学实践,促进课堂教学改革的实现;第二,鼓励应用协同建构式学习、能力引导式学习、基于设计的项目式学习等新型教学方式,推动学生合作能力、实践能力、创新能力等综合素质能力的全面提升;第三,挖掘应用信息技术解决教学"痛点"的典型案例,发挥优秀教师的引领示范作用,进一步提升教师信息化教学素养和创新能力。

(3)学习过程变革

学习过程从"统一性"走向"选择性""差异化"。一般来说,目前的学生学习,基本有一个固定的时间长度,采用基于年龄和学科的学习组织模式,对同一学习内容采用相同的教学方式,学生学习很少具有选择性,个性化学习也还只是一种奢望。我们将通过线上教育中心的运行,让学生有自我学习规划的选择、有学习媒体的选择、有学习方式的选择、有质疑答疑的选择、有特长发展的选择、有学习时间的选择、有评价反馈的选择等,改变传统的"一门学科跟随一个教师学习"的基本模式,使得"一门学科跟随多个教师学习"成为可能。实现学习过程变革,需要关注三个方面。一是建构差异化课程。针对不同类型的学生,为他们提供可供选择的课程,进而让不同学生得以真正地发展。充分利用学校和社区的课程资源,采用选择、改编、新编教学材料或设计学习活动的方式,研究、开发校本课程并逐步形成适应地方、学校和学生特殊需要的,满足多样需求。二是营造多样化教学。在优秀生培养上拓展思路,整合本土优质教学资源,形成有效的选拔机制,积极探索与高校科研院所等外部力量的合作,依托"凌云计划"的培养方案,采取走出去、请进来的方式组织培训与辅导,使优秀学生更具竞争力。三是拓展信息化空间。充分利用苏州线上教育中心,着力打造在线学习、混合学习和协作学习的融合型多元平台,拓展信息化学习时空。使得未来的线上教育,不仅仅是学生上网收听、收看,教师授课和提问答疑的平台,更是呈现立体的虚拟教室空间。

新时期呼吁教育转型,教育转型更需要实然之举。线上教育只是众多教育转型变革举措中的一种。这种教学变革是一种"互联网+教学"的变革,不只是教学的网络化和数字化,最终必然走向"线上+线下"混合式教学变革。这种"线上+线下"混合式教学变革,是基于教学的生成本质和育人目标,将互联网思维、环境和技术及未来学校建设与教学思维、教学各要素、教学关系、教学结构和教学过程互相渗透、深度融合的变革。在逐渐变革的过程中,转变教学观念、开放教学系统、整合教学资源,构建开放和谐的教学生态,进而形成新型学校形态,实现教育公平,构建符合"教育4.0全球框架"下未来学校发展的教育质量保障体系。

第五节 从同行到引领的功能深化

从同行到引领的功能深化改革,主要包括智慧云背景下区域研修的方式创新与运行路径、区域内及跨地区的教科研协同创新方式与路径、学校"科研与教学联盟"的组织建设与运行机制等。

一、智慧云背景下区域研修的方式创新与运行路径

区域研修是为改进一定区域内教师教学和学生学习的共同愿景而组织在一起的教师群体的学习研修活动,主要包括专题学习、专业培训、教学观摩、专题研讨、教学竞赛、技能竞赛等内容。区域研修是具有中国特色的教师研修方式,在我国教师专业发展中发挥重要作用。但随着时代的发展,特别是信息时代教育也在日新月异地发展,区域研修逐渐出现了一些与当前教育发展不相适应的问题。苏州作为率先实现教育现代化的发达地区,积极探索智慧云平台背景下区域研修创新路径。本节主要以苏州地区及所辖县域为范畴开展的区域研修活动为例,探讨智慧云背景下区域研修的大数据分析、资源库建设、研修平台建设、跨域主题研修等的创新路径,为区域研修存在的问题提出有效的解决方案,为打造苏式区域大研修的新格局提供适切的发展经验。

1. 新时期传统区域研修亟待解决的问题分析

(1) 区域研修计划设定中存在"目中无人"现象

当前区域研修一般都是学期初计划好的,从以前随意性强的研修方式转变成了主题式的研修方式,但主题的确定往往是期初由教研员根据经验统一制定,并未经过自下而上的需求调查,因此,很难说是针对教师专业发展的阶段需要的研修活动,也容易忽视学生实际的学习情况,导致客观有余而"目中无人"的现象普遍存在。

(2) 区域研修活动设计时较少地域特色意识

当前区域研修内容主要是根据教学进度和教学内容组织的讲座与公开课,形式内容各地大同小异,在很长时间都没有质性的改变,不仅因循守旧,也是对地区独有教育资源的漠视与开发不力,亦很难形成区域研修的特色,导致区域研修的简单雷同现象,也造成区域研修与本地教师的实际需求的不适切问题。

(3) 区际研修统筹整合中存在协同互补不足问题

当前区域研修主要按层级分为县域、大市、省级研修等几类,日常以县域研修为主,大市、省级则在关键节点上开展重大研修活动,平时日常的县域研修各区间及与大市活动间各自安排,尚缺少衔接,缺乏协同统筹,未起到整合互补的作用。

(4) 区域研修引领提升时存在理论研究滞后问题

当前区域研修的形式单一,多以讲座与传统观课为主,缺少科学有效的研究方法,缺少课改成果的研究与提炼,日常的县域研修没有相应的高校与专家资源而缺少高端的理论引领,导致区域研修还处在粗放经营的阶段,鲜少基于研究的学术型研修。

长期以来,苏州地理区域研修囿于传统的研修方式,同样存在区域研修常见的上述问题,没有形成具有鲜明苏州特色的区域研修方式。为突破这一发展瓶颈,结合本区域正在着力打造的智慧云教育,以及正在推进的四位一体区域研修机制,探索出一条苏式区域研修的创新路径。

2. 信息时代背景下开拓区域研修创新基础

科学技术日新月异,互联网、大数据、云计算、人工智能、物联网、脑科学等的突破性发展,在带动新一轮技术改革与社会发展的同时,也带动教育科研的转型升级与创新发展。随着新一轮课改与素质教育的深入推进,苏州市区域研修也发生着深刻的变化,不断地转型升级,通过科研方法的进阶,使之更科学;科研范式的改进,使之更优化。

(1) 信息时代背景下加强区域研修方式转型研究

将最新技术融入区域研修,实现区域研修方法和技术的转型,由传统文献研究、问卷调查向依靠人工智能、5G、互联网、云计算、大数据平台等新技术转变,从而使研修方法更科学、精准与高效。如在搭建互联网平台基础上开展基于大数据的调查研究与综合素养跟踪研究等实证研究,注重以事实和证据为依据,对重大问题持续跟踪。在搭建区域学术期刊网与查重平台基础上开展基于中外同领域的文献研究等比较研究,深入挖掘中国优秀教育传统和经验,注重借鉴国外教育研究范式、方法,积极吸纳国际教育研究的前沿进展和优秀成果。在搭建智慧云平台基础上开展基于课堂教学现场的课例研究,注重信息技术在以学为中心的课堂教学转型的增值作用。

(2)信息时代背景下加强区域研修内涵提升研究

将最新课改理念与最新技术融入区域研修实践,开展跨年段的学科衔接研究、跨学科的阅读(全科)STEM(综合)课程研究、跨领域的智慧教育研究(网络+、大数据+、AI+等),以及人格养成教育、身心阳光教育、劳动素养教育、审美素养教育等领域的创新研究,深入探讨智能5G时代、人工智能、物联网、脑科学等科学技术快速发展条件下教育教学形态、教育服务业态的变化,以及对应的教育发展创新思路和举措,不断拓展区域研修的广度和深度,实现从教到学、从分科到综合、从有限时空到无限时空、从课堂班级制到线上线下混合制等的区域研修内容与主题的优化提升。

3. 依托智慧教育云平台创新区域研修运行方式

智慧教育云平台是依托区域教育云基础平台,有效整合已有硬件、软件资源,贯通集成各类教育应用系统,规划建设的基于统一数据环境的集成化、智能化的区域智慧教育综合服务平台,具有体系开放性、学习互动性、资源共享性、评价过程性、分析智能性、时空拓展性、施教便利性、团队协作性等特性。该平台能为区域研修提供最需要、最适合、最准确、最便捷的教育服务,有效解决当前区域研修中存在的一些问题,推进信息技术与区域教育的深度融合,为创新苏式区域研修路径提供智慧化的解决方案。

(1)依托智慧教育云平台为区域研修提供数据分析基础

苏式区域研修是以师为本的研修,首先要求研修符合本地教师的实际需求,这就需要加强教师研修需求的调研。传统的调研是点对点的调研,一次调研一所学校,听3位左右的教师的课,结合部分师生的访谈,不能全面了解所有教师的教学问题与研修需求。智慧教育云平台涵盖全体教师,每个教师都有自己的平台账号与平台空间,利用云平台可方便应用专项调查,通过大数据采集与分析进行教师研修需求调研,了解每个教师的专业发展需要与想要开阔的教学视野。教研员在日常调研中关注到的教师教学中的突出问题与常见问题,也可通过平台进行剖析、交流与反馈,深入了解教师亟须解决的教学困惑,使日常课堂问题也成为云平台大数据的重要组成部分。将调研大数据作为区域研修方案设计与内容选择的主要依据,在此基础上引入相关研修资源,设计研修主题,使研修课程与内容更具针对性,使区域研修更好地为教师的适切发展服务。

(2) 依托智慧教育云平台为区域研修打造课程云资源库

苏式区域研修是集吴地教师智慧进行区域课程资源开发的平台,结合智慧教育云平台可以重点打造"微视频与任务单、微项目与活动单、微诊断与练习单"及相关教学课例等苏式教学资源。具体有以下两个特点。一是重点开发智慧教育云平台背景下方便使用的微资源:课前主要是"微视频"配套"任务单",方便通过智慧教育云平台开展自主学习,课中主要是"微项目"与"活动单",方便通过智慧教育云平台在课堂教学中组织学生开展合作对话式的交互学习活动,以及进行方便实时反馈的当堂练习,课后主要是"微诊断"与"练习单",方便通过智慧教育云平台进行练习的批阅与诊断,以及根据诊断情况跟进同类练习。二是依托智慧教育云平台开展层级开发,智慧教育云平台对教师开发的课程资源有分级审核发布的功能,有利于通过区域分级开发的方式建设智慧教育云平台上层级优选的区域研修资源库。大市区域研修中开发的优质资源(如区域名师共同体研修开发的优质引领课程资源)可以由大市教研员直接发布在平台推荐库中。通过区域竞赛的形式开发的优质系列教学资源,可以通过分级评审在智慧教育云平台上分层上传。跨区域网络对话研修的形式主要在智慧教育云平台上开展,通过对话研修开发的问题解决型教学资源可在智慧教育云平台上及时在主题研修平台发布,解决这类资源的时效性与主题性强的问题。

(3) 依托智慧教育云平台为区域研修创设高端研修平台

苏式区域研修是依托课题研究,利用课堂观察研究方法开展的学术型区域研修,目前课题研究与课堂观察也纳入智慧教育云平台的服务范围,使区域的学术研修更加高效便捷。智慧教育云平台背景下的课题研究可以有效梳理和统整大市区域的同类课题研究,方便开展同类课题的跨区域协作研究。通过智慧教育云平台围绕课题中的关键词,将全市教师的相关课题统合到市重点课题的研究中来,组成了区域范围的同类课题云上协作研究共同体,有效避免了区域内课题的重复研究,在合作研究中聚力解决相似的疑难问题,分工开展相关内容研究,使课题研究更加深入。智慧教育云平台超强的交互性有效打破了课堂分工观察导致的割裂状况,通过云上研讨,可以以云上对话的形式开展合作观察。平台也可以帮助听课教师及时统计观察量表记录的大数据,及时上传观察到的学生学习状态(活动、表达、作业、情绪、神态等)、教师教学过程、课堂的精彩生成等关键事件的照片和视频,大大提高课堂观察的效率,为课后的研讨及时提供数据支撑和实证依据,使观察分析研讨更加客观深入,有更强的说服力。

(4) 依托智慧教育云平台为区域研修搭建跨域研修桥梁

苏式区域研修是区际协作互补的容融研修。区际协作研修的最大障碍是区际的空间距离,阻隔了各区之间的常态化研修交流。而智慧教育云平台利于跨区域组合共同体,利于聚力打造区域研修特色。可以通过"网络研修群—课题共同体研修—市域主题研修"等基于云平台的主题研修方式进行区域研修的横向衔接。网络研修群是因同好某一教学领域而自发形成的专业研修QQ群,如一些青年教师对谷歌地球在地理教学运用方面的研究颇深,在大市教研员的沟通下,这些分散在苏州市各县区的青年才俊通过组建网络研修群进行常态联系,共同探索这一前沿领域,取得较好的发展。传统的课题共同体研修往往在县域范围组建与开展,在智慧教育云平台背景下,得以突破地域限制,在大市范围内组建不同层级的课题协作研究共同体。围绕大市主课题的大市范围主题研修往常一学期开展1~2次已很不容易,现在日常通过智慧教育云平台也可开展大市范围内的主题研讨,打破大市区域研修的空间障碍,形成苏式区域大研修的格局。

苏州历史文脉源远流长,教育发展环境得天独厚,如何充分利用苏州的发展优势打响苏州教育的品牌是个很有意义的命题,而创新苏式区域研修是重要的路径之一,苏式区域研修的创新刚刚起步,也仅做了初步的探索,许多方面有待实践的检验与论证,希望这第一步能够为苏式教育改革找到一条坦途。

二、区域内及跨地区的教科研协同创新方式与路径

协同,是指两个或两个以上的不同资源或主体,协同一致地完成某一任

务、实现目标的过程或能力。教育科学研究中的协同,不仅包括研究主体之间的协作,也包括不同学科之间、不同应用资源和科研平台之间、不同区域之间及系统(或区间)内部各元素之间的等全方位的协同。协同创新是一种合作和分享机制,即在协同的基础上,使各类创新资源有效汇聚,突破研究主体间的壁垒,充分释放彼此的创新活力,共同协助、相互补充、配合协作,实现教育研究的深度合作。

协同是基础,创新是目的,分享是收益。协同创新是履行新时代科研使命的方法论基础,是教育科研的应然和必然要求。教育改革发展中重大问题的解决、教育研究能力和水平的提升、各类研究主体存在的知识结构缺陷及教育研究成果的转化运用都需要大力推进协同创新。在一定的区域内,教育科研发展水平参差不齐。基层教育科研依然存在因循守旧、各自为政、闭门造车、粉饰浮夸、脱离实际的弊端;教学和科研失衡、研究主体倒挂、教学工作与课题研究"两张皮"的现象比较普遍。要解决诸如此类的问题,实现区域教育科研的均衡发展、可持续性发展,协同创新是关键的一环。

在区域教育科研的视野里,协同创新可以分为区域内协同及跨地区协同两种类型。从联系的紧密性和协同的程度来看,这两种协同创新又具有松散协同和紧密协同两种形式。紧密协同是根据一定的规制,为了完成共同的研究目标而建立起来的有形的研究共同体,是一种有组织、有章程、有共同约束的科研范式。但是,从当前教育科研协同创新的现状来看,在一定的区域内,还是以自发的、无形的松散协同为主。要真正发挥协同的合力,实现教育科研的创新和教育成果的分享,亟待各级教育主管部门发力,破解当下这种封闭、离散、低效的科研现状。

1. 确立区域内及跨地区教育科研协同创新意识

目前,教育科学研究的开展以研究主体的单兵作战为主,研究者普遍缺乏科研协同的意识。只有让研究主体明确协同创新的概念,意识到协同创新的意义和价值,深刻理会新时期教育科研整合的发展趋势和区域教科研整体改革背景和愿景,才有可能进入协同创新的角色并积极加以践行。

2. 完善区域内及跨地区教育科研协同创新机制

机制的创新是协同创新得以真正落地和实现的保证,也是协同创新能够长期持续发展的关键所在。首先,需要相关的教育行政部门和教育科研机构的统筹,建构教育科研协同创新的网络和协同创新的组织,引领、协调、监管、评估教育科研协同创新工作。其次,应当重视规章制度的建立和落实。俗话说,没有规矩,不成方圆。要实现教育科研的协同创新,一定要制定出一套适合区域教育科研特点的规章制度,使各项工作有章可循。制度的生命在于执行,制度的价值在于落实,只有强化制度的执行力,区域教育科研的整体改革才不会流于虚妄,协同创新才不会流于形式。

3. 打造区域内及跨地区教育科研协同创新团队

打造协同创新的科研团队是活动开展的前提。根据区域教育科研发展的现状和特点,可由上级业务部门或者行政管理力量牵头与推动组建不同类型的协同创新团队。如苏州市吴江区在实践中摸索和锻造出的三种团队模式:"自上而下"型团队、"自下而上"型团队和"纵横贯通"型团队。

"自上而下"型团队,如基层学校建立的教研组、科研中心组、学校主课题核心成员组,以及市(县)、区级层面的名师工作室等相对固定紧密型合作团队,以及如苏州市教科院每年度分学段举行的苏州教科协作会活动等宽泛型合作团队。

"自下而上"型团队,主要是基层学校或是一线教师,基于共同的科研兴趣与需求、科研发展目标与追求等,自发组建而成的团队。像"十三五"期间,苏州市吴江区松陵第一中学、苏州市吴江区金家坝中学等几所初中校,为了实现"资源共享、文化共建、教师共长"等目标,自发组建成了"学校发展共同体"。

"纵横贯通"型团队,属于复合型合作团队,兼具上述两种类型的团队特征,并且在参与成员、活动方式等方面更具灵活性、多样性,在科研辐射面、影响力、成效等方面也更具优势。例如,吴江区教科室于2018年起,根据各校(园)的行政区域位置、相互间联动的便捷性等特点,创建的15个教科研协作区。

区域内及跨地区协同创新团队开展的各项教育科研活动,让学校之间、学段之间、区域之间有了全新的互动对话、合作和探究,真正实现了教育科研协同、创新和分享的愿景,激发了区域教育科研的无穷活力。

4. 建设区域内及跨地区教育科研协同创新基地

教育科研基地,是上级教育行政部门或业务主管部门根据教育科研发展需要,按一定标准确立的承担特定任务的教育单位或学校。基地的建设要充分体现协同创新的需求,成为区域内及跨地区教育科研协同创新的孵化地。如苏州市吴江区在基地申报和建设的实践中,充分发挥了基地协同创新的示范引领作用,形成以教科研基地为抓手、精准扶持、错位发展的区域教科研方向,通过诊断、定位,构建了错位发展与协同发展的中小学教科研体系,促进了区域教育科研的均衡发展。

三、学校"科研与教学联盟"的组织建设与运行机制

学校"科研与教学联盟"是由有着共同发展愿景的多所学校,围绕共同的科研与教学发展目标结成的具有较强互补性的科研与教学联盟。其组织建设是这些学校与学校之间联合进行科研与教学活动的组织形式,以提高学校的科研与教学管理水平,改进学校的科研与教学品质为核心内容,以合作项目为有效载体,互动交流,资源共享,优势互补,互惠互利,提高联盟内整体科研水平和教学质量,以谋求各学校共同发展。学校"科研与教学联盟"的形式多种多样,在形成过程上,有学校自发组建,有行政推动建设;在内部结构上,有同质学校的互促,也有异质学校的互补;在组织管理上,有民间的学校松散聚合,也有教育集团式的紧密结合;在地域分布上,既有相邻近的学校结盟,也有跨区域的学校结对。

1. 学校"科研与教学联盟"组织建设基本原则

在学校"科研与教学联盟"的组织建设探索之路上,需要以符合科研与教学发展要求的指导性原则作为路标与指南,通过多年来的探索与实践,苏州市围绕学校"科研与教学联盟"组织建设提出了以下五个原则。

(1) 协同性原则:协同理念、协同决策、协同管理、协同评价

学校"科研与教学联盟"涉及两个乃至多个学校,这些学校处于一个联盟系统中,步调一致的协同运作十分重要,从理念认同到共同决策,从建章立制到组织运行,从过程管理到考核评价,都需要各个学校、各个部门,乃至各个班级与师生的协同配合。

(2) 联动性原则:分层联动、条块联动、学科联动、师生联动

学校"科研与教学联盟"内各学校之间主要通过联动来建立各个方面的联系,联动涉及各个层面、各个条线、各个领域、各个主体,加强这些方面的联

系,建立立体高效的联动机制,是盘活整个联盟内在活力的关键。

(3)共建性原则:分享交流、合作攻关、良性竞争、互相监督

学校"科研与教学联盟"的另一优势是易于聚力与借力,利用多方优势营造合作与竞争氛围。要利用这一优势在加强科研与教学合作建设基础上分享优质资源,通过项目管理进行合作攻关,在良性竞争中激发创造力与增长点,在互动调研中实现客观评价。

(4)差异性原则:研究差异、利用差异、扬长补短、特色发展

学校"科研与教学联盟"各校的差异是一种资源,在建设联盟的过程中要保护各学校文化的独特个性,即在教育理念、价值观一致的前提下,要保护各学校文化种类和层次的多样化,把握好文化融合与个性发展之间的度,防止过度融合导致集团文化同质,过于自主造成集团文化分裂。可以将集团内的差异作为资源来统筹,在和而不同的基础上催生内在创造力。

(5)自主性原则:立足校本、依托集团、主动谋划、主动发展

学校"科研与教学联盟"的一个重要理念是赋权,行政部门向联盟赋权,让联盟在自主的空间中开展科研与教学实验,在关键的地方有话语权,如部门设置与定位权、教师选聘与调配权、课程建设与教学评估权等,只有赋权给联盟,才能激发联盟内部的创造力与积极性,促进联盟更加主动地自主谋划与自主发展。

2. 学校"科研与教学联盟"的组织管理架构

(1)基于扁平管理的三层分级组织架构

学校"科研与教学联盟"在组织管理上体现分层联动的特点。学校"科研与教学联盟"比一般学校要增加联盟这一管理层级,要提效首先应重构扁平化的管理网络,减少管理层级,使联盟管理实现层级管理与网络管理的有机协调,从而缩短人际距离、降低管理成本、提高管理效率,这是联盟组织建设走向内涵发展,建设良好科研与教学生态的内在要求。在层级上,联盟内部最精简也要三层运作:联盟、学校、基层。不同的层级在联盟中应有明确的定位、系统建构,只有这样才能做到分合有序、收放自如。

(2)落实分层联动的三层联席会议制度

可以在学校之间组成三个层面的联席会议制度。联盟层面主要是统一基础与标准,协调均衡与重点。通过校长联席会议进行决策与部署,在形成

共同愿景的基础上共同规划、共同组织高层次学习、共同开展课题研究、共同组织校际交叉调研、共同师资培养、共同审议课程与考核评估等。学校层面重点在加强沟通与联动,突出特色与亮点。通过中层联席会议进行协同与统筹,各学校根据各自的实际情况,开展各具特色的日常自主管理,形成各自的科研与教学特色。年级与教研层面重点在落实常规与项目,实现合作与竞争。通过骨干联席会议组织具体项目设计与实施。

(3) 创新协同科研的三类"科研共同体"建设

随着省示范性县级教师发展中心的创建,四位一体的体制创新更需要协同融通的组织形式转型来保证其有序运作。可以通过建设教育联盟科研协作共同体、同类课题协作研究共同体、省市科研基地学校示范引领共同体等科研共同体的方式,构建高校与基地学校协同、政社协同、校际协同、学科协同、课题协同等多元化协同创新体系,形成上下联动、横纵贯通、内外合作的协同科研机制,发挥协作合力,实现科研资源共享和科研效果共赢,全面提升区域教育科研协同攻关能力。一是教育联盟科研协作共同体:通过分层联动的协作活动实现共建、共享、共赢,通过"问题化解、经验交流、合作示范、成果展示"等解决不同层次问题,激发协作活力。二是同类课题协作研究共同体:形成科研员主持和教研员协作的研究制度,教科研训员与学科研训员密切配合,根据需要聘请学科骨干担任指导专家,提高研究的针对性和学术性。以"基于问题定主题—围绕主题学理论—理论指导设计课—课堂观察研究课—基于共识形成果"的活动形式,聚焦教育教学主题,聚合集体智慧,促进同类课题研究资源共享,推动课题规范研究,厚实研究专业底色,激发课题研究活力,提高课题研究实效。三是省市科研基地学校:通过基地学校与薄弱学校一对一结对,深化基地学校示范和辐射作用,加大对农村学校、边远学校、科研薄弱学校的帮扶力度。利用科研骨干的人力资源,送研下乡,送研上门,普及科研知识,指导科研方法,努力改变区域内学校间科研水平参差不齐的现状。

3. 学校"科研与教学联盟"的创新运行机制

(1) 学校"科研与教学联盟"的城乡一体化运行机制

城乡一体化运行机制是由区域名校与农村学校之间组成的学校"科研与教学联盟"运行机制,通过一体化管理追求一样的教育质量,彰显不一样的办学特色。其一体化探索主要体现在五个方面。一是管理团队一体化。一位校长带领一个行政团队,建立双向互动的干部用人机制,共同商讨教育教学管理制度的重新建构,进一步优化管理效能。同时组建成不同行政班子,在不同校区各自展开工作,形成合作与竞争的良好的管理机制。二是文化建设一体化。联盟校有一个共同的文化主题,同时又有体现各自特色的子文化。在此基础上两校校本课程建设也各具特色,互通分享。三是教师发展一体化。通过建立联盟校合作的教师发展机制,整合学校资源,共谋教师发展大计,做到教师规划同一、导师同享、活动同行、培训同步。可以建立联盟教师发展中心,教师发展中心在联盟校校长室直接领导下,由联盟校教师发展处规划、设计和业务考评,具体负责组织、落实及业务指导等工作。四是日常研修一体化。开展常态化的跨校研修活动,联盟校际加强学科间的交流合作,每周每个教研组的教研活动基本实现联盟校联合同步开展,所有教师都要参与其中。可以借助录播教室进行课堂教学共享与异地互动研讨,经常开展"同课异构"等深度教研活动。五是学术引领一体化。通过共同邀请大学教授、特级名师、教研员、骨干教师等不同层次的专家与名师资源到校讲学和示范教学,为各个学校的改革发展、课程开发、教学评价、教师指导等方面提供专业指导与把脉,使之充分共享他们的学术指导与专业引领。定期开展联盟学校活动,共同开展课题研究,一起分享学术优质资源,同步组织参观考察,使联盟校教师的专业水平得到同步发展。

(2)学校"科研与教学联盟"的信息融通化运行机制

学校"科研与教学联盟"存在跨校、跨地域的问题,涉及两个及以上的学校的综合管理,情况比较复杂,需要形成几个学校之间融通联动的协同管理平台。一是协同联通的网络管理平台。通过建设网络管理平台,为联盟提供跨校管理的网络系统(如 OA 管理平台系统)。在联盟不同学校的校区间建立通联的网络管理平台,实现校际同步有效的信息联通与协同管理,校际的工作布置与汇报、公文审批与流转都可以通过公告栏、工作邮箱、工作流等网络管理平台,按照规范设置的网络操作步骤,规范及时地操作,有效破解不同校区间的公告实时共享、工作同步安排、课表整体协调等管理难题。二是多元互用的资源共享平台。苏州地区在数字化校园与教育信息化建设方面走在全国的前列,基本消除了城乡差别,甚至新建的农村学校好于城市学校,城乡差异主要体现在网络信息平台的内涵建设上,城乡教育信息不对称问题仍然存在。因此,联盟学校在建设好信息平台的基础上,更重视信息类型、栏目与内容等内涵建设。通过各校网页的文化建设、教育资源与教育论坛的主题架构、教育微博与师生博客的品牌打造等多层面立体同步发展,在实现相互之间的信息共通与资源分享的基础上进一步增强联盟学校建设的内在共生力。依托这些平台,优质教育信息在联盟成员校之间实现互通共享,实时进行互访联播,有效打破信息交流中的空间隔阂。三是远程互动的网络研修平台。传统的现场教学研讨空间距离成了不同校区教师共同参与研讨的主要问题,降低了所有相关教师参与教研的可能性。现在利用视频直播平台、维基备课平台等最新的信息技术开发网络教研平台,已经能够打破空间的限制,为相关教师共同参与跨校教研提供了可能。当前更重要的是研讨的形式、内容、组织、实施、成效评估、成果运用等内涵建设需要进一步跟进。可以依托远程网络研修平台,在联盟学校间建立校际视频直播平台,通过平台能够共享全国、全省与全市名师课堂讲座、集团骨干教师优质课堂,在主题研讨时,实现不同学校现场之间的互动交流。建立名师与骨干教师参与的研修网页,使一线教师与名师专家对话、骨干教师互动研讨成为现实。建立维基备课平台,在跨校集体备课时不同学校每个教师都可以在第一备课稿基础上进行修改、补充,逐步使公共备课最优化,并形成教师自己的个性化备课。同时创建网络论坛、QQ群组视频会议等平台开展日常的主题性研修活动。

(3)学校"科研与教学联盟"的项目合作化运行机制

项目化管理是缩短管理长度、降低管理成本的有效途径,从行政指令式的条线管理走向任务指向性的项目管理,可以实现从垂直管理向扁平管理、从管人向管事的转变。学校"科研与教学联盟"可以通过项目制的科研与教学管理机制,各级行政以项目负责人身份组建跨校项目团队进行主题型项目研究,独立完成方案、组织实施和撰写总结报告。校长不是事无巨细都管,而要抓住各个主题项目与具体任务,项目负责人及其绩效,使联盟学校教师能够围绕各个主题项目在竞争中交流,在合作中成长,既有通联合作的主题攻关点,又有自主竞争的探索过程线,具体体现在项目攻关上协力合作,在研讨过程中交流比拼,从保守竞争走向融通竞争,从资源竞争走向实力竞争,实现合作与竞争良性共存。一是项目推进优势互补的课程建设。课程建设的基本要求是规范要素与流程,难点是形成特色与品牌,学校"科研与教学联盟"可以通过课程研发中心建设,开展课程共建项目,利用差异资源,做到兼顾课程建设的规范与创新、整体与个性。一方面,合力打造共同课程,通过施行规范的课程开发建设机制,共同创新生成高质量的课程;另一方面,分享推广特色课程,可利用联盟内不同学校的地域差异、资源差异、文化差异、优势差异等差异资源,形成互补性强的差异课程,分享特色课程。这些课程在成员学校共建共用的同时,发展壮大,形成品牌。同时也可以利用区域差异的课程资源与基地,建设联动型的跨地域课程,使联盟内的城乡学校充分利用城乡文化资源与生活资源共同开发"跨地域文化游学课程""跨校城乡体验活动课程"等。二是项目推进主体互动的跨域联通研修。通过项目推进创新科研与教学研修机制,提高跨校研修的实效。基于不同活动的需要,联通研修的组织形式也有所不同,可以采用不同的研修项目进行差异化推进。经过前期的探索实验,形成了几种实用并具实效的跨域联通研修方式:基于课堂教学研究活动,多以"理论引领+教学观察+集中研讨+教师反思+后续指导"的科教融合项目推进;基于教育问题的研究,多以"问卷调查+主题研究+集中研讨+教师反思+后续指导"的课题研究项目推进;基于读书活动分享的活动,多以"文献研究+工作室交流+联盟展示+问题式集中研讨+读书心得评比"的学习型项目推进。"五环式"跨校主题研修是为推进联盟学校联动研修而"定制"的一种研修方式,通过"商定主题—文献共享—独立备课—共同研议—人人上课"五大环节,以及"抽签上课""主题评议""课堂观察"等方式进行主题式合作攻关、研究式良性竞争,在合作与竞争中激发了联盟学校各教研组的研修活力。

四、引领成效:教科研助力高品质示范高中建设

高品质示范高中建设是江苏省在高中教育星级评估的基础上,为了适应普通高中课程改革新要求,促进普通高中优质特色发展和提升办学品质,推动高中学生全面发展和健康成长而提出的一个重要的引领性发展项目。作为苏州的教科研部门,市教科院从学科指导走向专业支持,积极助力高品质示范高中建设,展现出"高""品""质"的苏州样态。

1. **整体谋划,科学调研,展现"高"的常态**

在苏州市高品质示范高中建设的过程中,市教科院的定位是为高品质高

中建设垫上一些技术含量高的"砖头",具体体现在高起点谋划、高标准调研和高规格实施上。

(1)高起点谋划

早在2015年召开的"推进教学改革行动计划暨深化普通高中教学改革"研讨会上,时任江苏省教育厅副厅长朱卫国就强调,"要不断深化教育教学改革,努力办高品质的高中"①。这不只是一次"吹风",更是行动的"号角"。为此,苏州市在2017年颁布的《教育综合改革重点推进事项实施方案》中的第一项改革就是"教科研机制体制改革",其目标任务是"通过开展教育数据分析研究、推进教育战略发展协作研究、加强与高校协同创新研究,构建现代教研体系,深入开展课堂教学有效性研究,完善职能,提高服务能力,推进课程体系建设,从而提高广大教师的学科专业素养,推动全市各级各类学校的特色发展、教学水平均衡发展和学业质量的高水平发展"。现在看来,这里的目标任务与《江苏省高品质示范高中评估实施办法》(苏教评〔2018〕6号)中的评估指标基本上不谋而合。当然,我们的服务对象是全市基础教育学校,不仅仅是塔尖上的"示范高中"。只有建设"高原",才能筑起"高峰"。因此,我们的高起点谋划,体现出全面性、系统性、整体性和基础性特点。

(2)高标准调研

"普通高中教育要为学生的终身发展奠定基础。实现这样的目标,需要建设一批高品质的普通高中,使之发挥引领、示范作用。"②这就意味着高品质高中的建设是高标准的,与之相应,必须先行高标准调研。为此,在建设初期,我们坚持问题导向,开展《建高原 攀高峰——全面提升苏州教育质量》的问卷调查,参与调研教师45061人,覆盖全市。通过调研,共梳理出"培养优秀生工作薄弱,导致'高峰'缺少必要基础;盯牢临界生工作不细,导致'高原'不能有效拓展;研究新高考工作不深,导致'高峰'缺少技术支撑;中考选拔性功能不足,导致'高原'先天营养不够;初高一体化衔接不紧,导致'高峰'形成通道不畅;教学常规性管理薄弱,导致'高原'缺乏必要支撑;部门功能性界定模糊,导致'高原'缺少统整力量;教师激励性导向不明,导致'高

---

① 朱卫国.努力办高品质的高中[J].江苏教育(中学教学),2016(3):6-10.
② 朱卫国.努力办高品质的高中[J].江苏教育(中学教学),2016(3):6-10.

峰'缺乏人才支持"等8个方面的问题,这些问题也是高品质示范高中评估细则中予以关注的问题。为破解这些现实问题,我们提出"关注'这一个',体现专业属性,呈现专业会诊样态;突出'研究味',找准引领方向,形成命题研究机制;占据'主阵地',回归教学原点,构建区域教学模式;凸显'常态性',强化精致管理,健全常规管理制度"的对策与举措。这些对策与举措,也是我们助力高品质示范高中建设的行动指南。因此,高标准调研,体现出现实性、导向性、针对性和行动性特点。

(3) 高规格实施

遵循高品质示范高中"以评促建,以评促强,以评促优"①的原则,我们采取"普遍选择,重点培养"的策略,以拔尖创新人才培养为实施突破口,于2019年成立了高规格的"苏州市拔尖创新人才教育培养联盟",联盟成员单位主要由各区域教研室(教师发展中心、教育发展中心)和在拔尖创新人才培养方面取得实效的40多所四星级高中(包括相衔接的部分实验初中、小学)组成,并制定了《苏州市拔尖创新人才教育培养联盟章程》(简称《章程》)。《章程》规定,联盟遵循各学段拔尖创新人才培养规律,以"创新、合作、实践、共赢"为宗旨,以学术研究、学段衔接为基础,以课程研制、课堂展示为抓手,以培养更多的具有社会责任感、创新精神和实践能力的拔尖创新人才为根本目标,充分发挥联盟各成员单位的优势,形成基于地级市范围的统分结合、项目推动、科学测评、课程带动的实践范式;构建起专职与兼职、内培与外聘、基础教育与高等教育及科研院所相结合的杰出创新人才培养的师资队伍。通过共建共享,让一部分学校"先富起来"。其中,江苏省苏州中学、江苏省梁丰高级中学为江苏省高品质示范高中首批建设立项学校(全省共20所),江苏省常熟中学、江苏省昆山中学为首批建设培育学校(全省共12所)。可以说,这里的高规格实施,体现出普遍性、全域性、重点性和发展性特点。

2. 德性引领,专业支持,呈现"品"的生态

《省教育厅关于高品质示范高中建设的意见》(苏教基〔2018〕12号,简称《意见》)明确指出,使高品质示范高中成为"落实立德树人、发展素质教育、

---

① 陆岳新. 开展高品质示范高中创建 引领基础教育高质量发展[J]. 江苏教育,2018(58):12 - 16.

创新育人模式、全面提高教育质量等方面的典范"。我们认为,落实立德树人离不开德性引领,也离不开专业支持。

(1) 锤炼专业支持品格

《说文解字》把"德"解释为"外得于人,内得于己"的品质。对教育而言,教师德性是基础,德性教学是目的。换句话说,有德性的教师才能进行德性教学,才能更有效地落实立德树人的根本任务。事实上,立德树人也是《江苏省高品质示范高中建设评估细则(试行)》10个一级指标中的第一项。叶澜等认为,"教师德性是指教师在教育过程中不断修养而形成的一种获得性的内在精神品质,它既是教师人格特质化的品德,也是教师教育实践性凝聚而成的品质"[①]。这里的"品质"包括知识体系、精神境界、教学气象和教育情怀及教育观、课堂观、学生观、教学观、知识观及其对教育的追求。而对作为教师的教师——教研员来说,素有"学科司令"的美称,不仅要求为人师表,更要做教师的表率;不仅要具备上述所提出的品质,更要具备专业支持的品格,才能有效指导高品质示范高中的建设。为此,我们以国家教育学2019年度立项的一般课题"指向立德树人的区域教科研整体改革的实践研究"为载体,分别研究从事到人的德性引领改革、从分到合的体制创新改革、从点到面的整体融合改革、从旧到新的资源整合改革、从经验性到科学性的机制优化改革、从同行到引领的功能深化改革等6个方面,全员参与,以此锤炼专业支持品格。另外,我们还实行"以评代训"的方式,每年度从专业态度、专业追求、专业知识及专业能力等4个素养维度,对教研员进行量化考核评价,考核结果进入个人业务档案。

(2) 引领文化建设品位

文化是一所学校的精神长相,是一个特定的符号。课程文化建设,是关乎"培养什么人、怎样培养人、为谁培养人"的"交通枢纽"与"前沿阵地"。显然,高品质的课程文化是高品质示范高中建设的应有之义。为引领和提升学校课程文化的建设品位,我们在对有关"课程文化建设"的文献学习和梳理的基础上,研制了《关于课程文化建设现状的调查问卷》。问卷分为两部分,即

---

① 叶澜,白益民,王枬,陶志琼.教师角色与教师发展新探[M].北京:教育科学出版社,2001:44.

背景了解和调研问题,前者包括被调查人的 4 个基本信息,后者包括制度文化、行为文化和精神文化等 15 个方面。在调查分析的基础上,提出了"制度文化建设需要从'他律'转向'自律'、行为文化建设需要从'把脉'转向'会诊'、精神文化建设需要从'有我'转向'无我'"①的课程文化建设方向。在此基础上,各学校结合自身发展和历史溯源,形成独特的课程文化。例如,苏州中学梳理提炼"千年府学、百十新学"办学文化内核,突出文化立意、教育创意、课程寓意的校园文化特点,形成高品位的"书院制课程文化"。江苏省梁丰高级中学以"品端成梁,学粹至丰"为高品质文化纲领,明确梁丰学子成长的核心素养:品德端方(德)、学养丰厚(智)、生命旺盛(体)、情趣高雅(美)、创新有力(劳),进而提炼形成"为国植贤,追求卓越"的学校精神文化。

(3) 树立学校发展品牌

"探索具有时代特征、中国特色、世界水平的高品质高中样式"是江苏省高品质示范高中建设的目标追求,这就要求高品质示范高中必须"树好牌子"。"树牌子"与"挂牌子"(为获得"生源竞争"②的优势)仅一字之差,但实质相差甚远。《意见》明确授予称号的要求,即"三年建设期结束后,省教育厅结合各年度考核、专家随访情况和必要的现场考察,并通过对在校师生及家长、同类学校、高校及用人单位等的综合调查,深入了解社会及同类学校的认可度与师生的满意度,形成项目学校创建成效的综合评估结果。评估结果'通过'的项目学校,省教育厅将授予'江苏省高品质示范高中'称号"。同时,"项目学校不搞终身制,实行每年专家随访考核,考核不合格的取消资格"。为了树好牌子,苏州中学将理念创新、内涵建设和特色发展作为重点建设任务,以此打造"有长度、有宽度、有高度、有温度"的学校品牌;江苏省梁丰高级中学重点打造学子精神成长工程、创新人才培养工程、智慧教育示范工程、协同育人共同体工程、生态治理优化工程五大工程,以此形成"梁丰精神"学校品牌;江苏省昆山中学结合江苏省普通高中"江南水乡文化"课程基地建设,重点打造"江南水乡文化特色学校",以此形成"传是"教育品牌。教研部门,则开展"点调研"形式的定期视导,通过精确的"视"呈现精准的"导",并

---

① 孙朝仁. 学校课程文化建设:现状、分析及其建议:基于 2507 份学生问卷、439 份教师问卷的调查分析[J]. 江苏教育研究,2020(C1):72 – 78.
② 邬志辉. 示范性高中评估应向何处去?[J]. 中小学管理,2005(4):5 – 8.

以此"护牌"。

3. 合理构建,回归常识,凸显"质"的形态

课程、教学与学习无疑是教育最为关注的,也是高品质示范高中建设所绕不开的。就拿课程与学习的中间桥梁的"教学"来说,"先进的教学理念,明显的学科优势,多样化的教学模式,高水平的教学设施,一流的教学质量,是'高品质'的应有之义"①。因此,帮助学校合理构建课程体系,指导教师回归教学基本常识,全面提升学生素质,就显得尤为重要。

(1) 课程建设彰显特质

课程是学校育人的载体,是学校的"工作枢纽",其质量决定着学校育人的质量,其特质决定着学校发展的特色。如果说,学校教育对人的发展起主导作用,那么这种主导作用首先要靠课程来体现。"建设优质课程体系"是高品质示范高中九大项建设要求之一,是"牵一发而动全身"的关键任务,需要一定的专业支持。为此,我们成立了"苏州市基础教育学业质量发展指导委员会"(简称"委员会"),成员由各学科教研员、学科骨干教师及高校的课程论、教学论专家组成,其工作职责除为直接提升全市教育教学质量出谋划策外,将"指导学校课程规划,为学校课程建设提供专业支持,帮助学校合理构建课程体系"作为委员会的重要职能。委员会下设若干研究组,定期进行针对性的专题研讨和具体指导,帮助各校构建了独具特色的课程体系。比如,苏州中学围绕学生核心素养和关键能力,打造了"书院制"系列课程群;江苏省梁丰高级中学建构了学术课程和文凭课程,形成了"品行、智能、生命、艺术、创新"五大横向集群式课程群及其纵向阶梯式课程结构;江苏省昆山中学建成了四位一体(国家、地方、校本、中外合作)的校本课程体系,构建了"培养目标多元、课程设置多元、学习方式多元、评价方法多元"的课程模式。

(2) 教学改革回到本质

高品质示范高中理应是全面提高质量的示范。要提高教学质量,关键在于课堂。"向课堂要质量"必须回归教学原点,回到常识,回到本质,突出底线思维,构建符合苏州实际的区域教学模式。为此,我们自2016年起就在全市范围开展了第一届"有效教学"研究,目前已经开展了两届。通过构建"苏式

① 彭钢.关于"高品质高中"的认识与理解[J].江苏教育,2018(58):17-18.

课堂教学模式",深入开展有效教学模式的构建研究。当然,构建模式而不能模式化,我们鼓励全市各学校立足自身实际,构建各具特色的学校课堂教学模式,并确立有效教学典型学校50所,进行带动、推广和辐射。我们也深知,高水平的教学改革离不开高素质的教师。"高素质教师队伍是支撑学校发展的第一要素,是建设高品质学校最重要的战略资源。"①作为"教师之家"的大市教科院,我们一直致力于卓越教师队伍的打造。首先,在高端人才建设层面上,我们对接"姑苏教育人才计划",承担青年拔尖人才、教育领军人才及教育名家的培养和管理任务;其次,在中端教师培养层面,我们通过学科带头人(分学科类和科研类)的遴选与培养,为卓越教师队伍建设"备足仓储";最后,在青年教师培训层面,我们采取"以赛代训",通过一年一度的"中小学教师专业素养竞赛",进行全学科全学段全员培训和打造。目前,苏州市立体化、阶梯式的教师培训和培养网络已经形成,无论是名特优教师的数量,还是质量,在全省都处于领先地位。

(3) 人才培养注重素质

"促进高中学生全面发展和健康成长"既是江苏省高品质示范高中建设的出发点,也是落脚点。"坚持为促进学生全面而有个性发展服务,为学生适应社会生活、接受高等教育和职业发展做准备,为学生的终身发展奠定基础"是《意见》中对高品质示范高中办学方向的定位。因此,创新人才培养方式,全面提升学生素质,是高品质示范高中建设的根本任务。为探索拔尖创新人才培养路径,2018年我们成功立项苏州教育改革和发展战略性与政策性课题"拔尖创新人才教育培养的区域研究与实践",率先研究拔尖创新人才的教育培养问题,关注"基于经验→基于证据"的方法路径,并以"凌云计划"课程实施为切入点,不断扩大优质教育资源、全面提高教育质量、培养杰出创新人才,在打造苏州教育的最强大脑、人才高地和教育智库上,硕果累累。2019年,苏州学子五科竞赛成绩亮眼,苏州的省队高中数,全省第一;省队学生数,全省地级市第一;入选国家集训队学生,全省并列第二……2020年,3名学生被清华大学、北京大学提前保送录取;RD阶段8所常青藤大学共发放了131张录取通知书给到中国籍学生,苏州学生就有18个。各高品质示范高中,都

---

① 皇甫立同.建设卓越的高素质教师队伍[J].江苏教育,2018(58):62-64.

在积极探索创新人才培养路径,特别是苏州中学开展的"中学与大学贯通培养拔尖创新人才项目"已经成为学校的优势与特色项目。

高品质示范高中的培育与建设,不是仅盯"塔尖"上的少数学校,而是在"高原上筑高峰"。教研部门的责任担当就是履行研究、指导和服务职能,为高品质示范高中的建设助力,提高立德树人质量。

第六节 从经验性到科学性的机制优化

当前,我国基础教育已经进入内涵式发展阶段,这种发展的主要表现如下:在模式上由外延转向内涵,在导向上由片面追求考试分数转向全面注重课程育人,在重点上由追求速度、数量转向注重效益、质量。换言之,全面提高教育质量,全面落实立德树人根本任务,是基础教育内涵发展的核心目标。

一、从经验到实证:苏州教研转型的实践与探索

一直以来,教学研究对我国基础教育的发展发挥着先导性和引领性的作用。为此,面对基础教育的发展转向,教学研究也应主动转型,主动适应新时期基础教育发展需求,更充分地发挥研究、指导、服务、引领的作用。《人民教育》在"教研转型"的专题刊的发刊词中指出:"教研转型,既需要顶层设计,也需要自下而上的主动探索与实践;需要各级教研系统和教研人员更新观念,找准转型的突破口和着力点,在教研内容、教研管理机制、教育工作机制和工作方式上发生改变,在传承中实现发展和创新。"可见,教研转型,是新时代基础教育内涵发展的需要,势在必行。

苏州市率先推进教研转型,从理念、方式、内容、工具、整体等五个方面进行了探索与实践,取得了显著的成效。特别是在教育内涵发展方面,已经呈现出城乡教育一体化、义务教育均衡化、国民教育优质化等特点。

1. **理念转型:以全面质量,引事实理念,主证教研依据**

为深入推进课程改革、落实立德树人根本任务,苏州市始终坚持以全面质量观为核心理念,用科研的方式做教研,用教研的思维做科研,引领教科研整体转型,全面提高教育质量。全面质量观,就是围绕"质量中心",调动教育

全要素参与到教研中来，共同促进学生全面发展的一种教研指导理念。主要体现在以下三个方面。

（1）从学科指导到课程育人

曾经，我们的教研工作主要以学科教学指导为主，着力于深入课堂进行问诊把脉，并研讨评课进而开出药方。这种教研理念，客观上保证了各学科教学的质量和水平，能够为广大教师提供切实、有效且针对性强的教学建议，广大教师亦可"依葫芦画瓢"，及时学以致用。但是，这种教研理念最大的缺陷在于，片面夸大了学科学习在学生发展中的作用，课程意识不强，最终难以提供具有系统性、结构性和教育性特点的发展环境。鉴于此，苏州市教育科学研究院于2014年成立课程研究中心，着力研究课程设计的原理与实施，以整体意义上的课程观念统领分科意义上的学科指导，帮助教研员树立课程意识，掌握课程设计的基本方法，对上衔接顶层设计，对下衔接课堂教学，始终做到在课程标准框架内开展学科教研，全面发挥课程育人的价值与作用。

（2）从分数指向到素质取向

千方百计提高学生考试分数，一直以来都是学科（特别是中考、高考学科）教师和教研员追求的共同目标，也是各级教育绩效考核的重要指标。但是，由此也直接导致高分低能、创造力不强、操作能力弱、人格发展不健全等现象的产生。因此，苏州市教科院在教研理念上倡导从分数指向转到素质取向，以学生的核心素养发展为教研的根本目标，引导广大教师在教学中注重开发学生的多元智能，既要重视智育，也要重视德、体、美等方面的教育，真正把全面质量转变为每一位学生的全面发展和健康成长。

（3）从经验之源到科学之法

一段时间，经验在教学中处于重要地位。许多教研员依据其多年积累的丰富的教学经验，常能一针见血地指出某堂课的优点或不足，也能入木三分地揭示某个问题的原因或症结所在。许多教师都由衷地钦佩教研员的睿智与高见，想学以致用，却无"门"可入。虚心讨教时，却发现有时候教研员也不知何以如此睿智。在教研工作中，我们也常发现这样一种现象，即每当一位教研员退休后，新任教研员常难以延续该学科的教研风格，且原有的一些特色活动也常失去往日的魅力。究其原因，在于过去的教研过度依赖于教研员的个体经验，过度依赖经验基础上的顿悟与智慧。经验的历时性、情境性和局限性在根本上限制了经验的有效适用范围。在日新月异的变动时代,似乎只有"变动"是唯一不变的。这样一来,源于经验的教研越来越显示出其先天性的不足。

因此,弥补经验之不足、倡导运用科学方法、探索教研标准就成为我们教研理念转型的基本方向。科学,不以主观意志为转移,而以探究客观规律为根本要务。以科学的理念、科学的方法开展教研,就是要探索教研的客观规律,让教研有规可循、有法可依、有据可查,全面提高教研的有效性、针对性和持续性,以保障教研活动的规范化、标准化和现代化,实现苏州市教研从"基于经验的教研"向"基于事实和数据的教研"的根本性转变。

2. 方式转型：以系统调研,探真实现状,明证教研基础

"没有调查没有发言权。"没有全面系统的调查,所发之言也经不起检验和推敲。只有经过调查,摸清现状,厘清问题,才能有的放矢,达成预期效果。苏州市倡导的教研方式转型,就是从系统调查开始的。

(1) 从诉诸经验到系统调查

过去,我们的教研计划、活动安排等总是基于教研员对学科的经验性把握而设定的,计划的合理性如何、活动的实效性如何,要等具体实施、接受实践检验后才会发现。若有效则继续保持,若低效则要么取消,要么大幅调整后再实践。这种缺少足够依据、基于对现状模糊认知的教研活动,让我们走了不少弯路。尽管也积累了一些成功经验,但付出的代价也不小。因此,我们决定改变这一状况,在全面质量观指导下,展开全面调查研究,系统摸清教情、学情、材情,让教研计划更切合教学实际,更聚焦真实问题,让各项教研活动的安排更有针对性、实效性和科学性。截至目前,我们已经形成并正在实施的调查方式主要有：期初快速调研(学期初的一个月内,对所有学科所有学校进行一次"全覆盖"式的初步调研)、点调研(教研员对若干个学校开展蹲点调研,一般为期一个学期)、专题调研(根据重大课题研究需要或区域教育发展热点问题,对部分学校开展主题式专项调研)、常规调研(每周二、三,按计划对区域内所有学校开展调研)等。全面系统的调研,让我们每个学期都能够对每个学校至少调研2次,且每次调研都形成调研报告,既向校领导、校教研组反馈,也积累并汇总到市教科院的学科教研信息库。从某种意义上来说,这就保证了市教科院的教研员始终能够准确把握教研现状,为教研活动

设计提供依据。

（2）从简单统计到数据分析

在调研数据的处理方面,我们也一改过去简单统计(如算百分比、简单相加比高低等)的方式,而是借助专业的统计软件(如 SPSS 等),对定量型数据进行统计和分析。通过进行相关分析、回归分析、T 检验、F 检验等途径,分析调研数据背后所隐藏的深层次的信息。对于通过问卷或访谈而获得的描述性信息,我们则采用质性研究方法进行归纳梳理、分类汇总。通过对特殊事件进行编码、聚类分析(必要时借助 Nvivo 等软件进行处理),揭示这些信息所携带的真实价值与意义。例如,我们于 2014 年对全市教育科研课题立项价值与研究质量进行了专项研究,对自 2009 年以来立项的 2477 项市级及市级以上课题的立项价值与研究质量进行了定量和定性分析,并图文并茂地呈现了研究结果。在此基础上,提出相应的政策建议。

当前,我们正着力优化网络教研平台,以大数据为支撑,实时呈现对于教学现实状态的调研信息,以保障后续各项教研活动的针对性、精准性和有效性。

（3）从线性分析到多方互证

面对复杂的教育教学现象,单凭一种调研方法难以获得切实可靠的信息,毕竟任何调研方法都会存在一些误差。对此,我们倡导教研员们在开展调研过程中,注意从线性分析向多方互证转化,即由过去基于经验的、单一的、惯用的调研方式,转到针对问题的多种方法、多条路径的同时或历时调研,以期获得殊途同归的效果。若多方调研结果一致,那么我们就可以认定这个结果是有效的、可信的;若不一致则需分析原因或重新调研。多方互证的思路,让我们获得了许多真实可靠的基础性信息,为教研工作的顺利开展提供了重要的依据和支撑。近年来,我们建立了多种教研方式,如直属学校校本教研、连片教研、联盟教研等,多种教研方式面对共同的教学实践,指向共同的教研目标,发挥了明显的优势互补和多方互证的作用。

3. 内容转型：以课程统整,作充实内容,举证教研主体

广义的课程,就是学生在学校所接受到的所有教育影响的总和,大课程构成了学生的教育环境。我们的教研内容转型,就是要超越学科内容、着眼课程统整,将课程作为教研内容的主体,发挥课程育人的价值,促进学生的全

面发展。正如教育部基础教育课程教材发展中心刘月霞副主任所说,教研转型要"从过去着重研究课堂转向研究教育教学全要素,强化课程意识和评价意识"。①

(1) 从分科指导到课程统整

在教研内容上,过去我们常以学科教学内容为主,较少关注学科之外的内容(如社团活动、拓展课程、学校文化等)。事实上,人的发展是整体性的,是综合素质的全面累积,片面的教学或教研必然带来学生发展的不平衡。因此,我们倡导在教研内容上,要有意识地进行课程统整,超越学科限制,强化课程意识,研究教育教学全要素。具体来说,一是从课程高度进行顶层设计,谋划具体学科的教研活动;二是从学生成长的角度,分析其整个教育环境;三是增强教研员的跨学科教研视野,并借鉴相关学科的有效经验,最终使得教研内容呈现学科多样且有机联系的课程整体,为学生营造一种健康全面的教育环境;四是将偏重考试研究的学科中心转型为基于课程研究的课改基地,着重研究课程如何更好地服务于学生核心素养的培育,如何更好地服务于全面提高教育质量,如何更好地提升各学科的课程创新水平;五是扎实推进服务于升学考试的单一的课程体系向服务于育人的多元化、开放式的课程体系转变,关注课程的多样性、前瞻性建设;六是着力开展关于课程体系建设、学科选修课程建设、课堂教学方式变革、学生综合素质评价等方面的研究;七是把柔性的人才培养与校本课程建设有机结合在一起,丰富学校的课程体系,提高全面育人的品质。

(2) 从"教"研为主到"教""学"并重

一直以来,我们总是经验性地认为,教研工作的中心就是围绕"教"进行的研究,主要是教学研究、教师研究和教材研究,这大概是关于教研的基本常识。似乎只要"教"得好,学生必然"学"得好,以至于出现了一句"没有教不好的学生,只有不会教的老师"口号。我们都清楚,这句口号存在一定的片面性。那么,我们有没有反思过,为什么会出现这样的口号?究其原因,与我们过分注重教的导向是分不开的。若教研员的视野中缺失了"学",我们的课堂上又会给学生留下多少带得走的东西呢?因此,在教育转型的大背景下,

---

① 刘月霞.中国教研的价值与使命[J].基础教育课程,2017(5):1.

我们倡导教研员要"教""学"并重,在不降低"教研"质量的前提下,着力提高"学研"质量,让学情分析、学生发展状况报告、学习效能检测、学业成就的全面解析等成为教研工作"新宠儿",让我们的教研切实做到"教""学"两条腿走路。我们相信,当大量的"学研"内容补充进来后,教研质量和效益必将大幅提升。

(3) 从现实载体到虚实互通

在当前的信息社会中,仅仅依靠传统的纸质媒介组织教学,已远远不够。过去我们所习惯的"一本书、一支笔"式的课堂已不复存在,我们所习惯的经验性的教研指导也就难以满足教师们的需求了。因此,在"互联网+"背景下,我们倡导教研转型,要在内容上从现实载体(主要是教材)转向构建现实与虚拟互通的教研资源库,即充分发挥云平台、APP、三维、四维、物联网等新技术的功能,建立符合课程标准要求、配合教学进度、切合教材特点的教研资源库,让广大教师都能够在资源库中找到真正适合自己的学习材料。同时,也可以分享优质资源、优化教研方式、提高教研质量。例如,我们已经建成的网上教研平台,集名师、资源、交流于一体,既有名师讲堂,也有教研员点评,还可以进行在线交流与研讨,更有海量的资源供老师们下载使用。

4. 工具转型:以监测技术,析切实状态,匡正教研方向

技术介入教育的过程分三个阶段:一是嵌入式阶段(技术的运用比较明显,但有时也比较牵强);二是融合式阶段(又分为初步融合和深度融合两个过程,技术的优势逐渐凸显,能够为教学提供越来越多的便利,教学成效显著);三是一体化阶段(技术与教学已融为一体,互相依存,教学方式进入了新常态)。对照一下,当前我们正处在第二阶段,限于技术自身的问题及其与教学的适配性问题,技术与教学的融合效果还尚不理想。但融合是大势所趋,如何因应趋势,着力加速进程,就是全体教师特别是我们教研员要解决的现实问题。市教科院在推进教研工具转型过程中,充分发挥信息技术的优势,全面开展教育质量监测,全程开展教育评价与监控,切实保障教研工作沿着正确的方向发展。

(1) 从经验判断到样本抽测

2014年,苏州市成立了教育质量监测中心,负责全市中小学教育质量监测与评价工作。这为我们从经验型教研转向实证型教研,提供了不可替代的

数据和信息来源。弥补经验之不足，主要有两个途径：一是实地调查，二是对样本进行监测和评价。前者可以形成横向的、剖面式的调研报告，后者则可以形成纵向的、一体式的数据链。据此，我们可以清晰地看到问题的发展脉络，这为我们教研工作的持续性发展奠定了重要的基础。例如，2015年，我们与北京师范大学中国基础教育质量监测协同创新中心合作，启动开展了苏州市义务教育学业质量监测工作，于每年9月中旬，对七、八、九三个学段进行抽样监测，了解三个学段学生学业质量的发展状况，分析相应的教研工作对学业质量的影响，以期评估教研活动的科学性和实效性。

（2）从样本抽测到全面覆盖

样本抽测，一是简便易行，不需处理大量的数据；二是便于检验测试工具，毕竟这项工作刚启动不久，其测试工具的信度和效度都需实践检验。待这些监测工具经检验并修改成熟后，即可开展全面覆盖式监测。目前，我们拟定的《2018—2020三年行动计划》，着力构建覆盖全市基础教育所有学校所有学段的学业质量监测体系，并运用大数据、云平台等技术，形成教育监测平台和教研成效反馈信息平台，让我们的教研既有海量的大数据支撑、全面完整的监测数据跟踪，也有便捷高效的教研成效评估与反馈的信息系统，真正形成基于事实和证据的新型教研。

（3）从重结果评价到重全程监控

监测是对教育过程进行的常规测试与实时跟踪，是一种过程性评价。而过去我们的教研则主要关注结果评价，即学生的考试成绩。学业成绩作为一种结果性评价，固然代表着一定时期的教育质量和教研成效，但也代表着一定时期的结束，所发现的问题已难以弥补，只能在新时期的教研工作中加以调整和注意。这种方式不利于教研工作获得必要的反馈进而做出及时的调整。因此，我们在教研评价转型方面，倡导从重结果评价转到重全程监控，将结果性评价作为全程监控的最后一个环节。充分借助监测工具以及信息采集、汇总和反馈，将基本信息、调研报告、监测数据、评价报告、学业成绩等数据汇总到网络教研平台，作为教研计划和活动安排的重要参考和依据。

5. 整体转型：以网络平台，探扎实路径，验证教研成效

从经验到实证的教研转型之路，离不开信息技术的鼎力支撑。在"互联网＋教育"的宏观大背景下，只有充分借助先进的信息技术，创建大数据库、

构建大资源库、搭建大平台库,才能从根本上实现区域教研的整体转型。苏州市正在着力建设的线上教育资源平台就是一个有益的尝试和探索。

(1)创建大数据库,积累基本教研信息

我们的大数据主要包括学校基本信息、学科教研信息、教研活动计划、调研报告、监测数据、学生学业成绩汇总与分析等,主要目的是积累数据和信息,开发覆盖全市的网络同步教研系统,辅之以研讨交流和优质资源共建共享机制,还要开发全通教学质量监测平台,实现全市各类调研数据传输全自动,为苏州市教研工作提供基础数据支撑。

(2)构建大资源库,储备海量教研素材

我们的大资源库主要包括各学科教研材料、与教材配套的多媒体材料、各种调研或重大活动的影像资料、名师公开课视频、专题讲座等,让每位教研员都能够从资源库中找到所需的素材,同时每位教研员也都可以将有价值的材料送入库中,供教师参考和借鉴。

(3)搭建大平台库,助力教师专业成长

我们的大平台库主要是借助教研工作搭建各种专业发展平台,帮助教师提升教学技能、更新教育观念,让每一位教师都能够在参与教研活动中感受到切切实实的帮助和教益。教研转型的成功与否,在根本上取决于广大教师专业素养的提升程度。近年来,市教科院持续组织的名师讲堂、课程改革展示活动、大市公开课、同课异构、学科带头人课堂展示与答辩、教师发展专项培训、暑期集中研修、系列教学研究共同体等活动,促进了一大批教师的专业成长,为苏州教师队伍素质的整体提升做出了突出的贡献。同时,多样化的教师专业发展平台,也激励着全体教研员不断提升自身业务能力和学术能力,接下来我们将与高校、科研院所等联系,建立协同攻关机制,灵活使用柔性人才计划,全方位多渠道提升苏州市教研员队伍的专业化水平。

教研转型,教育发展之大势所趋,任重而道远,需要全体教研工作者、各级教研部门通力合作、众志成城。正如田慧生所说,"教研工作绝不仅仅是帮教师备好课,也绝不仅仅是对课堂教学的细节问题做一些技术性指导和探讨,而是要建立"大教研"的概念,以更加开阔的视野和更加开放的心态,积极汲取科研的长处,把与国家教育发展战略需求相关的教育教学工作纳入自己的研究范畴,并结合教育教学实际展开深入的、有针对性的实践研究,为国家教育政策和方针的落实提供实践性智慧和策略"①。诚然,我们一直努力推进的从经验到实证的教研转型之路,与此不谋而合,最终也就是要建立"大教研"的概念。

二、教师教育科研工作的评价激励机制

教育科研是促进教师专业成长、提升教师教育教学水平的重要路径。为进一步激发教师从事教育科研的积极性,鼓励广大教师走上教育科研之路,进而推动学校教育科研向纵深发展,有必要加强对教师教育科研工作进行科学评价,建立合理、长效、适合时代要求的评价激励机制。

对教师教育科研工作进行科学评价,是教育科研管理的重要内容,它直接关系到研究计划的实施和研究过程的规范,直接影响着科研成果的推广和应用。对教师个人而言,科学的评价不仅能唤醒教师潜在的科研意识,促使教师自觉地评判自己的科研行为,而且还能引导教师教育科研的方向,完善研究方法,树立以科研的方式研究解决问题的意识。从功利的角度看,教育科研评价也给教师个人带来了学术声誉,给教师晋职晋级提供现实的依据。

1. 教科研评价和激励的误区

实践证明,学校教育科研评价激励机制是否科学、合理和可行,对于促进教育的发展具有不可小觑的作用。然而,长期以来,受传统标准化评价范式的影响,对教师教育科研工作的评价仅仅注重等级的甄别,忽视了评价的诊断、激励和发展的功能及其价值,在新时期教育科研整合发展和区域教科研整体改革的背景下,对教师教育科研工作的评价和激励仍然存在一些误区,主要表现在以下五个方面。

一是标准固化。作为评价对象的教师具有不同的学历背景、知识体系、研究专长和学术能力;他们面对的学生、接触的教育现象、从事的具体工作也千差万别,教师进行教育科研的动机、研究的方向和方法及最终呈现的科研成果也必然有所不同。因此,用"千人一面"的统一标准"一刀切",不仅不能对教师个性化的劳动进行有效评价,还会造成评价结论不全面、不准确。

二是以偏概全。现在对教师教育科研工作的评价关注更多的是教师研

---

① 田慧生.向"大教研"转型[J].人民教育,2016(20):14-19.

究的显性成果,尤其是以论文发表的数量和课题立项的等级作为重要指标,存在以偏概全的现象,对于教师的内隐性特质与价值性成果等关注不够。这种以偏概全的评价方式,导致了一些教师为科研而科研,为论文而论文,闭门造车,使教育教学实践与理论研究完全疏离。

三是主体单一。当前,对教师的教育科研工作的评价主要是教育行政部门、教育科研机构和学校教科研组织等,其目的在于甄别优劣,分出等级。评价主体的单一很难全面评价教师教育科研工作的实绩,教师也因此失去了自我反思和使隐性知识显性化的机会。

四是淡化过程。教育科研评价不应仅仅是一个终端评价,而应是对教育科研的全程评价。在对教师教育科研的评价过程中,不但应对教育科研成果的价值进行认定,也需要对教师在研究过程中的主体地位、参与意识、思维发展、科研能力等予以关注。全程评价对教师确立研究方向,树立研究解决问题的意识,具有重要的意义。现行评价更多关注静态的标准和显性的成绩,如论文、专著、课题、获奖项目等。评价方式无法关注到教师过程性、动态性及创新性的隐性教育成果,自然很难涵盖教师鲜活多样的教育实践。

五是功能缺位。现行评价大多是评出分数、划分等级,以量化的数据、具体的等级得出评价的结论。这种评价只着重于评价对象的过去,不注重其未来的发展;这种评价面向的是少数参评者,忽视了那些参与了科研而未能参评的教师;这种评价可能导致教师对获奖情况的关心,而忽视了对科研本身的关注,面对枯燥的数据与简单的等级结论,教师缺少开启深刻反思和主动改进的动力。

2. 教科研评价和激励机制

教育科研评价的对象是教师及教师的教育科研活动,科学有效的评价激励机制应关注评价对象及教育科研自身的特点,并能够促进学校教育科研工作整体优化和协调发展。具体做到以下三点。

一是评价主体多元化。从学校层面看,应建立以学校内部评价为主的多个评价主体的评价方式。对教师的教育科研工作的评价主要有"教师自评、学校评价、团队评价、同行评价、学生评价以及教育行政部门和业务主管部门的评价"等,可由学校教科研部门牵头,根据教育科研工作考核标准,依据具体校情,针对不同学科、不同层面的教师,制定促进教育发展的、综合性的、切实可行的评价方案,做到"一校一案"或"一校多案"。

二是评价方法多样化。注重自我评价,即通过自主评价、自我反思,将教育科研工作评价显性化,进而提高教师工作的主动性和积极性;加强团队评价,即将教师教育科研工作放置在一定的群体(教研团队或学习、研究共同体)之中,发挥群体在评价中的作用,增进教师间的交流,推动教育科研工作的整体提升;强化过程评价,即关注教师教育科研的动态发展的过程,以内部评价为主,建立过程评价机制,使教育科研工作评价常态化。

三是评价结果多维化。在评价主体多元化、评价方法多样化的基础上,对科研工作评价的结果也必然呈现出多种形态。量化的分数与评定的等级依然是教育科研评价中最主要的结果,但绝不能把分数和等级作为评价的唯一标准。现代教育评价理论更注重发展性的结果,以论文、著作等为核心的评价标准已开始出现转向,偏重课题完成的过程性、课题完成过程的协作性,以及研究成果的实用性。我们既要关注教师完成教育科研工作任务的情况,所获得的奖励,发表的论文、论著、课题研究成果及指导学生活动等显性成果;也要关注教师从事教育科研工作的过程实绩与隐性成果。

科学有效的评价激励机制,应最大限度地调动教师立德树人的积极性,激发教师从事教育工作的热情。审视教师教育科研工作评价激励机制,有助于深化对教师评价的认识,优化教师评价的实践效果,激励更多教师以研究的精神、科学的态度、创造的思维投入工作,从而使学校教育焕发出更加蓬勃的生命活力。

三、教育科研成果的推广与辐射机制

教育科研成果大致可分为理论性研究成果和应用性研究成果两种类型。这两种类型研究成果的表现形式是不同的。对于理论性研究来说,主要是学术论文或学术专著;对于应用性研究来说,主要是研究报告、论文、经验总结等。教育科研源于教育教学实际,它要求教育者在教育教学实践中发现问题、研究问题,在研究的过程中探索教育规律、提升教育理论,同时把这些规律和理论科学地运用于教育实践之中,以发挥其更大的作用。如果说教育科研是新时代中小学教育改革和发展的第一推动力,那么,教育科研成果的推广应用是实现第一推动力的关键环节,是教育科研的"最后一公里"。

教育教学研究取得了有价值的成果,如果束之高阁,它的价值就不能显示出来。在目前教育科学研究中,"重研究,轻推广"的问题十分突出,这直接影响着科研成果的实际效益。如何打通教育科研的"最后一公里",让教育科研成果真正转化为现实的教育生产力?创新教育科研成果推广和辐射的内容和方式,构建教育科研成果推广和应用的机制,发挥科研成果的辐射功能,形成一个具有可操作性、可持续性的中小学教育科研成果推广应用模式是当务之急。

1. 跨区域合作联动机制

区域间的合作联动是时代发展的必然选择,跨区域科研也是教育科研发展到一定程度的必然产物。跨区域合作联动突破了辖区限制,跨越了学科界限,实现了资源共享、以点带面、优势互补,可以让优秀教育教学成果走得更远,产生更大的影响力,发挥更大的效益。跨区域合作联动,必须先建设信息沟通的桥梁,发掘有相似研究基础或相同研究旨趣的单位或个人进行联动,从而彰显成果的辐射功能。这种联动可以是教育行政部门主导的,借助行政力量,有计划、有组织开展的活动,如市教科院每年会分中、小、幼学段分别举行苏州教育科研协作会议,每次都有鲜明的活动主题,推介、展示优秀科研成果;也可以是民间学术团体活动或新闻媒体、教育期刊、学术著作的传播活动,特别是一些教育期刊,它们通过策划专栏、专辑方式进行跨区域推介和研讨,为优秀科研成果的传播、推广搭建平台,加快科研成果的转化和应用。

2. 区域内统筹规划机制

成果推广是区域及学校教改的推动力之一,但成果转化仅靠研究者自身是远远不够的,需要科研管理部门搭建平台、疏通渠道。在区域内,教育科研管理部门要发挥区域教科研的示范引领作用,对学校自主申报的成果进行合理统筹,为有价值的优秀成果提供展示平台;根据学校或个人的需求,积极主动地统筹各方力量,遴选优秀成果,为学校和个人确定推广项目、推广范围、研制拟推广的内容和形式,将科研成果的推广与区域教科研活动相结合,引导教师理解、内化拟推广成果的内涵,并有效地应用于教育教学的实践。区域教育科研管理部门要结合成果推广的现状和目标,制定相关考核条例,将成果以教学活动或科研活动的形式落实到日常学校教育教学管理中,并进行常态跟踪、效能评估、考评奖励。

3. 学校和个人"微推广"机制

一线教师研究的着眼点主要关注于教育教学细节,其研究内容是教育教学实践中碰到的真问题、实问题、小问题,研究的周期短,见效较快。人们习惯于把教师的这种研究称为"微研究"或"微课题研究",其基本理念是"问题即课题、对策即研究、收获即成果"。根据微研究的理念及微研究成果的特点,学校和个人可以推行更为灵活、自主、常态的成果"微推广"机制,因地制宜,因时制宜;在形式上既可以采用直接推广、间接推广的形式,也可以采用将两者相结合的形式。如苏州市吴江区南麻中学开展的教育科研一条龙"微推广"活动要求:每一个承担个人课题的教师,每学期必须有一个"微讲座"、一节"微课展示"、一个"微研究"心得分享;学校教科室配合教师的研究,为每位研究者每学年举行一次课题研究的"微研讨",召开一次研究成果的微"发布会"和微"答辩会"。通过任务驱动,在草根式的"微推广"中人人都是展示推广的主人,人人都能充分地交流分享。

4. 具体的运行操作机制

把研究成果与实际运用沟通,需要有一个中间的桥梁,它就是把知识转化为技术,该技术就是成果的操作方法,只有明确的操作才能保证推广的顺利进行。按照教育科研教育发生发展的时间轴,我们可以绘制出教育科研成果推广路线图(图3-9)。

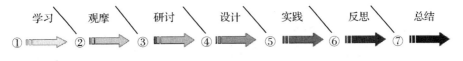

图3-9 教育科研成果推广路线图

推广的过程可以分为三个阶段、七个步骤。第一阶段主要是理解和内化,即通过学习、观摩和研讨等方式充分地理解课题成果的内涵,对研究成果的基本理论有一个自觉的认识,为推广活动打下基础。第二阶段是推广和应用,即根据上一阶段对成果的理解,结合自己的工作实际,设计出成果推广方案和实践路径,根据方案可开展推广活动。第三阶段是反思和总结。反思、总结实施的经验与教训,梳理相关经验与成绩,撰写成果推广报告。

5. 推广及应用的评估机制

对成果推广及应用的评估既是成果推广的基本导向,也是成果推广活动重要的一环。为了保障教育科研成果推广过程的真实和有效,首先要研制出科学、精准的评估指标框架,细化和完善评价标准与方法;其次要采用多主体交叉互评的方式,遵循过程性评价和结果性评价相结合的原则;最后要对成果应用的效果评估,不仅要从推广者的角度对推广的目标、内容和形式进行评价,更要从成果应用者的角度,依据学生、教师和学校发展的层面进行评估。

第四章

立德树人视域下教科研整体改革的关键要素

《教育部关于加强和改进新时代基础教育教研工作的意见》和《教育部关于加强新时代教育科学研究工作的意见》,对新时代的教研和科研工作提出了明确而具体的要求,为教研与科研相互融合发展提供了政策导向。

2019年苏州教育系统立足新时代教育发展的需要和教科研变革要求,提出了区域教科研整体改革的主张和实践探索。整体改革,就是要突出改革的整体性、系统性和协调性,解决教研和科研分离,以及研究力量分散、研究主题变动大、研究过程波动、研究方法单一、研究成果琐碎等一系列问题。从教育科研的全要素出发,系统设计,统筹协调,发挥整体最大效应,攻克区域关键难题,以教师专业的整体发展,引领教育整体发展。

在实践探索中,苏州教育人和教育科研人,紧紧抓住教科研的模式、路径、队伍、文化等科研关键要素,坚持守正和创新,整体调整和变革,形成了具有区域特色的教科研整体改革的苏州范式和基本经验,即教科研模式凸显"关联+嵌入",教科研路径体现"共享+发展",教科研队伍彰显"服务+引领"优势,教科研文化沉淀为"反思+自觉"特色。

第一节 "关联+嵌入"的教科研模式

"十四五"期间,社会转型和教育改革均进入以高质量促内涵发展重要战略时期,从抓规模、数量向抓质量、内涵转变这一重要历史阶段,作为实现教育现代化治理进程、现代化发展的主要手段和途径,教育科研无疑也在直面新时代、新机遇、新挑战的征程中,迫切需要承担起新的使命义务,架构出新的体系模式,开拓出新的思路策略,进一步实现从边缘到支撑、从被动到主动、从局部到全面、从跟从到引领、从经验取向到科学实验取向的价值转型。

一、什么是"关联+嵌入"

关联理论是20世纪80年代在语言哲学领域兴起的关于语言交际的解释理论,该理论把交际看作一个示意-推理的过程,强调互动方的关联性越强,就越能实现对彼此交际意图的认知。嵌入性概念最早由经济史学家卡尔·波兰尼(Karl Poiany)提出,常被用来描述两个事物(包括社会结构、观念要素)相互衔接与互动的构成,或是一种长期存在的状态,而人被看作嵌入于持续运转的具体社会关系之中的行动者。"关联+嵌入"无疑是从交互的角度,对两大理论进行有效的再开发、再统整、再迁移、再融合,以期为教育科研工作的形式建构、内涵发展提供一个更为完整、更为新颖的研究视角。

苏州"关联+嵌入"的教科研模式针对教研和科研割裂的现状,将教研与科研有机融合。这是教研与科研整体改革的一种系统思维方式,也是教研与科研双向融通的一种整体运行模式。它不仅追求教育教学现象所呈现出来的事理,还追求隐藏于教育教学现象背后的学理认知图式。其根本要义包括是什么、为什么、怎么做、怎么样四个维度的勾连和全面对接、全面配合、互为促进,以及各教科研系统组织架构的紧密融合。

"关联+嵌入"的教科研模式的提出基于教育根本任务的有效落实,从教研与科研功能的优化发挥和区域教育质量的整体提升出发,坚持系统化思维,注重规律性把握,系统推进教研、科研融合发展,为全面提高苏州教育质量发挥"研究、指导、服务、引领"作用,为培育"全纳、公平、优质、适切"的苏州教育现代化新样态发挥基础性、先导性、战略性作用。

二、为什么要构建"关联+嵌入"的教科研模式

当下的区域教科研工作迫切需要"关联+嵌入"工作机制和工作样态。作为教育改革高地,苏州市历年来特别重视教育科研对教育发展的引领作用,并以此作为教育教学改革的突破口、内核力、增值点,近年来更是基于"关联+嵌入"的理论高度,客观审视已有教科模式的典型经验,以及制约教育科

研工作可持续、可深入发展的症结所在,在主动创新教科研工作机制、模式,积极提升教科研工作现代化内涵建设的过程中,充分借鉴并应用该理论,系统观照新时代教育背景下,针对教育科研工作的题中应有之义,在坚持问题导向的基础上,对教科研工作的价值意蕴、文化地位进行了更为精准的定位、更为明晰的确认,从而有效探索、建构出具有地域特色的教育科研工作模式、体系,形成一整套教育科研管理制度,以此进一步孵化、培育富有教育活力的科研中坚力量,助推有质量、有规格、有影响的教育科研成果的产出、推广、应用。

在"关联+嵌入"的理论视角下,对苏州市各设区、县科研组织机构、科研人员现状、部门履职思路、模式建构、机制形成、管理组织形式、工作成效等进行综合性的观察、调研、考量与分析,不难发现当今教科工作在受到一定程度的重视、呈渐进式发展态势的过程中,仍存在一定的现实问题。具体表现在三个方面。

一是置身于教育高质量发展大系统中,教科工作的价值观念、文化属性在关联性与嵌入度方面仍存在障碍。科研机构的完备程度、独立性质及科研人员数量配备上,虽然取得一定进展,但科研工作的先导和基础地位依然未能充分落实,在一定程度上造成了教科研服务教育行政决策、服务教育教学实践的功能未能充分发挥,对区域教育体系的优化改良和当地教育改革与发展水平带来了一定的影响与制约。

二是置身于基层教育教改实践体系中,教科工作在统筹先导、协调统筹方面,与基层教育教学工作在关联性与嵌入度方面仍有隔阂。主要体现在:① 基层校本教科工作组织架构不实,教科工作流于事务性工作;② 基层教科工作与常规教研两者关系定位不清,或处于等同式的简单化关系,或处于"两张皮式"的游离化关系,或处于工具式的功利关系;③ 课题研究过程管理有时受限于行政重视程度、科研人员专业能力等主客观因素,导致欠缺科学规范专业。教育科研成果易泛化,缺少精品成果、特色成果,也欠缺成果有效转化的机制与路径,对提升教育教学效益助力不显著。

三是置身于新时代教育教改评价发展机制中,教科研工作在创新评价标准,构建更加稳定、承载力更强的评价框架方面,与助驱助推基础教育课程改革、教育教学质量提升的关联性、嵌入度仍有距离。在现实教育情境中,教育科研评价不如教学、升学评价受重视,在评价管理中,受限于评估组织不够专业,评估标准不够科学,对科研成果评估不够精准等因素,科研评价在科学而有效益地促进学校内涵建设、教师专业发展、教育质量提升方面,其表现性、增值性、内涵性、价值引领性等仍有待提升。

基于以上问题,市教科院在2019年提出,要以关联理论和嵌入理论为指导,构建"关联+嵌入"的区域教科研范式,实现苏州教育科研的整体优化和发展。

三、"关联+嵌入"的教科研模式的构建

当核心素养、立德树人、公平均衡、高质量发展等议题成为新时代的重要课题后,为加快推进教育现代化,建设教育强市,办好人民满意的教育,我们需要进一步以《教育部关于加强和改进新时代基础教育教研工作的意见》,以及《省教育厅关于进一步加强全省教育科研工作的意见》为依据,进一步依凭"关联+嵌入"的理论指导,从更为高远、更为广阔的视域清晰定位教育科研工作的价值体系、文化内蕴,充分借助跨界思维,多元开发整合优质资源,多方筹措汇聚教育智识,充分发挥群体性科研优势,对地域科研模式进行再探寻、再建构、再提炼、再推广。

(一)构建"关联+嵌入"的教科研模式的路径依赖

1. 必须积极关联教科研工作的价值取向,促使教科研模式从文化建设上嵌入教育高质量发展系统

教科研工作作为教育高质量发展系统中一个完整而有活力的独立机体,其价值内蕴必须与基层学校、教师的教育教学工作积极关联,才有助于从文化建设层面去推动教科模式的再建设、再优化与再发展。

一是高度重视对教育科研文化的体认,对愿景目标的确立,从文化建设层面着力推动教育科学发展、教育品位形成、教育未来塑造。借助价值同一性构建共同的价值取向;借助视野前瞻性形成符合未来发展趋势的思维取向;借助研究实践性服务师生成长、学校发展,培植扎根基层教育教改实践的行动取向;借助成果共享性指向科研文化内涵品质的提升,扶植共建共生共享的共同体文化取向。

二是高度重视对传统教育思想的传承与演绎,借助科研文化积极发掘地域丰厚的教育思想积淀,传承优质教育思想文化,并对其进行深入研究。同

时借助长线研究,发掘具有区域文化特色的教育教改项目,以着眼未来的视域,做好基础性、导向性的文化研究工作,为区域科研工作的创新发展、突破发展积累优势经验,争取优势地位。

三是高度重视引领服务的文化意识、发展理念,全面贯彻党的教育方针,落实立德树人根本任务,在遵循教育规律、树立科学教育质量观的基础上,充分确立引领服务学校教育教学、引领服务教师专业成长、引领服务学生全面发展、引领服务教育管理决策四个意识,以文化意识内推文化建设、体制优化、管理创新。

2. 必须积极关联教科研工作的实践取向,促使教科研模式从组织制度上嵌入教育教改实践体系

(1) 高起点谋划,更科学定位,对教育科研的顶层设计再优化

一方面,在遵循科研工作先行性、多元化和示范性原则的基础上,借助市区教育行政部门借助行政力量通过面向学校、面向教师、面向专家的征询方式,推进基础教育科研机制体制与标准建设。结合教育发展规划的各个重要时期,制定出台《苏州市教育事业发展"十四五"规划》等系列纲领性、指导性文件,明确了新时代区域教育科研的总体要求、指导思想、基本原则;提出了完善教育科研工作体系、提升教育科研工作质量、加强教育科研队伍建设的发展目标和任务举措。规范了各设区域、县市教育科研专业机构的进一步建设,明确了各设区域、县市科研机构在人员配置、专项经费、办公条件等方面的标准和要求,从科研兴校切入,提出建立专兼结合的教育科研队伍要求,促进教育高质量发展。

另一方面,进一步加强科研制度的管理转型,从依靠指令性的行政管理和经验管理转为以教育科学和管理科学为理论指导与基础的现代化治理模式,在加强科研制度建设中,逐步建立科研文化自觉,构建"自主管理、自主发展、自我约束、社会监督"的健康学术机制。立足地域教育文化,充分发挥科研工作者的主体意识和创造意识,不断探索机制管理新问题、研究机制管理新情况,实现地域科研管理水平、管理效率的持续优化。重点聚焦课题管理,以教育部、江苏省、苏州市教育科学"十三五"规划课题管理相关规定为重要执行依据,以强化省市级课题管理指南性、纲领性文件学习为本,通过区域推行的"四性管理",即加强课题立项的针对性管理、课题实施的指导性管理、课

第四章 立德树人视域下教科研整体改革的关键要素

题中期的问题性管理和课题结题的组织性管理,借助深入推进教科研"十百千"项目、推行区域化课题管理专项研训、完善区域教育科学规划管理平台、落实校本化课题管理培训、统筹管理和宣传各级各类教育科学规划课题成果等实施路径,从整体上纵深推进了课题研究工作的规范性、科学性、实效性,课题研究与具体的教育教学实践相结合,进一步提升了研究的针对性、实践指导性和学校建设性,促使课题研究真正密切贴合了教师教学、教育管理和学校发展及教师成长。

(2)统筹性推进,更精准把脉,对教育科研的发展路径再创新

高质量发展时代的地域科研工作必须瞄得准方向,把得准趋势,看得清需求,拿得出品牌,创得出特色,必须走出一条更具有区域特色的科研发展创新路径。

瞄准需求、创新体系。在瞄准教育改革重大战略和区域发展需求的基础上,持续深入推进教科研品牌工程,遴选并培育符合培养目标原则(五精)的各级各类精品课题。如张家港区域近年来借助"十百千"特色品牌工程,进一步完善与创新了教科研体系,从效率、效果、效益、效能四个方面促成了精品课题的推广及课题成果推广的新思路,进一步拓展了教育科研的广度和深度。一是引入专家资源,建立课题研究信息反馈、评价、调控机制,形成了过程评价和终结评价的指标体系;二是注重了监测评估中的成效追踪与问题预警,深入挖掘了区域优秀教育改革传统和经验,形成了问题与成效双向循环的解决体系;三是协同创新不同类型、不同层级、不同属性教科研课题,构建了上下联动、横纵贯通、内外合作的协同创新体系。

项目聚焦、精准培育。立足教育教改实践问题,结合基于区域教育重点问题研究,遴选、罗列省市重点课题、前瞻性项目作为苏州市教育规划重点跟踪调研课题、培育项目,同时借助项目招标方式,联动内外各方资源共同参与招标,通过设置区域教育科研规划"成果推广应用专项课题",进一步提升了项目待遇,对符合培育标准条件并在推广应用中验收合格者,予以表彰奖励,同时在课题立项、结题鉴定、成果评奖等方面倾斜、扶持。

构建机制、科学推广。深入推进了推广应用基础教育优秀教学成果的工作方案,构建了"供需匹配""资源统整""管理精准""常态运行"的机制,对符合推广应用标准条件的成果项目,以"分类项目式"进行推广,促使"问题、

办法、效果"进教案,充分作用于教育教学实践,引领实践变革。与此同时,在实践基础上,进一步优化了推广评价标准,注重了三个转变:由成果推广转变为成果引领;由重复的研讨性推广转变成阶段性主题式推广;由经验专家型评价转变成科学专家型评价。在做好宣传工作的基础上,打造具有传播学意义上的品牌课题、品牌项目、品牌成果。

3. 必须积极关联教科研工作的内涵取向,促使教科研模式从功能效应上嵌入教育教改评价发展机制

科研评价要摒弃片面化、功利化、形式化倾向,从根本上实现教育科研评价取向的转向,才能真正解决教育领域的现实问题,实现对教育教学工作的指导效能,提升基础教育质量发展的内涵,践行理想的教育追求。

评价管理体系从平面向立体迈进。构建了以创新质量和实际贡献为导向的教育科研评价体系,突出对课题研究、课程开发、教学改革和项目建设的奖励力度。同时充分利用互联网、大数据管理理念和技术成果,构建数字化管理平台,实现管理评价体系的网络化、移动化、数字化、互动化,推动科研评价工作由平面化管理向立体化管理转型升级,努力实现教育科研评价管理的专业化、精准化、人性化。

评价管理方式实现多维转变。进一步转变了评价工作重心,由注重个人转向突出团队,由单一他评转向自评与他评相结合,由注重结果转向重视过程,由统计成果数量转向关注成果质量,由注重物质奖励转向重视精神激励和价值观引领。通过专家名师评选、成果评选、品牌遴选等多层次评价活动的设计,充分发挥各类学术指导服务团队的资源优势、学术优势、人才优势、协同优势,围绕区域教育发展的方向选择、主要路径和重大问题,进行集体调研、专题诊断,既有效保护了教科研的原动力,又促使区域科研工作实现了理念、方式、内容、工具、整体五个方面的转型,同时还提升了区域教育/教研成果培育工作的内涵发展,为实现区域教育教学高质量发展提供了更为精准与专业的人才服务和资源保障。与此同时,扩大科研成果评选范围,由研究报告、学术论文扩展至项目设计、案例分析、调查报告、课例描述等,指导学校通过评价方式的优化,吸引更多的教师参与教育科研工作;通过橱窗展示、信息通报、校报校刊录用、校园网或公众号推介等过程性激励方式,营造有利于提高教育质量、有利于学术创新、有利于教师成长的科研环境。

迎新继往,研路无以穷尽,苏州市教育科研在新时代新形势新征程背景下,以"关联+嵌入"为理论指导和行动依据,始终如一以助推教育高质量发展为己任,攻坚克难破解科研瓶颈,踔厉精进提升科研质量,以进一步精准地发挥科研工作的内核性支撑效能,肩负起教科研工作的时代使命,进一步蓬勃发展。

(二)"关联+嵌入"的教科研实践模型

"关联+嵌入"教科研模式是以课程、教材、课堂、教学、课题、研究、评价等为关联要素,嵌入立体式教科研网络组织建设与合体运行机制,构建研究活动模式。同时,完善具有苏式特点的中小学、幼儿园教学与研究体系,在全省率先建成体现丰富性、选择性的特色课程群,形成以启发式、讨论式、参与式等为主要方式的新型教学模式,以两研融合为目标,研究并解决教育教学中的实际问题,实现教学与科研的行为变革。①

(三)"关联+嵌入"的教科研工作网络结构

苏州教育科研人在原有教研网络、科研网络的基础上,统整两个网络的组织架构,形成"设区市(教科院)—县市区(教研、科研)—学校(教务、教科)—工作室(省市名师工作室)—共同体(协作联盟)"五位一体的"关联+嵌入"工作网络体系,并明确网络体系中的"人际关系"和"活动载体",有效开展区域教科研实践创新。

四、"关联+嵌入"教科研模式的实践探索及其经验

(一)"关联+嵌入"教科研运行的苏州实践

以市教科院为龙头,下属各区、县教科室为纽带、学校为基核,苏州市率先探索"关联+嵌入"教科研模式。

1. 在破解教育主要矛盾上加强教育科研与教育发展本质性问题的关联性、嵌入度探索

当前制约教育发展的主要矛盾已经不再是以物化形式呈现出来的设施设备问题,而是关乎教育发展的本质性问题。苏州市教育在发展中其主要矛

---

① 孙朝仁."大教研":指向立德树人的区域教科研整体改革实践进路[J]. 江苏教育,2022(34):11-16.

盾的破解不仅需要政府加大投入、社会更加重视，更需要加强对教育问题的聚焦性、深入性研究，进一步树立科研强基意识，增强科研工作与教育教学实践工作的关联性、嵌入度，通过强校为本的科研策略，啃下教育发展的"硬骨头"；通过强校为本的科研机制，解决苏州学校教育的内涵式发展问题；通过强校为本的科研模式，实现苏州教育生态的系统性变革。

2. 在对教育问题进行科学研究的过程中加强教育科研与教育教学改革实践的关联性、嵌入度探索

为了切实解决教育科研追求"短、平、快"的功利主义倾向、形式主义问题；为了切实解决教育科研低水平重复性研究问题，以及科研成果转化率低等现实问题、瓶颈问题，苏州市教科部门结合当前新形势、新任务的要求，围绕教育领域中出现的新问题、新难点，致力于形成教科研训一体化的发展路径，持续在学校课堂教学的引领上、学校组织管理的变革上、学校教师专业队伍的建设上、学校科研文化的塑造上深下功夫、实下功夫，进一步从组织、机制、文化、策略上增强了教育科研与教育教学改革实践的关联性、嵌入度。

3. 在对地域典型经验的梳理上加强教育科研与教育内涵建设发展的关联性、嵌入度探索

除了苏州市整体的探索，苏州下属的各区、县教科研系统也立足区域特殊性，寻找区域"关联＋嵌入"的有效方式，并形成了很多行之有效的案例。如苏州市吴中区的教科研监测案例、"区—校—课题组"三级教科研网络建设案例等。

(二)"关联＋嵌入"教科研工作的成效

近年来，在"关联＋嵌入"理论指导下，践行"关联＋嵌入"教科研运行模式，苏州教科研跃上新台阶。

一是教育科研工作与教育内涵建设发展的关联性越大、嵌入度越深，苏州市教育科研发展水平越与全局性的教育规划设计、指向教育实践的内涵发展呈正相关状态。

二是教育科研工作与教育内涵建设发展的关联性越大、嵌入度越深，科研工作的"创造性表达—个性化研究—实证性精神—特色化成果"就体现得越充分。

三是教育科研工作与教育内涵建设发展的关联性越大、嵌入度越深，教

育科研对教师专业发展的支撑力、贡献度就越大。

四是随着教育科研各要素关联和嵌入的加强，苏州教育科研整体效益取得突破，逐步实现了从科研兴市到科研强市的转型、突破，科研强校强教强市成为强国时代教育发展的一种价值召唤、理性回归。

（三）"关联+嵌入"教科研运行的基本经验

近年来，广大基层教育科研工作守正创新、务本求源，践行"关联+嵌入"教科研模式，助推科研工作走上了内涵式发展道路，取得了一些阶段性成果，形成了一些典型经验。

1. 从教育领导层面看，教育行政领导部门在领导力上强化与科研工作的关联性、嵌入度是教科研改革成功的保障

在地域调研中发现，教育行政一把手越来越重视教育科研，借助制度出台、职称评定等政策强化科研兴师兴校，有效整合科研、教研、师资、电教等部门资源，强化科研人员结构的优化，推动师资队伍专业建设，越可能推进教科工作的合作共享、协同创新。

2. 从教育规划指导层面看，各设区、县教科研机构注重明晰、整体的规划设计

注重科研工作的顶层架构是教科研改革成功的前提，有利于借助各项科研制度的完善和深入实施，充分体现教育科研发展思路，有效提升教科研管理效能。

3. 从教育实践层面看，"关联+嵌入"教科研模式运行成功的关键是抓内涵

苏州市不少区域以抓质量、抓内涵作为科研兴教兴校的出发点和落脚点，以特色品牌项目建设为抓手，着力探索科研提升路径，效果显著。如姑苏区成立了"苏式学校研究中心"，整合资源研究省级课题，实现区域科研的整体性内涵发展。张家港区域建立了家校社协同育人实践基地群，联动多个部门，统筹多方智识，形成研究合力，共同推进"家校社协同育人体系的建设研究"这一省"十四五"重大课题。

4. 从专业队伍建设层面看，践行"关联+嵌入"教科研实践模型，需要提升科研工作者和管理者的素养

苏州市教育科研工作正是立足教师发展需求，借助教科研管理能力、素

养能力、研究能力等基础性研训课程，因时、因势、因人组织各级各类教师积极参与，创设了阶段性、连续性、有效性的多元研训路径，做到了定向定育，有针对性地推动了不同层次的教师成长与发展，从而保证了"关联+嵌入"教科研改革的成功。

当然，解决教研和科研分离，以及研究力量分散、研究主题零碎不集中、研究过程波动不完整、研究方法单一、研究成果琐碎等一系列问题，苏州既有一定的经验，也有新的挑战，还需要苏州教育人为之持续努力。

第二节 "共享+发展"的教科研路径

在《教育部关于加强新时代教育科学研究工作的意见》中明确指出：鼓励支持中小学教师增强科研意识，积极参与教育教学研究活动，不断深化对教育教学改革的规律性认识，探索适应新时代要求的教书育人有效方式和途径，推进素质教育发展。可见，教师要不断提高自身的教育科研意识和教学研究能力，结合教育教学实践开展科学研究，成为一个研究者，已越来越成为社会的共识。然而，从基础教育现状来看，教研与科研更多呈现的是一种"隔离"状态，缺少有机融合，导致无论是教研还是科研，其功能都没有得到充分的发挥。如何通过区域教科研整体改革的探索，在实践层面上形成新时代区域教科研整体融合发展的行动路径，是摆在我们面前的一个现实课题。

市教科院通过三年多的实践研究，以"共享+发展"理念为引领，探索并形成了一条通过区域教科研机构功能统整、教科研融合型队伍建设、教科研协同运行机制创新，以及教科研训融合资源平台构建实现区域教科研一体化良性运行的行动路径。

一、什么是"共享+发展"的教科研路径

"共享发展"作为"五大发展理念"之一，注重的是解决社会公平正义问题。让人民群众共享改革发展成果是社会主义的本质要求，是社会主义制度优越性的集中体现，也是中国共产党坚持全心全意为人民服务根本宗旨的必然选择。

而"共享+发展"的教科研在于通过跨区域、跨学校、跨部门的多元协同创新机制,实现教科研的共同发展,以教科研的共同发展促进教育的均衡发展和公平正义,实现人的全面发展,让区域内全体师生"共同享有人生出彩的机会,共同享有梦想成真的机会,共同享有同祖国和时代一起成长与进步的机会"①。苏州教育的发展需要苏州教科研尽可能增加公共教科研服务供给,实施抱团攻坚工程,提高教育质量,促进全体学生的全面发展。这既是有效的教科研制度安排,也是苏州"十三五""十四五"期间推动教科研共享发展的重要着力点。

二、为什么要倡导"共享+发展"的教科研路径

当下基础教育中的教科研发展不仅比较弱,而且不均衡。从区域教科研机构角度看,机构不全、功能定位不准。

区域教科研机构于苏州市而言,主要就是大市教科院及各市区的教师发展中心。市教科院主要承担教研、科研两大职能,同时兼发展培养教师的责任义务,由院内各学段研究所、教育发展研究所和教育科研信息中心分别承担。苏州市下辖各市区则根据江苏省关于国家级示范性县级教师发展中心的建设评估要求,整合了教研室、教科所、教师进修学校与电教馆的职能和资源,建立了集教学研究、教育科研、教师培训、信息技术支撑四大功能于一体的教师发展中心。成立四位一体的教师发展中心主要是为了解决机构分立而导致的教研、科研、培训之间的相互脱节、效率低下和资源浪费的问题。

现实中,区域层面四位一体的教师发展中心虽然完成了面上的机构统整,但其内部的教学研究、教育科研和教师培训基本还是相互独立,彼此缺乏内在联系的三个职能部门,信息技术的有机融入也还在摸索中;设区市层面研训主要由教师发展中心承担,另设有独立电教馆,因此,就苏州市整体而言,教科研训一体化还未进入实质性阶段。

苏州区域内各级各类教科研机构需要共享和发展,教科研功能需要进一步统整,这样才能实现教科研训的合一。

---

① 习近平.习近平:在十二届全国人大一次会议上的讲话[EB/OL].(2013-03-17)[2023-06-10]. https://www.gov.cn/ldhd/2013-03/17/content_2356344.htm.

三、"共享+发展"的教科研路径的实践探索

（一）功能统整：实现教科研训的合一性

基于以上对苏州市区域教科研机构功能的认识及现状的分析，我们提出了"功能专设、分别管理、适当交流、相互支撑"的机构功能整合思路。在市教科院领导下，各区（县）教科研机构联建共建，协同发展，推出了以下举措：① 跨区域、跨校、跨部门的多元教科研共同体建设；② 教科研基地学校建设，组建教科研基地学校联盟；③ 长三角教科研发展联盟共同体；④ 教科研融合基地建设；⑤ 市、区联通，共建活动载体；⑥ 精品课题研究联盟共同体等建设项目。按照这一思路，我们具体开展了以下工作。

1. 加强信息沟通，形成聚焦点

由于职能不同，教研、科研部门对教育的关注就会有差异，着眼点不同，致力解决的问题不同，自然就各自为政，从而分散了研究力量。为此，在市级层面，我们首先强化了集体学习制度，每周一、周五，教研员、科研员都要在本单位开展集体学习、交流研讨，学习内容包括最新的教育文件、教育教学理论、各学科专业及教学研究方面的发展现状等，通过这一制度的落实，引领全体成员及时更新教育观念，把握时代发展对教育的要求，聚焦重大改革热点，同时形成对本地区教育教学中共性问题的一些认识及解决问题的思路、方法，这样，在大市层面教研、科研部门就有了共同努力的方向。比如，2019年，各部门合力进行了小初衔接的深入推进研究和利用线上教育实现教学结构变革的路径研究。其次，定期编印教育研究资讯，从2019年开始，市教科院定期汇编各部门、各学科工作情况、活动总结、经验反思等信息、论文，使之成为机构内部间交流沟通的有效方式。

2. 发挥各自优势，分工突破点

确定一阶段的研究主题后，教研和科研部门根据各自的研究特长开展工作，如教研部门通过加强与学校的联系，深入课堂，结合学科教学进行实践探索，形成一定经验；科研部门则依托课题研究的形式，引领教师自觉运用教育教学理论，有计划、有步骤地推进问题解决，并对教研过程中出现的问题进行梳理、概括，对形成的经验进行总结和提炼。两大职能部门有分有合，有理有实，双管齐下，收到了较好的效果。

3. 增进团结协作，攻克关键点

在问题解决的一些关键环节和重要问题上，教研、科研部门团结协作、共商共议、共克难题。比如小初衔接研究过程中的问卷调查工作，从调查内容选择，到调查问卷设计，直至调查报告撰写，都是在教科研部门集体努力下完成的；利用线上教育实现教学结构变革的路径研究的方案是两个部门携手研制的，之后也一直通过教科研部门的联席会议解决研究推进中遇到的问题、困难。

（二）德性引领：体现队伍建设的融合性

在教科研训一体化的过程中机构功能的整合需要一定行政力量的推动，但具体工作是由人完成的，机构功能的发挥程度最终取决于人。因此，教科研融合型队伍的建设就显得尤为重要。

1. 德性引领教科研队伍建设

立德树人是教育的根本任务，要实现立德树人，首先要立教师之德，而作为"教师的教师"——教科研人员，无疑更应成为师德表率，德性引领强调的就是在教科研队伍建设时要坚持"以德为先，以德为要"，通过"立教研科研规范之德，树专业学业发展之人"，把立德树人真正落到实处。

教师德性，就是教师伦理体系中的教师个体身上所具有的不断自我完善、不断追求更高道德境界的内在道德标尺，具有最高标准、人格魅力和理想成分。就教科研人员而言，教师德性首先强调教科研人员工作的政策性特征，特别强调规范，强调依法行使权利和履行义务，即"立教研科研规范之德"；同时还强调"身正为范"对教科研人员工作的意义，作为"教师的教师"，教科研人员在给予教师出色的业务指导时，更应以自身的行为、人格魅力影响教师，给予他们触及心灵的指导。

因此，苏州市区域教科研机构在教科研人员的管理中突出强化了师德规范，在组织修订《苏州市专兼职教科研人员选聘和管理方法》时，把坚定的政治立场、高尚的职业道德、良好的职业精神放在首位；在改革教科研人员绩效评价机制中，采用学校评价、同行评价、社会评价相结合的方式，彰显服务、贡献的价值取向；制定《苏州市教育科学研究院内部管理制度》等系列日常管理机制，强化规范意识、纪律观念。

2. 教科研融合型队伍建设举措

对于一线教师而言,成为研究者是"在教学过程中要以研究者的心态置身于教学情境之中,以研究者的眼光审视和分析教学理论与教学实践中的各种问题,对自身的行为进行反思……"这一研究行为本身就具有教科研的合一性特点。因此,对于教科研队伍建设,我们着力在"融合"上进行了探索。

(1) 试点一岗多责角色互换,强化教科研人员融合意识

目前,在苏州市教科研机构中基本没有只负责科研管理的科研员,绝大部分科研员都要结合自身学科专业背景兼职学科教研员,或者通过申报成立名师工作室、参与名师工作室开展学科教研活动,在教研工作中真正下沉一线。学科教研员则除自身要承担面向区域的比较重大的课题或项目研究外,均要承担科研指导任务,全程参与管理、指导学科课题的研究,要参与每年一次的学段教科研协作会的策划、组织,要结合苏州市"课题进课堂"工程,每年至少组织2次围绕课题研究的教研活动。

这种一岗多责、角色互换,强化了教科研人员的融合意识,提升了他们指导教学、科研的能力,有利于打破教研和科研之间的藩篱。

(2) 探索兼职教科研人员聘用机制,增强教科研队伍力量

来自基层学校的兼职教研员由于身处管理与教学一线,最了解教育教学现状,了解教师发展需求及发展中的痛点、难点,因此,他们成为教科研队伍中的一员,整体优化了队伍结构,有利于全面、系统地观察学校、教师的发展,多角度、多维度地分析存在的问题,提高教研、科研的针对性和有效性,同时也有利于这些教师自身的专业成长,从而增强全市教科研队伍的力量。为此,我们根据实际需要构建了长短期聘用相结合的兼职教研、科研人员机制,并设计了相应的配套举措跟进,实现了常态化运行。

(3) 加强学习型组织建设,提升教科研队伍能力

依托《苏州市教科研体制机制改革三年工作方案》中教科研人才高地构筑工程,通过定期举办教科研人员高级研修班,探索学术访学、学术休假机制,支持教科研员开展课题研究,鼓励教科研员建构教师培训系列课程、著书立说等方式增强机构内部的学术氛围,促进教科研人员不断学习,提高素质,适应区域教科研整体化改革的需要。

面向全市教科研员开展"五深入"活动,即深入理论学习,每学期读1本

教育专著;深入课堂,每学年听课30节;深入学校,每学期做1次专题讲座;深入思考,每学年发表3篇论文;深入研究,每3年开展1项课题研究。

(三)机制构建:凸显教研、科研的协同性

1. 教科研结合的常态化调研机制

在教研条线组织的各类调研中,引入科研部门人员参与,形成教科研结合的常态化调研机制,两个部门携手共同服务学校、教师的发展。

调研中,教研员主要全面了解学校教学,及时发现问题,提供解决策略,包括指导学校科学制定教学管理常规;指导学校课程建设和实施;指导教师课堂教学,帮助教师解决教学问题,克服教学困难,提高教学水平;指导学校和教师进行科学的考试评价;指导教师做好作业设计等。科研部门则全面把握学校教科研与教学的结合情况;了解学校、教师对科研指导的需求,提供教研的诊断反馈;对学校教科研经验优势与存在问题做出评价,并就教学改进中校本科研开展做出指导;鼓励学校以龙头课题谋求教学突破,并提供研究切入口。

教科研结合的调研机制体现了科研引领、教研为本,"用科研的思维做教研,用教研的方式做科研"的行动逻辑。

2. 教育科研成果的推广辐射机制

教育科研成果的推广应用是实现教研和科研结合的重要路径,建立健全优秀教育科研成果推广、转化机制,可以促进教育科研成果价值和效益的实现,从而更好地激发学校、教师研究的积极性,促进教育进步、发展。

(1)面向实践,制定科研规划

在调查研究基础上,针对本区域教育发展、教学实践、教师成长等方面的问题出台课题指南,并设立相应研究专项,以此引导鼓励教师开展政策咨询类、舆论引导类、实践应用类的研究,奠定成果转化的研究基础。比如2021年度市规划课题中我们设立了线上教育研究专项、小初衔接教育研究专项、基础教育作业改革研究专项、课题进课堂研究专项等,这些课题的研究将成为新的课堂教学改革、制度改革和政府决策的孵化器。

(2)服务教学,优选科研成果

教育科研成果的推广主要是基于一线实践的推广,必须考虑推广成果的内容、成果的适用范围等,因此,要坚持理论先进、接地气的原则,精选研究学校教育教学改革中难点、痛点形成的成果,有针对性地进行推广,同时,要求成果方在推广中反思,在推广中深化研究。此外,我们实行"精品课题"培育工程,立足教育科研的"规范""专业""卓越",通过抓管理、抓培训、抓质量,培育一批有价值、有潜力的课题,打造科研成果的"蓄水池",为转化蓄力。

(3) 搭建平台,推动成果转化

科研成果的价值只有被更多的人认可才能实现更好地转化,为此,我们推出"课题进课堂"建设工程,通过定期召开全大市和区域性"两课对接"推进活动,把课题研究与课堂教学紧密结合起来,用科研的方法去研究影响课堂教学质量的问题,在教学中实践并检验研究成果,实现科研引领教学、教学反哺科研的目的。课题进课堂活动为课题展示成果、彰显价值提供机会。

我们创新研究成果推广平台,通过举办活动,包括学科教研活动、教师培训、评优评先等推广教科研成果;通过物化成果,将教育科研成果物化为论文、调研报告、成果专辑、光盘等形式进行推广;通过网络平台如苏州网上教师学校、苏州教育科研QQ群、微信群等方式进行宣传推广,努力实现推广路径的多元化。

(4) 考评激励,注重转化实效

结合成果推广工作,我们出台了科研成果转化的激励措施。结合苏州市规划课题结题鉴定工作、市"精品课题"评选、市教育科研"先进个人"和"先进集体"评选、与省规划办同步的市教育科学研究成果奖评选等活动,对课题成果转化效果及推广情况进行考核、激励。

3. "市区通联"整体推进的合作机制

借助"教科研融合建设基地",全面融合大市教科院整体力量,与县(市、区)教师发展中心联合,创新"市区通联"教科研合作机制。

"教科研融合建设基地",是我们构建现代教科研体系的一种尝试,它旨在通过市、区两级教科研专业部门的深度合作,借助项目驱动,开展实证研究,切实提高教科研服务决策、服务教学、服务教师、服务学生、服务教育教学质量提升的能力与水平。

基地自启动以来,实施了教科研融合服务教育决策项目、学科核心素养落地"苏式课堂"示范项目、高层次骨干教师"孵化"项目、学生阶段学养绿色达标升级项目、小初衔接课程建设项目、基层调研纵深化服务项目六大项目,依托项目的推进,市、区合作研发课程、协同攻关,全面形成了教科研发展合力。

（四）资源建设:呈现教科研训的兼容性

内容丰富、形式多样、使用方便的教育教学资源平台是促进教科研训融合发展的有力支撑,在研究过程中,我们一方面对苏州市线上教育中心、网上教师学校进行升级改造,另一方面对各市、区原有资源平台进行分析、梳理,并努力实现各个平台之间的对接和兼容。

1. 苏州线上教育中心

苏州线上教育中心(简称"中心")是苏州市教育局在 2017 年"从完善公共教育服务体系,推进教育优质均衡发展"的高度着手建设的,自 2018 年 3 月启动运行以来在苏州教育生活中发挥了重大作用。中心虽然主要服务于学生,但在中心建设和使用过程中,开发了大量课程资源、教学资源,记录了师生的问答内容,积累了学生的学习行为数据……这些工作本身就是教师团队进行教科研的过程,而这些资源更是教科研训中的一手资料,是教师身边用来引导教师认识学科、分析教材、突破难点、因材施教、了解学生的学习行为等的很好的研训素材。

2. 智慧教研平台

2018 年,市教科院根据智慧苏州、智慧教育建设的总体方案,以建设苏州教学大数据研究中心为重点,开始分期建设智慧教研服务体系。在近两年的建设中,我们结合教科研整体改革的实践,升级了研究中心机房核心网络,采用最新技术的 AMEQP(全通教学质量监测平台)升级 APMS 网阅系统,为智慧教研与科研奠定高速互联基础。

3. 苏州市网上教师学校

苏州市网上教师学校是市教科院教育信息化的窗口,2019 年我们对平台进行了改版升级,借鉴各市区智慧教育云平台建设的经验,重新设计了平台的内容模块,除了一般信息发布之类的功能,我们在充分调研教师需求的基础上,着力建设了合乎课标要求、配合教学进度、切合教材特点的教研资源库和体现时代发展、适应教师需求、理论实践结合的科研资源库,并接入了课题论文管理系统、苏州线上教育中心等,为教师的研究提供了便捷的路径。

四、"共享＋发展"教科研的区（县）案例——以吴江区教科研训一体化为例

（一）区域教科研训一体化的共同认知

教科研训一体化是为了解决教学研究、教育科研、教师培训之间彼此脱节、效率低下和资源浪费的问题。因此，在区域范围内实现教科研训一体化，既要考虑部门的多元性，又要思考共性认知的科学有效性和相对稳定性问题。在吴江区的实践中，区教科室设立了5个中学教科研协作区、5个小学教科研协作区，聘请20名兼职教科员为教师专业化发展服务。各中小学幼儿园协作区以点带面，城市帮扶农村的互助模式，通过"观、思、议、行"的实践机制为吴江区域农村教师专业发展提供最大限度的专业服务。

"教科研协作区"的设立，完善了区域教科研训体系。各类基于"教师发展，学生成长"的教科研活动，为区域教师的专业发展提供了更广阔的舞台，有效地推动了教科研训一体化进程。此外，区教科室每两年聘请一批兼职教科员(10人)，每届聘期为两年，通过兼职教科员的聘任，一方面，汇集了专业骨干，确保了服务本区域农村教师发展的培训师资相对稳定，为服务农村学校开展教科研训工作提供了人力资源保障；另一方面，专业人士提供的年度科研活动，聚焦了行政科研部门、学校教科研部门及一线教师的集体智慧，其制定的教科研活动更接地气，活动更受学校、教师的欢迎，对区域教科研训一体化具有巨大的推动作用。

（二）区域教科研训一体化发展的支持体系

自党的十八大以来，以习近平同志为核心的党中央对教师队伍建设做出了系列重要指示批示，强调教师是立教之本、兴教之源。习近平总书记要求，要把农村教师队伍建设摆在优先发展的战略位置，努力造就一支素质优良、甘于奉献、扎根乡村的教师队伍。党的二十大报告再次强调了建设教育强国的重要性，这对一线教师在思想政治素质、师德师风水平和教育教学能力等维度提出了更高、更新的要求。

从骨干教师的发展来看，教师的专业开始阶段都需要个人的努力，在很大程度上取决于他们自身的努力，但是从教师的发展来看，仅仅依靠个人很

难成为省一级的骨干,特别是取得像省特级教师这样级别的荣誉、正高级教师这样的职称。这就需要教育行政部门提供专业化指导服务,帮助一线教师借助外在力量不断提升自身的教学水平、教育智慧。区域教科研训一体化为一线教师提供了外在智力支持,特别是对于农村学校教师而言,能走出农村,在专业化指引下,参加形式多样的、具有反思实践性的教科研活动,最大限度地帮助他们实现自我发展,催生个性化的教育主张。

(三) 区域教科研训的多机构一体化推进机制

完备的区域教科研训支持体系虽然建构了多机构支持教师学习的轨道,但要想有效运转,仍需要科学的推进机制。吴江区教科室依托兼职教科员和外聘省市教科研专家指导、共研区域教科研训一体化发展,并基于区教师发展中心开展教师教科研培训。

区域教研、教科活动、以点带面的教师培训,三者既互为补充,又可互相转化,其中具有区域特色的教科研活动带着教师专业发展,学校疑点、难点问题开展,通过在活动中形成典型案例,区教科室把问题反映给区教师发展中心,借助教师发展中心这一平台开展区级层面的多层次、多角度的教科研培训。区级层面的教科研培训由菜单培训、订单培训及特色培训三类培训组成,无论哪种培训都经过"问题驱动—项目实践—成效评价—成果物化"四个流程,解决了教科研工作虚化、千人一面的现象。

(四) 区域教科研训一体化推进实践效果

吴江区教科室立足教师专业发展,通过三位一体功能的深度融合,真正实现教科研训一体化,推动区域教育优质均衡可持续发展和教师的专业化发展。

1. 营造教科研氛围,增强了科研意识

教科研对教师专业成长价值非凡,科研可以引领学校更科学更高效地发展,科研能力的培养也是教师队伍建设的关键。但如果教科研与教师日常教学工作存在距离,则走不深、走不远,也无法取得真正的科研成果。因此,科研要与教研相结合。

农村学校教师都感觉教科研是一项神圣的工作,很多教师总感觉教科研高不可攀,课题申报、省市级论文评比都不敢涉及。为了帮助农村教师揭开科研神秘的面纱,提高认识,营造良好的教科研氛围,促进教与研的深度融合,吴江区教科室每年都会在全区学校做一项暑期教科研培训调查,通过调查结果分析本学期基层学校、一线教师目前存在的重点问题、疑难问题,暑期针对这些问题开展菜单式的校级教科研培训,让教师认识到教育科研与教师的切身利益息息相关,鼓励他们将自己平时在教育教学工作中的点滴想法、做法,形成文字记录下来,整理、沉淀。此外,吴江区教科室也通过教科协作区活动开展骨干教师宣讲活动,通过不断的宣讲、榜样的示范、正向的激励让每一位教师,特别是农村一线教师积极参与教科研,使他们由"经验型"教师向"科研型"教师转变。

2. 成立研训共同体,提升了教科研素养

心理学的研究表明,一个人能否自觉、积极地参与某项活动,并取得活动实效的关键在于他是否对这一活动产生内在需求,并以此形成活动的动机。实践表明,在各种内在需要作用下的内源性行为,才会使人持之以恒地进行直至实现预期的目标。美国哈佛大学的詹姆斯通过调查发现,一个人的主观能动性仅能发挥自身能力的20%~30%,如果受到充分的激励,就能发挥80%~90%。所以,教育行政部门需要在激活教师内需上努力。

教科研训一体化,改变了封闭式的科研方式,采取了边讨论、边实践、边推广的方法,使研究具有开放性和实效性。目前,吴江区教科室成了5个中学研训协作组、5个小学研训协作组、5个幼儿园研训协作组。研训协作组,是指各协作组围绕自身研究兴趣,重点培训所在区域学校教师在该领域的研究问题、研究思路、策略、方法等以提升教科研能力的培训途径,主要特征是相互协作。教科研协作组首先通过制定培训目标,帮助广大一线教师,尤其是农村学校教师了解和掌握某个研究领域的一般研究思路、策略和方法;激发他们的研究兴趣,实现智慧共享。其次,协作组共同商议培训内容。协作组教师通过前期调研、微信、QQ等线上研讨活动确定各校研究主题,研究该领域的普遍问题,进行深入探讨,形成可借鉴经验。再次,协作组所在学校每学期通过自主申报,形成活动方案,轮流承办区域内教科研活动,共同研究各具区域、学校特色、教师特点的问题。在新冠疫情严重的情况下,区教科室充分利用网络信息技术开展线上教科研培训会。2022年,区教科室与苏州市教育线上平台一起举办了"线上教科研培训活动",使得农村教师足不出户就能得到专家的指导,改变了过去传统的单一的培训方式,使培训方式、培训形式、培训效率和培训效果都发生了根本性变化,深受广大农村教师的欢迎。从吴江区的实践可看出,"教科研"深度融合,这样才能真正实现教科研训一体化,才能充分发挥区教科室在教学研究、教育科研、教师培训和教师发展等方面的作用,推动区域教育优质均衡可持续发展。

3. 开展科研课堂,解决了教学实际问题

基础教育的科研工作最终要服务于教师的教育、教学工作。美国斯坦福大学教育学教授迈伦·何特金认为,美国教育研究未能跟上教育改革的步伐,原因就是教育研究脱离教育实际,教学第一线的广大教师和学校管理人员未能直接参与教育研究。只有教师成为教育研究的完全参与者,学校教育改革才能前进。

纵观苏州市吴江区的农村学校,由于城镇化进程的加速,一所学校往往一个年级只有3~4个班级,一个年级一个学科只有1~2位教师。在这样的状况下,这些教师还要同时兼任多个学科的教学,日常教学之余,城市学校常见的教科研活动在这些农村学校难以有效组织。另外,在课堂教学中,"满堂灌""满堂练""一言堂"……这些现象屡见不鲜,学生的主体地位得不到有效尊重,这严重阻碍着新课程改革的落实和素质教育的贯彻。

基于以上问题,吴江区教科室找准问题,将教科研工作定位于"立足教师专业化发展,开展高品质科研课堂教学"。围绕全区教师专业化发展,考虑到农村教师的特殊性,及时调整教科研工作思路,对农村学校、教师做出适当的倾斜,尽量把活动放在农村学校开展,全力开展有针对性的教科研活动。通过开展高品质具有教科研意识的课堂教学,把课堂教学改革作为重中之重来抓,改变农村教师专业发展欠缺、课堂教学观念落后、课堂教学效益不高等突出问题。

近年来,吴江区教科室先后分片区组织教师开展了具有科研意识的高品质课堂、讲座100多节(场),有组织地开展核心素养下课堂教学、"双减"背景下课堂研究、可视化思维课堂、新授课教学低效、课堂提问误区等有针对性的课堂教学研究。此外,各学段也根据自身需求开展了教科研活动,如小学开展了新课标的教科研活动,初中开展了基于素养导向的课堂教学模式探究,高中则开展了"双减"背景下学生自主学习能力培养的研究。不同主题的系列教科研活动,使不同学科教师在互动中实现了成长,提高了对课堂教学改革的认识,起到了互通信息、共商对策、纠正偏差、经验共享的作用。教师们通过课堂教学研究,找准了课堂教学的问题根源,提高了课堂教学的有效性,在课堂教学的反思过程中也提升了教师的专业能力,为教科研的推进找到了最佳切入点,使教科研工作更具针对性、实效性,有效地克服了农村教师教科研工作目标虚化,教科研假、大、空的现象,赢得了一线农村教师的真心拥护与支持。

4. 改进教科研自主权,激发了教师研究热情

真正的教科研是要解决自身问题。众所周知,教育是一个复杂的问题,每个人都有各自的问题。因此,我们需要把科研选择的话语权交给这些骨干教师,基于他们自身问题寻求研究的方向,去完成他们认为有价值的研究工作,这样才能让骨干教师真正参与到研究中。此外,大多数骨干教师都存在保守思想,常常喜欢借用别人的教学模式来"人云亦云",致使教育教学研究陷入了僵化的境地,影响了教科研的顺利开展。

《教育部关于深化中小学教师培训模式改革全面提升培训质量的指导意见》提出,要转变培训方式,提升教师参训实效。各地应针对教师学习特点,强化基于教学现场、走进真实课堂的培训环节。为解决"研究的问题脱离教师实际"这一问题,区教科室每两年开展一次区学年课题的申报工作,调动更多年轻教师、农村教师参与到课题研究工作上来。针对教师不会撰写课题申报书的情况,区教科室发动区兼职教科员开展"一对一"上门服务,指导一线教师进行课题申报。论文写作是教科研工作中不能忽视的一项工作,针对农村教师科研论文写作选题陈旧、写作重点不分主次、重点不突出等问题,区教科室根据不同层次、不同水平的教师要求,聘请省外名师、专家为农村一线教师提出修改建议,有了这样的机制和专家的细致指导,不想干、不愿干、不会干的教师也走上了科研的道路。

5. 转化教科研成果,提升了教科研训品质

如何将科研课题转化为教育教学的第一生产力?我们研究的起点是课堂,教科研课堂的落脚点当然也要回归课堂。走进课堂、发展教师、形成教科研成果是我们对教科工作的硬性要求。但是,任何科研成果都不是放之四海而皆准的真理,任何科研成果都不可能一成不变,需要广大一线教师根据自身教育实践实际情况创造性地推广应用,我们把这形象地称为"科研成果走

进课堂"。

为了避免"有成果无推广"的科研误区,近些年,吴江区教科室每两年都会组织各个学校将已结题的课题或是前瞻性项目等进行实践成果转化,分步推广落实。对于一般性科研成果在本校内强化成果学习、组织专项培训,区教科室组织相关省市专家跟进指导检查,提升研究成果质量,为下阶段成果展示做好充分准备;对于优秀的成果则在全区范围内进行推广,学校举行课堂教学观摩课、研究成果展览等,借助这些先进学校的科研成果给农村学校一个很好的示范与引领,实现科研成果在一个更高层次上的再创造、再实践和再发展。

探索教科研训一体化的研究方式,使教科工作沿着科学的程序与方法,追寻问题发生、发展过程,引导教师主动学习,不仅能解决具体问题,而且能解决根本问题,使教科研培训由过去的灌输式的理论培训变成现在的参与式的培训,组织者也由过去的培训者转变为现在的促进者、引导者。近年来,吴江区教科研培训工作取得了一定成效,一方面增强了教师问题解决的意识和能力,另一方面随着教科研训一体化的逐渐深入,教师们对科研的热情也越发浓厚。近两年,吴江区在教学成果评比、课题申报、论文评奖等方面的成果一直居于全市前列。吴江区也多次承办省级、市级科研工作先进经验现场会,多次接待前来现场取经的考察团。通过教科研训一体化活动,吴江区教科研培训的做法得到了省市级专家、兄弟区县的肯定,这些无疑都提升了区域教育的美誉度,扩大了影响力,形成了区域教科研的特色与品牌。

经过几年的研究,苏州市吴江区虽然在区域教科研整体改革的实践路径上形成了一定的认识,取得了一些成果,但在很多方面思考还不够全面深入,行动还缺乏系统力量。因此,改革之路任重道远。

第三节 "服务+引领"的教科研队伍

研究、指导、服务、引领是苏州教科研的基本职能。在恢宏巨变的时代,如何更有效发挥教科研的这些基本职能,以引领苏州教育教学的高质量发展,需要新的视域、主张和实践的探索。

一、为什么要加强"服务+引领"的教科研队伍建设

区域教育科研的品性和教科研成果的品质关键取决于教科研队伍的整体质量。但根据我们的观察和调研,苏州市的教科研队伍无论是数量,还是质量,以及服务教育教学、服务师生、服务学校、服务行政的水平都有待提高。

(一)一项基于中小学幼儿园的教科研调查

我们对苏州各区域中小幼教师开展抽样调查,采取以问卷调查为主、以个体访谈为辅的形式,旨在以真实数据分析教师在教科研特别是课题研究方面存在的问题,归纳教师对区域教科研组织管理方面的需求,为新型教科研队伍建设路径探究现实依据。

调查由区县级教科室自行组织,问卷调查对象为部分中小学、幼儿园教师,且皆为曾经或正在参与课题研究的教师,样本占区域公办教师人数的近10%。调查内容主要涉及三个方面:教师个人基本情况、课题研究情况、教师对区域及学校教科研队伍建设的认知及需求等。调查结果如下:

1. 参与课题研究的教师基本构成

(1)从任教学段看,初中学段的研究力量相对薄弱

小学教师参与率高,各类级别课题都有;初中教师参与度偏低,省级课题占比较低;高中四星级学校教师参与积极性较高,省市级课题占比较高。

(2)从任教学科看,研究者多为三大学科教师

语、数、英三门主要学科教师参与研究的比例占被调查的初中、小学教师总数的近四分之三,其余学科教师的占比只有四分之一,个别科目无教师开展研究。

(3)从是否骨干教师看,研究者中非骨干教师略多

工作11~25年的教师是课题研究的中坚力量,课题主持人多为高级教师、市区级学科带头人等各类骨干教师,但非骨干教师占参与课题研究人数的70%。

(4)从教师工作量看,研究者大多课务繁重

周课时量(含早读、自习等)调查不容乐观,65%的教师课务繁重,相当一部分教师认为教学之外的杂事过多。

2. 教师对课题研究的认知及研究现状

一线教师大多没有深度参与过课题研究,任课题主持人或核心成员的比例只有30%,不少教师即使参与了研究,也仅在其中承担了某项任务。教师参与省市级课题研究的约占50%,且超过四分之三的被调查者是首次参与或只参与过一次课题研究,大部分教师的课题研究处于起步阶段或是浅尝辄止,课题研究经验不足,缺少较高级别的课题引领。有些教师放弃了高级职称评审,在教科研方面基本是"躺平";教师的能力参差不齐,对教科研的热情也有很大的差异;有些教师有研究意愿,但觉得没时间或不知道怎么做课题;教师们的课题研究积极性较前五年有一定提升,但从区域覆盖面上看比例依旧不高。

(1) 对研究价值的认识不足

超过60%的教师认为参与研究的最大动力在于解决自身教育教学实践问题的需要和兴趣驱动,接近40%的教师是被迫科研或直接表达是评奖晋级的现实需要,教科研的功利化倾向始终存在。部分教师认为课题研究较课堂教学来讲不甚重要或无甚关联,多数教师认识到课题研究对教学工作有很大帮助、能引导教学改革,但真正能够借助课题研究促进教学改革的教师少之又少。

(2) 对研究难度、操作要求的认知不清晰

"课题研究太难了,不是我一个普通老师做得来的""课题研究是一个复杂烦琐的过程,能否由专业的人员来承担课题研究""弄那么多研究报告,还得发表论文,太难了"。教师们普遍认为课题难做,超过三分之一的被调查者认为最难的是"研究论文的撰写及研究成果的提炼",四分之一的被调查者觉得最难的是研究措施怎样落实于教育教学实践中。

(3) 期待课题研究解决现实问题

教师通过课题研究最希望解决的问题主要集中在学科教学及学生发展两大方面,占三分之二,其中学科教学问题占到了近50%。有近30%的教师非常期待以课题研究方式来提升自己的教科研能力,表明教师迫切希望通过研究减负增效的真实心理。

(4) 研究动力与研究能力不足

教师开展研究的最主要动力是解决自身教育教学中的实际问题,但"教

学工作繁杂,搞研究的时间不足"占比53%,"平时教学任务、带班工作比较繁杂,感觉有点力不从心",这也是课题研究动力不足的重要因素,是研究难以取得实效的最现实问题。"科研方法与具体操作等能力不足"是影响教师开展研究的最直接的原因,占比34%;学校的支持与氛围、个人的研究意识与动力不足也是现实困难,占比13%。

3. 教师对开展"抱团"教科研的期待

"抱团"教科研,以教师自主参与为主的、行政性较弱的教科研队伍组织样态,是自发性的教师实践共同体,可以是区域层面的、学校之间的、一校之内的,就是打破校际科研隔阂、跨越学段或学科间的界限,让教科研发展目标相近的学校及教师形成合力,抱团科研,借共同体之力助个体发展,也以个体发展促成学校及共同体提升。

(1) 参与"抱团"教科研的意愿较强

"如果抱团研究能帮助教师降低研究难度、将教师的积极性调动起来,学校的课题管理等系列问题也许都可以迎刃而解",非常愿意"抱团"及视需要而定的教师占到了87%,不愿意"抱团"的只有6%。

(2) 希望"抱团"教科研活动组织得力、氛围浓厚

近半数的教师希望"抱团"活动以"阶段性研讨交流分享"的形式开展,也有近四分之一的教师希望参与课题研究的课堂展示活动,开设自发性学习沙龙等形式占比相对较低。多数教师希望能够在一个有良好组织、科研氛围浓厚的团队中获得成长,特别希望教科研面对面专家指导或外出的科研学习常态化。

(3) 希望学校给予更多支持与激励

94%的教师都看重学校为自己提供更多学习、展示的机会,只有6%的教师希望"抱团"教科研能与教师绩效考核挂钩,学校能够给予一定的物质激励。

(4) 需要专项培训更"落地"

对于区域培训活动的需求,教师们喜欢面对面的交流研讨与专业指导,希望学习典型课题范例、参与优秀课题课的观摩,占比高达92%;少数教师更希望得到一对一的指导,以听专家报告的培训形式占比偏低。关于培训、研讨的线上线下组织形式,只有8%的教师最希望获得的帮助是线上的交流互

助,他们更需要区域层面提供现场指导、研讨的交流平台。

(二) 调查结果显示中小学迫切需要一支"服务+引领"的教科研队伍

1. 教师的参与面可进一步拓展：迫切需要强化服务意识，引领师师携手互助

(1) "青蓝"对接

调查显示,教龄30年以上的教师、5年以内的教师、校级骨干教师参与研究人数较少,可创建新老教师合作研究机制,点燃更多中老年教师的研究热情,发挥骨干教师的教育教学优势,带动新教师走上幸福研究之路。

(2) 携手"跨越"

语、数、英学科教师参与研究的比例远远高于其他学科教师,如果他们就某一主题或彼此互补联手开展研究,可以跨学科携手共进。学校教科室可引导不同学科教师协作研究,区教科室可依研究方向相近建议多所学校互补、结对开展"抱团"研究。

2. 教师的研究动力需进一步激发：迫切需要提升服务质量，引领"抱团"互补共享

(1) 形成合力

高品质的教科研不是"孤军奋战",诸多现实的操作问题需要教师们互助解决,更需要区域教科研管理部门给予具体有效的指导及适当的制度化倾斜,给予学校及教师适度的动力支持,校际取长补短、资源共享,帮助教师在遇到研究瓶颈时能有引领、动力不足时能有伙伴,帮助学校教科室获得"援手",消减学校指导的难度及工作量。

(2) 研训一体

教师们更需要加强课题研讨、经验交流等活动来提升自己的研究能力,区域内主题式、序列化的培训必不可少,通过问题导向、任务牵引、现身说法、论文练兵、教学现场等方式开展研训一体的科研实践活动,促进教师扎实研究、协作研究。

3. 教师的协同研究策略待进一步落实：迫切需要优化服务策略，引领整体联动

(1) "课""题"融合

"课"指学科课堂教学,"题"指微型课题研究,教师的研究多"发"于也

"落"于课堂,将教师的课题研究与课堂教学实践相融合,促进"课题进课堂",以区域内"抱团"研究的方式,更利于互助"磨课",推动真研究。

(2)"上""下"联动

课题研究要拓展线上线下"抱团"联动的多维化空间,拓展"抱团"研究的渠道,以线下的现场研讨、展示活动为主,以线上的互动学习交流为辅。对于区域教科研主管部门,线下的作用主要是服务、引导、监督,线上的功能主要是发动、推介、展示。

二、"服务+引领"教科研队伍建设的基本内涵

调查帮助我们摸清了教师开展教科研的困扰,了解了教师"抱团"教科研的必要性与可行性,用数据说话,推动我们更多地思考教师专业发展的有效方式,坚定地以"服务+引领"为宗旨,促使我们努力打造"服务+引领"的教科研队伍,为提升区域高品质教科研蓄势赋能。

由此,苏州区域各级教育科研专职部门,在苏州市教育局、苏州市教育科学研究院的领导下,具体负责本区域教育科研的组织实施工作,提出了"服务+引领"的教育科学发展宗旨、"服务+引领"的教育教学实践范式、"服务+引领"的一线教师科学开展教育工作规范,以促进区域教育科学繁荣为宗旨,积极组织各级教科研工作、整合各区域教育科研资源、完善教育科研管理制度、构建特色化及高品质科研体系、培育教育科研典型、普及教育科研理论知识,逐渐形成了"服务+引领"的教育科研队伍。

1. 基本内涵

不同于高校教育科研工作者及其工作性质,基础教育教科研工作者的工作内容和工作机制,在于坚持以儿童发展为本,立足课堂教学,以儿童发展研究、课程研究、教学研究、评价研究为前提,服务、引领广大学科教师、中小学校等教育部门,贯彻国家教育方针,抓住时代和教育变革趋势,锐意教育教学改革,促进基础教育高质量发展。因此,"服务+引领"是基础教育科研工作者的根本属性、根本特征,也是基础教育科研工作者的工作要义。

2. 培养目标

以有机融合的课程生态、学段协同的研训生态、全面贯通的管理架构,培养一支能支撑区域教育教学改革的"服务+引领"的教科研队伍。

3. 行动机制和推进策略

针对区域教科研队伍建设的现实问题,我们不断探寻有效的解决路径:一是依托"抱团型"教科研组织及教师专业发展共同体的力量,不断搅动区域科研,将教育科研全程皆纳入"服务+引领"协作的推进系统中,始终坚持以"教学立足于科研,科研服务于教学"为指导思想,不断提升教师的科研意识及专业发展内驱力;二是持续开展"课题进课堂"主题活动,将科研与教学实践结合起来,探索教科研训一体化路径,始终关注教师队伍的科研建设,在教师的个性化发展中提供针对性指导,为课堂教学提供理论指导和实践保障,不断引领教师常态化研究、持续性研究,使教科研成果与教学能力提升有效融通、形成良性循环。从而逐步实现区域内个人研究与群体研究互进、教育科研与教学实践双赢的生态运行。

三、"服务+引领"教科研队伍建设的区域实践

(一)"四驱"系统:"服务+引领"教科研队伍建设的机制保障

结合苏州市区域教师对于教育科研的认知与需求、教育科研管理运行现状及创新机制方面取得的一些经验,建立教科研队伍区域化运行的"四驱"系统,即区域教科研管理者的理念引领,区域教科研队伍管理机制保障,助力教师开展教育科研的教研、师训、协作的"三驾马车",教育科研交流展示平台搭建等。

1. "导航仪"——区域教科研管理者的理念引领

区域教科研管理者,是教师开展教育科研活动的引路人及助推器,首先要有让教育科研大众化、群众性的意识,要有帮助教师从"经验型"向"研究型"转变的意识,要有助力基层科研"生长"的服务意识——服务学校发展、服务教学改革、服务教师成长。教育科研是通过科研让学校、教师、学生受益的"民生"工程,区域教育科研管理部门要善于加强宏观引领,以常态化的工作样式推进区域教育科研向纵深发展;要善于调动学校对于教师教科研"一级"管理的积极性、规范性,思想上高度重视,管理上机制完善,成果上注重推广,才能对教师开展教科研因势利导、稳步推进,才能对校级的教科研发展进行科学谋划、着力管理。

2. "引擎"——区域教科研队伍管理机制保障

对于"服务+引领"的教科研队伍建设,良好的管理模式及运行机制是有力的引擎。

(1) 教科研队伍的区域构建模式

行政型构建:区县级教育行政部门或教科研主管机构引领的三级联动组织模式,通常采用"区教育局—区教师发展中心—各中小学"的三级分层构建模式,由行政部门政策推动、业务部门专业引领、基层学校校本化实践,各司其职,是自上而下的层层管理、落实到事的组织形式。

草根化构建:区域层面或学校之间或一校之内,自发构建的教科研共同体模式,通常实行的是根据教师教科研发展需求,以教师读书会、教师写作小组、同类课题研讨沙龙等多元化的教师实践共同体,自主开展教科研活动。

(2) 教科研的区域管理制度建设

教育科研的区域管理,必须有相应的制度加以规范及引领,如《区域"十四五"教育科研发展规划》《区域课题研究管理办法》《区域教科研考核标准》等,以完善制度的办法规范管理,如,针对立项评审、开题论证、中期检查、结题鉴定、成果推广等课题管理流程,区域教科研管理部门基于不同阶段的突出问题提供针对性的服务与引导,促使学校教科研及一线教师的研究更加规范、有效。

(3) 教科研的考核评价机制

多元评价及考核激励的方式对完善教科研队伍建设也起到了非常积极的作用。如,区域教科研评审公开机制,区级综评与学校自评相结合,区级教育科研先进集体及先进个人评选活动等。

3. "三驾马车"——区域教科研队伍内涵建设的关键要素

(1) 教研居中

服务于课程改革、课堂教学的教育科学研究才是具有生命力的,才是教师有意愿付出心力的。注重教科研队伍的内涵建设,区域教科研主管机构就要注重引导教师顺应学校课改浪潮,顺势而为,把准教科研大方向,学校教科室要与教务处、德育处加强联系,以教研组、班主任组为单位,开展主题性、系列性的教育教研,以课题研究的视角,带题备课、带题上研究课、带题研讨,通过章程设计和持续跟进,把日常的教和研融为一体,凝聚教师群体的智慧结晶,促进学校整体发展。

(2) 师训在左

区域教科研管理者、学校教科室,切实承担起教师教科研服务和引领职责,把教师引导到"想研究、会研究、善研究"的道路上来,让教师从"要我研究"变成"我要研究"。区域教科研的高品质运行,离不开各级各类的专题培训,依培训对象来看,包括区域教科研主管人员、学校的教科室主任、各教科研共同体的领衔人、各级课题的主持人、有意愿参与研究的教师等。教科研培训内容有课题专项、研究方法、论文写作等;培训类型有专家讲座式、专题沙龙式、小组磨课式等。

(3) 协作在右

提升教科研品质,前提是教师的自我发展的驱动力,协同研究可对教师成长产生触及内心的推动力,有助于降低个体研究难度,实现不同层阶的教师相互间互惠共赢,建立以学术或学科骨干教师为引领的小型协作研究团队是非常必要的,骨干教师是"教练"、是"主力",引领一部分同学科或同一研究方向的教师,在特定时期进行全程跟进、协同钻研。

4. "展台"——区域教育科研交流展示平台搭建

区域教育科研管理运行的有效及顺畅、教师教育科研全程中的交流与展示,都需要搭建适切的、多维化的管理交流平台。这一平台既需要便于沟通交流的线上网络平台,又需要面对面研讨论证的线下活动平台,以实现线上线下共赢。

(1) 线上共享

搭建多样化、多层级的教科研协作发展的网络媒体平台,如,QQ 群或微信公众号、微课网、区县级教育科研杂志等,开设理论学习空间、互助信箱、经验交流、成果展示、网上论坛、网络研课、QQ 评课等项目或活动,共享教育科研资源,拓展教科研时空。以线上交流平台搭建为例,从创建者及管理者来看,可以是区域教科研主管人员,这样搭建的平台是区县级的,有教科研发展意愿的教师都可以加入;可以是学校教科室的工作人员,是面向本校教师的校内平台;可以是一位教科研骨干教师,他可以将自己同学科或研究方向相近的教师组织起来,创建一个更有共同话语的校际的交流平台。以交流平台的运行为例,创建者可以以研究流程性问题的探讨与指导帮助教师解决日常问题,真正发挥其协助研究教师教科研发展的功效。

（2）线下互助

不同层级的教科研共同体，自行选择活动主题、形式、内容、流程等，以多样化的活动形式开展真实科研，每次活动都要有校级教科研骨干教师、区级或市级教科研专家全程参与，或进行专项指导或个性化点拨。每一次线下的研究活动就是一次主题式、体验式学习培训，将日常研究、交流与培训整合在一起。

（二）规范执行："服务＋引领"教科研队伍建设的运行流程

区域教育科研专职机构为推动教师专业发展、构建高效的中小学教科研团队、丰富区域教科研组织管理形式，以课题研究为抓手，创建弱行政化的教师"抱团"教科研组织，通过团队研究的凝聚引领、互助共享，调动更多教师的研究积极性，实现协作发展的成效。"抱团"组织实质上是一个教科研共同体，群众性较强，更富有活力和凝聚力；又是一个学习型组织，由一个个学习气氛好、信息沟通快、扁平式的"抱团"小组构成，以化整为零管理形式来解决教科研队伍可持续发展问题。由此，"抱团"教科研需要自愿自觉、同行协助、专业引领、规范运行，更需要遵循共同体发展原则、需要强有力的团队执行，其核心要素如下：主体要素、目标要素、运行要素，依此，建立三大核心流程来推进"抱团"教科研执行的效力，即人员流程、战略流程、运行流程，通过系统化的执行流程来促进"抱团"组织凝心聚力、协调关系、持续发展。

1. 人员流程：核心聚力与横向协作

"抱团"研究组织是一种为实现教师专业成长而"抱团"发展的开放系统，人员流程的设置是"抱团"研究目标达成的人力资源前提，是战略流程及运行流程的基础。它主要包含"抱团"教科研共同体的不同层级人员的职责及行动方式、各小型团队人员选育及其"抱团"形式。

（1）核心管理团队领衔聚力

"最优秀的管理者，没有追随者，而是与大家一起奋斗"，这是企业管理的一个重要理念，这一观点同样适用于教科研队伍建设机制，专职的教科员首先要具备的就是服务意识，应该与一线教师共同成长、协同发展。

核心领导者的定位、职能、个人素养及对团队价值观的认同等，都关系着"抱团"组织科研效能的最终发挥。"抱团"教科研组织首先要有一个执行力强的核心管理团队，有极具凝聚力的领衔人来组织协调整个团队工作，核心管理团队成员皆具备过硬的专业素养，具有个人魅力、组织才能、主观能动性,在团队运行中具备威信力、号召力和凝聚力,他们都善于全面把握教师发展需求、制定明确的阶段目标,善于调动成员的持续发展力,及时化解团队矛盾、保证团队活动有效开展等。

这样的"抱团"教科研队伍构建遵循了梯队构建原则(图4-1),领衔人为区教科室专职教科员两人,创建区级"抱团"组织,统筹管理;主管人为部分中小学、幼儿园的教科室主任,组建校际或校内"抱团"教科研共同体,组织协调基层教科研活动。这两级合力构成核心管理层,共同引领一线教师开展教科研活动。

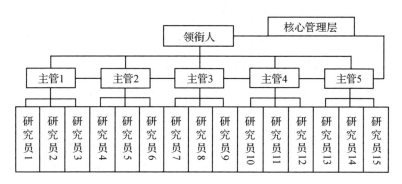

图4-1 "抱团"教科研队伍组织架构图

(2)三种"抱团"优化横向协作

"抱团"教科研队伍的构建坚持目标一致、最少层次、统一指挥等原则,注重发挥不同特长教师的作用,加强学校之间、教师之间的横向联系,争取教科研资源利用最大化,由此形成三种"抱团"方式:一是"同领域抱团",由共同话语集中、研究方向相近的教师组成,他们任教的学科及年段相同或相近,有利于拓展研究领域的深度和广度;二是"同地域抱团",即研究教师工作同地域或邻近,他们的协作研讨无地域上的障碍,实体资源的共享、面对面的交流是突出优势,这样的"抱团"研究便于基地资源的全面开发利用、区域特色资源的系统开发利用及跨学段衔接、互补等问题的解决;三是"同阶梯抱团",即教师的专业发展层级相近,教师从"新秀"成长为学科带头人,发展基本轨迹为"适应期→转型期→基本成才期→攀登期",参与"抱团"研究的教师成长期不同、科研能力不同、自我发展要求不同,将为完成自己的任务目标而开展教育教学实践与研究,"同阶梯抱团"的团队"主管"可针对性地抓住研究者在不同发展阶段的特征与需求,有的放矢,因势利导,促使其突破发展瓶颈。

2. 战略流程：目标愿景与团队力量

"抱团"研究需要核心管理层有战略意识，需要创设一个自上而下的整体性规划过程，需要综合性地考量及协调团队的整体研究行动，如，如何分解总目标、有效推进阶段性目标，任务驱动式的研究推进手段如何落实、怎样监督，预设的战略流程在新一轮"抱团"研究进程中如何改进等。

（1）目标愿景唤醒专业成长自觉

区域内"抱团"教科研组织的构建，就是一个大型的科研团队的管理与运行，要在构建科研团队的总目标的基础上，再分解出阶段目标，由核心管理层落实到每一个团队成员；还要强化目标管理，不定期地对团队目标执行情况进行检查和督促，并采取相应措施予以推进，确保团队整体目标的实现。

"抱团"教科研组织又是一个实践共同体，由有着强烈学习意愿和共同研究兴趣的教师自愿加入，其共同目标是在共同参与的研究活动中形成良好的学习、研究氛围，并通过传承与创造而发展自己的专长、促进自身专业成长。"抱团"组织的总目标在于：激发教师参与教科研的热情，提升教师的教科研能力；创新区域性教科研活动形式，形成群众性教育研究操作模式；以课题研究为载体助力课堂教学，带动教师提升教育教学质量、促进自我专业发展。"抱团"领衔人、团队主管要在不同阶段为团队设置系列化、阶段性的清晰又现实的目标，把这些目标清晰地传达给每一位成员，并逐渐成为团队日常运行的指导准则。

（2）"三步骤""四策略"凝聚团队力量

"抱团"教科研组织的"战略"规划"三步骤"：第一步，核心管理层要集思广益，对教科研团队的实际操作过程、教科研发展现状、团队资源及团队优势劣势要有基本把握；第二步，"抱团"研究要分层规划，对课题管理可研究周期规划，对成员发展可按教师成长步骤规划，对团队运行可按团队优势建构规划；第三步，解决好"木桶效应"和"指头理论"的问题，即管理层要善于发现和补齐短板，积极发现和发挥"最长的指头"的优势，努力实现科研价值最大化。

选择"抱团"教科研是为借助团队的优势，实现 $1+1>2$ 的团队效力。因而，最大程度地凝聚团队力量，充分发挥教师的自我驱动意识，形成引领教师个体进步的基本策略：一是"头雁效应"，核心管理层要整体规划团队发展方向,并积极发挥带头作用,有效引领其他教师进入研究状态;二是"倒三角管理",规划团队日常运行,放手研究者自我规划研究工作,核心管理层为研究者创造机会,提供智力与资源支持;三是"雁阵效应",规划团队组织关系,团结协作、相互配合,互为助力,用团队力量完成共同目标;四是"爵士乐管理",规划团队成员定位,激发每位研究者的主观能动性,发挥个人特色,使自己所长的"乐器"在团队协奏曲中充分展现。

3. 运行流程:阶段管理与多维培育

(1) 阶段管理夯实执行进程

"抱团"教科研组织内部的横向协作是为了拉动研究者的纵向行动,是为了避免半途而废或虎头蛇尾,是为了以团队力量推进真科研、结硕果。所以,如何加强过程性管理尤其重要。以课题管理流程为例:核心管理层的阶段性管理各有侧重,前期以选题指导、基本技能培训为主,中期以实践督行、专项推进为主,后期以研效评鉴、经验交流为主,要有的放矢、持续跟进、有效引导,夯实执行过程。

(2) 多维培育坚实发展内核

教师科研实力的提升离不开多维培育方式,以"层""阶"培训策略不断坚实"抱团"研究的发展内核:一是分层培训实行专人责任制,各校教科室对教师进行教科研基础性培训,领衔人对小组"主管"开展团队领导力培训,"主管"对在研教师进行个性化培训等;二是分阶段培训实行专题推进制,针对课题研究进程或教育写作需求,突出阶段研究重难点专题培训。

多维培育也要围绕教科研团队发展特性展开。首先,以团队共性问题实施培育,唤醒教师的专业成长意识、丰厚研究者的科研技能,核心管理层注重定期培训和平时培训、集体辅导和个别指导、专家讲座与经验介绍相结合。其次,以团队构成特性实施培育,针对团队特点和工作目标,对教师的培训要有的放矢,因势利导:针对"同领域抱团",突出学科专业知识的培训,把握学科领域最前沿的科研动态、最有代表性的成果等;针对"同地域抱团",以本地域内的共性问题做专项培训,着重解决跨学段衔接教学等专题;针对"同阶梯抱团",基于教师不同发展阶段的特征及需求,其研磨重点要各有特色。最后,以团队核心引领实施培育,团队核心管理层要善于"授之以渔",要善于捕捉、汇总成员阶段性研究困惑,提炼出一些共同研究的资源,针对成员特点、需求及时提供具体而有用的研究建议、方法指导，促使教师个体的科研行为转化为群体研究行为，促进协同科研氛围的形成。

"抱团"教科研组织运行模型如图4-2所示。

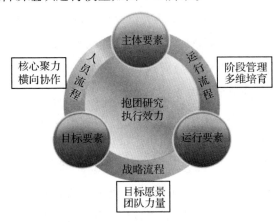

图4-2 "抱团"教科研组织运行模型图

（三）"抱团"成长："服务+引领"教科研队伍的区域合力

区域性的"抱团"教科研组织，是由区域教科研管理部门牵头创建的，旨在推动教师教育科学研究高品质发展，是跨学科、跨学校的联合活动的"或行政性或草根化的教科研组织"，实质是教师教科研团队、学习型组织、实践共同体融合下的一种教师共同体。当下，教师共同体已被普遍认为是教师开展教育科学研究的理想场所和组织形式。因而，"抱团型"教科研组织的基本定位为以教育科研为导向的、以"抱团研究"为组织形式的、直接指向学生发展及教学改进的、助推教师协同发展的教师共同体，"人""关系""行动""改变"是"抱团型"教科研队伍建设的四大关键词，"人"是主体要素，"关系"是基础要素，"行动"是执行要素，"改变"是目标要素，即在教师共同体内部，在不同的岗位上的、不同职责的成员，以分工协同的形式构成的一个有机群体，以探究、创造、表现等活动作为其行动形式，最终真正实现全区域的教师个体及群体的联动，并撬动课堂革命。

1. 真实的主体性：激发教师教育科研内外驱动

真实的主体性，一是在基础教育领域，教师是教育科研的主力军，更多的教师走上真科研的道路会为教育变革注入勃勃生机；二是"合作既是教师的专业实践，更是教师科研的内在向度"，教师在合作研究过程中，互为动力，相互提供"支架",才能避免个体的研究懈怠,直至产生"飞轮效应"。

（1）真实的主体性

一线教师是教科研真正的主体,教科研管理者是发现者,以助推教师间的合作,创设推动群体研究的"润泽的科研场"。其核心管理团队深入课堂、教师办公室去了解教师的教育教学困惑及专业发展愿景,重视教师的真实主体性的呈现,帮助更多教师设计好自己的教科研学习与发展进程,激励教师找出亟待解决的真实问题,积极表达思考,触发"被动的主动性",激发真实的内在驱动。维系自发性为主的"抱团型"组织发展的首要因素是人自身的发展需求及精神支撑：一是领衔人的凝聚力与执着信念,二是教师的教育情怀及自我发展动力,三是行政领导及专家的支持及给力引导。如此,真实的主体性才能得以蓬勃呈现。

（2）主体的多元性

"抱团型"教科研组织需要吸引中小学幼儿园教师、教科研管理者、教科研专家、学校领导、大学研究者等人的积极参与,因为他们彼此的位置不同,并具有独特的知识和经验来实现共同的事业,所有成员都是学习者,也是研究者,更是实践者,不同层级的主体各有特色、各有优势、各有发展需求,可以取长补短,互为人师,互为动力,如此才更有吸引力及生命力,尤其要注重行政人员及专家型导师提供制度及智力支持,完善多元主体的功能。

（3）"抱团"的开放性

"抱团型"教科研组织是领衔人与学校教科室主任组成核心管理层,对一线教师进行服务与引导,一轮教科研循环之后,诸多教师对教科研具备了基本自信,教学水平也有了长足进步,成了自己学科组的"小太阳",带动了身边教师共同发展,不同专业发展层阶的教师形成新一轮实践共同体,他们的科研能力不同、自我发展要求不同,逐步实现教育家型教师与青年教学能手"抱团",不同学科、不同领域的名师"抱团",甚至走向多学段教师"抱团"、走向更广泛的社会领域,开放性不断增强。

2. 多元的关系：建构多向交互系统

（1）多样化的关系

教师在"抱团"研究中涉及多种关系样态,有人与人的关系、人与物的关系、人与自己的内在关系,如,教师与教师的关系、教师与学生的关系、教师与教科研专家的关系、中小学教师与大学研究者的关系、教师与课堂的关系、教师与现代信息技术的关系等。在诸多关系中,"抱团型"组织核心关系是教师间的教科研协同关系:一是相互倾听的信赖关系,教师安心轻松地构筑共同体内教师间的关系,在润泽的教科研场域中,以尊重的、互助的姿态面对每一个同伴;二是相互学习、启发的"回响"关系,以各种想法、认识相互激荡回响的活动来形成一种同质促进、异质互补的共生关系。

(2) 多向交互的系统

在一个共同体内部,教师同步研究,有时会交流研究进展、互相听课,但他们的关系只能称"共同",教师间互补共研、互通协作的功能需要加强,构建教师之间多向交互的系统:研究者对于组织者要有反馈,不能只以领衔人为中心,单向发布学习资料、任务推送,研究者也要经常回应信息、提出困惑、分享经验;教师经常置身于教科研的"互动场",才能形成互联互通的多向交互影响关系,互动协作、资源共享、优势互补才能真正发生。"抱团型"教科研组织的内在协作模式应从单向传播走向双向传播,从"核心"指令走向"网络"交互,从组内齐行走向群组跨越。"抱团型"教科研组织网络交互系统如图4-3所示。

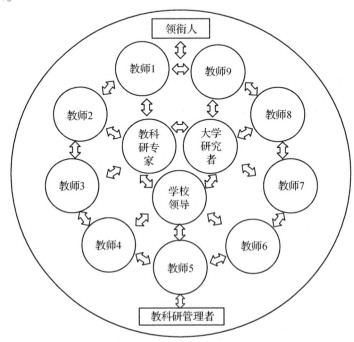

图4-3 "抱团型"教科研组织网络交互系统图

3. 多维的活动：引领教师深度学习与深度研究

"抱团型"教科研组织发展重心是，通过形式多样的活动，互为动力，寻找榜样，深层激发自主发展的意识与能力，其活动内涵最终指向深度学习及深度研究。

（1）综合学习与研究

新时期，学生需要发展核心素养、深度学习、跨学科学习、综合实践，教师自身也要全面提升专业素养，更需要不断提升深度学习、跨学科教学与课程研究能力。"抱团型"教科研组织构建了资源共享、互助共赢的多维空间，借助立体的研讨交流平台，通过专业阅读、现场教学、线上分享等综合实践活动，进行综合学习、跨学科的合作研究；激发自己的学习动机，更多地与教材、与文献、与学生、与同行、与专家、与自己对话，让语言、思想在教师之间流动起来。围绕课题研究开展专题探究活动，与同事、专家合作、研讨，与他人产生思维的碰撞，不断提升自己的跨学科教学能力、跨领域的学习研究能力。

（2）公开研讨会

教师共同体的发展，也要通过相互交流与共享教育实践，构筑起一种教师作为教育专家的、自律的、共同成长的"合作性同事"关系，构建的最好方法是"教师之间相互公开教学、相互批评、对教学案例进行研究"。"抱团"研究者们也是"合作性同事关系"，在科研氛围中共同成长，成为自己领域中的教育专家。"抱团型"教科研组织的"公开研讨会"活动，就是从公开自己的教学、从"课题进课堂"、从课例研究开始，起初是三五人的小组内的公开，以同题异构、"青蓝"对接、团体研磨等"抱团"研讨课实践样式，从开放的课堂中一起发现问题、解决问题，逐渐更大范围地公开，到更广泛领域的"公开研讨会"，研讨的主题不仅有教学、个人发展，还有专家观点、热门现象等。

4. 持续的改变：践行"读·教·研·写"融合的教科研发展路径

（1）探索"读·教·研·写"融合的发展路径

"抱团型"教科研队伍建设指向的是研究型教师的培养，"读是写的实然—研是教的应然—读用于教—研落于写"，这样的循环顺畅起来，"抱团型"组织将更有生命力。创建不同层级的教科研共同体，以"共读共写"为突破口，从小团队做起，引导教师到专著文献中去学习专家里手的论断与经验，放之课堂，探寻问题及解决办法，衍生自己的专题研究，在研究过程中思考、表达,以教学随笔、教育论文等方式呈现出来,四者互联,逐渐积累"读·教·研·写"融合的具体做法,逐渐形成实效性教科研发展路径。

(2)坚持螺旋式发展方式

每个教师的成长都是不断修炼的迭代过程,在专业化的共同体中发展,更有利于塑造优质的教育观念与综合素养。"抱团型"教科研组织,是一种教师专业发展的"公共圈",以专业发展的愿景、以教育人的情怀、以专家的支持引领、以合理的规划、以行之有效的操作方法凝聚研究者,坚持螺旋式发展:以教师个体学习与研究为起点,到专题性的互助学习、同侪研讨,进而再与更高层次的专家或高校的研究人员合作开展更深入的教科研;进而反哺教师个体的教育教学实践,形成教育教学主张,更多优秀的教师个体形成合力,反推教科研共同体高位发展。

第四节 "反思+自觉"的教科研文化

教学与科研的互动和谐,教科研训一体化的真正融合,更深的影响因子,更关键的环节在于教科研文化的形成和积淀。

一、什么是教科研文化

文化是人类在社会历史发展过程中所创造的物质财富和精神财富的总和。它包括物质文化、制度文化和心理文化三个方面。物质文化是指人类创造的物质文明,包括交通工具、服饰、日常用品等,它是一种可见的显性文化;制度文化和心理文化分别指生活制度、家庭制度、社会制度,以及思维方式、宗教信仰、审美情趣等,它们属于不可见的隐性文化,包括文学、哲学、政治等方面的内容。人类所创造的精神财富,包括宗教、信仰、风俗习惯、道德情操、学术思想、文学艺术、科学技术、各种制度等。文化也可以称为社会团体共同的思维特征。不管文化有多少定义,有一点很明确,即文化的核心问题是人。有人才能创造文化。文化是人类智慧和创造力的体现。

教科研文化,是指在一定地域范围内,教科研参与者在提升教育质量建设过程中,以提升教育品质为指向,以适切的教育理论为依托,有目的、有计划、有组织地对教育问题进行系统解构与研究,探索适合区域教育生态化发展的有价值的创造性认识活动方式和精神品性。优良的教科研文化能有力提升全面质量观引领下的区域教育质量。

二、"反思+自觉"的教科研文化的提出背景

长期以来,教研与科研分裂而行,各自为政。重复、交叉、多头而低效。"科研"空中楼阁、坐而论道;"教研"埋头耕地、浮于表层。两者的相对分离造成了全面质量观在区域落地的"散点"与"互耗"。

虽然基础教育教师参与教科研的比率逐渐增多,但中小学教师的教科研缺乏规范性、系统性与有效性,真研究、实证研究、应用研究还没有成为教师的常态,教师的研究品位不高,教师成长缓慢。

区域内各教科研机构各自为政,融通、关联、合作不畅,导致教科研关联要素没有得到充分释放,还没有完全形成创新、民主、共享、全纳、适切、反思、自觉的教科研文化氛围。

中小学教科研的行政力量过于强大,而教师自觉的反思力量还过于孱弱,教育科研的神秘感、深奥感、恐惧感及功利性,给教科研带来了浮躁、虚假、短期等负面影响,是造成基础教育研究落后的主要原因。

这些都是造成教科研品质不高,教科研文化涵养不力,教科研不能持久、良性发展的主要原因。

基于此,近年来苏州市教育科学研究院通过"指向立德树人的区域教科研整体改革实践研究"课题引领,着力体制机制重构、行动方式重建、研究队伍重育,全力实践全面质量观引领的教科研文化的区域塑形,即"反思+自觉"的区域教科研文化。

反思:教师专业发展离不开教师对教育教学工作的实践、思考,离不开对教育发展前沿的把握和对教育理论的学习研究,更离不开对学生的了解、理解和心理驾驭。反思教学、反思教育、反思自我必须是教师的日常行为和文化基质。

自觉:教科研的本质要求是创新,创新不可能是外在的产物,只能是自觉自愿的探索结果。一个教育科研工作者必须有自己的研究兴趣、强烈的研究意识、规范的研究行为,才能在教育科研的探索路上行稳致远。

事实上,教科研不仅是研究教育规律的专门认知活动,可以完善教师的知识结构,也是一项灵魂锤炼运动,可以专门培养自我警醒的灵魂。在教科研这所"学校"里,优秀的教师灵魂能够完成自我觉醒,最终实现自我升级。

三、"反思+自觉"的教科研文化的形成——以姑苏区为例

(一)四位一体:以体制机制的融通保障教科研文化形成的可能

建立"融通"为核的体制机制是确立教科研文化最为关键、有效的手段。区域教师发展中心的率先成立与高效运行,使得区域"智源""融通",区域教科研文化的形成得到了有力保障。

姑苏区教师发展中心(简称"中心")于2013年9月挂牌成立,坚定地实践着科研、教研、培训、信息化四位一体有机融合、合力推进的全新组织架构与崭新工作模式。每一个重大教科研项目的推进,都不是某一个部门、某几位同志的孤军奋战,而是团队智慧的集聚而行。区域重大命题的提出往往来源于教育教学中的突出问题。中心的每一位同志都带着科研的眼光与思考开展工作,善于契合实践,发现有价值的问题,提出项目研究的方向,善于将这些问题放在科学研究的视域中去界定与架构,提出严谨的研究方案、指明科学的研究策略。于是,全中心的同志都成为教科研的区域指挥者与实践者,从实践行动、培训跟进、信息化辅助、深度研究等角度全面推进、螺旋深入。中心的"四位"在"融通"的教科研中实现真正"一体",这种共同价值观的浸润,这种自我角色定位的丰盈,使中心的每一位同志都深切感受到精神世界的充实、执着前行的动力,为区域教科研迈向品质化集聚了源源不断的力量,也为区域教科研文化的形成奠定坚实的基础。

区域"智源"的体制机制融通,引领着整个姑苏从教育集团到每个学校都建构与实现着四位一体。无论是宏大的项目,还是微观的校本化研究,集团与学校都始终以"融通"的思维与方式去发现、明晰、研究、行动与形成成果,而后又反哺实践。教科研的体制机制纵向一致、横向一体,聚合发力,使得全面质量观在姑苏的落地更为坚实与有力。

(二)顶层设计:以管理体系的完善打好教科研文化隽永的底色

姑苏区是全国首个也是唯一的国家历史文化名城保护区,这里文化隽

第四章 立德树人视域下教科研整体改革的关键要素

永,教育昌明。这里孕育的教科研文化自带区域鲜明的底色:精致而灵动。而这样特质的文化样态除了深受地域文化影响,与区域教科研的顶层管理设计密切相关。

教科研的管理体系建设决定着研究与实践的规划设计、过程管理、经费保障、评价表彰、推广应用等,是教科研文化建设的基础和保障。姑苏区通过体系化的制度建设、人性化的策略帮扶和网络化的过程管理等使得区域的教科研文化弥散着隽永的芬芳。

区域先后研制出台《姑苏区教科研工作制度》《姑苏区教科研网络化管理办法》《姑苏区教科研品质建设指南》《姑苏区教科研优秀成果申评导则》《姑苏区集团、学校教科研绩效考核实施细则》等各项制度。这些制度呈现出鲜明的基石性、本土性、有效性特质,精细而至美,全方位保障姑苏教科研文化建设的深入,全力服务着全面质量观在姑苏的落地。

教科研的制度建设往往给人"高冷之感"。姑苏的教科研文化则传递着独有的灵动,如同温柔的姑苏水,环绕粉墙,总在身边。姑苏每两年推出一版《姑苏区教科研"一站式"服务手册》,以"教科研理论知多少""教科研常识常常问""教科研艺术这样做""教科研案例看过来"等看得懂、做得到、用得妙的教科研具体策略、方法与途径,全面铺陈起区域每一位普通教师投入教科研的可能与可为,连缀起与教科研的深沉关切。教科研文化就在这一次次关切中生根、长叶……

"姑苏教科研大数据平台"是姑苏区自主研发与管理的"姑苏智慧教育决策平台"组成部分,各级各类教科研工作在这里规范化运行。过程管理更加透明,指导跟进更加精准,数据集成更加全面,服务决策更加显性。同时,依托平台,跨越时空,教科研的"共同体"建设在这里更加自由而广泛,协同攻关、优势互补、多向互动、达成联动、指向质效。

精致而灵动,在姑苏教科研文化的世界里汇聚成动人的旋律。

(三)"真""实"内容:以效能落地的质量彰显教科研文化可贵的价值

"让效能可见"是姑苏教科研文化价值最美的表达,也是最高的评价。

什么样的教科研才是有价值的? 有生命力的? 唯有有价值、有生命力,教科研才有可能拥有文化的意象,并且这种意象是来自学校、幼儿园,来自每一位普通教师真切的情感,来自他们有价值的创造性认识活动,来自他们对于教科研真实而强烈的获得感。

教科研真正的价值是什么，真正的生命力是什么？姑苏区教科研人认为，就是真正实现全面质量观。因此，姑苏教科研文化指向的是"全面育人"的价值彰显。

价值是需要落地在"真""实"的实践与研究行动中的。姑苏区以项目化推进来实现教科研的效能落地。这些项目呈现出姑苏教科研文化特有的价值意象。

第一，鲜明的"苏式"文化价值追求。如"姑苏百年老校文化创生项目"。百年老校是姑苏教育的核心资产，也是姑苏教育人的文化富矿，目前姑苏区拥有百年老校19所。"十二五"以来，姑苏区以"基于叶圣陶教育思想的区域培育'苏式学校'的实践研究"为抓手，深入推进"苏式教育"实践与研究，"苏式学校"的"姑苏表达"渐成品牌。进入"十四五"，站位教育改革发展新节点，姑苏区深度聚焦百年老校，挖掘百年老校文化核心资产，启动姑苏百年老校文化创生背景下课程建构与实施研究，深挖环境育人、聚焦课程育人、着眼文化育人，形成多维推进的整体态势，充分彰显"文化为核"的姑苏区学校特质，有效推动百年老校引领区域教育不断向更高质量发展。

第二，鲜明的"全人"文化视野格局。如"全面质量观引领的小初衔接姑苏实践项目"。追随苏州市教育科学研究院的"小初一体化"实践研究，全面创新"市区通联"体制机制，在课程教学、教师研训、评价改革、素养发展、学生成长、家校共育等各方面实现小初学段的无缝融合，形成"上下贯通、有机衔接、相互协调、科学合理、质量保证"的衔接生态，打造姑苏区义务教育一体化发展新样态，有力服务姑苏学子的完整发展、终身发展。

第三，鲜明的"五育"文化行动落地。如"姑苏教育绿色评价改革项目"。聚焦评价，抓住区域教育综合改革"牛鼻子"，建立起以生为本的绿色评价体系，将立德树人成效作为检验教育一切工作的根本标准。坚持立德树人，牢记为党育人、为国育才使命，充分发挥教育评价的指挥棒作用，引导确立科学的育人目标，确保教育正确发展方向，培养担当民族复兴大任的时代新人，培养德智体美劳全面发展的社会主义建设者和接班人，培养具有中国心、苏州质、姑苏韵的吴地好少年。

(四)队伍涵育:以合作共进的幸福成就教科研文化可持续性生长

教科研文化持久的生长,依赖有着理想信念、深邃思维、明确方向、扎实行动、奋斗不懈的教科研核心团队。姑苏区把"享受合作共进的幸福感"作为队伍涵育的有力举措。

姑苏区广泛成立区域名师工作室,每个工作室就是一个活泼泼的教科研共同体。区域教育行政部门给予工作室经费保障、政策扶持、平台搭建、辐射空间,助力每一位成员教师向研究型教师转型。

姑苏区以教育集团为单位,成立了10个教科研发展共同体,各共同体采取项目引领、任务驱动、协同攻关的方式,携手开展各类教科研工作。这样的"体本化"教科研共同体整合了优质资源,促进了教师的交流和学习,在互利互惠、合作共赢的理念引领下,教师的个体价值与群体价值得以最大限度彰显。

姑苏区积极倡导各校、各年级、各教研组、各教师自生组织以"问题为导向,基于微专题,组建微团队,聚力微研究"。姑苏区校园内弥散着浓郁的"工作即研究、研究即工作"的常态化教科研氛围。有的团队瞄准"四有"高效课堂深入探索,力求每节课有适当的教学目标、有明确可行的学习方法、有充足的讨论交流时间、有精当的课堂训练。有的团队在学生动力系统上下功夫,在学生的行为系统上做文章,积极探索"不教课堂",努力为学生的学习添上"翱翔的翅膀"。有的团队深入评价研究,制作概念图,开发"问题卡",深化"绿色评价"……

姑苏教科研"合作共进"的幸福追寻,催生了全方位变革。管理在"变",常规管理更实、目标管理更准、过程管理更细。主题在"变",围绕课题、依托专题、基于问题,教科研的逻辑更加清晰。领域在"变",研究从单纯的学科课堂教学为主转变为学科"课程—教学—评价"的整体性研究。起点在"变",从"理论验证式"研究转向"问题导向式"研究。路径在"变",从自上而下的指令研究转向参与式共享共生。方式在变,从单一走向协同,从经验走向实证,从粗放走向精细,从零散走向系统。

(五)反思自我:以自我觉醒促进二次成长,垫厚教科研文化

在教科研中,教师需要完成的反思不仅有自己的教学、教育、管理、评价

等方面的工作,还需要完成对自我的反思。这是觉醒课程中的重要一环,其任务和目的,就是要"封存"自由意志,注入特定的业力和自动化的反应机制。自觉的反思者,应该向内觉醒而不是向外求索,必须把握时机,抗击逆境,直至内观到了自己内心深处的那个教科研"圣人",破解一个又一个"假科研",析出一个又一个"假我",直至成为自动化的反思者。

"九层之台,起于累土;千里之行,始于足下。"文化的形成是一个长期持续的过程,区域教科研文化建设是个永恒而美妙的命题。姑苏区的思考与实践,只是行进在区域教科研文化的"塑形"阶段。姑苏区将以更加坚定的文化自觉构建制度体系,强化行动落地,关注团队行走,打造更有活力、更具动态、更富生机的区域教科研文化,带动区域教科研品质提升,着力打造高质量的区域教育新样态。

四、"反思+自觉"教科研文化建设的几点经验

组织创新是保障。在全省进行省示范性教师发展中心的创建过程中,我们教育科研人有了一种危机意识。因为多部门的合并,教育科研正有着被弱化的迹象。县(市)级教育行政关注的还是教育教学质量,认为教育科学研究可有可无。事实上,有许多教师发展中心的教科室,正做着教育局办公室的事情。一个地区在进行教育科研文化创新的过程中,一是要对教育科研持重视态度。比如,分管局长一定要把教育科研和教学研究放在同等重要的位置上,一定要形成从局长开始的树状组织结构,一定要建立网络化的区域教育科研组织。

制度创新是前提。制度是保证文化创新的前提,比如说课题管理制度、课题评审制度等。但仅仅有这些区域层面上的制度还不行。事实上,在基层学校,教科室已经成为教导处的附属科室,教科室主任的队伍大部分还是在服务于教学。当然,我们不否认教科室必须为教学服务的特殊要求,但我们更希望看到教科室在学校教育教学管理和质量提升中发挥应有的作用。所以,我们还需要在常规的制度上有所突破,形成具有区域特色的制度建设要求,要不断地建立健全教育科研制度,特别是一些硬性的指标要求。

机制创新是关键。如何让教育科研的制度落到实地,还需要加强机制管理。一个有着浓郁教育科研文化氛围的区域,一定有着系列化的教育科研活

动。要组织多种形式的教育科研培训、推广活动,要将教育科研工作列入学校工作的考核,让每所学校、每位教师都能够认识到教育科研的重要性,并主动参与其中。特别是校级教科室,要主动担当起教育科研的工作,形成"教育科研成果评选""教育科研先进单位和先进个人评选"的常态机制,把教育科研的成果主动转化到教育教学实践中去,在实践的基础上提炼出区域教育科研的亮点。特别是要发挥具有高品质科研素养的特级教师、学科带头人、骨干教师的引领和辐射作用,形成教育科研团队。

成果创新是根本。教育科研成果是评价一个地区教育科研文化的重要指标,科研成果的数量和质量决定了区域教育科研文化水平的高低。数量是成果的第一个指标,确保校校有课题,名优教师有课题,中青年骨干教师有课题,是一个文化创新区的基本要求。数量能够保证教育科研走大众化的道路,而质量是保证教育科研产出精品的要求。教育科研文化创新区,一定要有精品成果。从层级上来说,要有区级的、大市级的、省级的,乃至国家级的教科研成果;从类型上来看,要有政府层面的哲学社会科学优秀成果,要有教育行政层面的教育教学成果,要有科研系列层面的教科研优秀成果……

教育科研文化创新是一个系统工程,既要触及教育科研领域的一些核心工作,也要考虑到领域之外的其他要素,如,教师队伍专业发展的状况,有多少教师受益于教育科研文化带来的红利,成为教育科研的行家里手,成为教育教学的行家里手;教育教学质量如何,教育科研的成果有没有转化为教育教学的生产力,"道"的层面上的科研文化有没有推动区域教育文化的创新……

总之,形成"反思+自觉"的教科研文化,需要教科研机构的高位运行和引领,需要普惠、融通的教科研体制机制,需要真研究、应用研究等正确的研究取向,需要实证研究、定量与定性相结合的研究手段,需要民主、共享的"大教研"科研氛围,需要守正创新的科研精神。

第五章

立德树人视域下教科研整体改革的典型案例

指向立德树人的教科研整体改革,是在区域层面进行的实践探索,研究过程中既有自上而下的顶层设计、机制建构、策略实施,如"小初衔接""双课对接""大教研""苏式课堂"等,也有自下而上通过案例研究形成的经验总结、工作举措,如"抱团发展"等,这些反映市区级教育主管部门、学校、教师等不同层级的一线教科研整体改革的典型案例,既为研究提供了鲜活的素材、一线的智慧,为全市教科研的整体改革提供了参考,也增强了学校、教师教科研融合发展的意识。

同时,作为市级层面的研究,我们还对区域外同类城市深圳、宁波、大连教科研整体改革的现状和特色进行了分析,通过比较、探寻、发现、借鉴这些城市教科研工作经验与成果,助力苏州市指向立德树人的教科研整体改革研究。

科研实践:小初衔接教育的行动理路

"小初衔接"是一个现实问题,也是一个影响义务教育乃至基础教育质量的关键问题。小初衔接是指小学生从小学升入初中时所面临的过渡期,既包括学习上的需求和心理上的压力,也包括生活上的适应。小学到初中的过渡时期,是人生的重要阶段,科学、有序的小初衔接有助于学生顺利适应初中教育生活,并为后续学习和终身发展奠定坚实基础。

国家高度重视学段衔接教育,教育部继 2021 年出台《关于大力推进幼儿园与小学科学衔接的指导意见》后,又于2022年4月颁布的《义务教育课程方案(2022年版)》中突出强调"注重学段衔接",明确要求"依据学生从小学到初中在认知、情感、社会性等方面的发展,把握课程深度、广度的变化,合理安排不同学段内容,体现学习目标的连续性和进阶性"。由此可见,学段之间的衔接教育不仅非常重要,而且十分迫切,小初衔接尤其如此。

苏州市进行小初衔接教育实践探索起步较早,在对小升初过渡期存在的"真空态""突变期""封闭圈"等问题准确把握的基础上,进行顶层设计,系统谋划下好"先手棋",走出了一条"从贯通到协同"的教育实践之路,形成了全社会系统推进、全链条精准实施、全要素共同发力、全领域协同联动的行动理路。

一、以质量为引擎,全社会系统推进

依据《中共中央 国务院关于深化教育教学改革全面提高义务教育质量的意见》要求,落实"深化教育教学改革,全面提高义务教育质量"精神,以全面质量观统领小初衔接教育各项工作,坚持立德树人,聚焦"培养什么人?怎样培养人?为谁培养人?"三个核心问题,从养德、育心、提智、增能四个角度,切实关注学生的品德修养、学科知识、人文素质、学习技能、心理健康、兴趣特长、审美创造等各方面全面发展。

以培养全人格为目标设置出发点,制定小初衔接工作总目标:一是坚持"五育"并举,全面发展学生核心素养,不唯分数论;二是公平地对待每一位学生,促进全体学生的全面发展;三是充分利用各种教育资源,尤其发挥数字教育资源优势,通过提供灵活、多样、个性化的内容和服务,构建一个服务完整的"人"的综合体系,一个支持"每一个人""这一个人"的发展体系。在全面质量观引领之下,形成小初衔接教育实践基本框架(图5-1)。

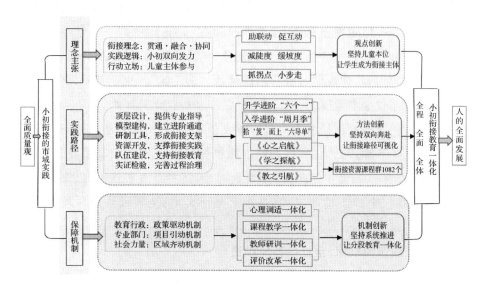

图 5-1　小初衔接教育操作框架

无疑,小初衔接是一个复杂的系统工程,需要政府与社会各界的系统推进,把小初衔接教育工作上升到落实教育强市战略层面,让各级教育行政部门普遍树立正确的教育公平观、科学人才观和多元化质量观。为此,苏州市政府把"衔接教育"纳入《历史文化名城教育医疗高地工作方案》,并写进苏州市政府《优化提升教育资源和质量三年行动计划(2021—2023)》,成为促进苏州教育高质量发展、提升区域教育公共服务能力的重要组成部分。文件在小初衔接的基础上进行了拓展,拟成立幼小衔接、小初衔接、初高衔接、高中与大学的衔接教育联盟,彰显了项目的决策咨询服务功能和为群众办实事的社会效益,也彰显了全社会系统推进、强力支持小初衔接教育工作的信心和决心。

二、以"贯通"为中枢,全链条精准实施

义务教育本就是一体化设置的。因此,小初衔接必须体现落实义务教育的统一性,不仅要执行统一的义务教育阶段教科书设置标准、教学标准、建设标准等,而且在教育宗旨、教育使命、教育目的、教育理想、教育目标、教育要求、教育原则、教育评价等方面进行一体设计,贯穿于义务教育全阶段,实现全链条贯通培养,精准实施小初衔接教育工作。

贯通培养主要体现在四个方面:第一,培养学生良好的行为习惯;第二,培养学生积极向上的人格心理;第三,培养学生成为主动学习者;第四,为学生奠基未来社会需求的综合素质。实现贯通必须打破小初两级管理的阻断,打破"真空态",并打破学段边界和校际边界,缓解"突变期"和消除"封闭圈",实现小学、初中一体化衔接,从整体上协调教研、科研力量,在提高教育适应性的基础上整体提高教育教学质量。

学生、教师、家长是小初衔接的主体,也是小初衔接的"链条",为使得全链条有序运行,我们构建了小学"升学六个一"和初中"入学周月季"衔接操作模型(图5-2),并研发了小升初系列口袋工具,形成"小初衔接:拾'笈'而上"六大任务群及活动导单,包括"成长变化我悦纳""升学进阶我呵护""衔接教育共成长"3个系列,明确学生、教师和家长3类人群分别在小学毕业和初中入学两个阶段各应做的9件事,先后支持近200万名师生和家长进阶实践。同时,研制涵盖全学科的衔接教学实施建议,为小初衔接教育实践提供定制菜单。自主研制的操作模型、系列工具、任务导单、定制菜单成为小初衔接教育实践全链条精准实施的支撑载体。

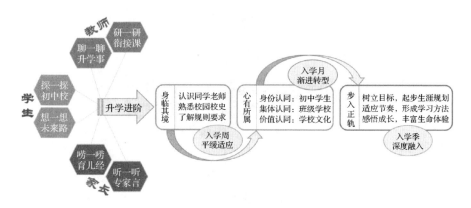

图5-2 小初衔接操作模型

值得注意的是,以往衔接教育多为成人视角,儿童意识缺失,主体常常错位。因此,推进小初衔接教育实践必须做到战线前移、重心下沉,将学生作为衔接链条上的第一个主体。为此,我们立足小升初学生真实需求,以"儿童主体参与"为基本观点,纾解家庭社会"抢跑"焦虑,帮助学生完成过渡期自主建构,集人文、能动、个性于一体,导向自能发展。

三、以"融合"为支点,全要素共同发力

影响小初衔接教育实践的要素比较多,但其中的教育者、受教育者是两大主要因素。从教育者角度看,应加强课程教学、教师研训的融合,不断扩大并优化教研圈。从受教育者的角度看,可通过有效的自主心理调适缓解心理发展突变期及学段变化带来的学习不适应等问题,不断优化并升级朋友圈。以心理调适、课程教学、教师研训及评价改革的一体融合为支点,教研圈和朋友圈的共同发力,可以逐步形成小初生态衔接样态。

为此,我们创新构建了行政驱动、项目引动和区域齐动机制,以此采取"助联动、促互动"的行动方略、"减陡度、缓坡度"的实践举措和"抓拐点、小步走"的柔性方式,从自然性、连续性和进阶性视角审视衔接,形成了动力系统模型(图5-3)。其作用是在小学生已有平衡的基础上,面对小升初过程中出现的失衡现象,通过心理调适、课程教学、教师研训及绿色评价等融合机制运行消解这种失衡,进而通过教育者和受教育者共同发力达到新的平衡(适应),最终达成生态衔接目标。

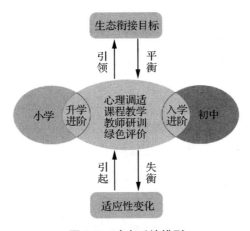

图5-3 动力系统模型

一方面,我们破除小初教研各自为战、互不相识的矛盾与障碍,构建小初一体化教研运行机制,促成小初两学段教研的过程协同、信息互通,提升衔接教育成效。探索协同合力的教研制度创新,通过建立两学段教师交流制度、教师研训一体制度、学校与家庭共育制度和小初科研融合基地建设制度等,搭建小初衔接"跨区域研训—区域内研训—校际研训—名师共同体研训"的多层联动研训机制,形成"1+1""1+N""N+N"多模式联合教研共同体(前

面的"1"指一所初中校,后面的"1"指一所小学校,"N"指区域内的若干所学校)。基本保持每月开展一次联合教研活动,所有学校全部参与且承办学校按序轮换,有效促进两学段教师校际互动、区域联动,全面增进双方在教学理念、课堂组织形式、教与学主导方式、教学管理及效果评价等方面的彼此了解、相互熟悉,课程教学的融合性不断改善,最终实现市区两属地、小初两学段、家校两场所的全部资源有效整合,形成强大合力。

另一方面,我们开发了心理调适(含学生手册、家长手册)、学法指导(10个学科)、教学建议(10个学科)三大系列22个资源包及线上衔接教育课程群,从心理状态的诊断和调适、方式方法的指导与建议、全面质量观的把握和提升等方面具化衔接内容、打通衔接通道,为学生、家长和教师提供四大有力支撑:一是切实指导教师"明理",树立衔接意识,明确衔接要求;二是有效帮助教师"启智",对接学科知识,整合课程内容;三是智慧引导学生"得法",掌握学习方法,走稳衔接台阶;四是贴心服务学生"塑品",正确调适身心,助力健康成长。

无论是"大教研圈"的组建,还是配套资源的开发,都在很大程度上帮助教师和家长准确把握不同学段学生的心理状态和需求,指导情绪状态调整。同时,也是真实帮助学生在实践中体验不同学段在学习特点、学习方法和思维习惯等方面的不同,实现知识和方法的全景式储备,顺利度过适应期。

需要注意的是,小初衔接要改变二元对立的治理方式,实现全要素共同发力。这意味着无论是小学还是初中,都应当树立儿童本位的教育价值观,以自身为主体,主动担责,践行小初衔接和初小衔接,积极主动地与对方沟通,建立彼此衔接的通道,避免相互抱怨和推诿。全要素共同发力是考验小初衔接是否体现儿童本位教育价值观的重要尺度。

四、以"协同"为纽带,全领域协作联动

小初衔接教育涉及学校、家庭、社会等方方面面,必须统筹资源,整合各方力量,加强系统谋划设计,打通学段之间、家校之间、专业机构与社会之间的阻隔,以协同为纽带,推进小初衔接运行机制的联通,以此实现全领域协作联动,体现小初衔接的全程性、全面性和全体性。

立足全面质量观,小初衔接不仅要追求培养过程的全程性、培养内容的全面性,也要体现教育力量的全体性。具体而言,培养过程的全程性要求体现小初衔接的"学段贯通"理念,梳理小学和初中必备的关键能力、必备品格和价值观念,建构衔接贯通的培养过程,实现小学和初中教育目标和能力结构的序列化。培养内容的全面性要求体现小初衔接的"有机融合"理念,从全面育人的角度打通小学和初中的教育内容、标准要求,实现课程内容、教学方式、教研活动、评价标准等方面的一体化。教育力量的全体性要求体现小初衔接的"全面协同"理念,整合学校、家庭和社会的力量,创建多元主体协同的衔接实践共同体,促进多方协同与对话,共建积极的支持体系,以促进儿童顺利平滑过渡。

因此,小初生态衔接视角强化的是学校、家庭和社区的协同参与。虽然外部的整体参与是至关重要的,但也需要从学习科学的角度突出儿童参与衔接的主体性与能动性。为此,我们构建了小初衔接教育协作联动结构(图5-4)。该结构贯通小学和初中两个学段,通过心理调适、课程教学、教师研训、评价改革等有机融合的机制运行,保障家庭、学校、社会全面协同。这一联动结构以"贯通、融合与协同"作为小初衔接的基本理念、以双向协同发力作为小初衔接通道的构建逻辑、以儿童主体参与作为推进小初衔接的行动立场。

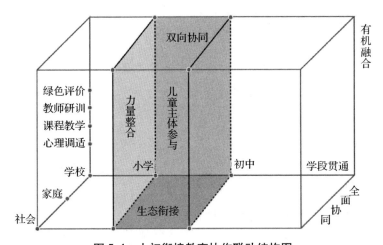

图 5-4 小初衔接教育协作联动结构图

需要注意的是,传统意义上的小初衔接注意到了儿童发展的外部力量,如学校教师、家长和政府部门在小初衔接中的积极推动作用,但缺乏儿童立场,并未将儿童看作主动参与衔接过程和做决定的能动者。小初衔接是儿童作为亲历者参与的教育活动,衔接的实践共同体不能预先设定儿童在衔接阶段的发展方式,因此,需要倾听儿童的声音,鼓励儿童以协商、分享和创造的方式参与到小初衔接教育中,展开与成人的对话与互动。

值得一提的是,全面质量观引领的小初衔接教育实践,离不开全方位育人的评价导向,需要全面实施评估标准研发、评估工具开发、评估数据分析、学科监测模型构建及评估结果的运用等,以此形成完整的绿色评价体系。建立指向学力发展的评价标准,科学研制学生发展评估模型,有效评估学生应具备的必备品格和关键能力。搭建指向教育变革的数据平台,借助大数据、云计算等先进手段解读教育教学实情,掌握学生在小初过渡阶段真实的课堂学习和身心发展变化状态,精准助力教育教学改进,促进小初衔接质量提升。另外,还需要将小初衔接阶段的学生评价有机嵌入教育教学全过程,改变"一张成绩单"等终结性评价方式,建立具有记录、评价、激励、反馈功能的发展性评价系统,兼顾小初衔接学生学业质量与学习品质、思维质量与个体差异、育人质量与个性特长、教学质量与身心健康等,也是保障小初有序、有效、科学衔接的必然环节。

小初衔接实践探索取得了一定的成效,为小升初学生尽快适应和过一种幸福、完整的生活提供了一些支撑,也为促进基础教育高质量发展迈出可行的一步。但在实践过程中仍然有一些问题没有得到很好解决,同时也不断生成新的问题,需要持续研究。小初衔接的运行机制等探索性成果如何变成政府层面的决策方略?小初的无缝衔接如何助力政府层面实现招生入学政策的突破?诸如此类问题,都还值得我们进一步去探索与研究。

可以说,全社会系统推进、全链条精准实施、全要素共同发力、全领域协同联动,是小初衔接教育实践的行动理路。这行动理路立定了、走好了,注重学段衔接的国家要求有效落地未来可期。

"双课"对接:教科研提质增效的可行路径

作为教育科研的重要形式之一的课题研究,随着省、市教育科学规划课题限额申报政策的出台,申报的名额少了,但广大教师参与的热情日益高涨,"一题难求"现象普遍存在。但教育科研的功利性倾向也时有存在,导致课题研究与课堂教学相互脱节进而出现"两张皮"的现象。如何在"大教研"①的视野下,进行课题研究与课堂教学的"双课"有序对接,实现教研与科研的有机融合,引导广大教师把教学问题转化为课题研究、把研究成果转化为教学行为,实现课题研究与课堂教学双双提质增效,是摆在我们基础教育人面前的一个现实问题。

其实,进入新时代,国家在政策导向上已经非常明显。比如,2019年颁布的《教育部关于加强新时代教育科学研究工作的意见》(教政法〔2019〕16号)中,明确指出,要"充分发挥地方和学校在教育科研中的实践主体作用,鼓励结合实际开展教育改革实验。鼓励支持中小学教师增强科研意识,积极参与教育教学研究活动……"同年颁布的《教育部关于加强和改进新时代基础教育教研工作的意见》(教基〔2019〕14号)也强调,要"开展经常性教育活动,充分发挥教研组、备课组、年级组在研究性学习、改进教学方法、优化作业设计、解决教学问题、指导家庭教育等方面的作用"。这也正如苏霍姆林斯基在给教师的建议中所言,提倡教师在日常工作中做一些科学研究。② 这里的"研究"都是指立足课堂教学实践的研究,强调问题到课堂教学中去发现、研究到课堂教学中去探索、答案到课堂教学中去寻找、成果到课堂教学中去应用,这大概算得上是基础教育教科研提质增效的可行路径。

一、发现真实的问题

课题来源于问题,没有问题一定没有课题。要保证课题研究与课堂教学不至于出现"两张皮"现象,这里的问题一定是教育教学实践中真实存在的问题,并且问题带有价值性、现实性、针对性、时代性、可研性等特征。有了问题,围绕这些问题再进行聚焦、概括,就可以提炼出一个可以研究的主题,这一过程就是我们通常所说的选题。应该说,课题研究始于选题,选题决定研究的方向与水平,而正确的选题则体现一线教师开展课题研究的基本功。因此,选题需要从问题出发,切忌从众,盲目跟风,否则在课题名称中就没有了"自己";选题需要充分发挥自己的专业优势与特长,最好与自己的教育教学

---

① 孙朝仁."大教研":指向立德树人的区域教科研整体改革实践进路[J].江苏教育,2022(34):11-16.
② B.A.苏霍姆林斯基.给教师的建议:修订版 全一册[M].杜殿坤,编译.北京:教育科学出版社,1984.

实践紧密相关,否则即使立项了做起来也云里雾里;选题还需要对同一研究领域的现状比较了解,对选题有自己的初步理解和认识,只有这样才可能做到知己知彼,否则可能是"嚼了别人嚼过的馒头——没味"。归结为一句话,适合的才是最好的。

笔者工作10余年后发现,数学学科所具有的高度的抽象性、严密的逻辑性及应用的广泛性等特点,使得数学成为一门枯燥无味、也令部分学生望而生畏的学科。如何让学生对数学产生兴趣?数学教材中学生感到困惑的点在哪?怎样给学生解惑?有效的数学学习方法和路径如何寻求?等等,围绕这些问题,经过概括、提炼形成一个主题,即"提高初中数学教与学的有效程度的途径研究",这就是问题合成为课题的过程。接下来,还需要把课题分解为问题,即分解为一个个需要解决的问题,为研究内容的设计做好铺垫。这里,笔者把课题分解为4个要解决的具体问题:(1)厘清学生对数学学习无兴趣的根源,培养学生学习数学的兴趣;(2)熟悉根据新大纲所编制的初中数学新教材,找出每一个章节中学生的困惑所在,教师制定相应的解惑策略;(3)找出合理而有效地组织学生学习数学的方法;(4)寻求指导学生实在而高效地学习数学的有效途径。

坚持问题导向,既是保障课堂教学有效的前提条件,也是保证课题研究有序开展的必要因素。①

二、设计研究的内容

前文已述"课题来源于问题",但有了问题也不等于就有了课题。因为问题是原生态的、赤裸裸的,属于教育教学范畴,而要成为课题是需要人为的、建构的,将教育教学范畴语句表述为课题研究范畴的语句,这就是研究内容的设计。研究内容的设计是《课题申报评审书》的重要板块之一,一个好的内容设计,即子课题,最好紧扣需要解决的具体问题进行设计,呈现出整体性、系统性、逻辑性、层次性等特点。一般来说,做课题就是做"题目",或者说是做"概念",因此,在设计研究内容时,需要考虑聚焦课题核心概念及其相互关系,整体设计;所设计的内容(即子课题)之间边界要清晰,呈现出较强的逻辑

---

① 孙朝仁.新时代有效教学的基本观点:基于教师专业发展的视角[J].教育视界(智慧管理),2022(10):10-13.

结构;设计时不求面面俱到,但需要重点突出,特色鲜明,具体可操作。

上文所说的笔者申报的"提高初中数学教与学的有效程度的途径研究"课题被立项为江苏省教育科学"十五"规划青年专项重点资助课题。在这一课题中,在设计研究内容这一板块时,就是针对上述所要解决的具体问题来对应设计的,运用课题研究语态进行表述,具体表述如下:(1)培养初中学生数学学习兴趣的机制研究;(2)寻索初中数学教材中学生疑惑之处的成因研究;(3)寻找解疑策略的研究;(4)初中数学教与学的有效程度的评价研究;(5)提高初中数学教与学的有效程度的途径与方法的研究。这样设计子课题就可以保证课题研究进入课堂教学具有可行性,因为设计的子课题研究内容与教育教学是紧密相关的,只不过这里的研究是要得到一般的、带有普遍性的成果,比如机制、策略、方法、途径等,便于复制与推广。当然,每一个子课题下还可以再细分解为若干个研究要点,分解得越细越好操作。

设计系统内容,既可以保障指向课堂教学的教研活动具有科研的高度,也可以保证指向课题研究的科研活动具有教研的实度。

三、探索对接的举措

中小学教师的课题主要是用来"做"的,当然要在研究的基础上进行"做"。这是由中小学教师的职业特点决定的,因为中小学教师的职业是以实践为价值取向的,其工作的主阵地在课堂,工作的主对象是学生,工作的主载体是课本,因此,研究教学、研究学习、研究教材理应成为我们一线教师开展课题研究的主方向。这里的"做"是需要研究出对接课堂的举措——一个具象(实践模型、实施范式、操作流程、具体举措等)的东西,然后操作这个具象(也可称为"自变量"),达到立德树人(可称为因变量)的目的。自变量的作用与价值直接决定因变量的变化程度。需要谨防的是,有些一线教师在做课题时总喜欢把"目的"挂在嘴上,殊不知,"目的"不是用来"做"的,也是不好"做"的,我们要做的是一个具象。如,《中共中央 国务院关于深化教育教学改革全面提高义务教育质量的意见》(2019年)明确指出,要"突出学生主体地位,注重保护学生好奇心、想象力、求知欲,激发学习兴趣,提高学习能力"。我们要研究和探索的是保护学生好奇心、想象力、求知欲的具体举措,这就是"做"的本质意义。

还以笔者主持的"提高初中数学教与学的有效程度的途径研究"课题为

例。主要经历以下一些"做"的过程:(1) 问卷调查——梳理初中数学教学中存在的主要问题,以及影响初中数学教与学有效性的主要因素;(2) 思辨研究——研读教材,列表找出初中数学六册课本中学生的困惑所在,并进行归因分析,思考解决策略;(3) 重要举措——"小先生制",不留家庭作业,作业书写评语,每天问题征解,实施个体"援助"……这里限于篇幅,不再一一解释说明各种举措,仅以"小先生制"为例加以说明。相信大家对"小先生制"已经耳熟能详,而在二十多年前并不多见,笔者在研究这个课题的过程中就采用了这种激发学生学习兴趣的机制。主要做法是,每个学期拿出 1~2 周的时间,让学生(俗称"小先生")来上课,提前 2 周时间通知要上课的学生备课,同时允许他们聘请 1 名同学作为助教(从心理学视角来看,也是给上课学生壮胆),一同完成教学内容。这样的做法对执教的学生来说,要经历"看得懂—会做题—讲得出—(让学生)听明白"的过程,这个过程中素养的提升是不言而喻的。同时,课程标准所要求的"养成独立思考的习惯和合作交流的意愿"①就有了落地的可能。对听课的学生来说,首先,他会产生好奇心,这种好奇心也许是想看上课学生"出洋相",但不管怎么说,有了好奇心就会有兴趣的萌芽。其次,他是带着质疑与批判的眼光在听课,因为平时教师上课时,他一般只有点头的份,而听他的同伴上课则体现出高参与度(也许是"找茬"心理作祟),这样课程标准中"鼓励学生质疑问难,引导学生在真实情境中发现问题和提出问题"②就变成了现实。

探索对接举措,既可以保障课堂教学中教得更有意义和学得更有意思,也可以保证课题研究中研得更有针对性和究得更有实效性。

四、进行成果的提炼

一项教科研成果或者教学成果的产生需要经过选种、育苗、施肥、修枝、整形这 5 个过程。③ 这里的整形过程,就是对教育教学研究与课堂教学实践的所思、所想、所悟、所得进行提炼和概括的过程。换言之,整形的过程就是教学成果的凝练或提炼的过程。关于成果的凝练和提炼,有学者认为,需要

---

① 中华人民共和国教育部. 义务教育数学课程标准(2022 年版)[S]. 北京:北京师范大学出版社,2022.
② 中华人民共和国教育部. 义务教育数学课程标准(2022 年版)[S]. 北京:北京师范大学出版社,2022.
③ 孙朝仁. 要综合施策而不能"望天收"[N]. 中国教师报,2023-09-20(15).

"倡导一个基准,讲究两套功夫,把握三个向度,穿越四重境界"①。这里的两套功夫,一是指讲故事,一是指结构化。结构化也就是上面所说的整形,通过整形形成一套方案,包括教学方案和改革方案,反映针对教学中遇到的问题及未来教学目标制定的具体实施方案,方案中要把成果的要素、要素间的构成关系及如何运行说明白、讲清楚。只有说清楚了,才能推广,才有价值。当然,成果的提炼也包括在研究的基础上,通过教育教学实践检验,写成论文,这里的论文就是课题研究的"副产品"。

"提高初中数学教与学的有效程度的途径研究"课题的实施,带来的效果是显而易见的:学生学习兴趣高,学业水平质量好,综合素质能力强,教师专业发展快……从某种程度上说,课题研究为课堂教学垫上了一些技术含量高的"砖头"。同时,经过成果的提炼,笔者相继发表《教学过程设计应把握的"三点"》《数学优等生的培养目标及其方法》《立足中学数学课堂教学 深化"三主"教学观念》《数学课堂教学中参与式教学思想的认识与实践》等数十篇文章于《数学教育学报》《中学数学教学参考》等期刊,这就是"双课"对接,或者说是"课题进课堂"带来的直接或间接的效益。正如有学者所言,所谓的"课题进课堂",就是"以课题的思想和主张指导教学活动,以课题研究的诸多假设为教学设计的依据和参考,进而对教材内容进行合乎课题思想要求的处理,以此检验课题假设的应用可能和效果"②。

精准成果提炼,既是对课堂教学过程重构的反哺,也是对课题研究预期成果的验收。

综上,问题是"双课"对接的纽带,内容是"双课"对接的载体,举措是"双课"对接的桥梁,而成果则是"双课"对接的产品。这样将课题研究与课堂教学有机结合,把科研与教研有机融合,让课题研究教研化,研究成果推广辐射常态化,可以转变教师课题研究的传统观念,形成求善求真的教育科研新风尚,实现基础教育教科研提质增效,推动基础教育高质量、高品位发展。

---

① 杨九俊.我们怎么做教育教学研究:基于中小学教师的视角[J].江苏教育研究,2019(1):3-8.
② 陆启威."课题进课堂":教科研应有的视角和样态[J].江苏教育,2022(42):34-36.

"大教研":为教研员专业赋能的实践场域

在 2022 年全国教育工作会议上,教育部部长怀进鹏指出,要加快教育高质量发展。2019 年,国家出台了《教育部关于加强和改进新时代基础教育教研工作的意见》文件,明确指出"教研工作是保障基础教育质量的重要支撑"。作为"世界教育史上独一无二的群体"的教研员,无疑是基础教育高质量发展的中坚力量。教研员,也称为"教师的教师",我们苏州还通俗地称其为"学科司令",可见,教研员的角色定位是举足轻重的。一般地,教研员需要履行研究、指导、服务职能,是教学研究的引领者、课堂教学的指导者、教育发展的服务者,当然也是教师专业成长的促进者、课程教师的领导者。俗话说,"打铁还需自身硬",随着课程和教学改革的不断深入,被称为"学科司令"的教研员,作为教师专业发展的重要他者,也需要专业发展。然而,教研员的专业发展在很大程度上还缺乏顶层设计和理论思考,存在把教研员的专业成长视为自我成长的问题,正如有学者指出的,"教研员的专业研修还是一个盲区,他们的专业发展主要是靠自己的努力以及系统内的自觉自为,这与把教研员看成是天然的专家有关"。因此,如何为教研员的专业发展赋能,这是摆在我们面前的一项现实课题。

据百度百科考证,"赋能"一词意为"赋予更大的做事的可能性空间"。其最初源于管理学中"empower",是和授权联系在一起使用的,强调的是激发组织成员的能量,现多被人们理解为"赋予能量或赋予能力"。教研员工作的复杂性、情境性、实践性、创造性特点,决定了为教研员专业赋能关乎实践、关乎情境。布迪厄认为,关涉实践的一个必要条件是"改变业已获得的行为倾向"。维果茨基也指出,"人类所有有意义的活动都发生于某一特定情境中"。因此,为教研专业赋能,就需要为教研员在教育理论与教育实践之间架起桥梁。为此,我们以立项的国家社会科学基金"十三五"规划课题"指向立德树人的区域教科研整体改革实践研究"为载体,构建教研与科研融合的"大教研"模式,以此形成为教研员专业赋能的实践场域。

一、"大教研"的内涵释义

"大教研"模式的构建,坚持系统化思维,注重规律性把握,旨在实现教研员从专业引导走向方向引领、从学科指导走向专业支持,实现教研人员与科研人员从悬空隔离走向双向融通,通过教科研重心、方式和组织形式的转型,让教研员向实践学习和在实践中学习,既赋能教师的专业发展,也为教研员自身的专业发展赋能。

"大教研"中的"大"包括3个方面:一是思维方式上体现"大"观念,即从科研的高度审视教研工作,实现科研的思维与教研的实操有机融合,为教研员强化学理意识赋能;二是运行策略上体现"大"视野,即倡导将课题研究做到课堂中,实现"双课"的有序对接,为教研员强化方法意识赋能;三是时空情境上体现"大"场域,即在物理空间上呈现教学现场(如研讨课、观摩课、示范课等),在关系空间上体现研究现场(如执教者也是反思者,观课者也是评课者等),以此构建"两场合一"的教研场域,为教研员强化实践意识赋能。

"大教研"的大观念、大视野、大场域的视角,决定了"大教研"具有充分的融合性、亲历的实践性、现场的情境性、多维的交互性和组织的全纳性等特征。一般来说,"大教研"的组织形式可以是"教+育"式,比如学科的课程思政教研活动;也可以是"长+短"式,比如,长线的课题研究进入课堂教学的教研活动;还可以是"大+小"式,比如,围绕大主题开展的若干小专题教研活动。

二、"大教研"为教研员赋能的实践

斯腾豪斯倡导"教师成为研究者",埃利奥特继而倡导"教师成为行动研究者",而凯米斯则倡导"教师成为解放性行动研究者"。教研员作为"教师的教师",更要成为研究型实践者。"大教研"的构建为教研员成为研究型实践者提供了实践场域。

1. 方式互转,赋能专业研究

"大教研"是一种教研与科研双向融通的整体运行模式,它不仅追求教育教学现象所呈现出来的事理,还是一种追求隐藏于教育教学现象背后的学理的认知图式。而揭示学理就必须强化研究意识,我们通过"大教研"的方式促进教研方式转型,进而在转型实践中赋能专业研究意识。具体表现在:从学科指导到课程育人、从经验之源到科学之法的理念转型;从分科指导到课程统整、从研教为主到研教研学并重的内容转型;从经验判断到实证诊断、从点上突破到面上统整的方法转型等。在理念、内容、方法的转型中,促使教研员与书籍对话、与专家对话、与同行对话,甚至与学生对话,基于事理进行对话,在对话中研究与实践,通过对话明晰学理。

2. 角色互换,赋能专业指导

"大教研"主张"以科研高度做教研,以教研实度做科研"。为此,我们强化市(设区市)、区(县、市)两级教研员、科研员"一岗双责(教研与科研)"的角色互换意识,在常态化的集体调研、点调研、专项调研等对基层学校的视导中,教研员和科研员一同参加并尝试角色互换,以此提升视的全面性和导的精准性。另外,我们完善教研体系,形成"设区市(教科院)—县市区(教科教研)—学校(教务教科)—工作室(省市名师工作室)—共同体(协作联盟)"五位一体的"大教研"网络体系。在这个体系中,教研员既是中枢也是纽带,既是运动员也是裁判员,既是"教研员"也是"科研员",以整体意义上具有超越性的课程观念统领分科意义上的学科指导,在实践中为专业指导赋能。

3. 场域互融,赋能专业服务

教研员专业发展的过程,就是以特定的专业知识、专业能力、专业行动和专业精神,在特定的时空、场域、情境、关系中所进行的具有情境性、创造性、持续性和超越性的专业实践活动过程。从某种意义上来说,这一过程也是一个服务的过程。为此,我们通过构建"大教研圈",实现教学场域与研究场域的合一,以此赋予教研员"做事的更大的可能性空间",不局限于学科,也不局限于教研,更不局限于区域,既为服务范围的扩大赋能,也为服务能力的提升赋能。作为"大教研圈"里的核心力量,教研员为不同学科、不同学段、不同学校和区域之间的教师专业发展提供循环回路,赋能教师专业成长。"大教研圈"一般依托省前瞻性项目、课程基地、研究课题,以及工作室、共同体等建立,比如,为推进国家级课题的研究,组建了"教科研整体改革研究"的"大教研圈",涵盖所有县市区;再比如,依托省前瞻性重大教学改革项目,组建了"利用线上教育实现教学结构变革实践研究"的"大教研圈";依托小初衔接协作攻关项目,组建了"小初衔接教育联盟"的"大教研圈"。

案例四

"苏式课堂":适合苏州地域特征的教科研改革实践样态

《国家中长期教育改革和发展规划纲要(2010—2020年)》指出:"尊重教育规律和学生身心发展规律,为每个学生提供适合的教育。"这为我们的教育改革指明了方向。发展"适合的教育"不仅是对教育规律的遵循,也是人自身发展的内在需求,它已成为当今教育改革的主旋律。2017年6月19日,江苏省教育厅在靖江市召开了"发展适合的教育"专题研讨会。时任江苏省教育厅厅长、党组书记、省委教育工委书记葛道凯希望学校要坚持以先进理念引领办学,大力倡导"适合的教育就是最好的教育"这一理念,积极推动教育分类、多样、特色发展,不断提高学生和家长的满意度,为培养出更多适应未来发展的人才奠定坚实的基础。

所谓"适合",即符合实际情况或客观要求;"适合的教育"就是根据学生的实际,结合地域特征,能让学生选择更适合自己的发展时空。适合教育需要有适合的起点——历史传承与演变、适切的构建——载体的内涵与特质、适宜的探索——实践与成效,以此呈现适合教育的区域教育教学改革的实践样态,并规范、引领、维护区域的教育秩序。

千年古郡,魅力苏州。文脉绵长,崇文重教。纵观历史,苏州人爱教育、懂教育、办教育的事例太多太多。可以说,苏州的每一个历史时期,都能出教育家,都能开风气之先。进入新时代,苏州教育人鲜明地提出了"苏式教育"的新主张,并以"努力让每个孩子都能享有公平而有质量的教育"作为主旋律,深入推进教育内涵建设,全面实施素质教育,全面推进课程教学改革。

一、"苏式教育"之传承与演变

"苏式教育",作为苏州教育人的价值追求,首先,它是根植于2500多年的优秀吴地文化和深厚教育积淀的一种历史传承。

1. "苏式教育"的历史传承

"苏州教育"源远流长。2500多年前,泰伯奔吴,带来了中原先进的文化。孔子七十二贤弟子之一的言偃,明确了"经世致用"的教育宗旨,倡导"有教无类"的全民教育。到宋元明清,苏州教育更是名家辈出,提炼出诸多

第五章　立德树人视域下教科研整体改革的典型案例

至今仍有生命力的教学法,如范仲淹、胡瑗创立并推行的"苏湖教学法"等。

在苏州近现代教育中,也涌现出一大批有影响力的教育名流。如冯桂芬在西学的传播上发挥了重要的作用,他也十分重视教育的"经世致用"功能。汪懋祖将府学制度改为新学,力求将学校办成学术化的学校,他主张教育应源于生活而改造生活,并对教材、德育、学生身心发展规律等方面加以研究,做出显著成绩。叶圣陶倡导理论与实践结合,在教育目的、教育方法、教育途径等方面提出了诸多开创性的理论主张,其中,众所周知的"教是为了达到不需要教"的教育主张,更是我国教育思想宝库中的一颗璀璨明珠。

绵长悠远的历史,前后一贯的思想,丰富多样的经验,影响深远的主张,在整个苏州社会发展史中始终占据重要地位,彰显出立德树人思想的代代相传。前有泰伯的"三让天下"、言偃的"学道爱人"思想的奠基,继有范仲淹"先天下之忧而忧,后天下之乐而乐"的家国情怀,再有冯桂芬的"唯善是从"的文化体现,后有叶圣陶的"教育为人生"思想的描述等。应该说,家国天下的文化教育思想一直是苏州教育的主方向。由于历史上地理和文化区域的变异性和交互性特点,我们今天从历史的维度讨论"苏式教育",与其说是在讨论苏州的教育,毋宁说是在讨论苏南的教育、江苏的教育乃至中国的教育。

2."苏式教育"的时代演变

先贤的文化教育思想,在苏州这片土地上嫁接繁衍,并通过时代化的改造,不断向前发展。如今,无论是在教育思想、教育主张,还是在教育环境、教育管理等方面,"苏式教育"都致力呈现"厚重与灵动、精致与质朴、崇文与实用、乡土与世界、传承与创新"等"双面绣"的新图景。

"十一五"时期,苏州市教育局明确把"办好每一所学校,教好每一个学生,发展好每一位教师"作为核心理念和发展主题。其间,深化素质教育的一系列举措,也被《中国教师报》提炼为苏州教育"三字经"。一是规范办学"三规定":规定学生在校学习时间,规定小学和初中免试入学,规定教师不得有偿家教;二是提高质量"三坚持":坚持遵循教育规律,坚持运用科学方法,坚持提高教育质量;三是学生假期"三学会":学会休息,学会自学,学会健体;四是教师发展"三关心":关心教师身心健康,关心教师业务进修,关心教师生活待遇;五是校长提升"三下心":静下心来抓管理,潜下心来抓质量,沉下心来抓落实;六是保障教育"三优质":小学教育优质健康发展,义务教育优质均衡发展,高中教育优质多元发展。

"十二五"期间,为进一步做实、做优、做活苏州教育,苏州市紧扣"为谁培养人、培养什么人、怎样培养人、谁来培养人"等关键问题,积极探索苏州教育转型发展的新路径。时任苏州市教育局局长的顾月华明确提出了"苏州教育必须坚持内涵式发展"的思想,在顾局长的主导下,苏州市以促进公平和提高质量为重点,先后推出了"集团化办学""基础教育课程教学改革""教育质量综合评价改革""姑苏教育人才队伍建设"等内涵建设重大改革项目,并正式提出了"苏式教育"这一品牌概念,吹响了苏州市基础教育从学有所教走向学有优教的集结号。

贯穿整个"十二五""十三五",围绕"苏式教育"的探索和实践如火如荼,"苏式教育"的内涵也越来越得以丰富:我们以"每一个学生的发展"为基点,以"立德树人"为价值取向,树立起"尊重学生"的教育伦理观;我们坚持"呵护学生幸福,关注学生的现在与未来"的生命观,努力培养以"秀外慧中,个性飞扬,立足苏州,面向世界"为特质的时代新人。

今天,苏州教育呈现出了"全纳、公平、优质、适切"的"苏式教育"新样态,也涌现出了一批代表性的人物和教学改革主张,如庄杏珍老师的"教得实、学得活",薛法根老师的"组块教学",黄厚江老师的"本色语文",徐斌老师的"无痕教育"等。他们积极响应苏州市教育局提出的"像叶圣陶那样做老师"的倡议,躬耕课堂、倾心育人,掀起了"苏式教育"教学改革的"旋风"。他们,就如同苏州教育改革的精彩缩影,折射出了新时代苏州教育人的价值追求和"苏式课堂"的蓬勃活力。

二、"苏式课堂"之特质与内涵

课堂是课程改革的主阵地。在推进苏式教育的进程中,我们始终聚焦"苏式课堂"研究,把"苏式课堂"建设作为苏州市课程教学改革再出发的方向标。我们所说的"苏式课堂",是旨在体现叶圣陶"教是为了达到不需要教"的核心思想,以"帮助学生成为独立自律的学习者"为目标的一种课堂教学派别,呈现生态性、人文性、简约性三大特质,包含目标、内容、情境、结构、氛围5个内涵维度。

1. "苏式课堂"的特质

作为一种课堂教学派别,"苏式课堂",首先,是基于新时代国家育人要求的,指向立德树人;其次,是基于苏州的区域传统和城市精神,既质朴严谨,又多元开放;再次,是基于课堂教学的一般规律,体现科学可持续。具体有3个特质:

(1) 人文

"苏式课堂"彰显学生的个性和灵性,体现灵动的苏州水文化秉性与开放包容的苏州时代精神。水的本性是母性,"苏式课堂"具有母性,是能够滋润、滋养的,也是最具人文性的。这里的人文性特质具体体现如下:

第一,坚持"完整教育"的育人主张。教师充分认识课堂教学的人文价值,掌握参与式、探究式、合作式等教学方法,尊重学生的个体差异和不同需求,因势利导、适时帮扶、伺机放手,真正唤醒和培育学生的主体精神,对学生自我人格和精神全面观照,实现学生主动学习。

第二,秉承"以学习者为中心"的教学理念。教学氛围民主、宽松、和谐,师生之间情感交流默契、顺畅,真正唤醒和培育学生的主体精神,启发学生思考和智慧;课堂评价具有人文关怀,摒弃工具性的功利成分,创设有利于培育学生的人文精神的课堂环境。

第三,实现"智德共生"的目标追求。能够围绕立德树人目标,聚焦关键能力和必备品格开展教学,实现知识学习、能力生长与品德养成共生。

(2) 自然

"苏式课堂"崇尚返璞归真,反映苏州太湖石"瘦、皱、透、漏"之自然特质,体现"有容乃大"的教育追求,呈现互动、和谐、从容、淡泊的良性生态格局。生态性特质具体体现如下:

第一,强调回归学生生活世界。关注学生的需要,关注社会,学科知识的编排与课程设置互相联系,促成学生有机融入社会。以学生生命发展为最终旨趣,循序渐进发展学科核心素养。

第二,促进师生间的和谐共生。师生关系、生生关系及师生与课堂环境相互协调,师生双方平等互动、共同参与、互相包容。注重学生的身心和谐,实现整体发展、可持续发展。

第三,追求顺应规律自然生长。遵循学生认知和情感等身心发展规律,教学内容和形式与学生认知特点、心理需求相协调,顺应学生成长规律性和体现教与学的自然性,避免采取传统灌输式教学方式。

(3) 精致

"苏式课堂"追求课堂效率，简约而不简单，与苏州园林、苏绣、昆曲等精致特点一脉相承、异曲同工，体现"少教多学"的思想。课堂内容充实但简约聚焦，教学过程简洁但结构曲直自然，教学语言软语细腻但规范流畅。简约性特质具体体现如下：

第一，教学内容精当，教学设计精巧。根据学科基本结构，挑选最具教育意义的教学内容单元，课堂导入简单有效，教学环节精雕细琢，不做过多重复训练，不给学生增加过多的负担。

第二，课堂结构清晰，环节层层递进。教学主线清晰，遵循教育规律和人的全面发展规律，知识体系清晰有序，学习过程真实充分，课堂结构体现线性和块状相结合等特点。

第三，教师语言精练，板书简明流畅。教态、多媒体辅助教学等非言语行为与教师语言有较好的配合度，呈现亲和、生动的教学风格。

2. "苏式课堂"的内涵

"苏式课堂"，不是特指某一种教学模式或教学方式，也不是程式化、教条化的条条框框，而是苏州区域课堂教学实践的一种凝练，一种结构化的表达，体现多种教学模式或教学方式共有的一种特质。其基本结构如图5-5所示。

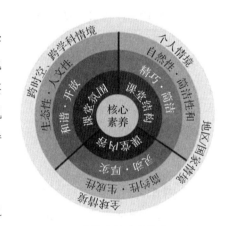

图5-5 "苏式课堂"基本结构

(1) 课堂目标

课堂目标包含知识、能力和品格之元素。"苏式课堂"围绕立德树人根本任务，提升学生的关键能力和必备品格，培养学生的核心素养。在进行教学目标设计时，各学科结合本学科课程特点，将"崇文睿智、开放包容、争先创优、和谐致远"的苏州精神融入课堂目标创设，实现核心素养具体化和本土化的"双面绣"，体现学科育人价值。

(2) 课堂内容

课堂内容包含精选、灵动和多维之元素。课堂内容简约聚焦，围绕目标精选，力求简朴有效；基于学生生活经验，关注学生的需要，鲜活而灵动，促成学生有机融入社会与和谐可持续发展;凸出学科融合和主题探究式教学活动的开展,体现各学科相互联结和渗透。

（3）课堂情境

课堂情境包含世界、本土和学科之元素。基于学生熟悉的个人、地区/国家和全球的自然、社会、政治、历史、经济、艺术、文化的情境,彰显地域文化特色,发挥本地本校自然文化、历史遗迹和非物质遗产等场所环境的教育功能,凸显学科融合和主题探究式情境创设,创建跨时空、跨学科学习环境,拓展课堂学习场域。

（4）课堂结构

课堂结构包含精巧、自然和从容之元素。呈现"瘦、皱、透、漏"之自然特质,即基于主线教学,围绕问题和任务开展探究教学,留给学生充分的思考时间和空间,有清晰的教学板块,体现线性和块状的教学逻辑结构,展示知识体系和学科素养建构的教学过程。

（5）课堂氛围

课堂氛围包含和谐、开放和包容之元素。促进学生主动学习,真正唤醒和培育学生的主体精神,启发学生思考和智慧;考虑学生个体差异,注重对学生自我人格和精神的观照,师生双方主体互相包容、共同参与和分享互动,使课堂形成互动、和谐、共生的良性生态格局。

这里需要说明的是,"苏式课堂"是地域教研的苏州样本。"苏式课堂"也有与众多课堂一样的样态,借用成尚荣先生的话来说,"万有相通,大同小异"是"苏式课堂"的哲学基础。只不过"苏式课堂"作为一种区域性的教研样本,在内涵和外延上更具包容度。一方面,"苏式课堂"给区域内各校的课堂教学改革以启迪;另一方面,各县市区及各学校、各学科的教学模式又是对"苏式课堂"的个性化表达。"苏式课堂"是多种模式共同呈现出的一种品质,兼具国际范和苏州味。

可以说,南学、苏湖教学法提出的明体达用的教学思想,构成了"苏式课堂"的文化血脉,"经世致用"是"苏式课堂"的价值追求,"以用而见其能否"是"苏式课堂"的教学要旨,"开放致远"是"苏式课堂"的教学态度。"苏式课堂"是"人"在中央的课堂,精神的丰富和生动、人格的高尚与丰满,构成了"苏式课堂"的精神气质。另外,教学是一种文化的传播,必然带有物象的影子,"园林之作——精致写意""太湖之水——灵动智慧""昆曲之韵——高雅悠远""评弹之声——平易近人"正是"苏式课堂"物象影子的内涵所在。

三、"苏式教育"的实践和成效

一直以来,苏州区域课程改革,始终抓住关键领域、关键问题和关键环节,聚焦"苏式教育"的理念和行动,彰显"苏式课堂"的精神和气质,较好地促进了苏州基础教育改革高质量发展。

1. 创建教育环境,形成特色鲜明的校园文化

苏州的百年老校大多发端于府学、书院、私塾等,是苏州活的文化品牌,也是创建"苏式课堂"环境独特的优势所在。创建教育教学环境,主要体现在以下三个方面:一是环境建设契合学校既有传承和未来发展实际,建立学习内容与苏州社会、政治、经济和文化生活经验之间的密切联系,充分挖掘和传承学校自身的文化精神和历史积淀;二是充分发挥本地本校自然文化、历史遗迹和非物质遗产等场所环境的教育功能,彰显地域文化特色;三是构建课堂学习场域,创建跨时空、跨学科学习环境,增强课堂的情境化、体验性和互动性等功能。

如,江苏省苏州中学传承"左庙右学"千年府学格局,为书院制育人和学生的多样化优质发展提供了环境保障;苏州中学园区校利用所处的江南湿地环境,建设了多功能场馆,满足学生个性化多元发展需求;江苏省苏州第十中学校依托苏州织造署旧址修旧如旧,将整个校园打造成"最中国的学校",促进学生全面而个性的发展;江苏省苏州第一中学校处元和县衙旧址,建设了吴文化教育系列专用教室,为学生提供了环境保障。另外,结合校史校情生情创建"苏式课堂"环境,形成特色鲜明的校园文化,在苏州比比皆是。如苏州市第三中学的多语种课程教室、苏州市第五中学的戏剧教育系列专用教室、苏州市第六中学的园林文化学习体验室、江苏省梁丰高级中学的电子技术与高中物理拓展创新教室、江苏省昆山中学的水乡文化展览室、江苏省常熟中学的虞山文化学习体验馆、江苏省震泽中学的晓庵天文馆、江苏省木渎高级中学的生物多样性探究场、西安交通大学苏州附属中学的普通高中纳米科技课程基地等。

2. 开发教学资源,建设资源共享的开放平台

实践中,一大批学校从本地本校实际出发,围绕"苏式课堂"基本特质,开

发了丰富而有特色的"苏式课堂"教学资源,形成了既遵循学科教学规律又具有苏式特质、与发展学生关键能力和必备品格高度关联的课堂教学资源。关于教学资源开发,我们重点从三个方面进行强化:

一是强调教学资源和内容的跨学科联结,集历史与现实、本土化与国际化、知识性与趣味性于一体,凸显苏州地域特色和精神元素;二是以学校师生为"苏式课堂"教学资源建设主体,充分挖掘苏州市自然、历史与人文特色资源,尤其是园林艺术、水文化,以及昆曲、苏绣、桃花坞木刻等非物质文化遗产,丰富拓展"苏式课堂"的校本教学资源内容;三是搭建苏州大市、市(区)和学校开放的"苏式课堂"资源共享平台,发挥各学校"苏式课堂"资源的辐射作用。

如,苏州市田家炳实验初级中学围绕国家课程计划、融合苏州文化特色,开发了"姑苏文化课程"资源,并建设了资源共享平台,其目的是帮助随迁子女更快更好地融入苏州,让本地学生更深入了解家乡文化。教师来源于两个方面:一是在校内选拔一批学有所长的优秀教师担任姑苏文化课程专任教师;二是聘请各领域的相关专家学者担任科任教师。同时,延伸课堂空间,带领学生到泰伯庙、天平山、苏州昆曲博物馆、苏州评弹团等地进行现场体验式学习,实现以文化人。

3. 积极课堂实践,建构凸显特质的教学模式

课堂是育人的主阵地,是实现立德树人根本任务的主要场所,引领着区域课程改革的前行和深化。为此,我们聚焦"苏式课堂"的探索与实践,积极开展"以学生为中心""以学习为核心"的"苏式课堂"教学改革实践。

为充分凸显"苏式课堂"特质,我们对于"苏式课堂"的探索与实践有四个方面的要求:一是设计灵动而多维的符合学生身心发展的课堂内容,凸显学生个性自由发展,集生态性、简约性、人文性于一体;二是围绕课堂教学重点、难点等核心内容,融入范仲淹、顾炎武、叶圣陶等与苏州渊源极深的教育家思想和精神元素,建构"苏式课堂"典型教学模式,为不同层次和不同潜质的学生提供个性化、有选择的学习支持;三是采用现实和虚拟相结合的方式,充分吸纳现代科学技术,实现课堂教学内容的精选与直观及教学方法的清简启思,丰富学生体验,促进学生个性化和谐发展;四是以苏州自然地理和社会历史文化生活为素材,设计探究性问题,鼓励教师引导学生进行"学、做、思、

创"一体化的研究型、项目化、合作式教学活动。

在全域推进过程中,所辖各县市区齐头并进,呈现出了"和而不同,各美其美"的"苏式课堂"教学实践样态。如,张家港的"生态课堂"、太仓的"活力课堂"、昆山的"品质课堂"、吴江的"有效课堂"、吴中的"自能课堂"、相城的"阳澄"课堂、姑苏的"苏式课堂"、工业园区的"教智融合·魅力课堂"、高新区的"翼课堂"等,都各具特色。很多学校也呈现出各美其美的独特样态。如,江苏省梁丰高级中学的"三活课堂"教学模式、江苏省昆山中学的"传是课堂"教学模式、江苏省震泽中学的"能动课堂"教学模式、张家港市实验小学的"爱学课堂"教学模式、常熟市实验小学的"全息学习"课堂教学模式等。

4. 建构课程体系,形成各具特色的"苏式课程"

课程是教育的主要载体,课程品质决定了教育质量。从 20 世纪 90 年代起,苏州市中小学就开始特色办学和校本课程的探索与实践。十余年来,苏州市各中小学校立足"深化课程与教学改革,强化学校内涵建设,提高教学质量,提升办学水平",构建了各具特色的"苏式课程"体系。

"苏式课程"建设项目瞄准"质量"这个核心,回应着时代的关切,是对教育本质与规律的有力探索,也是积极探索教育新路径的创新尝试,更是聚焦国家课程的校本化实施,对教学内容与课堂教学的模型建构,以及对教学方式与育人模式改革等核心问题、关键问题的一种行动。项目建设分"两步走":一是聚焦"理念厘清"的奠基项目,在专家的引领下,把课程理念、课程目标、课程内容、课程实施、课程评价、课程管理等各方面的基本理论进行全面梳理与学习,使教师具备正确、完整的课程意识与系统思维,从意识上清原正本;二是重点推进"实践研修模块",专家团队一对一视导进驻,着力解决课程创生与实施中的核心问题、关键问题。

如江苏省苏州中学的普通高中数理拔尖学生培养课程、道山文史课程、心理教育课程,江苏省苏州中学园区校的湿地文化课程体系,江苏省苏州第十中学的人文与科学课程群,江苏省苏州第一中学、苏州市第六中学等学校的吴文化教育课程体系、苏州园林文化艺术课程体系等。另外,苏州市第三中学的高中多语种教学课程体系、苏州市第五中学的戏剧教育课程体系、江苏省梁丰高级中学的电子技术与高中物理拓展创新课程体系、江苏省常熟中学的虞山文化课程体系、江苏省昆山中学的江南水乡文化课程体系、西安交通大学苏州附属中学的普通高中纳米科技课程体系、江苏省木渎高级中学的生物多样性探究课程体系、江苏省震泽高级中学的晓庵天文研究课程和育英太极课程体系等,都颇具特色。

5. 开展内涵建设,取得跨越发展的显著效果

"十二五""十三五"时期,苏州市确立了培育"苏式教育"品牌的发展思路,提出了"苏式教育"理念,以此作为促进苏州教育改革与发展的重要方向和实现"学有优教"教育内涵发展的重要指针,将教育改革与苏州文化相融合,很好地推动了"苏式教育"特色的形成与发展。

在推进"苏式教育"发展的过程中,我们颁发了《关于组织申报义务教育改革项目学校的通知》(苏教基〔2013〕39号)(简称《通知》)。《通知》指出,为引导全市义务教育阶段学校更好地探索教育规律,增强办学活力,提高办学水平和教育质量,进一步促进义务教育内涵发展、特色发展和创新发展,全市将设立集团化办学、基础教育课程改革、教育质量综合评价改革、学校特色文化建设、苏派课堂教学5个重大教学改革项目,并以学校自愿申请加盟的方式组建项目学校共同体,推进项目实施。特别地,2014年我们针对"苏式教育"的实践与研究工作,专门下发了《关于推进中小学"苏式教学"与"苏式课堂"实践与研究的工作意见》(苏教研教〔2014〕26号),旨在新常态背景下继续发挥教科院对于中小学教育教学的研究、指导、管理和服务的功能。

通过自主申报、择优遴选,全市共有50所学校组成项目研究共同体。通过探索与实践,"集团化办学"项目成效显著,较好地推动区域内学校教育资源的整体优化与教育质量的整体提高,促进了优质教育的平民化、普及化,满足了广大人民群众对优质教育资源的渴求;"校外专家助推课程改革"项目,通过优化课程体系及课程实施队伍建设,有力地推动了学校课程改革的深化发展;"学校特色文化建设"项目共同体,以立德树人为导向架构了文化体系,以创新的精神、发展的理念重构了学校的文化;"教育质量综合评价改革"项目,从课堂教学评价入手,探索了学生核心素养发展的新生态,建构了学业质量绿色评价体系。可以说,参与项目研究的50所学校内涵发展快速,影响并带动区域的所有学校一同发展。

需要特别提出的是,为全面落实立德树人根本任务,深化基础教育课程教学改革,切实推进中小学育人方式转变,交流共享区域基础教育课程教学

改革经验和实践,江苏省教育厅于2021年11月24—26日在苏州举办了主题为"苏式教育:为高质量发展而教"区域基础教育课程教学改革专题展示活动。江苏省教育厅副厅长顾月华、苏州市人民政府副秘书长马九根、苏州市教育局副局长朱向峰、苏州市姑苏区人民政府副区长单杰等领导出席开幕式。顾月华对苏州基础教育课程改革给予高度评价。她指出:"教育是百年大计,根本任务是立德树人,面向所有学生,为党和国家培养德智体美劳全面发展的社会主义建设者和接班人。各地方各学校和广大教师要用自己生动的、多样化的实践,走出一条具有江苏特点的、高水平可持续的基础教育内涵发展之路。"她鼓励广大教育工作者真正回归教育本质,回归育人初心,用提质增效的课堂教学,用家校社共同合作的模式,推进基础教育的高质量发展,为学生终身发展、全面发展奠定幸福而坚实的基础。《江南时报》于2021年12月6日做了专题报道。

我们的"苏式教育"是基于教育教学的一般规律,也是基于苏州开放包容的时代背景,更是苏州区域教育教学优秀经验的集中体现。一句话,"苏式教育"是苏州城市文化特色的一种教育主张,是体现苏州特有的地域特征的适合教育。这种教育主张应用于教育教学实践中,已经结成累累硕果。2020年苏州成为全国"智慧教育示范区";近年来,五大学科奥赛获奖数量和质量均位居全省前列,教育教学成果奖不断涌现……进入新时代,人民群众对公平而有质量的教育的需求愈加强烈,这对教育高质量的发展也提出了更高要求。

如何在教育质量"高原"的基础上筑起"高峰"？如何实现"让学生就读更多好学校,让学生遇到更多好老师,让学生发展更多好素养,让学生享受更多好服务"的"四个更好"的目标追求？如何以高质量发展擦亮"苏式教育"品牌？这是摆在苏州教育人面前的时代课题。展望未来,我们将以百倍信心、以百倍努力开创新局面,把握新机遇,迎接新挑战,聚焦"苏式教育",再探"苏式课堂",加快做精、做优"苏式教育",为把苏州建设成崇教好学之邦、普教惠学之地、善教乐学之城而不懈努力,不断提升人民群众教育获得感和满意度。

附件材料：

关于进一步推进中小学开展"苏式课堂"建设实施的指导意见

各市(区)教研室(教师发展中心、教育发展中心)，各直属(代管)学校：

为全面落实立德树人根本任务，大力发展素质教育，着力提升基础教育内涵建设与质量水平，加快推进苏州市基础教育高质量发展，扎根课堂主阵地，促进课堂变革与教学创新，落实"苏式教育"理念，进一步推动"苏式课堂"向纵深发展，实现苏州教育的整体提升。经研究决定，现就进一步推进苏州市中小学开展"苏式课堂"建设实施提出如下指导意见。

一、指导思想

以习近平新时代中国特色社会主义思想为指导，全面贯彻党的教育方针，落实立德树人根本任务，深化基础教育课程改革，培养学生核心素养。以苏州2500多年的历史文化为依托，秉承叶圣陶先生的"教是为了不教、学是为了再学"教育思想精髓，探索苏州地域文化的教育内涵，厘清"苏式课堂"的基本特质。建立"苏式教育"的长效机制，为发扬"崇文睿智、开放包容、争先创优、和谐致远"的苏州精神、打造"苏式教育"品牌、实现中国梦的苏州篇章做出重要贡献。

二、工作目标

引领学校和教师确立"苏式课堂"理念，增强教师对苏州文化的认同感和理解度，夯实苏式文化底蕴，引导广大教师围绕"苏式课堂"基本特质，将体现苏式文化的"简洁、精巧、厚实、灵动、开放、和谐"等元素具体化，推动学校课堂教学理念改进，探索、实施、确立基于学生核心素养培育、与新课程实施相匹配、苏州地域文化特色鲜明的"苏式课堂"教学模式，实现教学行为变革和育人模式转型，造就各学校特色发展的新样态，实现苏州教育高质量发展。

三、工作原则

按照苏州市统筹规划、区域整体推进、学校特色发展的原则，制定分级分层、相互协调的"苏式课堂"实施计划，有组织地推进"苏式课堂"的开展与推广。鼓励各市(区)和各学校特色发展，形成具有本地和本校特色且可持续发展的"苏式课堂"的新样态。

四、主要任务

（一）创建鲜明的"苏式课堂"环境

"苏式课堂"环境建设要契合学校发展实际，建立学习内容与苏州社会、政治、经济和文化生活经验之间的联系，充分挖掘和传承学校自身的文化精神和历史积淀，激发学习兴趣，引导学生积极主动参与学习活动，增强学生学习效果。充分发挥本地本校彰显地域文化特色的自然文化、历史遗迹和非物质遗产等场所环境的教育功能，拓展课堂学习场域，创建跨时空、跨学科学习环境，增强课堂的生活化、体验性和互动性等功能。

（二）丰富和完善"苏式课堂"资源

不同学校结合各自特色，从本地本校实际出发，围绕"苏式课堂"基本特质，开发丰富而有特色的"苏式课堂"教学资源，形成既遵循学科教学规律又具有苏式特质、与发展学生关键能力和必备品格高度关联的课堂资源。强调教学资源和内容的跨学科联结，集历史与现实、本土化与国际化、知识性与趣味性于一体，凸显苏州地域特色和精神元素。以学校师生为"苏式课堂"资源建设主体，建立学校"苏式课堂"资源库，充分挖掘苏州市自然、历史与人文特色资源，尤其是园林艺术、水文化以及昆曲、苏绣、桃花坞木刻等非物质文化遗产，丰富拓展"苏式课堂"的校本教学资源内容。搭建苏州大市、市（区）和学校开放的"苏式课堂"资源共享平台，发挥各学校"苏式课堂"资源的辐射作用。

（三）建构凸显"苏式课堂"特质的典型教学模式

设计精巧的符合学生身心发展的课堂内容，凸显学生个性自由发展，集生态性、简洁性、简约性、生成性、人文性和自然性于一体。围绕课堂教学重点、难点等核心内容，融入范仲淹、顾炎武、叶圣陶等与苏州渊源极深的教育家思想和精神元素，突出"苏式课堂"的基本特质，从不同侧面搭建"苏式课堂"，建构"苏式课堂"的典型教学模式，为不同层次和不同潜质的学生提供个性化、有选择的学习支持，发扬学生的个性和灵性，关照学生自我人格和精神的形成。通过增强现实或虚拟现实方式，充分吸纳现代科学技术，实现课堂教学内容的简洁与直观以及教学方法的清简启思，丰富学生体验，转变学生评价方式，促进学生渴望学习、自主学习、深度学习，促进学生个性化和谐发展。以苏州自然地理和社会历史文化生活为素材，寻找探究性问题，鼓励教师引导学生"学、做、思、创"一体化的研究型、项目化、合作式教学活动。

（四）提升教师苏式教学的专业水平

学校以"苏式课堂"理念为引领，成立"苏式课堂"教学研究的核心团队，鼓励广大教师开展教学尝试，探索独特的苏式教学风格，自主探索个性化的苏式教学模式。为促进教师间的交流与沟通，打造优质的苏式教师队伍，学校搭建各种形式的教学、教研交流平台，分享教师发展的成功经验，在"苏式课堂"的搭建与苏式教学模式的建构过程中，提高教师专业素养。以"苏式课堂"教学模式的建构为契机，以团队发展为基础，提高全校教师整体苏式教学的专业水平。

五、推进举措

（一）问题导向，建施并进

立足市（区）情、校情，聚焦区域课堂教学的核心问题和难点问题，参考"苏式课堂"的基本特质和基本模式（附件1）、呈现的教学环节安排及要求与规则（附件2）和苏州市中小学"苏式课堂"评价表（附件3），将学校"苏式课堂"基础环境建设和"苏式课堂"的具体教学模式建构相统筹，保障"苏式课堂"实施的常态化。

（二）聚焦课堂，教研支撑

强化课堂主阵地作用，围绕"苏式课堂"主要建设内容，构建体现"苏式课堂"的基本特质、基本模式和教学质量整体提升的课堂教学新样态。建立完善区域教研、校本教研、网络教研制度，积极探索信息技术支持的教研模式改革。

（三）以评促建，评建结合

各市（区）、各校要将提升全体教师"苏式课堂"意识和"苏式课堂"教学水平作为重点，把"苏式课堂"教学改革培训作为教师培训的重要内容，把"苏式课堂"建设与实施作为教师评价的重要指标。通过定期举办专题研讨和培训、现场展示、交流学习等活动，促进教师专业发展，推动"苏式课堂"建设与教学改革的实施。

六、保障机制

（一）加强各级组织领导，推动高效管理运行

各市（区）教研室设立专门领导小组和组织机构，制定切实可行的本市

（区）"苏式课堂"建设规划和实施方案，围绕"苏式课堂"基本特质与建设内容，形成"苏式课堂"实施的考核、评价和督导制度与机制，实现"苏式课堂"实施的常态化运行机制。

（二）完善社会保障力度，扩大社会支持效应

争取广泛的社会支持，建立完善的社会支持网络，学校与高等院校、企（事）业单位、社区等进行有效合作，充分发挥社会的师资力量和"苏式课堂"教学资源的作用，建设与"苏式课堂"高度相关的校外教学基地，形成学校与社会的联动机制，为"苏式课堂"提供有力保障，同时营造"苏式课堂"的良好舆论环境。

（三）设立专项项目经费，创新实践发展路径

设立"苏式课堂"专题研究项目，并配备充足经费，鼓励学校、教科研部门等机构和广大教师围绕"苏式课堂"基本特质，选择本方案中的相关建设内容，积极开展科学研究。重视开展"苏式课堂"的理论探索与实践创新，注重各市（区）各学校开展"苏式课堂"的成果宣传，扩大影响，发挥一定区域内示范引领作用，以共享推动教学资源利用率。

本意见是推进全市中小学"苏式课堂"建设实施的指导性意见，"苏式课堂"的基本特质和基本模式（附件1）、"苏式课堂"教学环节安排及要求与规则（附件2）和苏州市中小学"苏式课堂"评价表（附件3）是"苏式课堂"评估考核的主要依据。请各市（区）教研室制定本区域的"苏式课堂"建设推进工作的实施方案、实施细则等（在苏州市总体框架下修改不超过20%），并在9月20日前将各市（区）关于"苏式课堂"建设推进工作的实施方案的word文档电子稿和加盖单位公章的扫描pdf文档电子稿上报至邮箱：1055692951@qq.com，并具体推动本市（区）"苏式课堂"建设实施工作的有效开展。

附件：1. "苏式课堂"的基本特质和基本模式
　　　2. "苏式课堂"教学环节安排及要求与规则
　　　3. 苏州市中小学"苏式课堂"评价表

苏州市教育科学研究院
2021年9月1日

附件1：

"苏式课堂"的基本特质和基本模式

一、基本特质

（一）生态性

"苏式课堂"崇尚"返璞归真"，具有互动、和谐、共生的良性生态格局，体现"和谐致远"之苏州精神。生态性特质具体体现如下：

第一，课堂主间的整体共生。师生关系、生生关系及师生与课堂环境相互协调，师生双方平等互动、共同参与、互相包容。

第二，强调教学内容回归生活世界。关注学生的需要，关注社会，从学生的实际经验出发，学科知识的编排与课程设置互相联系，促成学生有机融入社会。

第三，以学生生命发展为最终旨趣。注重学生的身心和谐，促进整体发展、可持续发展。

（二）人文性

"苏式课堂"充满人性，发扬学生的个性和灵性，体现苏州水文化的"灵动秉性"与"开放包容"的苏州精神。人文性特质具体体现如下：

第一，课堂环境以学习者为中心。教学氛围民主、宽松、和谐，师生之间情感交流默契、顺畅，真正唤醒和培育学生的主体精神，启发学生思考和智慧；课堂评价具有人文关怀，摒弃工具性的功利成分，创设有利于培育学生的人文精神的课堂环境。

第二，教师具有良好的人文素养和人文精神。教师充分认识到课堂教学的人文价值，掌握参与式、探究式、合作式等教学方法，尊重学生的个体差异和不同需求，因势利导、适时帮扶、伺机放手，真正唤醒和培育学生的主体精神，对学生自我人格和精神全面关照，实现学生主动学习。

（三）简洁性

"苏式课堂"追求课堂效率，用简洁的教学过程实现知识学习和品德养成，体现苏式的"精巧""简洁"等苏式元素。简洁性特质具体体现如下：

第一，教学目标简明，知识品德共生。能够围绕立德树人目标，聚焦关键能力和必备品格开展教学，实现知识学习、能力生长与品德养成共生。

第二，课堂结构清晰，环节层层递进。教学主线清晰，遵循教育规律和人的全面发展规律，知识体系清晰有序，学习过程真实充分，课堂结构体现线性和块状相结合等特点。

（四）简约性

课堂的内容充实但简约聚焦，力求"简朴有效"，体现苏式的"厚实""精简"和"精致"。

第一，教学内容精当，教学设计精巧。根据学科基本结构，挑选最具教育意义的教学内容单元，课堂导入简单有效，教学环节精雕细琢，不做过多重复训练，不给学生增加过多的负担。

第二，教师语言精练，板书简明流畅。教态、多媒体辅助教学等非言语行为与教师语言有较好的配合度，呈现亲和、生动的教学风格。

（五）自然性

"苏式课堂"的教学目的、内容、方法都有自然性特征，彰显苏州的"从容"之元素，遵循规律，不疾不徐。自然性特质具体体现如下：

第一，要基于学生生活经验，符合学生最近发展区，遵循学生认知和情感等身心发展规律，教学内容和形式与学生认知特点、心理需求相协调，循序渐进发展学科核心素养，为学生未来发展奠基。

第二，充分给予学生观察、思考和探究的时间，顺应学生成长规律性和体现教与学的自然性，避免以升学考试为目标来提高学习难度、深度和速度，避免采取传统灌输式教学方式。

（六）生成性

生成性是指课堂内容的研制与学习过程的组织要有助于学生自然生成学习探究问题和生成性资源的利用，并以问题或任务为驱动，引导学生尝试深度学习，在迁移运用、批判性学习、探究梳理等自主学习过程中，建构知识与发展能力，体现苏式的"灵动"元素。

第一，关注课堂生成性问题。重视学生提出的与教师课堂讲解完全相反的见解，或者提出教师未曾深入思考的问题，增强学生参与意识和学习主动性，实现师生、生生互动碰撞。

第二，重视课堂生成性资源利用。合理利用生成性资源优化学生认知结构，扩展学生思维宽度和深度，激发学生的学习动机，提高学生主动参与学习的热情。

二、基本模式

"苏式课堂"不是某一种教学模式或方式的泛滥,而是由多种教学模式或方式共同呈现出的一种品质,但"苏式课堂"具有基本模式架构和实施原则,其基本模式见图5-5(注:"苏式课堂"教学环节安排及要求与规则见附件2,"苏式课堂"的评价指标见附件3)。

(一)"苏式课堂"目标的创设

"苏式课堂"围绕着"立德树人"根本任务,提升学生的关键能力和必备品格,培养学生的核心素养。具体包括:(1)文化基础:人文底蕴、科学精神。(2)自主发展:学会学习、健康生活。(3)社会参与:责任担当、实践创新。各学科课堂结合本学科课程特点,将"崇文睿智、开放包容、争先创优、和谐致远"的苏州精神融入课堂目标创设,实现核心素养的具体化和本土化,体现学科育人价值。

(二)"苏式课堂"模式的维度

"苏式课堂"基本模式包含着"课堂内容""课堂结构""课堂氛围"三个维度。

维度一:课堂内容。"课堂内容"具有灵动和厚实之元素,呈现"苏式课堂"的简约性和生成性。简约性即课堂内容简约聚焦,力求"简朴有效",具体体现为"教学内容精选,教学设计精巧""课堂结构清晰,环节层层递进"以及"教师语言精简,板书简明流畅"等方面。生成性是指课堂内容要有助于学生自然生成课堂问题,并以问题驱动深度学习的开展。基于学生生活经验,关注学生的需要,具有生成性。

维度二:课堂结构。"课堂结构"具有精巧、简洁之元素,呈现"苏式课堂"的自然性和简洁性,即基于主线教学,围绕问题和任务开展探究教学,留给学生充分的思考时间和空间,有清晰的教学板块,体现线性和块状的教学逻辑结构,展示知识体系和学科素养建构的教学过程。

维度三:课堂氛围。"课堂氛围"具有和谐、开放之元素,呈现"苏式课堂"的生态性和人文性,即促进学生主动学习,真正唤醒和培育学生的主体精神,启发学生思考和智慧,考虑学生个体差异,注重对学生自我人格和精神的观照,师生双方主体互相包容、共同参与和分享互动,使课堂形成互动、和谐、共生的良性生态格局。

(三)"苏式课堂"情境的创设

基于学生熟悉的个人、地区/国家和全球的自然、社会、政治、历史、经济、艺术、文化的情境,发挥本地本校彰显地域文化特色的自然文化、历史遗迹和非物质遗产等场所环境的教育功能,充分利用智慧教育手段,拓展课堂学习场域,凸显学科融合和主题探究式情境创设,创建跨时空、跨学科学习环境。

附件2:

"苏式课堂"教学环节安排及要求与规则

课堂环节安排		要求与规则	解释与说明
课前	课堂教学情境与目标创设	1.提供丰富的,来源于个人、地区/国家和全球的自然、社会、政治、历史、经济、艺术、文化的情境中的实际问题,以激发学生兴趣,创设自主学习情境; 2.充分发挥本地本校彰显地域文化特色的自然文化、历史遗迹和非物质遗产等场所环境的教育功能,拓展课堂学习场域,创建跨时空、跨学科学习环境; 3.围绕立德树人根本任务,提升学生核心素养,注重必备品格和关键能力等情意目标和能力目标的创设	1.体现苏式文化的"本真"特色,返璞归真,让学生浸润在真实的课堂环境和问题之中; 2.目标创设符合立德树人根本任务和核心素养要求
课始	问题和任务引领	1.基于创设的教学情境,引出问题或任务; 2.其问题或任务情境要与学生的现实生活、课程内容和原有知识联系起来; 3.情境中的问题能够吸引学生,引起认知冲突,从而激发学生主动探究和认知思维,主动建构对知识的兴趣	

续表

课堂环节安排		要求与规则	解释与说明
课中	教与学活动（一）：课堂内容	1.课堂内容简约聚焦,力求"简朴有效",内容选择基于学生生活经验,符合学生需要,从学生的实际经验出发,促成学生有机融入社会和学生和谐可持续发展； 2.凸出学科融合和主题探究式教学活动的开展,体现各学科相互联结和渗透,集历史与现实、本土化与国际化、知识性与趣味性、品格培养与能力塑造于一体； 3.重视课堂内容的预设与生成,利用生成性问题驱动,灵活调整教学内容	课堂内容具有清简、质朴、厚实元素,体现"苏式课堂"的"简约性"和"生成性"
	教与学活动（二）：课堂结构	1.引导学生紧紧围绕问题和任务开展主动合作探究； 2.抓住一条主线进行教学,形成清晰的板块教学,体现线性和块状的教学逻辑结构； 3.课堂教学应展示知识体系和学科素养建构的教学过程,从容不迫,婉转回旋,循序渐进,充分给予学生观察、思考、探究和反馈的时间,顺应学生自然成长性和体现教与学的自然性	凸显苏式的"精巧""简洁""精致"和"从容",体现"苏式课堂"的"自然性"和"简洁性"
	教与学活动（三）：课堂氛围	1.教师因势利导,适时帮扶,伺机放手,实现学生主动学习,真正唤醒和培育学生的主体精神,启发学生思考和智慧； 2.教学过程摒弃工具性的功利成分,围绕教学目标实现课堂与教学对学生自我人格和精神的观照； 3.师生双方主体互相包容、共同参与和分享互动,使课堂形成互动、和谐、共生的良性生态格局,关注学生差异,避免采取传统灌输式教学方式	凸出"开放包容""崇文睿智""和谐致远"的苏州精神,体现"苏式课堂"的"生态性"和"人文性"
课尾	课堂交流反馈	1.组织学生进行阶段性的交流与反思； 2.对学生的疑惑和问题启发引导,可采取个性与共性相结合的方式进行	
课后	课后安排	1.加强作业设计研究,提高作业设计质量,作业布置科学合理,通过分层、弹性和个性化作业等方式,在内容和形式上留给学生自主选择的空间,帮助学生提高学习的自觉性； 2.让学生能够充分利用先前学习到的知识和概念,在新的、近似的情境下运用、解释和解决问题,实现深度学习和自主学习	体现"苏式课堂"的"人文性",也培养学生自主学习和创新精神

备注:"苏式"课堂教学环节安排及要求与规则,各市(区)和各学校在具体运用的过

程中必须考虑到各地和各校特色、学科的特点、课型特点、学生实际、教学的内容、教学条件等具体情况,在体现苏式课堂与苏式教学基本特质的前提下,具体实施时应形成体现本地、本校和相应学科特点的教学风格、模式和课堂教学特色。

附件3:

苏州市中小学"苏式课堂"评价表

一级指标	二级指标	分值
教学目标 (20分)	1. 目标精准[(1)符合学生年龄特点和认知要求;(2)选取学科核心概念和知识作为目标要求;(3)考虑学生个体的不同差异,目标体现层次性]	10分
	2. 素养提升[(1)突出学科关键能力;(2)德育与学科结合,形成必备品格;(3)促进自主发展和创新]	10分
课堂内容 (30分)	1. 内容精选[(1)教学内容符合学科结构;(2)符合学生生活经验以及可持续发展需要;(3)内容简约聚焦,重点突出]	10分
	2. 资源丰富[(1)体现不同领域教学资源,凸显地域社会文化自然等教学资源运用;(2)灵活处理教材,深广度适宜;(3)有效利用课堂生成性教学资源]	10分
	3. 内容多元[(1)体现各学科联结;(2)集历史与现实、本土化与国际化、知识性与趣味性于一体;(3)教学内容具有教育性,关注学生品格与能力]	10分
课堂结构 (20分)	1. 环节清晰[(1)课堂导入简单有效,板书设计合理;(2)关注学生思维发展,留给学生思考的空间和时间;(3)教学步骤意图明确,环节过渡自然,有条理,不繁复]	10分
	2. 结构分明[(1)教学呈现线性和块状结构的结合;(2)突出探究特征;(3)展示知识体系和学科素养建构]	10分
课堂氛围 (30分)	1. 情境生动[(1)创设富有启发性的问题任务情境;(2)信息化技术与教学深度融合,彰显智慧课堂;(3)贴近学生社会生活]	10分
	2. 师生互动[(1)学生主动学习,积极思考和探究;(2)师生互动共生;(3)学生人格和精神得以关照和彰显]	10分
	3. 氛围民主[(1)平等、和谐、互相包容的课堂气氛;(2)教师围绕民主课堂调控能力强;(3)关注个体差异和需要,注重促进学生发展的过程性评价]	10分

"抱团":实现研究型教师群体成长的吴中实践

"教师即研究者"日益成为当今教育界的共识,这一理念的倡导和实施是想让教师获得主动发展,享受教育教学的幸福,在实践中,教科研管理者们探索到了微型课题研究是开启教师自我研究最恰切的方式,而在多年之后,单打独斗又深陷烦琐事务的一线教师如何将个体研究有效地持续下去?区域教育科研如何打破学校间、学科间的隔阂而走向合作共赢?……苏州市吴中区的教师微型课题研究"抱团型"组织的建构与蓬勃发展给出了这样的回答——"抱团"研究,为教师协同发展、为研究型教师群体成长助力。

"抱团型"组织意于突破教师职业发展瓶颈期、点燃更多教师的研究热情及教育效能、搭建教师协同合作长效发展的平台,以"扎根课堂的教育科研才有生命力,微型课题是教师个人易操持的教科研,教师即研究者,合作共享是教师科研得以成功的重要条件"为基本理念,以教师专业成长愿景为驱动,以核心管理团队为领航,以"抱团"研究为组织形式,以教师发展共同体为框架,直指教学行为改进及教师专业发展。

一、"抱团":群众性、草根化教育科研开展的一种新型的组织形式

群众性、草根化的教育科研,在今天早已不是新鲜话题。借助微型课题研究,激发教师的研究热情,同样也是当下众多教科研管理部门都在推行且不乏创新之举的一种运作模式。但正如事物的兴衰过程,教师的持续研究热情,如果没有共同的愿景期待、整体的战略谋划、内心的价值认同、彼此的抱团取暖、瓶颈的携手打破……,不要说一群人,即便是一个人,也很难坚持到底。"教育是一棵树摇动另一棵树,一朵云推动另一朵云,一个心灵唤醒另一个心灵的过程",雅斯贝尔斯在阐释教育本质的同时,不也在强调人的共同发展吗?

近年来,苏州市吴中区教育科研管理部门提出建立微型课题"抱团型"组织,一项致力于创新区域教育科研管理运行机制、突破教师个人发展瓶颈、建立教师共同体的创新举措,正是在面对新时代教育改革背景下、区域教育科研推进的种种现实困境之后,做出的另一种突围。

二、教师研究要从个体走向共同体

随着教育的飞速发展,教师的学习方式、工作方式、研究方式也必然发生变化,依靠集体智慧获得更快更大发展已成为教育界的共识和教师的愿景。正是基于这种清醒的认识,吴中区教育科研管理部门提出建立微型课题的微区域"抱团型"组织,倡导教师研究从个体走向共同体。所谓"抱团",就是打破学校间的科研隔阂,跨越学科、学段间的界限,让研究方向或发展目标相近的微型课题研究教师"抱团",借团体之力助个人发展,以个人发展提振团体士气。我们认为,"抱团型"组织是适合群众性、草根化教育科研开展的一种新型的组织形式,是研究、学习、实践融合下的教师共同体,也是对教师专业发展做出的一种实践性的突破。

共同体,首先是一个理念,也是一种组织形式。理念,就是共同体倡导合作、对话、协商,逐步建立共同愿景,一如英国思想家齐格蒙特·鲍曼所说,共同体如同一个家,总是给人们美好、温暖的感觉。同时,这样的共同体是非行政化的、非制度化的,是虚拟的、无规定的和固定的组织形式。组织形式,是强调在理念和共同愿景引领下,有一个相对稳定的组织形式,形成一个载体,大家集合在一起,相互学习,共同发展。

任何一个组织,如果能够给人带来家的美好和温暖,我们相信,"抱团"就不是一种通常意义上的概念,而是一道积聚人心的热光,能够持续辐射出热能给更多更远的人。因为充分认识到这一点,所以我们一开始就非常强调"人"是首要核心要素,即发挥核心管理团队的执行力:通过团队中极具凝聚力的灵魂人物——领衔人,组织协调整个团队工作,如全面了解团队和成员,确定抱团方式,制定大团队及小团队的明确目标,调动团队成员的持续战斗力,及时化解团队矛盾,关爱团队中的每一个人,等等。所有这一切,最终指向团队的共同发展,而不仅仅是个人发展。为此,我们倡导"抱团型"组织具有鲜明的价值理念和行动方式。

第一,"抱团型"组织有共同的核心价值追求与支撑,即通过微型课题研究,让大家追寻到自己的专业尊严、专业价值和专业幸福,而不是简单的适应与生存。为此,区教科研管理部门身先士卒,领题多项研究,与骨干教师"抱团",在团队中与教师们共同体验、收获研究带来的幸福感。所以,"抱团"从表面上看是人聚,而实际上是心聚。

第二,"抱团型"组织的研究内容具有共同的召唤力与开发力,即提高"抱团型"组织的学术含量和研究深度,在专业引领和专业研究上,向上攀登理论高地,向外跨学科学习,向内"微项目式"推进,从而培植起团队的学术眼光和专业品质。

第三,"抱团型"组织的研究行动既讲求科学性又充满人文关怀,即哪怕是微研究,也必须遵循科学研究的原则,掌握科学研究的方法,发掘生命个体内心深处的真实镜像,而唯有这种科学与人文相互关照的行动方式,才能直抵共同体成员的心灵及其心智模式。

第四,"抱团型"组织的研究路径既观照个人成长轨迹又追求团队共同发展,即构建团队大目标引领下的自我发展小目标,设置系列化、阶段性的发展路径,让来自不同学校、不同学科、不同阶梯的教师尽快汇合,走出一条团队共进、自主成长的道路。

也正是基于对教育改革时代教师共同发展的时代呼应,基于人性化、包容性、洋溢着温暖气息的"抱团"理念,基于科学定义、合理架构、灵活应变的组织形式,才让越来越多的学校、老师自发加入进来,形成了一种滚雪球式的不断壮大的态势。

三、"抱团"就是要让教师拥有不同视角

日本教育专家佐藤学曾提出,教育研究如同是用眼睛观察世界,不同的眼睛,就代表了不同的研究视角,最基本的三种视角是"飞鸟之眼""蜻蜓之眼""蚂蚁之眼"。"飞鸟之眼"高瞻远瞩,"蜻蜓之眼"视角下移,"蚂蚁之眼"精确细致。此三种比喻用在教师研究视角上,同样贴切。那么,在"抱团"之初,什么样的研究视角更适合一线教师?无疑,教师的职业特点及实际情况,决定了他们更愿意选择微型课题研究这种贴近需求、解决现实问题,且周期短、见效快的适切视角。

因为视角贴近地面,教师与教师之间就更容易听到"回响",形成双向传播,交互感应,教师与教师之间的活动就更容易向下挖掘,向教育现场深入,探索深度学习和深度研究,教师与教师之间的成长则更容易向上拔节,呈现出循环式递进、螺旋式上升的成长态势。于是,我们提出把"抱团"研究做到课堂上去,做到教育现场去,带着研究假设,带着量身定做的观察量表,用专业的眼光审视课堂,用实证研究的方法去验证,去实验,直至解决问题,推动

课堂变革。我们推行"公开研讨会"模式，让"抱团"小组成员间打开教室，起初是三五人的小组内的"公开"，逐渐到更大范围的"公开"，通过听课评课、研究案例，达到团体内的经验共通和思想交换。这种整合教研与科研的研究视角，画出的是向上的抛物线，连接了教与研，也跨越了学科与学科。更重要的是，这种从真实的教育情境出发的研究视角，让共同体感到了躬身实践，深耕课堂，不虚谈不虚妄的踏实感和充实感。

由此，教师视角就不再止于"蚂蚁之眼"，而是向"蜻蜓之眼"，向"飞鸟之眼"接近。因此，这三种"眼睛"逐渐成为教师的自然视角，而学会转换视角，换种方式来思考和解决问题也就不再困难。譬如，我们坚持多元性的共同体，让高层次教科研专家、大学研究者成为重要主体，从而建立起一个高品质、高站位的"抱团型"组织，让教师具备了"飞鸟之眼"的高瞻远瞩，学会了全方位的俯瞰。我们坚持学习型的共同体，引导教师到文献、到专著中去学习专家里手的论断和经验，学会思考中观层面的问题，具备"蜻蜓之眼"的视角下移。这些都是让教师学会自如地切换视角，不拘于一隅一事。

教育是一个不断与新时代的人们展开思想交流的领域，所以与教育相关的所有人都应该学会展开对话，相互倾听。而其中最首要的就是换位、换角度思考问题，只有这样才能让每一种视角都成为"慧眼"，从而使自己具备最强的洞察力，那么这个领域的很多问题就可以有解，甚至可能是多解。

四、教师成长是螺旋式上升的循环链

英国著名的课程论专家斯滕豪斯提出"教师即研究者"。那么，教师应该怎么研究？如何寻找和确定研究的路径？英国著名的人类学家马林诺夫斯基，也曾经把自己的研究路径概括为"在这里—到那里—回到这里"，他认为，"在这里"主要是指在大学里系统地学习基本理论进行专业训练；"到那里"主要是指到研究现象呈现的场域中去，运用掌握的理论和方法做研究；"回到这里"是指回到自己研究的机构里来，提出新的原理、新的观点。马林诺夫斯基的这一研究路径，同样可以视作教师的基本研究路径和方式，并且同样可以拓宽到读、教、研、写等多方面。事实上，我们的"抱团"研究行动，就是致力于把教师的成长路径拓得更广更深，用"微型课题研究"这根主线，把读书、教学、写作串联起来，形成的螺旋式上升的教师专业成长循环链，即提出现实问题，共同阅读教育教学专著或文献，筛选有实用价值的理论、可操作的实践方式,指导、运用于教学实践,提炼出个性化、创新性的做法,形成文字进而开展课题研究,然后再进入读书、实践、写作……由此,"读教研写"就形成了一种螺旋式上升的循环链。教师的成长路径,"从这里—到那里—回到这里"的时候,"这里"已然不是"同一条河流",从新的河岸再启航,不断地划向更远的彼岸,教师的成长也就悄然发生了。

或许有人会说,读书、教学、研究、写作,不正是教师成长的一般规律吗?的确,在把握这些基本方式、遵循一般规律的过程中,这些做法看上去并没有什么过人之处,但是一旦将教师个体成长纳入团队成长,用共同愿景这根"价值红线"将所有人牢牢地牵住,一般性就会显示出与众不同。譬如,"青蓝写吧""石湖写吧""碧波桥""心动力悦读会"等读书、写作团队,由一群群富有活力、充满激情且思想飞扬的教师组成,他们虽然分布在不同领域、不同学科,但照样坚持线上线下共读共写,每周分享读写日记、教学随笔、教育叙事等,形成了"倾听·对话·评价"的学习方式。其效果是显著的:团队力量更大地激发了教师的动力,共同愿景让教师的信仰更为坚定,集体行动下的教师行为跟进更为主动,资源共享更快地催发了教师成长。

现在看来,"抱团"发展的关键,不在于做法有多么高大上,不在于条件有多么充分,不在于时机有多么成熟,只要清楚地把握住教师成长的几个绕不开的关键词,深刻地认识到团体智慧一定高于个人智慧,执着地坚守一个共同的价值信仰,就一定能够把一个很多人普遍认识到却没有做到的规律,运用到加快教师专业发展的实践中去。

五、区域"抱团"带领下呈现出的实践样本

共同体对区域教育改革发展、教师专业成长的价值被越来越多的学者专家认可,但目前停留在理论的居多,真正进行实践的项目还不多见。吴中区的"抱团"研究在经过几年的运行之后,在区域"抱团"总指挥部的带领下,在校际层面,发展起来一个个小团队,他们结合自身实际,实施不同的"抱团取暖"方式,由此创造出不同的实践样本。

如南京师范大学附属苏州石湖实验小学,"抱团"研究发起之初不过是两个年轻的英语教师,她们把"抱团"小组不断壮大的过程比作一次"斜坡攀登",一个听上去富于诗意却充满挑战意味的名词,她们用行动讲述的却是一个"温暖而百感交集"的故事:一个人是如何打破瓶颈、寻求队友的,两个人是

如何相互搀扶、鼓励打气的,一群人是如何深度合作、传播能量的,以及教室的大门是如何敞开的,研究的局限是如何突破的,学科间是如何交流倾听的,合作项目是如何推进的,等等,看似打开的是一扇门,实则是一种心态的开放、格局的转变、视野的开阔、智慧的分享。她们选择"斜坡攀登",就是一种研究智慧的体现,因为教育研究的过程是漫长而艰辛的,没有一种迂回前进的方式,任何人都难以一口气登顶。而选择用"抱团登山"的方式,就避免了弯路和歧途。之所以选择这种独特的"登山"方式,正是因为她们认识到,个人和集体的共同努力才能真正解决问题,才能突破个人的成长局限,而"抱团攀登"的过程,也让教师更清晰地看到:他们不仅是教育知识的消费者,更是教育智慧的产生者;他们不是教育改革的简单适应者,而是教育改革的"登山者"。

苏州市吴中区木渎实验中学为自己量身定做的是"编队齐飞"式的整体推进。首先,我们看到,校长是被教科室主任"编队"的,于是,柳校长做研究成了"飞行模式"开启的一种示范和一种引领。其次,"飞行项目"的布置让教师群体练就了"空中飞行"的各种应对能力,也就是区教科研管理部门所倡导的:研究的主阵地是课堂。每一位教师都要苦练内功,具备妥善应对突发事件、特殊学生的能力,应对自身发展需求的能力。最后,建立制度化的"倾听、对话、评价"合作模式,让每一次的集体提拉都保持了良好的稳定性,也让"飞行成员"相互间变得温暖有力。今天的苏州市吴中区木渎实验中学正在一个新的起点和高度上发生着变化,是人的观念和行为的变化,是群体性的、整体性的变化,一个更加优秀的教师团队正在崛起。

研究共同体如何管理?团队间的力量如何协调?发展节奏如何控制?碧波实验小学的微研团队,在学校教科室主任这个灵魂人物的带领下,从法国科学管理专家法约尔的管理模式中找到灵感,突破了长期以来的科研管理瓶颈。他们通过"计划、组织、指挥、协调、控制"五个管理要素,让"草根"科研在寻找"合伙人"的过程中,有组织、有纪律、有指挥地行动起来,逐渐明晰个人发展路径,建立起责任担当意识,从而倒逼出一种紧迫感和成长自信,最后在集体力量的裹挟中,有节奏、有控制地行走。这是一种智慧的带团方式,一整套完善的、科学的管理流程,带动微研团队中的每个人都像齿轮般紧紧地咬合在一起,快速而有节奏地转动。而且,他们提出教师要"寻找属于自己的表达方式",那么,什么样的表达才更适合教师呢?他们提倡"问题呈现""情景再现""夹叙夹议"三大系列,这就让教师的表达不但减轻了畏怯心理,还找到了写作指南:向实践的土壤、向研究的自觉、向内心的情感回归。这些做法都在向我们传递一个信息,那就是人的内心通常都有一种表达的需求,寻找到适合的表达方式,才能挖掘到不断向外喷射的"井眼"。

爱因斯坦说过,一个人骑单车要保持平衡,必须一直向前。尼采说,新光耀不是在他的所来之处,而在他将要前往的那个地方。相信我们的研究团队,正在走向他们内心向往的那个地方。

本期专题从四个角度切近"抱团型"组织的内核:一是以阶段性总结形式展现"抱团"研究的整体样态,二是以"主体、基础、执行、目标"四要素阐述组织建构及运行策略,三是以微团队的具体管理及主题式"抱团"发展呈现具体实践样本,四是以专家从高点位俯瞰"抱团"研究的实践操作、价值意义的视角指引其全方位深度发展。

依靠集体智慧获得更快更大发展已成为教育界的共识和教师的愿景。我们期待,未来的"抱团型"组织,不只是以微型课题研究为抓手,不只是"适应期""转型期"教师的抱团,不只是同一教科研联盟体内的协同,更要向更深更广更高的层次上发展,真正实现全区域的教师个体及群体的联动,并深层次撬动课堂革命。

整体改革:三地教科研功能优化的共同趋势

深圳、宁波及大连三市作为教科研整体改革特色点,把握时代需求,跟随发展导向,服务区域教育发展能力显著提升,服务社会功能不断拓展,在保持自身教科研特色的同时带动了区域教育辐射,引领区域教育高质量发展。

一、三地教科研机构及职能简介

三地的教科研机构均承担着服务教育行政决策、服务基层学校教育实践、服务教育改革与发展大局的责任与使命。其履行的工作职责普遍有为教育决策提供咨询服务,开展基础教育教学理论与实践研究,承担在职教师专业发展培训任务,负责教科研管理、课题研究及成果推广,构建教育质量监测与评价体系。

由于依托的教科研机构性质和职责分工不同，也存在一定差异，深圳市教科院是集教研室、教科所及教师发展学院为一体的三位一体综合型部门，因此，它还承担着教育局部署的其他工作任务。大连市的教科研机构依托于一所独立建制的成人本科院校——大连教育学院，其集教研、培训、科研、评估监测、资源建设、社会服务、学历教育等功能于一体，其下设职能部门众多，所涉范围全面细致（图5-6），它除以上主要工作职责外，还承担全市中等职业教育教学研究与指导、干部培训、成人学历教育等工作。宁波市的教科研工作主要由宁波市教育局教研室和宁波市教育科学研究所共同承担，两部门直属于教育局，各司其职，分管不同的事务，但二者也有部分业务存在交叉重叠现象（表5-1），宁波市教育科学研究所更侧重于决策咨询服务，且在开展教育理论与实践方面不仅仅局限于基础教育，宁波市教育局教研室则更侧重于基础教育教科研工作、教师培训及教学资源建设等工作。

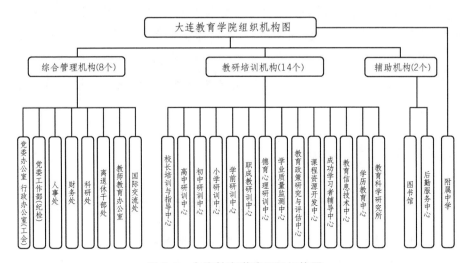

图 5-6 大连教育学院组织机构图

第五章 立德树人视域下教科研整体改革的典型案例

表5-1 三市教科研机构及其归属职能划分

地区与机构		职能					
		决策咨询	教学理论与教学实践研究	教科研管理、课题研究及成果推广	教育质量监测与评价体系构建	在职教师专业发展、教师培训	教学资源开发与推广	其他
深圳	深圳市教育科学研究院	开展各级各类教育发展、政策、重大问题的研究，为教育决策提供咨询服务	开展基础各学科的教学研究，承担学生学习方式、教学方式及学生能力培养等研究工作	负责全市教科研业务指导和专业管理、成果培育与推广工作	开展基础教育质量监测及评价体系研究，为各区开展监测工作提供技术支持和业务指导	承担在职教师和校（园）长培训及培训业务管理，开展教师专业发展研究，对区教师发展中心、教师专业发展学校建设提供业务指导		完成市教育局交办的其他任务
宁波	宁波市教育局教研室		开展基础教育理论、政策和教学实践及课程改革研究	开展全市基础教育教研工作，负责课题管理评审、学术交流和成果推广	开展全市基础教育评价研究，协助组织教育质量标准制订与监测工作	教师培训等工作	做好教学资源建设	
	宁波市教育科学研究所	开展教育政策、改革发展的综合研究及教育重大问题的对策研究，为教育行政部门提供教育信息和决策咨询服务	开展各类理论与实践研究	普及教科研究的知识、技术和方法，服务与推动群众性的教育科学研究，承担全市教育科研课题的管理工作，传播、推广、转化优秀教科研成果				构建教科研协同创新机制，开展教科研合作交流

续表

地区与机构		职能						其他
		决策咨询	教学理论与教学实践研究	教科研管理、课题研究及成果推广	教育质量监测与评价体系构建	在职教师专业发展、教师培训	教学资源开发与推广	
大连	大连教育学院	为教育行政决策服务	开展基础教育和中等职业教育理论与实践研究	教育科研工作	组织中考命题审题工作,组织初高中大型考试,构建科学、客观的学生学业质量监测操作规程和管理制度	对专任教师提供专业发展服务,建立研训一体教师教育体制	课程资源中心 1. 组织和管理课程资源开发项目 2. 宣传和推广课程资源 3. 组织、指导基层学校课程资源开发工作 4. 协调主要相关部门的关系	提供信息技术支持服务,包括网络运营、维护、资源支撑等

二、教科研工作特色实践

深圳、宁波、大连均在决策咨询、教师发展、教育教学研究、教育质量监测与评价及教学资源与开发方面进行了有本土烙印的特色实践,探索了较为完善的教科研工作路径。

在教师专业发展方面,深圳通过出台《深圳市校长教师发展体系建设实施方案》、完善师德师风建设长效机制、完善教师职前培养与引进机制、优化教师结构、选优配强校长队伍、健全教师专业发展支持体系、优化教师在职培养培训体制机制、深化教师管理体制机制改革、健全教师激励保障和考核评价体制机制、建立健全中小学教师工资待遇长效保障机制等措施构建了较为完善的校长教师发展体系(图5-7)。在完善教师职前培养与引进机制方面,深圳积极与知名师范大学联合培养教师,鼓励支持非师范类名校毕业生补齐师范类课程,探索师范教育"深圳路径";深圳通过加大名优校长、教师引进力度,开展领军人才培育计划、选聘博士和教研员等举措优化教师结构。在优化教师在职培养培训机制方面,深圳加大名优校长教师培养力度,"优秀校长培养工程""海培计划""名师工程"等培养计划不断完善并扩大,落实5年一周期教师全员培训,"年度教师"评选在全国引起广泛关注和良好反响,与知名师范大学合作建立"深圳学院",打造教师人才培养的孵化器,建成10所市区级教师发展中心,教师培养与专业成长力度进一步加强。在深化教师管理体制机制改革方面,深圳深入推动职称评聘改革、校长教师轮岗交流,完善学前教育教师和职业教育"双师型"队伍建设管理机制。深圳通过建设科研管理和成果评审系统,研制教育教学成果奖培育和配套奖励办法等方式健全教师激励保障和考核评价体制机制。

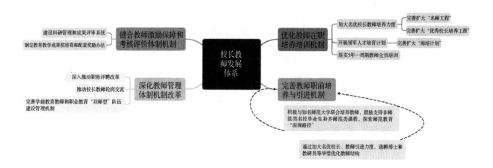

图 5-7　深圳市校长教师发展体系

大连的特色在于调整了教研部门、培训部门和科研部门三个机构与人员,以教研部门为主组建研训一体的组织与管理机构,按学段分成中学、小学和学前三个研训指导部门,将原来的科研部与培训部整合为研训管理部门。管理部门精简人员、转化职能,只负责教师研训的整体规划、课程设置、档案收集和资料管理,不直接指导基层学校和教师。三个指导部门负责所分管学段学校、教师的教研、科研和培训的综合指导任务,保证"问题""课题""课程"的一致性与联系性,其在机制体制的保障下,实现"研训问题化、问题课题化、课题课程化",这样研训活动坚持以问题为主线、课题为指引、课程为载体的方略,既基于研训管理需求,又满足教师发展要求。

在教育教学研究方面,深圳通过出台《深圳市基础教育教研体系建设实施方案》,落实教研"四个服务"职责,加强市、区教研机构建设,提升教科研机构整体实力,建立上下联动、横向贯通、内外协同的三级教研体系,健全市区校教研协同机制,加强专兼职教研队伍建设,创新教研工作方式等加快构建教育教学研究体系。深圳出台学科教研员考核办法,建立"旋转门"制度,提升教科研机构整体实力;深圳分学段配齐配强所有学科专职教研员,力争2022年全市专职教研员比例达到4.5‰;通过构建云端智慧教研新模式,创新教研工作方式;通过"优质学校+新办学校""规模化+集约化"等方式,深圳各集团学校重建教学教研新格局,重整各校区教学教研部门,建立起集团内各学科沟通交流平台,共同享用学科教学教研资源,扎实开展学科教学教研活动。大连教育学院发挥专业职能,创新教研方式,综合运用主题化系列化教研、沉浸式教研、开放教研、示范融合教研等形式,累计开展各类教研活动6000余次,指导教师47万余人次,指导"一师一优课"获得部优课1880节,占全省部优课的35%,位列全省首位。宁波教研室与教科所分管课程研究开发与学生成长指导,各司其职,相辅相成。

在教育质量监测与评价方面,深圳通过出台《深圳市教育监测评价督导体系建设实施方案》,研究完善区域教育、学校发展、学生发展、教师发展等方面的质量标准和指标体系,完善教育督导体制机制(图5-8),深入推进考试评价改革(图5-9),研究建立基础教育阶段学生增值评价体系,协助推进中小学生艺术素质测评试验区建设,研究构建全市统一的各级各类学校办学绩效评估考核体系等方式加快构建监测评价督导体系。

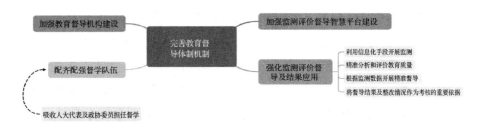

图5-8 深圳市完善教育督导体制机制举措示意图

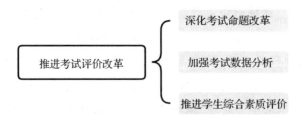

图5-9 深圳市推进考试评价改革举措示意图

深圳建立学前教育质量深圳标准,推动幼小衔接;完善基础教育质量监测评价体系,加强义务教育质量监测;率先完成政府履行教育职责评价、教育教学评价、教师评价、学生综合素养评价改革;在2021年深圳"高中增值性评价"被列入省评价典型案例。大连教育学院强化教育评估监测职能,中考命审题和高考模拟命题质量不断提高;深化区域教育评价改革研究和实践,推动建立了以发展素质教育为导向的评价体系。宁波修订了初中生综合素质评价指南并建立起直属普高学业质量监测机制。

在决策咨询方面,深圳积极发挥学校规划与建设专家咨询委员会作用,优化完善深圳市学校建设标准规范,提升学校规划设计与建设水平;加快组建高等教育、职业教育、基础教育三个专家咨询委员会,加强对教育先行示范的智力支撑,以此充分发挥四个咨询委员会作用,2021年深圳市教育科学研究院参与研制重大教育政策、方案报告140余项。

在教学资源开发与推广方面,深圳构建富有本土文化特色的学前教育课程体系,并在2021年开发了7866个各级各类在线教学资源包;大连教育学院加强课程资源研发,建成了基础教育类特色馆藏资源体系和"流动图书站"专用书库,实现了数字资源服务平台与"流动图书站"、中小学图书馆联盟服务的对接。

三、智能时代的教科研工作变革

深圳、大连、宁波三地均积极应对、全面探索智能时代教育变革,以智能应用深入推动教学、教研、评价方式变革。

深圳创立了全国第一所"互联网+"平台型未来学校——深圳市云端学校;积极建设大数据支撑信息化平台,打造"鹏教指数",预计到2025年,将全面建成教育"一网统管"治理体系;建立了基础教育首席信息官(CIO)建设管理制度;探索出"互联网+"教育帮扶新模式。

深圳市云端学校,大力开展学校空间设计、师资团队、课程体系、教学组织、学习方式、教育评价等方面的重构。云端学校探索形成了"常态化、全学科、多主讲、直播互动+智能辅助"的线上线下双师教学模式,探索出"跨校组班、多师协同、在校及居家混合"的个性化学习模式,开创了"全国知名专家深度参与、市区教研员驻点指导、市区名师牵头"的嵌入式同研同培教研模式,并主动对接义务教育新课程方案和新课程标准,积极探索"研究引领、技术支撑、数据挖掘、全过程全要素"的适应未来人才培养的评价模式。

到2025年,深圳将全面建成教育"一网统管"治理体系,大力提升深圳教育的智能化管理水平,打造"鹏教指数",实现数据流通、标准贯通、业务融通、机制畅通,传统决策向科学化数据辅助决策的转变,实现全市教育治理"一图全面感知、一键可知全局、一体运行联动"的科学管理模式。

基础教育首席信息官(CIO)建设管理制度,高度重视校长、教师及教研员信息化能力培养,以信息化人才队伍建设为抓手,建立健全智慧教育人才梯队,为深圳基础教育先行示范提供重要的智力支持和人才保障。

深圳将深化"互联网+"赋能教育帮扶的新机制,同时深度开展粤港澳大湾区智慧教育研究和合作,建设粤港澳大湾区智慧教育协同创新研究院,组建大湾区未来校长、未来教师联盟,打造粤港澳大湾区智慧教育高地,促进大湾区各地市及学校间的深度合作,为粤港澳大湾区建设贡献智慧教育新动能。

大连进行智慧教育示范区、示范校建设,扩大网络空间应用和融合应用试点范围;实施信息化基础能力升级工程,实现"千兆入校"工程由市属学校向区县所属学校延伸;探索城乡一体化远程同步课堂建设试点,改善农村薄弱学校一线教学环境;推进智慧教育平台等资源应用,扩大优质教育资源共享范围;构建了招生新网络,探索线上线下相融合的教学模式,推动了学历教育与非学历培训"双线"发展。

宁波启动智慧教育建设,建成智慧教育门户网站和云平台、学习平台、公共服务与管理平台三大平台。目前,全市有国家、省级各类信息化、数字化示范校(基地)56所,数字化校园达到90%。2017年,中央电化教育馆发布了"智慧教育(宁波)共识",宁波智慧教育经验在全国推广。

四、经验与启示

(一)立足实际,平衡教研与科研力量

大连市教育科学研究所实现"两个转向"。即从原来零散的、"一对一"的教育科学研究转向系统的教育科学研究,从单纯服务于教学一线转向既服务于教学一线又服务于教育决策机制。加强科所人员的转型能力建设,调动专职研究员积极服务大连市政府教育决策、主动参与教育政策研制工作的热情,并不断提高能力与水平。教科研整体改革基于教研与科研力量的平衡,基于各地实际,可采取机构内部整合、增加科研人员规模与内设机构数量、现有人员工作内容与能力转型等方式进行改革。

(二)搭建平台,推动咨询委员会建设

深圳加快学校规划与建设专家咨询委员会及高等教育、职业教育、基础教育三个专家咨询委员会的建设,加强对教育先行示范的智力支撑。大连市教育科学研究所成立了大连市教育咨询委员会,其成员包括本市各领域的专家学者、学术带头人、研究型校长等,工作定位为对大连市教育发展的重大政策、存在的问题,进行座谈、论证、建议、调研等。教科院所是地方教育的智囊团,其教育科研工作最终的成果大都应服务于地方教育行政部门(或其他行政部门)的教育决策。然而,由于教科院所并不完全依附于教育行政部门(或其他行政部门),两种机构在工作定位、工作服务对象等方面有一定的差异,故而需要在两种机构功能互补的空间搭建一个平台,既保持教科院所科研的独立性,又能促进教科院及当地其他教科研力量所针对教育行政部门(或其他行政部门)决策服务"渠道"的畅通与功能的发挥,这个平台,当前主要形式是教育咨询委员会。①该平台对教育发展工作的重大决策和重要政策进行论证服务;对教育改革与发展工作规划和战略提供咨询服务;对制约教育改革与发展的瓶颈问题和突出问题进行调研;收集国内外教育发展改革信息,对教育工作提出前瞻性政策建议等。

(三)互利共赢,加强协同合作机制创建

深圳市教育科学研究院着力加强与德国巴伐利亚州职业教育研究合作,与芬兰赫尔辛基大学联合建立合作基地,采取互访、互动的方式实现双方资源交流与共享。大连市教育科学研究所坚持开放与合作的原则,与中央教育科学研究院、辽宁省教育科学研究院及其他省市的教育智库建立联系、交流、合作,并组建相互合作协同发展的教育智库联合体。宁波市教育科学研究所与市成人教育学校(市社区学院)合作,成立宁波市成人教育协同创新研究中心,形成跨部门的协同、开放、创新的教育科研新格局。教育部沈晓明副部长提出:"在建设一流教育智库的过程中,必须抓住协同创新的这个'牛鼻子',

---

① 张海水.办一流地方教育研究院,科研如何发力?[EB/OL].(2017-04-06)[2022-12-18]. https://www.sohu.com/a/132294180_498091.

开创教育科研机构联合发展的新格局。各级各类教育科研院所作为教育科研工作的主力军,要敢于先行先试,率先从'单兵作战'转向'联合作战',集中一切可以利用的力量为教育改革发展献良策、出实招。"除了加入较大的教科研联盟组织,教育科学研究院也可结合自身资源特点与优势,在小范围内积极与高水平或具有优势互补的同类或相关机构(教育科学研究院、高校等)建立合作机制,提升自身发展进度。

(四)把握机遇,加快教科研信息化变革

在大数据和信息化工作要求的背景下,教科研工作亟待加强网络信息资源建设的规划设计,应逐步建立市域网络资源共建、共享、共联、共通机制;积极利用智慧网络的推广,探索教师教育工作的新模式,如探索线上线下混合研修方式;着力加强中小学校长、教师和教研员教育信息化领导力、执行力和指导力培养;精准利用大数据,科学优化教师教育评价体系;开发科学智能的评价工具,利用信息化手段开展学生学业监测,精准分析和评价教育质量,根据监测数据开展精准督导,有效发挥信息化评估的规范、诊断、激励、引领功能。

注: 以上信息和数据来源于各地教育局网站及公开宣传资料。

附 录

附录1：

苏州市中小学教师学术规范建设方案

为进一步繁荣我市教育科学研究工作，提升我市教育系统高层次人才的研究水平，推动全市各中小学（含幼、特、职教）加强学术规范建设，制定本方案。

一、学术规范建设的重要性

学术规范是科学研究工作者应遵循的基本规范，是保证中小学教师学术正常交流、提高学术水平，实现学术积累和创新的根本保障。

当前，在学术研究工作中存在着不容忽视的学术风气不正、学术道德失范的问题。主要表现在以下一些方面：研究工作中少数人违背基本学术道德，侵占他人劳动成果，或抄袭剽窃，或请他人代写文章，或署名不实；粗制滥造论文，个别人甚至篡改、伪造研究数据；不少人抱着投机心理，不惜花费不菲的版面费在一些非法出版物上发表论文，或直接编造假刊、套刊；受不良风气的影响，在研究成果鉴定、项目评审及学校评估等工作中也出现了一些弄虚作假，或试图以不正当手段影响评审结果的现象。这些行为和现象严重损害了教育工作者和学校的形象，给教育事业带来了不良影响。如果听任其发展下去，将会严重污染学术环境，影响学术声誉，阻碍学术进步，进而影响社会发展和民族创新能力，应当引起我们的高度重视。

为了维护学术研究的尊严，履行学术创新的使命，将大力推进学术规范建设,努力构建科学求实、规范严谨、自由开放、有序高效、激励创新、风清气正的教育科研生态系统,提升教师的科研品质和科研水平。

二、学术规范建设的目标和原则

在学术规范建设方面,我市追求的最终目标是营造自由、健康的学术研究氛围,建立系统完善的课题管理、论文撰写的规章制度,引领教师发现真问题,进行真研究,出好真成果,鼓励进行真正的教育教学研究。

为实现上述建设目标,我市在学术规范建设上将遵循以下原则。

1. 建设学术自由和学术规范和谐统一的学术研究氛围

学术自由的基本精神在于学术研究的自由意志、独立精神和批判意识;既要积极推崇并维护中小学教师的学术自由,也要倡导教师在自由表达研究观点的同时遵循共同的学术规范。

2. 建设制度规范与自我约束有机结合的高效运行机制

一方面,倡导遵守国家的相关法律法规,完善我市教育科研的规章制度,加强对学术研究失范的监控和惩处;另一方面,积极提倡广大教师自觉地尊重、维护和实践教科研活动的职业道德,将学术规范自觉地内化为自身研究活动的行为准则及价值取向。

3. 建设事先预防和事后处理互为补充的有效教育手段

对于学术不端行为,要根据严重程度给予不同形式的惩处。同时,要着重致力于学术研究失范的预防机制建设,避免潜在的学术研究不端现象的发生。

4. 建设表现形式与研究过程双向并重的成果评价体系

倡导教师要从细节做起,注重基础性的形式规范,对于研究过程中包括引文注释、观点引证等技术、形式层面的具体规则精益求精;同时更要从追求原创性和实质性进展、把握正确的理论导向、运用科学的学术研究方法等内容层面对研究成果的规范性进行评价。

三、学术规范建设的实施

1. 加强领导,标本兼治

加强学术规范建设是一项系统工程。各县(市)、区、校主要领导要亲自负责学术规范建设工作,形成区域教师全面动员、共同参与,各单位齐抓共管、分工负责、标本兼治的工作格局。要将学术规范建设纳入县区、学校的整体工作之中,统筹规划,分步实施,使这项工作真正落到实处。

2. 成立机构,专项治理

成立苏州市学术规范建设委员会,由教育局主要领导任主任,分管领导任副主任,局机关各部门主要负责人为成员。办公室设在市教育科学研究院,负责制定、解释和评估县(市、区)学校学术规范建设方面的政策、规定和存在的问题,接受对学术道德问题的举报,对有关学术道德问题进行独立调查,并向委员会提供明确的调查结论和处理建议。

3. 完善制度,强化管理

在学术规范建设过程中,重在制度建设和机制建设,从职称评审、评优评先等方面进行引领,从褒奖优秀与惩治不端两个方面同时着手,凡有学术不端行为者实行"一票否决"制。出台《苏州市中小学教师学术规范基本要求》,完善教科研与教学实践融为一体的工作制度、课题管理制度、学术成果评审制度。通过一系列建章立制工作,为加强学术规范建设提供制度保障。

4. 广泛培训,防微杜渐

组织全市中小学教师、科研人员和管理人员广泛参与讨论修订相关规章制度;加大培训力度,要分学段、分学科加大力度建设学术规范类(研究方法、工具书介绍、科学研究规范、研究现状)的通识和专识培训;编发不同学科的学术规范细则和典型案例供广大中小学教师参考。要充分利用全市各种资源,以多种渠道和途径加强宣传和教育工作力度,营造教师自律的良好学术研究氛围。

附录2:

苏州市中小学教师学术规范基本要求

第一章 总则

第一条 学术规范基本要求是中小学教师应遵循的基本准则。

第二条 本要求适用于苏州市中小学(含职业教育、学前教育)所有教师。

第二章　基本学术规范

第三条　教师应遵守国家有关法律、社会公德;在教育教学研究过程中坚守严谨和诚信原则,应当遵守下述学术规范:

(一)在学术活动中,充分尊重已经获得的研究成果;引用他人成果时注明出处;所引用的部分不能构成引用人作品的主要部分或者实质部分;从他人作品转引第三人成果,注明转引出处。

(二)合作研究成果在发表前要经过所有署名人审阅,所有署名人对研究成果负责,合作研究的主持人对研究成果的整体负责。

(三)在进行学术成果评价时,遵循公正、客观、全面、准确的原则。

(四)学术研究论文原则上投稿于教育类主流期刊、核心期刊。

(五)提交各类评审的研究成果所发表的期刊须是《中华人民共和国新闻出版总署》公开目录上的期刊。

(六)凡立项课题的主持人为课题研究的责任人,课题研究过程规范,必须有申报、有开题、有实施过程、有结题鉴定,并接受中期评估。

第四条　教师不得有下述学术研究不端行为:

(一)伪造与篡改:在自己的研究结果中,故意捏造、篡改实验数据、结论或引用的资料等行为。

(二)抄袭与剽窃:在学术活动过程中抄袭他人作品,剽窃他人的学术观点、学术思想或实验数据、调查结果等行为。

(三)伪造学术经历:在填写有关个人学术情况时,不如实报告学术经历、学术成果,伪造专家鉴定、证书及其他学术能力证明材料等行为。

(四)不当署名:未参加实际研究或者论著写作,而在别人发表的作品中、课题研究中署名;未经被署名人同意而署其名等行为。

(五)滥用学术信誉:在学术活动过程中夸大成果价值;对应经而未经学术同行评议的研究成果向媒体公布等行为。

(六)提交假刊、套刊:在职称评审、评优评先中提交在假刊、套刊或非法出版物上发表的成果等行为。

(七)其他违背学术界公认的学术道德规范的行为。

第三章　处理机构和职责

第五条　苏州市学术规范建设委员会办公室负责制定、解释和评估县

(市)区、学校学术道德方面的政策、规定和存在的问题,接受对学术道德问题的举报,对有关学术道德问题进行独立调查,并向委员会提供明确的调查结论和处理建议。

第四章 学术不端行为的举报和认定

第六条 对学术不端行为的举报应为实名举报,举报人可向被举报人所在县(市、区)校教科研管理部门或直接向市教育科学研究院举报。

(一)在接到举报后立即根据举报人提供的材料进行查询,在15个工作日内,决定是否启动正式调查程序。查询报告和调查结论须向市学术规范建设委员会备案。

(二)备案后,在15个工作日内,对于可能涉及学术不端的行为,正式委托被举报人所在单位进行调查,也可以组成临时工作小组,会同举报人所在单位共同调查。

(三)参与调查的人员不应与被举报人或举报人存在亲属等密切关系。举报人和被举报人有权申请有关人员回避。

(四)正式调查应分别听取举报人和被举报人的陈述,并于60个工作日内完成事实认定,形成书面调查报告,提交市学术规范建设委员会。如有特殊情况,可向市学术规范建设委员会申请延长调查时间。

(五)苏州市学术规范建设委员会将书面调查报告送达举报人和被举报人。在书面调查报告被送达后5个工作日内,举报人和被举报人可以书面形式提出对报告的不同意见。

(六)参与调查的所有人员在受理举报和调查过程中,不得泄露调查和处理情况并须采取适当措施,保护举报人、被举报人和证人。

第五章 处理和申诉

第七条 苏州市学术规范建设委员会对违反学术道德规范的个人可视其行为和情节,给出相应的处理建议。

(一)处理方式包括:责令向有关个人或单位公开赔礼道歉、补偿损失,暂缓职称晋升、评优评先等,撤销获得的有关奖励或其他资格。

(二)行政处分决定须由苏州市教育局工委会议通过;处分决定书应送达被举报人。

第八条 对恶意诬告者,经苏州市学术规范建设委员会调查,参照第七条做出相应处理或向有关机构提出处理建议。

第六章 附则

第九条 本规范由苏州市学术规范建设委员会负责解释。

第十条 本规范自发布之日起施行。

附录3：

教科研体制机制整体改革工作方案

为贯彻落实中共苏州市委、苏州市人民政府《勇当"两个标杆"落实"四个突出"建设"四个名城"十二项三年行动计划（2018—2020年）》（苏委发〔2018〕6号）的通知精神，按照《教育均衡、优质发展三年行动计划（2018—2020年）》的有关要求，结合我市教科研工作实际，制定本工作方案。

一、指导思想

深入贯彻落实党的十九大精神，以邓小平理论、"三个代表"重要思想、科学发展观、习近平新时代中国特色社会主义思想为指导，全面贯彻党的教育方针，全面深化教育综合改革，全面落实立德树人根本任务，坚持系统化思维，注重规律性把握，聚焦教科研体制机制改革，系统推进教研、科研、培训融合发展，有序实施教科研整体化改革和课程、教材、教学、评价一体化改革，为全面提高苏州教育质量发挥"研究、指导、服务、引领"作用，为培育"全纳、公平、优质、适切"的苏州教育现代化新样态发挥基础性、先导性、战略性作用。

二、主要目标

形成"关联+嵌入"的教科研融合发展模式、"服务+引领"的师生发展与培养机制、"共享+发展"的多元化协同创新路径、"全纳+适切"的区域性科研特色文化，构建具有苏州特色的"大教研"发展战略，实现教科研重心、方式和组织形式的转型，达成教育科研与教学研究完全整合进而深度融为一体的目标，把教科院基本建成为在全国有一定影响力、话语权的教育智库、质量引擎、人才高地。

1. 形成"关联+嵌入"的教科研融合发展模式

实现教研与科研融合发展,课程、教材、教学、评价一体化发展。形成立体式教科研网络组织建设与合体运行机制,构建现代教科研体系,实现智慧教科研。完善具有苏式特点的中小学、幼儿园课程与教学体系,在全省率先建成体现丰富性、选择性的特色课程群,率先形成以启发式、讨论式、参与式为特征的新型教学关系。完善招生考试改革制度,在全省率先开展初中、高中学生综合素养评价改革试点。建成苏州教学大数据研究中心。

2. 形成"服务+引领"的师生发展与培养机制

形成"立科研规范之德、树专业发展之人"的教师队伍建设机制,实现经验型教师向研究型教师转变。积极探索拔尖创新人才早期培养机制。确保教师在全国及省基础教育教学成果奖评选、省青年教师基本功大赛等项目中获奖数量和质量位居全省前列,确保全市学生在全国最具含金量的五大学科奥赛中的获奖数量和质量位居全省前列,在全省率先建成市级杰出创新青少年培养基地。

3. 形成"共享+发展"的多元化协同创新路径

形成跨学校、跨部门、跨地区的多元化协同创新机制。完善教科研基地建设,探索形成"市区通联"体制创新路径,形成长三角发展联盟共同体、精品课题研究联盟共同体。建成苏州大市教科研基地校100所,建成"教科研融合建设基地"3个,争取建成精品课题建设省级示范区1个。

4. 形成"全纳+适切"的区域性科研特色文化

形成百花齐放的教科研品牌,实现"规范、专业、卓越、特色"的教科研追求。建立健全科研普惠机制,使真研究、实证研究、应用研究、教师研究成为常态,努力培育创新、民主、共享的文化品质,逐步形成自信而自觉、前瞻而本土的"全纳+适切"教育科研特色文化。力争成为首批"江苏省教育科研文化创新区"。

三、主要任务

(一)教科研整体融合发展改革工程

依托"指向立德树人的教科研整体改革的实践研究"课题,牢固树立全面教育质量观,牢固树立"教师即研究者"的意识,实行跨学科、跨学段的关联,进行主题、过程、方法的嵌入,努力形成具有苏州区域特色的"大教研"格局。强化教研员、科研员"一岗三责"的融合意识,探索角色互换与教科研活动一体化的保障机制。优化集体调研、点调研、专项调研、网络教研、校本教研等形式,完善市、县(市、区)、校三级教研体系。从体制整合走向功能融合,从功能融合走向创新发展,构建教研、科研、培训一体化融合发展模式,逐步形成立体式教科研网络管理体制与合体运行机制,促进传统教科研向现代教科研转型。主动对接国家、省级、市级教育教学成果评选标准,建好用好科研协作会、科研基地学校、科研学术年会、职业教育教科研中心组等平台,不断增强教科研的全纳性、适切性、实践性和实效性,大力提升创新、民主、共享的文化品质和培育区域特色教科研品牌。

(二)教科研优质均衡发展促进工程

正确处理巩固与提高、公平与效率的关系,配合基础教育处做好有效教学实践研究、中小学学业质量阳光指标评价等项目,配合高等教育与职业教育处做好职业学校技能大赛、教学大赛等项目,努力缩小全市教科研的地区差异、校际差异、学段差异和学科差异,让尽可能多的地区、学校、教师和学生有更多的教育获得感。开展教科研普惠工程,通过设立"青年教师专项""乡村学校专项"等教育科研扶持项目,重点帮助和扶持教育科研薄弱地区、薄弱学校;通过江苏省教学新时空、苏州市线上教育中心等平台,积极开展跨时空的教研互动、学生辅导活动;建设区域层面服务教师教科研的多样化资源库,重视教案设计、课题研究、课程开发、发展规划等优质资源的累积与优化,推动优质教科研资源共建共享。

(三)课程教学与招考改革研究工程

积极探索课程、教材、教学、评价一体化改革实施路径,构建具有苏式特点的中小学、幼儿园课程与教学体系,进一步打造具有丰富内涵的"苏式课堂"。积极开展地方课程与校本课程建设研究,建成体现丰富性、选择性的苏州特色课程群。积极开展有效教学研究,逐步形成以启发式、讨论式、参与式为特征的新型教学关系,形成以问题设计为关键、自主学习为基础、探究合作为核心、展示交流为特征的新教学模式。积极应对新高考改革,重点研究学科选修课程建设、走班教学管理及课堂教学方式变革。学习借鉴上海市、浙江省高考综合改革试点的做法和经验,在高考命题导向、学生综合素质评价、学生生涯规划教育、发展性教学质量评价等问题上,统筹全市教研、科研力量组建系列研究共同体,确保在江苏高考总体方案的框架下平稳推进苏州考试招生制度改革。积极启动对接新高考的精英人才教育培养项目建设,全方位做好初、高中衔接综合素养拓展培训,高中段学科奥赛集训、高中段自主招生集训等"凌云计划"实施工作,建成服务苏州全域的市级杰出创新青少年培养基地。

(四)智慧教研与科研建设工程

根据智慧苏州、智慧教育建设的总体方案,在教学管理研究中心基础上以建设苏州教学大数据研究中心为重点,分期建设智慧教研与科研服务体系。升级研究中心机房核心网络,购置3~5台高性能服务器和三层可网管千兆交换机,构建骨干网络,为智慧教研与科研奠定高速互联基础。采用最新技术的AMEQP(全通教学质量监测平台),升级APMS网阅系统,提升全市各类调研阅卷扫描过程的全自动数据传输能力。建设职业学校人才培养数据采集分析平台,深入开展职业学校教学诊断与改进工作。开发教科研部门OA办公系统,购置教研员、科研员手持移动终端,实现全市教科研人员信息交流全覆盖,异地或就地办公便捷化。大兴调查研究之风,促进教科研从"经验"到"证据"的转型,借助苏州教学大数据研究中心,紧紧围绕苏州教育重点、难点和热点问题开展前瞻研究和实证研究,为教育决策提供咨询服务。优化升级课题管理云平台,提升科研信息的分类和提取能力。改版升级苏州市网上教师学校,整体迁至苏州教育城域网。

(五)教科研人才高地构筑工程

配合人事与师资处,按照苏州教育事业发展和教师专业发展的实际需求,市教科院编制实行动态调整机制,确保配齐配好教科研人员队伍。按照国家、省关于教育研究人员的准入资格与专业标准,组织修订《苏州市专、兼职教科研人员选聘和管理办法》,定期举办教研员、科研员高级研修班,积极探索学术访学、学术休假等方式,全方位、多渠道提升教科研队伍专业化水平。积极探索长短期聘用相结合的兼职研究人员机制,建立终身研究员制度以及整合社会学术资源的"特约研究员"制度,不断扩大区域教育研究人才的规模和层次。积极探索通过学校评价、同行评价、社会评价相结合的方式,深化以贡献和质量为导向的教育研究人员绩效评价机制改革。创新人才工作方式方法,制定更加科学、更加有效的人才管理制度,形成"人人皆可成才、人人尽展其才"的局面,从人才高地逐步走向"人才高峰"。倡导"立科研规范之德、树专业发展之人"的基本理念,构建适合每一个教师成长的管理体制和激励机制,以高素质的教科研人才队伍辐射与引领全市教师队伍成长与发展,为省基础教育教学成果奖、省教育研究成果奖、省青年教师基本功大赛等奖项和赛事备足人才仓储。

(六)教科研协同创新工程

充分整合市内外教育科研领域智库资源,积极汇聚政府、大学、中小学校、幼儿园、社会、企业及国外研究机构等多方力量,进行跨学校、跨部门、跨地区的教育研究合作,加快形成具有苏州教育研究本土化、原创性的重大成果。积极探索"市区通联"的体制创新,全面融合市教科院整体力量,借助项目驱动,与县(市、区)教师发展中心、教研室、教科室联合开展"教科研融合建设基地"项目。重视区域内城乡联动、校际共享、高校与中小学互助,充分利用学科基地、课程基地、培训基地及科研基地分享资源、共享成果。重点抓好江苏省叶圣陶教育思想研究所、苏州华中师大教育研究院、大城市教科院发展联盟、全国有效教学学校联盟苏州项目组、长三角教科研联盟、长三角教研发展共同体等协同创新平台的组织管理或参与协调工作,实现优势互补、合作共赢。充分发挥教育类学会、协会、研究会等社会组织的作用,推动群众性教育科学研究活动的开展,培育创新、民主、共享的科研文化品质,兼收并蓄,形成自信而自觉、前瞻而本土的"全纳+适切"教育科研特色文化。

四、工作保障

1. 组织保障

成立教科研体制机制改革推进领导小组(具体成员名单略)。市教科院为牵头部门,兼任教科研体制机制改革推进领导小组办公室主任,具体负责教科研体制机制改革推进领导小组日常工作。

2. 经费保障

市教科研体制机制改革推进领导小组将根据市教育局每年预算编制的

时间安排,分年度把"六大工程"分解为若干重点子项目,在对项目的科学性、合法性和可行性进行充分论证的基础上,形成预算方案,及时提交市教育局教改推进领导小组审批。

3. 制度保障

市教科研体制机制改革推进领导小组每两个月召开一次改革推进会议,对改革计划和方案执行情况进行督查,研究分析改革进程中出现的新情况、新问题,总结推广改革实践活动的经验与做法,定期出刊教科研体制机制改革工作简报,并形成教科研体制机制改革年度报告,及时报送市教育局教改推进领导小组。

附录4：

苏州市教育科学研究院"教科研融合建设基地"实施方案

（试行）

为深化我市基础教育教学改革,全面融合苏州市教育科学研究院教科研整体力量,以科研高度做教研,以教研实度做科研,积极深入教学一线,以"基地"建设为突破口,聚积学科建设内涵,聚力优秀师资培育,聚合衔接课程开发,聚焦教学质量提升,助推苏州教育进一步优质、均衡发展,特制定本实施方案。

一、指导思想

以党的十九大精神为指导,以全面提升我市初教学科教育教学质量为目标,高举"以提高质量为核心,推动教科研融合发展"鲜明旗帜,探索"市区通联"的体制创新、"教科融合"的效能提升、老百姓"教育获得感"提高的教学质量提升新思路、新路径。

二、工作目标

"教科研融合建设基地"的实施方案旨在通过市区两级教科研专业部门的深度合作,借助项目驱动,以专家引领、同伴互助、科研导航、教学探航、具化标准、优化课程等方式,充分开展高品位接地气的实证研究,切实提高教科研服务决策、服务教学、服务教师、服务学生，服务教育教学质量提升的能力与水平。同时积累"教科研融合"的宝贵经验，进一步提升教科研专业部门的工作效能，加速转型与创新。

方案暂定六大项目：

"教科研融合服务教育决策项目"：紧扣基地整体核心课题研究，站位更高视域审视基地区域教育的发展进程，适时引领区域教育发展的战略制高点、工作支撑点和发展提升点，助力区域教育工作的宏观决策，助力基地"苏式学校"特质与风格建设。

"学科核心素养落地'苏式课堂'示范项目"：及时了解学科教学改革的新动向，积极探索和传播课改新经验、新方法，着力"苏式课堂"学科核心素养的研究与落地，积极组织开展高规格、高品质的学科教学研讨活动，促进基地学科教学研究的再发展，形成鲜明的学科教科研融合特色，进而发挥示范、引领和辐射作用。

"高层次骨干教师'孵化'项目"：会同基地科学谋划、精确制定学科骨干教师高层次发展规划，精选好苗子、主动压担子、积极搭台子，切实帮助优秀骨干教师提高专业水平和教学能力，取得以"名师支撑基地，以基地成就教师，以教师发展学生"的理想效果。

"学生阶段学养绿色达标升级项目"：精心指导基地开展数据化、标准化的学业质量评估工作，以更高的专业态度和专业标准，为基地的评估标准研发、评估工具开发、评估数据分析、评估结果应用等各方面做出全方位指导，搭建理想的学科监测模型，培养优秀的学业质量评估人才。

"衔接课程建设项目"：成立"衔接课程建设联盟校群"，以联盟校群为样本，积极开展衔接课程的研究、开发与实践，形成具有特色的衔接课程体系和课程资源，为不同潜质、不同基础学生的发展提供可能与空间。

"基层调研纵深化服务项目"：进一步优化调研形式，以教科研融合的高度全面深入调研基地学校，客观评估学校教科研工作各项举措，切实指出工作短板，详细给出改进意见，深入开展跟进服务，全力服务学校质量提升。

三、工作内容

（1）基于需求，以姑苏区为试点，建立苏州市教育科学研究院教科研融合建设基地,成立教科研融合建设基地工作小组,研制基地建设实施方案,组建相关团队与工作小组。苏州市教育科学研究院领导专家成为姑苏区教师发展中心兼职导师。

（2）助力区域教育工作的宏观决策,全面推进基地"苏式学校"建设,全面助推研究与实践的路径拓展、成果凝练、影响扩大。

（3）深入研究学生、研究课堂,研究"苏式课堂"学科核心素养培养的具体落实措施,积极探索课程建设与改革,尤其是教与学方式的变革,指导基地开展高层次教科研融合实践活动,同时在条件成熟时面向大市及以上推出典型活动,为全市新课程改革与推进提供借鉴。

（4）建构基地科研及各学科高层次骨干教师孵化队伍,通过各种形式涵育素养,提升内涵,加速推出,示范辐射。

（5）全面指导基地开展学业质量科学评估与跟进,全面提升评估标准研制、工具开发、过程实践、数据分析、改进落实的科学性与实效性。

（6）以"小初衔接课程"为样本开展衔接课程建设,以联盟校为先行,以打通初小、调研摸底、学习研究、组建团队、攻关开发、试点使用、效能监控、集群完善、全面推广等为基本路径扎实推进行动研究,力求推出"夯实基石,着眼发展"的衔接课程资源群,惠及基地各类学校,为更多学生提供成长可能与空间。

（7）研究部署全新调研形式,以促进教科研融合为导向,通盘创新调研内容,确保调研实效。

（8）开展总结交流活动。在教科研融合建设基地工作小组指导下有效推进项目进程,定期对建设工作进行回顾和总结,重点对常规工作、重点工作和创新工作进行评估与反思性完善,定期开展总结交流活动,及时面向大市及以上发布基地建设成果。

四、组织保障

（1）成立教科研融合建设基地工作小组,市级负责建构、管理与成果发布,区级负责保障与反馈。

（2）组建相关团队,做好各项目联络、组织落实与资料收集整理工作。

（3）基地为建设工作提供必要的财力物力支持,全力支持和保障各项目顺利开展。

附录5：

太仓市教育科研课题管理细则
（试行稿）

为充分释放科研活力，以课题研究推动"活力教育"建设、引领课程改革、促进学科发展、提升教师专业素养，进一步规范课题管理程序、提高研究质量，特制定本细则。

本细则作为《太仓市科研管理手册》（简称《手册》）的完善与细化。适用范围为各级各类教育规划课题（含太仓市科研项目、太仓市微型课题）、教研课题、教改课题、学会课题、电教课题等。如其中有与上级课题管理要求冲突的，以上级的要求为准。

（1）开题

a. 开题前

——完成"三报告二表"。

"三报告"：开题报告、文献研究报告、调查研究报告。

"（第）一表"：课题研究月计划表【见《手册》附件43】。

学校教科室组织"三报告一表"质量把关。而后填写并递交"（第）二表"《太仓市课题开题论证申请暨确认表》（见《手册》附件45）。

——学"细则"，学"手册"，建网页。

教科室组织课题组学习《苏州市课题研究网络管理与评价细则》（见《手册》第15—16页），学习《太仓市科研管理手册》并从中下载好与本类型课题相关的全过程各类表格等。

在学校网站上按要求建立细则中要求的该课题的"研究方案""学习资料""研讨活动""学期汇报""研究成果""成果鉴定"六大板块，落实上传人员，明确职责要求并根据细则进行培训。

b. 开题中

——根据要求突出重点做好开题汇报。

——填写"课题开题论证书"（见《手册》：省教研附件7，省规划附件20，其他附件37）：专家签好名；用录音、录像、速记等方式记录好专家论证建议。

c. 开题后

——改报告,调计划。

根据论证专家意见撰写开题报告修改稿。根据论证专家意见修订《课题研究月计划表》。

开题一周内上传资料:上传时注意因网络公开导致研究方案和成果有被窃取的可能,可采用关键信息省略。"研究方案"栏目上传立项证书PDF、课题基本信息表(见《手册》附件46)(含课题名、课题类别、级别、课题编号、立项时间、主持人及单位、核心成员等)、"开题报告初稿"和"开题报告修改稿"、本年度课题研究月计划表修改稿。"学习资料"栏目上传撰写文献研究报告中所涉及的资料目录及资料。"研讨活动"栏目上传开题准备活动及开题论证活动的报道、照片、签到表、课题研究记录表。"研究成果"栏目上传调查研究报告、文献研究报告简要版。

——盖公章,寄材料。

省教研课题需要按课题管理要求统一盖章,并将开题材料(开题论证书、开题报告纸质稿)交教师发展中心再集中寄市教科院和省教研室。

非省教研课题,骨干教师当年度考核需要的:经教师发展中心网络查验开题资料确认齐全后,持《太仓市课题开题论证申请暨确认表》按通知的统一时间段盖章,考核时请同时上传立项证书。

(2) 过程管理

a. 课题信息更改

以下情况需提交课题信息更改表:开题论证专家建议微调课题题目的;主持人、核心成员、承担单位因故调整的;因特殊原因需延期结题的(原则上研究周期省级课题不超过4年,苏州市级课题不超过3年,太仓市级课题不超过2年,太仓市级微型课题不超过1年)。

每学期开学一周内填写并递交《课题信息更改申请表》一式四份。涉及主持人、核心成员更改的,需提供涉及的原有主持人、核心成员的同意更改说明(说明更改原因及本人同意的申明),并要有原有主持人、核心成员的亲笔签名原件及联系方式,以便确认。

信息更改后,至少还需研究1年。如需延期结题的不能超过1年(其中因特殊原因不能按时结题的太仓市级微型课题延期不能超过半年),否则予以撤项。

b. 资料上传

课题的研究活动应体现研究性(基于问题,主题明确,方法科学,过程规范,成果可视),资料上传体现及时性。

按照《苏州市课题研究网络管理与评价细则》要求,每月研究活动的报道、照片、签到表、课题研究记录表等当月及时上传到"研讨活动"栏目,每学期末《课题研究学期汇报表》及时上传到"学期汇报"栏目,每年度初《年度研究计划表》及时上传到"研究方案"栏目,课题研究的资料目录和资料及时上传到"学习资料"栏目,与课题研究关联度高的阶段性成果及时上传到"研究成果"栏目,结题准备阶段按要求将成果鉴定的5种基本资料(课题组成员及分工、成果简报、研究报告、成果材料目录、论文发表材料)上传到"成果鉴定"栏目。

c. "月报月检"

每月底(除7、8月外)前上传好资料后,由教科室主任汇总并在太仓市学段科研群中按要求填写"月报月检表"群在线文档。

科研联盟活动中,把本联盟所有课题的"月报月检"的检查作为必备环节。各学段、各联盟分管科研员在第二月的上旬进行抽查。

联盟检查或科研员抽查后的三天内,如发现有亮点的,及时推广经验和做法;如有典型问题的,及时反馈并跟进指导。

(3) 中期

a. 备材料

中期评估书、报告及汇报PPT:撰写及修改应经学校教科室指导、把关。

研究论文:主持人至少有一篇与课题同一级或以上发表或获奖的论文(论文关键词要与课题题目关键词高度吻合)。

其他有代表性的、相关度高的阶段性研究成果,如观察量表、教学设计、活动案例、课程资源等。

b. 备现场

除微型课题外所有教育规划、教研课题均要求组织现场中期评估(至少是科研联盟或校内的专家)。省级及以上课题、苏州市和太仓市的重点规划课题的中期评估需提前报请教师发展中心教科员现场参与。

c. 中期评估

骨干教师可填写《中期评估表（骨干教师考核专用）》（见《手册》附件44），骨干教师考核期间按照统一通知的时间段盖章。根据中期评估专家建议，完善下阶段的月度研究计划表。省教研课题中期材料按要求上报教师发展中心统一寄送至市教科院和省教研室。

（4）结题

a. 提申请

课题研究期满，研究过程扎实且资料齐备，研究成果达到相应的基本要求，特别是论文题目必须与研究主题高度相关。省规划课题：重点资助课题原则上要求出版学术专著或在核心期刊发表论文，重点自筹的课题必须在省级或以上发表2篇，立项课题必须在省级或以上发表1篇；省教研课题：重点资助、重点课题至少发表4篇，其中主持人至少1篇核心期刊，立项课题至少4篇，其中主持人至少1篇，课题组核心成员至少1篇核心期刊；苏州市规划课题：苏州市级或以上论文发表，立项课题至少1篇，重点课题至少2篇；太仓市科研项目：重点类至少1篇苏州市级或以上发表，其他项目包括微型项目至少1篇太仓市级或以上发表；太仓市规划课题：太仓市级或以上发表，立项课题至少1篇，其中重点课题至少2篇；太仓市微型课题：至少1篇太仓市级或以上发表或获奖，其中重点至少1篇太仓市级或以上发表，具备结题申请资格。（具体要求以各级课题每期管理办法为准）

所有课题如符合结题要求需结题的，均应在当学期初2周内报备（其中省级课题需按要求书面提交《结题鉴定申请书》），以便有充裕时间协调安排。除微型课题外的各级各类课题均需要求现场结题，由教师发展中心组织安排，或联盟与学校协同参加。

b. 有期限

结题论证活动上半年在5月20日前完成，下半年在11月20日前完成。

c. 做修改

填写结题鉴定表等。

根据专家论证建议进一步修改结题报告、整理研究成果。

d. 交材料

按要求在2个时间点内（6月上旬、12月上旬）上交结题相关材料。

（5）课题"月检月报"的规范

课题"月检月报",通过"课题组自检—教科室校检—教育集团互检—科研员点调—点调典型个案反馈与学习培训",将课题的管理、指导,由"一个课题"重心下沉到"一个的一次"。将课题组的自主管理与学校、教育集团、区域的服务指导全面融合,以科研员的点调为核心,对课题研究中普遍性的问题,加以科学诊断,并通过个案的及时的修改指导,将课题研究的科学方法进行培训推广。

将《太仓市教育科研课题管理细则(试行稿)》中关于"月检月报"的部分,在方式和时间节点上面做了更明确的要求,进一步明晰了课题管理体系中各个层级的职责,在全市教科室主任会议上做了专门的培训。

课题组:研究资料当月内提交学校教科室。

教科室:当月收一个,审核一个,有问题及时指导整改。整改后的打包发给集团内对检校教科室主任。

教育集团:采用 A 校—B 校—C 校—D 校—A 校的方式互检,第二月的 5 号前完成,并提出整改建议。

科研员:第二月 10 日前,线上点调抽查反馈。

科研处集体:结合科研到校调研、指导,现场调研。

附录6:

太仓市各级各类课题"月检月报"流程及要求

(1) 在学校网站上按要求建立细则中要求的该课题的"研究方案""学习资料""研讨活动""学期汇报""研究成果""成果鉴定"六大板块,落实上传人员,明确职责要求并根据细则进行培训。(在学校网站无法打开时,先建立 6 个电子文件夹)

——"研究方案"栏目上传立项证书 PDF、课题基本信息表(见《太仓市科研管理手册》附件46)(含课题名、课题类别、级别、课题编号、立项时间、主持人及单位、核心成员等)、"开题报告初稿"、"开题报告修改稿"、本年度课题研究月计划表修改稿。

——"学习资料"栏目上传撰写文献研究报告中所涉及的资料目录及资料。

——"研讨活动"栏目上传开题准备活动及开题论证活动的报道、照片、签到表、课题研究记录表。(此项为"月检月报"每月必检内容)

——"研究成果"栏目上传调查研究报告、文献研究报告简要版。

课题的研究活动应体现研究性(基于问题,主题明确,方法科学,过程规范,成果可视),资料上传体现及时性。

(2)按照《苏州市课题研究网络管理与评价细则》要求,每月研究活动的报道、照片、签到表、课题研究记录表等当月及时上传到"研讨活动"栏目,每学期末《课题研究学期汇报表》及时上传到"学期汇报"栏目,每年度初《年度研究计划表》及时上传到"研究方案"栏目,课题研究的资料目录和资料及时上传到"学习资料"栏目,与课题研究关联度高的阶段性成果及时上传到"研究成果"栏目,结题准备阶段按要求将成果鉴定的5种基本资料(课题组成员及分工、成果简报、研究报告、成果材料目录、论文发表材料)上传到"成果鉴定"栏目。

(3)"月检月报"流程见附表1。

附表1 "月检月报"流程

时间节点	主体	具体要求		
当月内	各课题主持人	1.当月研究资料提交学校教科室	3.根据学校教科室建议改进,并再次提交	6.(9.)根据互查、点调、调研等建议改进
当月内	学校教科室	2.当月收一个,审核一个,有问题及时指导整改。在"一起写"填写"教科室等第及建议"	4.本校整改后的所有课题打包发给协作体内负责本校课题互检校的教科室主任	7.(10.)督促审核课题组落实互查建议情况
第二月的5日前	协作体互查校教科室	5.采用A校-B校-C校-D校-A校的方式互检,并提出整改建议。在"一起写"填写"校际互查等第及建议"		
第二月10日前	科研员	8.线上点调抽查反馈		
随机	科研处集体	结合科研到校调研、指导,现场调研		

附录 7：

苏州高新区教研室科研中心组工作章程

为推动苏州高新区教育科研工作科学、有序地发展，进一步践行基于研究提升品质的教育理念，及时、全面掌握苏州高新区教育科研舆情，切实有效地服务于区域教育教学研究工作，特制定本工作章程。

第一章 总 则

第一条 苏州高新区教研室科研中心组是受苏州高新区教育局教研室领导，承担本区教育教学研究的服务性组织。

第二条 苏州高新区教研室科研中心组的指导思想是：全面贯彻党的教育方针，落实立德树人根本任务，尊重儿童、青少年的发展规律，全面推动区域各学校（幼儿园）教育研究与教学改革工作，不断提高办学效益和教学质量，促进我区教育事业又快又好发展。

第三条 苏州高新区教研室科研中心组接受区教研室具体业务指导。

第二章 组 织

第四条 苏州高新区教研室科研中心组设高中、初中、小学、幼儿园四个学段，成员包括高中1人、初中2人、小学3人、幼儿园4人。今后将根据区域教育发展与学段情况作适时调整。

第五条 中心组成员由区教研室聘任并颁发聘书，成员每届任期2年，可以连聘连任；根据工作需要适时调整。

第六条 成员遴选原则。

（1）德才兼备原则。将德、能、勤、绩、廉作为遴选中心组成员的主要标准，真正把师德高尚、业务精湛、口碑良好的教师选拔到区科研中心组。

（2）公开公正原则。严格按照评选条件和程序对参评教师进行综合评定、公正选拔、全面考核、择优聘用。

第七条 成员遴选条件。

（1）具有教育教学研究或教学管理工作的专业背景、工作经验和学术造诣；担任教育科研管理工作3年以上（含3年）的正副主任、正副园长或园长助理。

（2）具有与本学段相符的教科研能力和相关成果，在本地区、本学段有一定的影响;近三年有3篇以上(含3篇)科研论文在正规期刊上发表。主持或作为核心成员前3名参加苏州市级及以上教育科学规划课题研究。

(3) 具有中级及以上专业技术职称,所在单位支持其工作。

第三章 职 权

第八条 苏州高新区教研室科研中心组成员的主要职责。

(1) 围绕国家、省、市基础教育教学改革与发展的热点、难点和重点问题开展应用性研究,参加区教育科研舆情研讨,为区域教育行政部门教育教学改革决策与教科研发展战略制定提供咨询和建议。

(2) 深刻研究学习把握各学段教育的前瞻研究,围绕教育教学改革的新理念、新模式、新方法,以提高教师教学能力为宗旨开展教科研活动,积极推广教学与实践一体化的改革经验。

(3) 编写区域科研信息专刊;协助区教研室做好科研调研、整理和汇总工作,并积极发挥苏州高新区教研室"科研管理平台"的使用和管理效能。

(4) 主动参加省、市、区相关课题的申报、指导与研究工作,积极参与论文撰写、评比、推优与教育教学成果奖申报工作;及时把握各学段教育教学改革动态和发展方向,精选出促进区域高质量教育教学研究方面的实用性课题和项目。

(5) 积极配合区教研室领导的工作,主动承担研究任务、承办中心组活动,认真思考和研究带动本街道、本校教学改革倾向性的问题解决。

(6) 面向学校、面向教师、面向学生的发展需求,确立研究方向或重点领域。

第九条 苏州高新区教研室科研中心组成员的权利。

(1) 区教研室将根据具体情况为中心组成员创设学习、培训、业务提升等机会。

(2) 在各级各类教科研评优评先中,同等条件下优先推荐科研中心组成员参评。

(3) 中心组成员所在单位视其工作业绩情况,在单位内部考核中计入相应的教学和教研工作量。

(4) 根据中心组考核要求对成员进行考核,考核结果作为表彰评优的重要参考依据。

第四章 管理、运行与考核

第十条 管理原则。

(1) 滚动管理原则。中心组成员实行定期聘任考核制,每两年重新聘任一次,确保科研中心组成员质量,树立科研中心组良好形象。

(2) 实行退出机制。对不合格成员将适时调出科研中心组。

第十一条 运行机制。

(1) 例会制度。

每学期召开一次计划会,讨论本学期计划,确定工作目标、研究课题及专题讲座内容。每学期安排一次阶段性工作汇报会议,检查各项工作的实施情况,解决实施过程中遇到的难点问题。每学期召开一次总结会,总结经验成果,梳理存在的问题,研究解决问题的办法。

(2) 学习制度。

按时学习,中心组成员平时以自学为主,根据研究方向,确定主题,每学期至少集中学习一次,并利用工作平台交流学习心得。按需学习,中心组成员在每学期自我发展计划中明确学习内容、学习目标,按需有选择性地进行学习。

(3) 研讨制度。

中心组成员积极参加各级各类教学研讨活动。中心组建立"每月一主题"研讨制度。由中心组根据研究方向确定主题,每月集体研讨一次。

第十二条 考核表彰。

(1) 中心组成员由区教研室负责考核。考核内容包括思想品德、理论素养、管理能力、教学能力、研究能力、技能水平等。

(2) 各成员在聘期内,至少参与一项区级以上(含区级)课题研究,或在市级以上(含市级)刊物上发表一篇文章,或取得一项市级以上(含市级)研究部门或行政部门颁发的优秀论文或教学成果奖。

(3) 借助区科研管理平台,参照考核具体要求对中心组成员进行聘期内的综合评价,择优颁发荣誉证书。

第十三条 档案管理制度。

每个中心组单独建立档案,将中心组的计划、总结、活动简报及相关资料及时收集、存档。

第五章 经 费

第十四条 活动经费由区教研室列出专项资金,参照相关行政要求规范管理与支出。

第十五条 中心组成员参加活动的差旅费由各成员所在单位承担。

第六章 附 则

第十六条 本章程的解释权在苏州高新区教研室。

第十七条 本章程自发布之日起生效。

附录8:

苏州高新区教育科学研究课题管理办法

为加强对教育科学研究课题的管理,促进苏州高新区教育科学研究课题的高质量发展,不断提高教育科研水平,发挥教育科研对教育改革和提高师资水平的积极作用,特制定本办法。

一、总 则

1-1 苏州高新区管理(代管)的各级各类课题,以习近平新时代中国特色社会主义思想为指导,全面贯彻党的教育方针,坚持理论联系实际和强调实证反思的教育科学研究方针,强化服务意识,坚持为教育决策服务、为学校发展服务、为教育事业的健康发展服务;强化质量意识,坚持"公平、公正、公开"择优立项、严格过程管理、注重研究效益、助力百花齐放;强化应用研究,重视具有重大实践价值的基础理论研究,重视研究成果的辐射推广,真正发挥教育科研对高新区教育改革与发展的引路探路作用。

1-2 苏州高新区各类课题立项面向全区教育工作者和科研人员,实行目标管理与过程管理相结合,重点管理与一般管理相结合,集中管理与分级管理相结合的管理办法,明确相关各方的责任和权利,简化课题管理程序和方式,提高课题管理效率。

1-3 为规范苏州高新区课题管理,提升教育科学研究水平和影响力,根据《全国教育科学规划课题管理办法》《江苏省教育科学"十四五"规划课题管理规程》《江苏省中小学教学研究第十四期课题管理办法》等文件规定,结合我区教育科学研究的实际情况,特制定本办法。

二、组　织

2-1　苏州高新区教研室负责高新区教育科学研究课题的规划、管理与协调工作。

主要职责：

（1）谋定编制高新区教育科学研究计划和发展规划。

（2）结合省、市、区实际发布中长期教育科学研究课题指南。

（3）审核制定苏州高新区教育科学研究课题管理办法。

（4）统筹管理课题申报、组织课题评审，检查课题研究的进展情况、交流课题研究信息。

（5）组织对课题成果的鉴定、验收、推广等。

（6）主持全区教育科研工作会议，组织科研大讲堂、课题进课堂、教育科学研究质量调研及相关科研、教研活动。

（7）收集整理有关教育科研信息，供全区各学校（幼儿园）教师学习参考。

2-2　科研中心组。

主要职责：

（1）协助制定各学段的科研规划和课题指南。

（2）协助本学段的课题管理，提出优化建议。

（3）参与本学段研究成果的鉴定、验收和推广工作。

评审组成员必须具有中级以上专业技术职称，同时具有较高的研究能力、扎实的理论功底和一定的专业影响力。

三、课题分类和资助原则

3-1　按照"国家级、省级、市级、区级"四级，分设"重大课题""重点课题""专项课题""一般立项课题"四大类。

3-2　重大课题。

系指：

（1）宏观教育决策中急需研究解决的，由省、市、区各级主管部门直接下达的课题。

（2）各级各类教育研究主管部门委托研究的实践中急需解决的课题。

3-3　重点课题。

系指:

(1) 依托省、市、区课题申报要求,结合区域教育改革与发展中的难点、重点,对提高学校整体教育质量和管理水平具有现实指导意义或具有重要学术价值的课题。

(2) 各学科各学段教育教学实践中需要研究解决的、具有普遍指导意义的课题。

3-4 专项课题。

类别更加多样,除已有的"初中教育专项""青年教师专项""人民教育家培养工程专项"外,增设"乡村教师专项"以重点关注和扶持乡村教育研究;同时,与省教育厅相关处室、各有关单位合作,定期或不定期设立"体卫艺专项""学生资助专项""招生考试改革专项""教师发展研究专项""叶圣陶教育思想研究专项""陶行知教育思想研究专项"等专项课题。

3-5 一般立项课题。

系指教育教学实践中具有一定代表性的、需要研究解决的课题。

3-6 各类课题完成期限一般不超过五年。

3-7 根据区教育局的相关政策,视具体情况给予各级各类课题项目一定经费支持。

四、课题申报

4-1 申报人资格。

(1) 凡在苏州高新区内从事教育工作的个人和团体(单位),均可申报各级各类课题。根据研究的实际需要,同一课题可同时署两个申报人姓名。

(2) 具有副高级以上专业技术职称。不具备副高级以上专业技术职称的,须有两名具有副高级以上专业技术职称的同行专家书面推荐。

(3) 能够实质性地承担和负责组织、指导课题的实施。

(4) 申请人同年度同一批次只能申报一个课题。

(5) 重大课题申请人必须具有副高级以上专业技术职务或县局级、市教科院(教科所、教研室)等(正职)以上领导职务,且具有承担并完成过省部级教育科研课题的经历。

(6) 青年专项所有40周岁及以下的青年教师均可申报,申报比例按名额分配规定执行。

（7）为鼓励和支持乡村教师开展教育科研，设立"乡村教师专项"课题，供村小、村幼儿园、乡村教学点学校教师申报。

（8）课题研究倡导"导师制"。鼓励每个课题组聘请本市区范围内一位相关问题研究的专家作为课题指导顾问，对课题研究进行指导，以保证课题在较高水平上进行。

（9）有以下情况之一者不得申报相关课题：

① 无工作单位或挂靠工作单位者。

② 不能从事实质性研究工作者。

③ 以往承担的省、市、区教育科学规划与教学研究课题未结题者。

④ 近三年内被撤项者。

⑤ 有确凿证据证明申报人在申报课题过程中违背科研道德。

4-2 申报。

（1）根据省、市、区教育科学研究课题颁布的指南，申报人在课题指南范围内选题设计。对课题指南未涵盖但确有价值的选题，相关专家组评审后可提出建议，经区教研室审议通过后方可立项。

（2）重大课题由省、市、区相关主管机构直接下达或申报立项；重大课题、重点课题、专项课题和一般立项课题原则上一年申报一次。各单位、申报成员按"校（园）教科室—区（县）教研室—市教科院—省规划办、教研室"程序逐级申报。

（3）申报人必须填写由各级主管机构统一印制的《课题申报评审书》《课题评审活页》等材料。

（4）申报人按要求详细填写，不得空白，严禁弄虚作假。申报人所在部门（单位）须对《申报评审书》全面审核，对申报人的工作表现、业务能力、科研条件签具明确意见，并承担信誉保证。申报人所在部门（单位）和课题委托管理机构负责人应在《申报评审书》的相应栏目签具意见。

五、课题评审和立项

5-1 增强评审工作的规范性、科学性和公开性，匿名评审相结合，确保评审过程和评审结果透明公开、客观公正。

5-2 组建由教育理论专家与教育实践专家、省内专家与省外专家相结合的评审组，坚持教育科研的研究质量与学术品位，确保评审过程与评审结果具有较高的权威性。

5-3 苏州高新区教研室按本办法规定对申报人资格进行审查并对申报课题进行分类后,根据需要设立若干评审小组,从专家库中抽取评审专家,组织匿名评审。

5-4 各级各类课题评审执行回避制度,所申报人员不得担任评委。

5-5 苏州高新区立项的课题经教研室审议、拟立项并公示七个工作日,公示无异议后予以正式立项。

六、课题管理与研究

6-1 实行分级管理。其中各类重大课题、其他有经费资助的各类课题由对应主管部门直接管理;以苏州高新区教研室对各类课题按照各级各类课题研究要求进行日常管理。

6-2 加强过程管理。包括开题论证、学期总结、中期检查、成果鉴定。所有类别课题在被正式批准立项后的三个月内必须组织开题,均需在中期节点开展中期检查活动,原则上应在课题申报书约定的研究周期内组织成果鉴定活动。

6-3 课题变更管理。课题研究过程中,出现课题主持人、课题名称发生变化以及课题延期结题等情况,课题负责人需在同年5月、11月向苏州高新区教研室递交相应的变更申请表。另课题研究周期内仅可变更一次。

6-4 根据各类课题的研究进展情况和研究者的现实需求,按研究类型和研究主题分类搭建课题交流平台,以课题为载体不定期组织开展学术交流活动,加强不同类别和不同层次的科研管理、科研方法等方面的培训。

6-5 进一步加强与课题主持人、课题承担单位、课题管理部门的联系和交流,及时发现和总结课题研究中好的经验、优秀成果,积极借助苏州高新区科研管理平台,精选优质内容推广应用。

七、成果鉴定

7-1 各级各类课题成果鉴定一般分为现场鉴定、通讯鉴定和免予鉴定三种方式。重大课题成果必须采用现场鉴定方式,其他有经费资助的课题成果原则上采用现场鉴定方式,无经费资助的课题成果可现场鉴定也可通讯鉴定,符合免予鉴定条件的课题成果可以免予鉴定。

7-2 重大课题的成果鉴定由对应主管部门直接组织,有经费资助的各类课题成果鉴定原则上由经费拨付的主管部门组织,无经费资助的各类课题成果鉴定由苏州高新区教研室组织协调各级主管部门共同鉴定。

7-3 成果鉴定前,课题主持人根据对应主管部门的文件要求需认真填写《课题成果鉴定申请表》《成果鉴定书》,撰写结题报告,整理课题研究成果等材料,并向区教研室提出鉴定申请。

7-4 成果鉴定材料包括成果主件、成果附件两大类。成果主件包括研究报告、研究专著、研究论文,成果附件包括与课题研究相关的论文集、案例集、课堂实录、汇编资料、视频、光盘等。

7-5 成果鉴定专家组成员必须有成果所属领域的学术专家、学科专家。专家组全部成员原则上须具有高级专业技术职称,其中一人担任鉴定组组长。课题组可以在《课题成果鉴定申请表》中填写鉴定组专家建议名单。

7-6 鉴定程序。

(1) 现场鉴定程序:① 课题组提前向鉴定专家提供全部成果主件和成果附件;② 课题主持人向鉴定专家宣读课题研究报告;③ 课题组成员和鉴定专家进行质疑答辩;④ 鉴定专家讨论形成代表专家组意见的成果鉴定结论;⑤ 鉴定专家发表个人鉴定意见;⑥ 鉴定专家组组长发表总结性意见并宣读专家组集体鉴定结论;⑦ 鉴定专家组全体成员在《课题成果鉴定书》上签名。

(2) 通讯鉴定程序:① 课题组将成果主件、《课题成果函审意见表》一并寄(送)至鉴定专家处,由专家在《函审意见表》上签署个人鉴定意见;② 课题组回收各位专家的《函审意见表》寄(送)至鉴定组组长;③ 鉴定组组长负责汇总专家意见,形成专家组集体鉴定结论寄(送)至课题组;④ 课题组将专家组集体鉴定结论和每位专家的《函审意见表》一并贴在《课题成果鉴定书》相关栏目中。

(3) 免予鉴定:根据课题主管部门要求,符合相关条件者即可免予鉴定。① 该课题同时又是全国教育科学规划课题、省委省政府和教育部(教育厅)委托研究的课题、省哲学社会科学规划课题、省高校哲学社会科学规划课题,已经由相关部门组织鉴定,并能提供结题证书或相关证明;② 该课题核心成果已经获得国家(省)教育科学优秀成果奖、国家(省)教学改革成果奖、省教育科学研究成果奖,并能提供相关证明。

7-7 成果质量分为"优秀""良好""合格""待通过"四个等第,其中

"优秀"成果必须提供一份鉴定专家组一致认可的高水平研究报告,同时满足本办法第7-7(3)之规定。

7-8 顺利通过鉴定的成果才能获得对应主管部门颁发的"课题结题证书"。

八、附　则

8-1 本办法自公布之日起实行。

8-2 本办法的修改权和解释权属苏州高新区教研室,未尽事宜由教研室另行研究决定。

后 记

"指向立德树人的区域教科研整体改革实践研究"被立项为国家社会科学基金"十三五"规划2019年度教育学一般课题(课题批准号:BHA190120),至今已经五年有余。五年多来,我们围绕课题设计的研究内容,在各级专家的指导和帮助下,在各县(市)区教科研部门相关人员的鼎力支持下,较为顺利地完成了各项研究任务,也较好地达成了预期的研究目标。其间,有辛苦也有欢乐,有迷茫也有醒悟,但更多的是收获和长足的专业精进。

五年多来,课题研究成果颇丰。全市教科研系统凝心聚力,开拓创新,取得了令人瞩目的成绩。组织网络日趋健全,专业指导精准到位,研究领域不断拓宽,内涵建设日益丰富,教研经验走向全国。主要表现在以下方面:教育科研意识明显增强,教育科研质量不断提升,教育科研信息服务体系不断优化,教育研究人才队伍不断扩大,区域教育科研工作特色明显,涌现出了一批有影响的理论与实践成果。

在本书即将完稿之时,我们欣喜获悉,在2023年8月28日召开的全国基础教育教研工作会议上,我市的区域教科研整体改革的实践举措被两次推介。会议认为,苏州"数字化中心"和"苏智慧教研平台"的建设和使用,可以精确发现教学问题、精准确立教研主题、精细开展教研活动、精进教育教学方式,以学促研,全面提升教科研的精度和效度,也助力"双减"政策落地。这对我们来说,是一种鼓励,更是一种鞭策。鞭策我们要深刻认识当前基础教育教科研所面临的新形势、新挑战、新要求,进一步增强做好基础教育教科研工作的责任感、使命感和紧迫感。

党的二十大确立"以中国式现代化全面推进中华民族伟大复兴"为中国共产党的中心任务。课题研究工作虽然告一段落,但我们仍将坚持问题导向,抓牢队伍建设,为高质量发展提供动力;注重各方协同,为高品质发展形

后　记

成合力;优化管理机制,为高标准发展激发活力,全域开创基础教育教研工作的新格局。接下来,作为苏州教科研人,我们将责无旁贷围绕国家的这一中心任务,继续聚焦"苏式教育"研究,努力擘画"苏式教育"的新时代新图景,为全面建设中国式现代化教育强国贡献苏州力量、苏州方案、苏州经验。课题研究完成后,我们将继续推进研究结果落地,主要做好以下三件事:

一是落实立德树人根本任务,助力育人方式转型。全市教科研系统将紧紧围绕落实立德树人这一根本任务,为党育人,为国育才,努力构建"五育并举"融合发展体系,为学生成人成才和人生出彩奠定坚实基础,努力培养有理想、有本领、有担当的时代新人,培养德智体美劳全面发展的社会主义建设者和接班人。坚持德育为先,深入推进中华优秀传统文化进课本、进课堂、进校园,深化新时代学校思想政治理论课改革创新研究,依托大思政视域下课程育人研究联盟,构建大思政新格局,为统筹推进大中小思政课一体化"搭台";坚持全面质量,深化学段衔接教育研究,建好"苏州市中小学教师专业素养发展状况"数据库,促进教师队伍建设,为培养完整人"铺路";坚持素养导向,深化育人路径研究,建立以教育行政部门和业务部门为主导、学校为主体、家庭为基础、社会各方全面参与的协同育人体系,立体构建心理健康教育网络,为推进育人方式转型"架桥"。

二是围绕教育教学中心任务,助力教育质量提高。全市教科研系统将聚焦人民群众对学前教育优质普惠、义务教育优质均衡、普通高中教育多元特色发展的普遍期待,发展更加公平、更有质量的教育,让"五项举措"有效落地,不断提升人民群众对教育的获得感和满意度。深入推进"苏式课堂"研究,研究新的课程标准,构建指向核心素养的"苏式课程"体系,形成支撑学生终身发展与适应时代要求的"苏式教育"实践样态;深化实施少年科学院建设研究,打通从小学、初中,直至高中的创新人才培养的绿色通道,为涌现更多的创新人才提供专业引领;持续推进校本教研,重点推进课程、教学、考试评价等关键领域改革,常态开展教学视导集中调研和点调研活动,深入学校和课堂,了解教学动态,诊断教学问题,反馈教学信息,提出教学建议,为全市学校特别是薄弱学校提供专业指导。

三是紧扣破解难题重要任务,助推教育改革发展。全面加强教育科学研究工作,服务苏州教育改革发展全局,切实履行好研究职能,为提高决策科学性提供服务,为破解教育教学改革难题"出点子""放样子""争面子"。围绕全市教育改革发展中带有全局性、政策性、战略性和综合性的重大问题开展对策性研究,在调查研究上下功夫,为苏州市教育决策咨询服务"出点子";有效开展课程、教学、作业和考试评价等育人关键环节研究,提升研究的针对性、精准性和有效性,把教科研成果写在校园里、写在课堂中,持续推进"双减"政策落地,在专业指导上下功夫,为广大一线教师"放样子";高水平开展重点项目协作攻关研究,努力做好指向立德树人的区域教科研整体改革实践研究,重点攻关拔尖创新人才的早期培养研究,深入实施和广泛推广学段衔接项目研究成果,在推广辐射上下功夫,为在全省乃至全国讲好苏州故事"争面子"。

课题研究过程中,我们将课题研究的内容细分为了37个研究要点,各县(市)区教科研部门的同志都承担了一定的研究任务,他们的研究成果一并收入本书。我们在开展课题研究的过程中,得到了全国教育科学规划领导小组办公室、江苏省教育科学规划领导小组办公室等教科研机构的同志的悉心帮助,在此表示诚挚的感谢。同时,我们还得到全国教育科学规划领导小组办公室副主任孟照海、上海市教育学会副会长苏忱、《华东师范大学学报(教育科学版)》主编杨九铨、江苏省教育学会会长朱卫国、江苏省教育学会原会长杨九俊、江苏省教育学会副会长彭钢、江苏省教育科学规划领导小组办公室主任董林伟、苏州市新草桥中学原校长舒兰兰等专家学者的精心指导,在此表示衷心的感谢。另外,国家督学成尚荣先生、南京师范大学吴永军先生专门为本书写序,苏州大学李西顺先生、南京师范大学王一军先生对书稿修改提出了宝贵意见,在此表示特别感谢。

本书的绪论及第一章由孙朝仁统稿,第二章由孙春福统稿,第三章由张华中统稿,第四章由钱家荣统稿,第五章由徐蕾统稿,全书由丁杰统稿。

2024 年 10 月